21世紀の日中関係の在り方

―中国の国内体制と外交戦略―

凌星光

Ryo Seikou

INAS

まえがき

本著作は、二〇〇八年から現在に至るまで発表した論文計二五篇を、次のように三部に分けてまとめたものである。第一部：中国の政治・経済・社会、第二部：中国のグローバル戦略、第三部：中国の対アジア外交。すべて中国について論じたものであるが、「結び」では日本はどう対処すべきかという問題に触れている。そこで書名は「二一世紀の日中関係の在り方」とし、サブタイトルを「中国の国内体制と外交戦略」とした。

この著作を出版するに至った現在の心情は、二〇一二年八月、つまり日本が尖閣諸島を国有化する寸前に危機感を強く覚え、日本人の方に「呼びかけ」（付録参照）を発した時と変わっていない。否、危機感はより増しているといえよう。

著作の内容は、それぞれの時期に、編集者から与えられたテーマに沿って、中国政府発表の文献、学者の議論、自らの分析と判断をもとに書き上げた、学術性のある時事論文集である。

主要な論点は次のようにまとめることができる。

一　中国経済は高度成長期後期から中速度成長期前期に差し掛かっているが、中所得国の罠に陥ることはないし、ハードランディングもないであろう。数年内に中速度安定成長の軌道に乗る可能性が高い。

二　中国の政治社会は協議民主＋選挙民主の方式で、民主社会主義の社会が形成されていく。今は重要な転換期にあってまだ諸矛盾が際立っているが、所得格差、地域格差、都市農村格差は縮小傾向にあり、少数民族問題も緩和されていく趨勢にある。

三　中華文明を再興しつつ、新情勢下での社会主義理念の再構築が行われている。過去三〇年間は資本主義的要素が増大していったが、今後三〇年は社会主義的要素が増大していく。それは中国においてばかりでなく、発展途上国への支援というかたちで拡大していく。

四　国際政治は四〇〇年ぶりの地殻変動が起きており、近現代国際政治は歴史的転換期にある。国家間の相互依存関係が深まっていくなか、運命共同体意識が高まっていき、国家間や民族間の矛盾、闘争は弱まっていく。国際テロは転換期の一時的現象に過ぎない。

五　資本主義は大きな限界に差しかかっており、市場原理を旨とした既存の国際経済秩序は改革されていく。ドルの一極体制は多極化を経て、漸進的に国際通貨ＳＤＲに取って代わられる。国連の役割はますます強化され、南北格差は急速に縮小していく。

六　国際安全保障体制はパックスアメリカーナから覇権なき世界に移行していく。それは中国の経済力と国防力の追い上げによって、米中新型大国関係が形成され、国連安保理の役割が国連憲章原点に戻ることが可能となる。

七　日本がボイコットしたため、東アジア経済共同体は中国主導で進んでいる。「一帯一路」構想の提起とアジアインフラ投資銀行設立によってそれは加速化される。日本は対中国外交の政策転換を図り、東アジアでの失われた二〇年を取り戻す必要がある。

八　アメリカのアジア太平洋回帰戦略によって、南シナ海と東シナ海の矛盾が先鋭化した。しかし、それは戦術的範疇の一時的摩擦に過ぎない。米国には南シナ海で覇権を維持する能力はもはやない。五年内、長くても一〇年内に解決されていこう。

九　朝鮮半島問題は悩ましい問題であるが、中国と米国がいままでの対応を反省することによって解決される。北朝鮮の要望を受け入れ、停戦協定を平和協定に変え、米韓軍事演習を中止することだ。中国が提起した核放棄と協定転換の同時進行は妙案である。

一〇　日本の対中国外交は、アジア第一の優越感的心理から脱皮できていないし、また現実の国際政治の流れを認識できないことにより、全く的外れで宙に浮いたものになっている。日中関係の四大障害、すなわち歴史認識、尖閣諸島、南シナ海、日台関係に早く終止符を打つべきである。

一九九六年二月、日本評論社から拙著『中国の経済改革と将来像』を出版していただいた。いま、中国経済の権威的専門家として活躍している田中修氏は、一〇数年前だが、「自分の中国経済研究の出発点は凌先生の著作であった。多くの中国経済関係の書物があるなかで、最も良き導き手となった」と語ってくれたことがある。今回のこの著作は、中国の政治外交が中心であるが、日本の若い研究者のなかから、第二の田中氏が出てきてくれることを願ってやまない。

本著作は書下ろしではなく、八年間に書かれた論文集であるため、各章について執筆年月を念頭に入れて読む必要がある。そこで各章冒頭に執筆年月を付すと同時に、現時点での自己コメントを簡単に書き綴った。それには自己点検も含まれている。

また、書下ろしではないため、論述観点が重なるところもある。が、文言の重複はほとんどないはずである。読みづらいところがあるかと思うが、ご容赦いただきたい。

各章の論文の発表にあたっては、第一読者として妻陳寛と大類善啓氏に目を通していただいた。ここに感謝の意を表したい。

本著作に収録した二三篇の論文は、雑誌『インテリジェンス・レポート』に発表されたものである。編集責任者佐々木博行氏の長年にわたる筆者への信頼に対し心からお礼申し上げたい。

尚、本書出版にあたり、学校法人北海学園理事長、北海商科大学学長、北東アジア研究交流センター（HINAS）長の森本正夫先生、及び同センター副センター長西川博史教授のご支援をいただいた。ここに深甚なる謝意を表したい。

二〇一六年四月二四日

目　次

第三部　中国の対アジア外交

第一部　中国の政治・経済・社会

第一章　始動する中国中心の地殻変動

解題：（二〇〇九年六月執筆）本論では二〇〇八年の世界的金融経済危機が中国の世界経済における存在感を飛躍的に高めることを予言した。

二〇〇八年秋、世界金融経済危機が発生し、中国は二年間で四兆元の財政支出を宣言し実行した。このことが当時の中国経済及び世界経済の危機を救った。だが現在、その後遺症である過剰設備の整理に追われているため、四兆元の景気刺激策を否定的に捉える見解が少なくない。中国のその後の動きをみると、問題は金融面でのコントロール欠如にあったもので、四兆元の果たした歴史的役割は否定できない。

本文で示したこの時点での中国の危機対応策への評価と世界経済に与える影響についての予測は、大体において正しかったといえよう。

二〇〇七年、アメリカから始まったサブプライム・ローン問題はますます深刻化し、翌年九月、リーマン・ブラザーズが倒産し、世界的金融危機が発生した。それは実体経済にも重大な影響を及ぼし、世界経済は一〇〇年に一度の一大経済危機にあるといわれる。しかし、国際協調が主流をなす現代において、また台頭しつつある中国の理性的かつ協調的な対応によって、世界経済はより合理的で公正な秩序に移行していく可能性が出てきた。本稿は、このような視点から、中国経済の活力、世界経済に与える影響、金融危機の中国経済にもたらすメリットなどを分析し、世界政治経済の枠組み再編の動きや中国自身の留意すべき課題などについて論じてみたい。

一　V字型回復に向かう中国経済

中国経済は今回の世界的金融経済危機によって、一時的に大きな衝撃を受けたが、基本的にはV字型回復を達成し、先進国が軒並みマイナス成長に陥るなかで、引き続き八％前後の高度成長を遂げるであろう。

1　金融津波の襲撃

中国経済は〇七年の秋ごろから景気循環が下降段階に入っていた。そこに〇八年九月に起きたアメリカ発の金融津波が押し寄せ、輸出産業は大きな打撃を受けた。そのうえ、経済成長方式は長期にわたって粗放式で、さまざまの矛盾が累積されてきた。それが今回の金融危機で一気に顕在化することとなった。例えば、農民工の賃金未払い問題や就職問題など社会的矛盾が激化している。

対米輸出を中心とした外需が急激に落ち込み、〇八年一一月から四ヵ月連続で輸出はマイナス、〇九年二月は前年同月比二五・七％減となった。広東省、福建省、山東省などの加工貿易をメインとした沿海地域の外資企業及び国内企業は、その多くが経営困難に陥り、倒産に追い込まれたのも少なくなかった。一―三月期の輸出は一九・七％減の二四五五億ドル、一九八〇年以降で最大の減少幅を記録した。この津波第一波が中国経済をパニック状態に陥らせ、消費と投資の急激な落ち込みをもたらし、内需産業にもマイナスの影響を及ぼして、国民経済は悪循環に陥る危険性があった。

2　果断な政策転換と対策

〇八年第1四半期はまだ物価上昇率が高く、〇八年前半においては引き締め気味の金融財政政策をとっていた。政府は新情勢に迅速に対応し、一八〇度の大転換を実行した。積極的財政政策と適度緩和の通貨政策に転換すると同時に、一〇大産業振興策や中小企業支援策など包括的景気刺激策を打ち出した。〇八年一一月、今後二年間に四兆元の公共投資を行うことを決定した。それによって、〇九年度のGDPは一・五%ないし一・九%押し上げるとされる。金融政策では、〇八年一一月、年間五兆元の融資拡大目標を立てたが、第1四半期に四・五八兆元を貸し出し、年間目標をさらに引き上げようとしている。そのほか、五〇〇〇億元の減税措置も採られた。

中央政府の決定に基づき、各省政府は低所得者への「生活補助券」、雇用促進の「職業訓練費免除券」、不動産活性化の「住宅購入補助券」、病気診断のための「健康診断受診券」、進学奨励の「教育費用補助券」などさまざまな「消費券」を発行した。また「家電下郷」(家電を田舎に)のスローガンのもと、農村での家電普及のために補助金を出し、自動車の販売促進のために減税措置をとっただけでなく、農村での小型車購入者には補助金を出した。財源としては、財政収入が大幅に落ち込むなか、年間九五〇〇億元の赤字債券の発行を決定した。そのうちの二〇〇〇億元は地方財政の債券である。

政府の果断な景気刺激策は、まず心理的効果を生み、その後の一連の消費刺激策と公共投資前倒し策によって、有効需要が着実に引き出された。

3　世界唯一のV字型回復国

〇八年第4四半期のGDP伸び率は六・八%、〇九年第1四半期は六・一%であった。前者は当局の予想を上回る悪い数字であったが、後者は思ったよりよい数字であった。第1四半期の諸経済指標は、急激な落ち込みが下げ止まり、景気が上向きはじめたことを示しているからである。

第1四半期のM2増加率は二五・五％と高い伸び率であるが、消費者物価指数はマイナス〇・六％と安定している。固定資産投資増加率は二八・八％と回復が目覚しい。二年間で四兆元の公共投資が第1四半期から着実に実施され、それが投資増加に繋がった。輸出は前期比マイナス二四・九％と大幅にダウンしたが、三月の輸出入額は前月より二三・八％も増えた（輸出三二・八％増、輸入一四％増）。三月末の外貨準備高は一兆九五三七億ドルで、〇八年末より七七億ドル増えた。資本収支では資金が流出したが、貿易収支は大幅黒字で、それを補って余りあったのである。株式市場も上向き、上海の証券取引所株価指数は第1四半期に三〇％余り上昇した。

消費についても、第1四半期の小売販売総額は一五％増と比較的高い伸び率となった。三月の新車販売台数は前年同月比五％増の一一〇万八〇〇〇台と過去最高を記録した。年間では一〇〇〇万台を超え、アメリカを抜いて世界一になるとみられている。中国全国の三月平均不動産価格は前月比で〇・二％上昇し、八ヵ月ぶりに値上がりに転じた。三月の鉱工業生産は前年同月比八・三％増と、一—二月の三・八％増から大幅に上昇した。中央レベル国有企業の三月の利潤は前年同期比二六％増、前月比八六％と大幅な改善をみた。

以上の指標からみて、中国経済は第1四半期に底をついたとみられるが、第2四半期の成長率は前年度の数字が高かったため、七％前後であろう。年後半の第3、4四半期は八％台になる可能性が高く、一年を通して八％前後の成長率という目標は達成される可能性がかなり高いだろう。

4　中国高度経済成長の基本的要因

世界経済がマイナス成長のなかで、果たして中国経済は八％前後の成長率を実現できるのであろうか。それについては中国経済の良好な基本的条件をみなくてはならない。

まず国内条件についてみると、中国の受けた金融危機の影響はきわめて小さかったことがある。それには、資本の自由化を実行していないため、金融コントロールをしやすかったという事情がある。そればかりでなく、国全体として政府の役割と市場の原理を結合させた中国式社会主義市場経済メカニズムが効果的に機能している。また財政面では黒字基調で、今年の財政赤字も対GDP比で三%以下、累積債務の対GDP比は二二%（先進国は一般に六〇―一〇〇%、日本は一六〇%）と非常に低い状態にある。財政的刺激策を採る余地はまだ大きい。中国の労働力の素質は高まっており、供給能力と潜在需要の両面においてきわめて高い状態にあることも重要な成長要因である。

国際条件をみると、中国は約二兆ドルの外貨準備高を有し、価格が下落した原材料を買い付けて、経済成長を促すことができる。輸出について、以前のような高い伸び率は望めないが、労働集約型低価格商品の競争力はかなり強く、輸出減少率は相対的に低い。第1四半期について言えば、日本は前年同期比マイナス約四〇%、アメリカは約三〇%というのに対し、中国は約二〇%である。以下の三項で指摘するが、金融危機は中国に諸メリットをもたらす面があり、国際条件は中国の今後数年の経済発展にとって決して悪いものではない。

二　世界経済に与えた心理的好影響

四月二二日、IMFは「世界経済展望」を発表し、二〇〇九年の世界経済はマイナス一・三%と予測した。アメリカマイナス二・八%、日本マイナス六・二%、EUマイナス四・二%に対して、中国プラス六・五%、インドプラス四・五%である。世界経済は、〇八年第4四半期と〇九年第1四半期の経済衰退が予想よりもひどかったため、下方修正を行ったのである。しかし、世界各国は、〇八年末から〇九年初めにかけてパニック状態から脱皮し、平静さを取り戻しつつある。それには、前述した中国経済の回復基調が先導的役割を果たしたのである。

1　世界経済の下げ止まり

オバマ大統領は〇九年四月一〇日の演説において、アメリカ経済にはすでに「希望の光」が射しつつあると語った。一―三月期のアメリカのGDPは、前期比マイナス六・一％で、〇八年第3四半期以来連続のマイナスとなった。ただ、二期連続で縮小していた個人消費はプラスに転じ、全体の縮小幅は前期（六・三％）よりやや縮小した。

日本の鉱工業生産は過去五ヵ月間連続して減少したが、〇九年三月は前月比で一・六％上昇に転じた（一―三月期は前期比二二・一％の低下）。「中国向けの電子部品の好調」によるところが大きいという（経産省）。国際市況では、原油、穀物など八品目が〇八年一〇月から〇九年二月に付けた底値から四月下旬時点で一―六割上昇した。主として中国の経済対策への期待感からだといわれ、それに加えて、一部に投機マネーが再流入しているからだともみられている。

四月二四日、ワシントンで開かれたG7財務相・中央銀行総裁会議は、共同声明で世界経済の明るい兆しに言及し、「経済活動は年内に回復するだろう」という文言を書き入れた。戦後最悪の景気後退に歯止めが掛かりつつあるとの認識をにじませた。輸出落ち込みの鈍化や消費者心理の改善など、一部で出はじめた前向きな動きを評価した結果である。

2　経済関係者の自信回復

実体経済の下げ止まりを背景として、世界の経済関係者の自信が回復しつつある。世界的な景気悪化の影響で減産を続けてきた日本メーカーが、最近になって生産量を段階的に増やす動きを強めている。在庫調整が一巡しつつあり、有力な輸出先である中国の景気回復への動きが出はじめているからである。御手洗（富士夫）経団連会長は、四月二七日、これまでは景気の底が今年なのか来年になるのか見通せなかったが、いまは経済活動が動きはじめ、先の見通しがようやくみえる状況になり、最悪期は抜けた、と語った（「日本経済新聞」四月二八日）。

3　発展途上国経済の下支え

今回の金融経済危機による景気後退は発展途上国の経済にも悪影響を及ぼしつつある。とりわけ先進国の援助が縮小傾向にあることが懸念される。中国当局は各種国際会議でそれへの警告を発し、中国は発展途上国への支援をさらに強化すると宣言し、一連の措置を採っている。例えば、「ボアオ会議」において、温家宝首相は、一〇〇億ドルの「中国―ＡＳＥＡＮ投資合作基金」を設立すると発表した。

中国企業も市場拡大を目的に発展途上国への投資を増やそうとしている。二〇〇二年から〇八年にかけて、中国の対外直接投資は六〇％の伸び率で増えているが、〇八年は前年度比九六・七％増であった。しかし、二〇〇八年末の中国対外直接投資累計額は五二一・五億ドルと規模はまだ小さい。商務部は、四月一〇日、「対外投資合作国別（地域）指南」を発表した。〇九年から一〇年にかけて、中国の発展途上国への直接投資は大幅に拡大することが予想される。

政府、民間双方の積極的姿勢によって発展途上国の経済を支えることができれば、世界経済の回復にとってもプラス要因となる。

4　Ｕ字型世界経済回復の下支え

中国経済がＶ字型回復を実現したとしても、それによって世界経済が金融経済危機から脱することには繋がらない。中国経済のボリュームはまだ小さいからである。中国の世界に占めるＧＤＰ比率はわずかに七％余りで、機関車的役割は担えない。世界ＧＤＰの六〇％余りを占める先進国、とりわけアメリカの経済が立ち上がらない限り、世界経済は不況から脱しえないのである。中国は、世界第三の貿易大国となったが、その対外貿易の世界貿易に占める比率はわずか七・七％（香港を入れても九％）である。

中国経済の回復がきっかけとなって、アメリカと日本の経済が上向くことが望まれるが、いまのところ米欧日先進国経済の早期回復は難しい。先進国経済の回復がＬ字型かＵ字型か意見が分かれるが、今後二年間、中国が大規模な経済対策で需要を増やしているあいだに、アメリカ経済が復調に向かい、日本経済も回復基調に乗れば、世界経済のＵ字型回復が期待できる。

三　金融危機が中国にもたらすメリット

ここで指摘すべきことは、中国は、今回の世界的金融経済危機を契機として、国内的にも対外的にも戦略的大転換を図る大きなチャンスを得たことである。中国当局は、金融津波への短期的緊急対策を採ると同時に、中長期的視点に立って、戦略的構造的転換を図る対策も採った。五年後には、次の七つの面でメリットを得て、大転換が図られたと評価されよう。

1　外需依存型から内需主導型への転換

中国経済は長年、外資優遇策を採って経済の成長を図ってきた。その結果、外需依存型の経済構造が形成され、今回の金融経済危機で輸出産業は大きな打撃を受けた。それを教訓として、政府当局は、ドラスティックな内需拡大策を採り、内需主導型経済への転換を図っている。いままで、スローガンに留まっていた転換が真に実行されるようになったといえる。

主として輸出と投資主導であったこれまでの成長方式を、消費、投資、輸出が協調して発展する成長方式に転換させようとしている。対外貿易発展方式も、単純貿易発展方式から経済、社会、環境の三方面が有機的に結合した持続可能な対外貿易発展戦略が模索されている。ここで重要なのは、国内消費をいかに増やすかであるが、それには高蓄積、低消費の経済構造を変革すると同時に、所得分配構造を変える必要がある。国民所得分配での住民のウエイトを高め、勤労者の一次分配でのウエイトを高めることである。

四月二二日、農業の安定的発展と農民の増収を促進する八大措置が提示された。四月二九日、温家宝首相は〇九年の一〇項目の重点改革課題を提示した。これらはいずれも内需拡大への転換を図ることが主たる内容となっている。

2　経済成長方式の量的拡大から質的発展への転換と経済構造の高度化

二〇数年にわたって量から質への転換が叫ばれてきたが、それは掛け声だけに終わったと言っても過言ではない。今回の政策転換を転機として、過度に低い消費及び第三次産業のウエイトが高まると同時に、企業経営の膨張型から効率型への転換が図られている。省エネ・環境保護政策にも、よりいっそうの力が注がれつつある。

自主開発技術の向上も一大転機を迎えつつある。「中国製造」（メイド・イン・チャイナ）から「中国智造」（クリエイト・イン・チャイナ）への転換、有名ブランドの創出などが合言葉となっている。広東省では「騰籠換鳥」（籠を空けて中の鳥を変える）が提起され、珠江デルタ地帯の労働集約型企業を広東省の東部、西部、北部地区に移転させ、ハイテク企業のためにその場所を確保する政策が採られている。

3　人民元レートの上昇による国際的インバランス改善

あまりにも割安な人民元レートが国際的不均衡を招いてきた。中国当局も人民元の上昇は不可避とみて、二〇〇五年七月からより弾力的な外国為替政策を採るようになった。その結果、人民元は若干上昇した（〇五年七月の一ドル八・二七元から〇九年三月末時点の六・八三元へ上昇）が、依然として、購買力平価からの乖離は大きい。外需依存型経済であったため、輸出企業への影響を懸念して、人民元レートの調整は小幅に留まらざるをえなかったのである。今後、内需主導型経済成長への転換がなされれば、人民元レート調整への抵抗力は弱まり、調整しやすくなる。また、それは、交易条件の改善をもたらし、中国国民生活の改善にプラスになると同時に、国際的不均衡の改善にも繋がる。

ここで指摘すべきことは、中国の高度成長と人民元レート上昇の相乗効果によって、中国の世界に占めるＧＤＰ比率は今後、大幅に高まっていくことである。それは、日本が一九七〇、八〇年代に経験した経済大国化を上回るものになろう。

4　海外進出の加速化と国際的存在感の増大

先進国の企業は経営困難に陥り、中国企業の進出を歓迎するようになった。技術移転の壁も低くなり、先進国に進出して研究・設計センターを設立する動きが出ている。また経営困難な国外企業を吸収合併して、技術の吸収を図る動きもある。核心技術の吸収・開発を図るなか、海外進出によって優秀な人材を確保し、海外の先進的技術資源を積極的に活用しようとしている。

他方、海外の資源を開発して国内の資源不足を補うとし、発展途上の資源国への経済協力を強めている。また、国内技術、製品、設備の輸出を増やすために、発展途上国での投資を増やしつつある。秩序ある進出を図るために、東南アジア、アフリカ、南米などには発展途上国と共同で「経済貿易合作区」を設けている。先進国の発展途上国への投資が縮小気味のいまこそがチャンスであるとして、対外投資を増やしつつある。「走出去」（打って出る）政策が採られて約一〇年になるが、いま、それが本格化しようとしている。中国の先進国と発展途上国との橋渡しの役割が、今後、ますます顕著となっていくであろう。

5　新自由主義から「和諧社会志向」への意識転換

一九九〇年代後半から、中国経済は新自由主義の影響を受け、日本以上に資本主義的な格差社会が形成された。胡錦濤政権は「和諧社会論」を提起し、その是正を図ってきたが、思うようには進展をみることができなかった。中国の改革開放について、外部からの批判と干渉があり、国内においても論争が絶えなかったからである。ところが、今回の世界金融経済危機によって、新自由主義の欠陥はあまりにもはっきりしてきて、政府の果たすべき役割も明白となってきた。そのため、中国的特色のある社会主義市場経済は政府主導型市場経済あるいは国際協調主導型市場経済であるというコンセンサスが得られるようになった。

いままでの医療制度改革は、「市場万能論に陥っていて失敗だった」という反省に立って、最近、その公益性が再確認され、医療薬品衛生体制改革のやり直しが行われている。社会保障制度、教育制度、分配制度、住宅制度などについても、同じような見直しが行われようとしている。

6　台湾問題とチベット問題の外交的制約緩和

今回の金融危機によって、中国の外交活動を制約していた台湾問題とチベット問題が解消に向かったことも見逃せない。大陸・台湾両当局は、金融危機対策の一環として、大陸・台湾間の経済融合を促す政策を採ったため、両岸関係は大きな改善をみるにいたった。四月二六日、南京で台湾側の「海峡交流基金会」理事長江炳坤と大陸側の「海峡両岸関係協会」会長陳雲林のトップ会談が行われ、直行チャーター便の定期便化（現行の週一〇八便から二七〇便に増加）や金融機関（銀行、証券、保険の三業種）の相互参入、犯罪捜査協力など三つの合意文書が調印された。大陸資本の台湾への投資容認についても合意された。また、四月三〇日、中国政府は台湾が中華台北の名義でオブザーバーとして世界保健機関（ＷＨＯ）に参加することに同意した。

二〇〇八年一〇月、イギリス政府外務省は、中国のチベットへの主権を認めず、宗主権のみを認めたのは「時代的錯誤」であったと反省し、対チベット政策の大転換を図った。金融危機から脱皮するにあたって、中国との経済関係を強めたいためである。これによりチベット独立勢力はその国際法的基盤と最大の後ろ盾をなくすことになり、ますます弱まっていく運命にある。

7　受動的外交から能動的外交への転換

中国外交は過去三〇年間受動的であった。台湾問題とチベット問題があったし、世界政治経済秩序は先進国によって作られたものであり、常に先進国からの圧力を受けていたからである。それが今回の金融危機によって、中国の立場が強化され、先進国サミット会議、二〇ヵ国金融サミット会議などで、中国はますます重要な役割を果たすことになった。この傾向は今後ますます強まり、中国外交は受身の姿勢からより能動的なものに変わりつつある。但し、リーダーにはならず、新興経済国または発展途上国代表との連係プレーという方式を採っていくであろう。

中国のような人口大国は常に世界の注目の的となりやすい。過去三〇年の改革開放政策においては、さまざまな問題、矛盾が起こるのは避けられず、どうしても欠陥が大きくクローズアップされる傾向にあり、大国のデメリット面が突出する。今後の三〇年は、中国の経済社会が成熟するにつれて、その長所が評価され、大国のメリット面が突出することとなろう。それは中国外交のソフトパワーを強める基盤づくりに繋がる。

四　世界に起こりつつある地殻変動

G20ロンドン金融サミット会議は、「旧秩序の終結と新秩序の萌芽」を示すといわれる。少数の先進国が世界を主宰する時代は終わり、発展途上国の主張も取り入れる時代に入ったということである。それは世界全体の国内総生産（GDP）のうちG7が占める割合は五割程度で、G20に拡大すると八割に達するという数字にも現れている。また、それは、長い量的変化を経て、いまや質的変化を遂げようとしている。すなわち、世界では一七世紀に始まった近現代国際政治に歴史的な地殻変動が生じており、それは中国の漸進的台頭とアメリカの黒人大統領誕生によって動かせざる事実となりつつある。

1　科学技術独占体制の打破

中国は、核心技術の特許を有する先進国の多国籍企業が自らの企業標準を事実上の業種標準に仕立てて世界に「商業科学技術帝国」をつくり上げ、後進国の技術進歩と産業発展を著しく阻害しているとし、多国籍企業の標準化戦術、すなわち技術の特許化（特許の標準化）と標準のグローバル化への批判を強め、自らの知的財産権を開発・保有し、国際市場での技術標準設定にあたっては、中国の主導権と発言権を確保すべきだと、主張する。そして、いままでの「国際標準の本土化」から「中国標準の国際化」への転換を図るべきだと強調する（「人民日報」四月一三日）。

二〇〇八年六月、国務院は「国家知識産権（知的財産権）戦略綱要」を公布した。また中国政府の国家認証認可監督管理委員会は、四月二九日、日米欧の強い反対を押し切って情報技術（IT）セキュリティー製品の技術情報の強制開示制度を発足させた。実際の適用は、一年間の猶予期間を設け、規制を中国の政府調達分に限定したが、実施の方針は変えなかった。そこにはセキュリティー確保の堅い決意と先進国の技術独占への対抗意識が感じとれる。

2　国際金融制度の改革

今回の金融危機を契機に、中国は国際金融制度改革について積極的に発言するようになった。中国のドル資産価値維持という国家利益と国際金融の機能を正常化させるという国際的責任に関わっているからである。国際金融機関も中国の大きな存在感を認めざるをえず、中国の主張をかなり取り入れるようになった。

ＩＭＦの国際通貨金融委員会（ＩＭＦＣ）は、〇九年四月二五日、経済危機で資金不足に陥った新興・途上国を支援するため、ＩＭＦの資金基盤の強化や融資制度の拡充などを盛り込んだ共同声明を採択した。そこには、胡錦濤がロンドン金融サミットで提案した六項目のかなりの部分が採用されている。この共同声明は、①世界経済の成長や国際的な金融安定化でＩＭＦが「主要な役割を果たす」などといった文言が並び、世界の金融市場を監視し、危機の芽を見つけて警鐘を鳴らす「早期警戒」機能をＩＭＦに担わせることを確認した。これは胡錦濤提案の第一項目と第四項目に符合する。②中国など新興国が求めているＩＭＦへの出資比率増加と発言権の拡大について早期に検討することでも合意した。これは胡錦濤提案の第二項目に相当する。③中国などが求めていたＩＭＦによるＳＤＲ建て債券発行も実現する見通しとなった。これは中国の外貨準備の七割はアメリカ国債を中心としたドル資産であるが、それを徐々にＩＭＦによるＳＤＲ建て資産に移行させるためであろう。これは胡錦濤提案の第六項目に相通ずる。

3　ドル一極体制から多極体制を経て国際共通通貨体制へ

胡錦濤は、ワシントン金融サミットとロンドン金融サミットで、基軸通貨の多元化を主張し、人民元の国際化と基軸通貨化が着々と進められている。

現在、中国は外貨準備としてアメリカ国債を中心としたドル建て資産を保有しているが、今後は「安全、流動、価値保全の原則で多元化投資戦略をとる」という方針を打ち出した。また、人民元の為替レートについては、「合理的かつ均衡した水準で人民元価値の基本的安定を維持する」としている。実質的ドル追随からの脱皮と独自性維持への転換を宣言したものである。

四月二四日、国家外貨管理局の胡暁煉局長は、「運用の多元化を進め厳格なリスク管理を行う」として、金の準備を倍増したと発表した。少し前、上海と広東省の四都市（広州、深圳、東莞、珠海）での人民元建て清算を認めた。また、上海に「国際金融センター」を設立する方針が打ち出された。外国の金融機関に人民元建て融資を行うとか、人民元建ての「パンダ債券」を発行するとかいった議論も出されている。これらの措置は、いずれも、人民元の国際化と基軸通貨化を目指すものである。

国務院発展研究センター金融研究所所長夏斌氏は、金融危機は「中国に国際通貨システム再構築に参加する歴史的チャンスを与えてくれた」とし、現在のワシントン・コンセンサスとは異なった改革方向を打ち出すべきだとしている。ロンドン・サミット開催直前に、人民銀行総裁周小川氏は論文を発表し、超国家主権の世界共通通貨ＳＤＲのいっそうの活用を提唱したが、これは世界の有識者の深い関心を集めるところとなった。

4　安全保障の国際協調化

経済の高度成長に比例して、軍事費も二〇年間にわたって二桁の伸び率を示してきた。最近では航空母艦の建造も公言されている。四月二三日には、中国海軍発足六〇周年を祝う国際観艦式が中国山東省青島で催された。アメリカ、ロシアをはじめ、二九ヵ国の代表を招き、交流を深める姿勢を示した。米ロ韓など一四ヵ国の海軍の艦艇も青島入りし、観艦式での艦艇パレードに参加した。宇宙分野での開発も目覚しい成果を上げており、その軍事的意義が広く論じられている。

中国は軍事力を背景として、はじめて国家の主権と尊厳が守られるとしている。そこには「中国海軍の恥」として広く伝えられる銀河号事件、海南島上空での米中軍用機接触事件、海南島海域での米国調査船追い出し事件などが背景としてある。他方で、観艦式を「和諧海洋」と名づけたように、国際協調による安全確保の姿勢がはっきり打ち出されている。単独防衛から協調防衛への流れのなかで、中国は安全保障面でもますます重要な役割を果たそうとしている。

5　国際政治経済秩序の再構築

現代国際政治は、基本的に一六四八年のウエストファリア条約の枠組みのなかにある。すなわち、「主権、領土、国民」の三つを標識とした国家主権第一主義で、その土台をなすのはパワーポリティックスである。ブッシュ政権によって推進された単独行動主義はその延長線にある。中国は一貫してそれに反対してきた。オバマ政権は単独行動主義を根本から批判し、国際協調路線に転換させせつつある。

また、経済においては、英国のサッチャー保守党政権が三〇年前に、そして米国のレーガン共和党政権がその二〇ヵ月後に誕生し、新自由主義を世界に広めた。その結果が今回の世界金融経済危機である。オバマ大統領は「砂上のアメリカ経済」と厳しく批判し、「全企業収益の四割を金融部門に依存する」、「上位一%の所得が急伸する」、「高額ボーナスや目先の利益を追う」といった経済は長続きしないと切り捨てた。これは中国の和諧社会論と重なる。

「G7とG20の同日開催で、アメリカ主導で、中国などが世界経済の新たな秩序作りに深く関与する舞台が整えられた」と報道された。確かに、オバマ大統領は、アメリカを中心とした国際秩序について「いまの世界はそうではないし、そうあるべきでもない」と発言している。米中を軸に「新秩序」が構築されるという見解も、あながち的外れではないであろう。

五　中国の取り組むべき課題

上述の如く、中国の三〇年間にわたる高度成長、今回の金融危機に対する素早い対応、対外関係での一貫した協調路線などは、国際的に高く評価され、多くの中国人はこれまでになく中国人としてのプライドを持つようになった。しかし、中国の抱える問題は実に多く、先進国に追いつくにはまだ長い期間を必要とすることを忘れてはならない。有頂天にならないで、謙虚に自国を見つめた場合、次の五つの課題に真剣に取り組まなくてはならないことが分かる。

1　政治の民主化と和諧社会の構築

金融危機以後、中国の政治体制を肯定する論調が目立つが、それは一定限度内に止めるべきだ。確かに中国共産党の指導体制は、かつてのソ連共産党とは違い、一定の民主性と柔軟性があったし、改革開放三〇年のなかで、政治制度面でもかなりの改革が行われた。しかし、胡錦濤が提示した「共産党の指導、人民民主、憲法を中心とした法治の三結合」の枠組み目標からみると、実際にはまだまだ大きくかけ離れている。中国の世界における責任を考えた場合、自国の国民から真に評価されるばかりではなく、世界の有識者からも高く評価される政治体制を構築しなくてはならない。それには政治の民主改革と格差解消の制度設計が不可欠である。現在、国内的にも国際的にも大変よい状況に置かれており、政治改革に積極的に取り組むよい時機にあると捉えるべきである。

2　被害者意識と狭隘なナショナリズムの克服

中国は長い歴史のうちに中華文明を培ってきた。ところが、近代に入って、列強の食い物にされ、半植民地化した。中国国民は塗炭の苦しみを味わった。とりわけ日本軍国主義の侵略による直接支配によって、あまりにも苛酷な犠牲を強いられた。そのため、被害者意識からなかなか脱皮できず、歴史認識問題または国家主権問題に関わると感情的になりやすい。そのため時には狭隘なナショナリズムに陥ることもある。しかし、いまや中国は世界でも最も影響力のある国の一つとなった。「責任ある大国」として理性的に対応する国民意識を涵養する必要がある。

ここで指摘すべきことは、共産主義あるいは社会主義は本来国際主義であり、グローバリズムであるはずだ。中国の伝統文化からいって大同主義であるはずだ。ところが、改革開放後、国際主義が語られず、もっぱら愛国主義教育が強調された。これは反省すべきことである。

3　大国主義回避と国際協調

中国は人口、領土からして、自ずと大国である。そのため、本質的に大国主義に陥りやすい。長いあいだ、世界のなかで低位を強いられてきたから、鬱積された心理的不満がある。そのため、北京オリンピックの成功あるいは今回の世界金融経済危機への対応が国際的に評価されると、このうえなく大きな喜びを感じ、大国主義的情緒に陥りやすい。しかし、「逆境にあってめげず、順境にあって奢らず」のことわざを忘れてはならない。

米国オバマ大統領の外交姿勢には相手国の主張に耳を傾けるという謙虚さがある。これは差別されて育った彼の生い立ちなくしては考えられない。かつての自国の主張を他国に押し付ける強圧的手法は、アメリカ外交から姿を消しつつある。中国も相手の言い分をよく聞き、自己の主張や立場を相手が納得するまで丁寧に説明する必要がある。航空母艦建造の必要性について、「大国であるから」とか「経済や科学技術の発展に有利だから」とかの説明では、かつての帝国主義の論理と変わらない。戦略的目標をはっきりさせ、「和諧世界論」との関連を論理的に説明してこそ、はじめて安全保障面での国際協調が確かなものとなる。

4　長期的ビジョンの提示と和諧世界論

中国が今後どの方向に進むか分からない、中国自身も答えられないという言葉をよく耳にする。それは、政治体制が西側先進諸国と異なることへの不安に基づくものであるが、中国自身について言えば、「社会主義初級段階論」は提示されたが、「中級段階論」や「高級段階論」のビジョンが示されていないからである。そのビジョンの作成にあたっては、中国の有識者ばかりでなく、世界各国の有識者の知恵も凝集させるべきである。なぜならば、中国の今後の趨勢は、世界の趨勢と密接な関わりがあるうえ、中国の国際国家としての役割と存在感を世界にアピールするうえで有利であるからである。

現在、胡錦濤の提起した「和諧世界論」は、中国が大国になるための戦術に過ぎないという見方が大勢を占めている。事実、中国の研究者のなかにも同様な見方をしている者がいる。もし、中長期的ビジョンが示されれば、世界有識者の疑念は解かれ、「和諧世界論」は真に世界から受け入れられることになる。

5　マルクス主義と中国伝統文化との整合性

中国は共産党に指導され、共産党はマルクス主義を理論的指針としている。そのため、政策作成にあたっては、常に理論と実践の結合が問われる。かつて階級闘争論がマルクス主義の真髄とされ、毛沢東は結局のところマルクス主義とは「闘争哲学」だと断言した。当時、「中庸」とか「和諧」とかの伝統的儒教思想は、日和見主義として排斥され、タブー視されていた。

改革開放後、儒教をはじめとする伝統文化への見直しが行われ、「和を以て貴しと為す」や「和諧社会論」、「和諧世界論」などが盛んに言われるようになった。さらには、世界各地に孔子学院をつくって、中国語と中国伝統文化の普及に努めている。「和諧社会論」はマルクス主義の本質と合致するとしている。強いて言えば「和諧哲学」ということであろう。「闘争哲学」から「和諧哲学」への転換、これを理論的にどう説明するのか、共産党当局は答えなくてはならない。

結び

現在、日本では、対中関係において毒餃子問題とか東シナ海ガス田問題とかに過度の注意が払われ、中国を中心として起こりつつあるダイナミックな世界的地殻変動の始まりに気づいている者は少ない。政治家も、人気取り選挙に汲汲としていて、戦略的視点に立って日本の国家利益を考える精神的余裕がなくなっている。

日本の外交筋は、アジア唯一の先進国という優越感から脱却できず、常に中国に対するライバル意識を先行させている。そのため、最近では、中国の外交的措置を後追いするようなケースが多くなっている。これでは、日本の前途を誤る。いま日本にとって必要なのは、独自の外交戦略を立てて、リーダーシップを発揮することであり、真に日中協力体制を確立して世界情勢の大変化に対応していくことである、と考える。

第二章　中国経済の中長期的展望と国際的影響

解題：（二〇一〇年六月執筆）本論が編集者から与えられたテーマは「中国経済の光と影」であった。二〇〇九年の統計数字に基づいて、中国経済のV字型回復を分析し、その成果を評価する一方、問題点も指摘した。「構造的問題はむしろ深刻化」とし、不動産バブルの発生、所得格差の拡大、省エネ・環境保全目標の未達成、重工業設備肥大化の危険性、国有企業改革の立ち遅れ、人民元割安止まりの悪影響など、政策的ミスを指摘している。

他方、中国経済の世界経済における地位は着実に高まっていき、国際金融及び国際秩序に改革を迫っていることを強調した。

リーマン・ブラザーズ破綻から始まった世界金融経済危機のなかで、中国経済は目覚しい回復をみせ、世界の注目を浴びた。しかし、中国独特の大きな問題も抱えており、厳しい見方も多い。中国経済の現状と未来をどうみたらよいか、いくつか考察してみたい。

一　V字型回復で先導的役割

二〇〇九年のGDP成長率は、第1四半期六・二%、第2四半期七・九%、第3四半期九・一%、第4四半期一〇・七%、年間通して八・七%であり、政府目標の八%を達成することができた。中国経済は、〇九年第1四半期を底にV字型回復を果たしたのである。

表1　実質成長率に対する需要項目別寄与度（単位：%）

	07年	08年	09年
GDP伸び率	13.0	9.0	8.7
投　資	5.1	4.1	8.0
消　費	5.3	4.1	4.6
外　需	2.6	0.8	−3.9

二〇〇九年の外需寄与率は、マイナス三・九%と大きく落ち込んだが、投資寄与率が前年比約二倍の八%で、それを補った。すなわち、成長の原動力となったのは〇八年秋から実施された四兆元の公共投資であった。それは、固定資産投資（設備投資プラス建設投資）が前年を四・六ポイント上回る三〇・一%増（〇七年二四・八%増、〇八年二五・五%増）であったことからも裏づけられる。

ここで二〇〇九年の中国主要経済指標についてみてみよう。

1　第二次産業は九・五%の高い伸び率を示し、日本を抜いて第二の工業大国となった。国連工業開発機構（UNIDO）の報告によると、中国の二〇〇九年の工業生産総額の世界に占めるシェアは一五・六%で、日本の一五・四%を上回った。一位はアメリカで一九%を占める。

2　第一次産業は四・二%の伸び率で、良好な状態にある。二〇〇九年のコメ、麦、とうもろこしなどの食糧生産高は五億三一〇〇万トンに達し、六年連続で増産を達成した。農家に直接補助金を与えて生産意欲を高めるという仕組みが定着し、功を奏したのである。

3　第三次産業の伸び率は八・九%で、立ち遅れた第三次産業の発展が図られた。第三次産業の比率は高まり、経済構造は着実によい方向に向かっている。

4　消費者物価は、〇九年一一月、一〇ヵ月ぶりにプラスに転じ、卸売物価指数も一二月に一年ぶりにプラスに転じた。デフレから脱皮したことは評価できるが、物価上昇が加速しており、これは資産インフレの傾向とともに問題である。これについては後述する。

5　中国の財政収入は前年比一一・七％増の六兆八四七七億元である。年の前半は不調であったが、後半になって国内経済の回復により急速に持ち直した。

表2　2010年の主要数値目標（カッコ内は2009年実績）

実質ＧＤＰ成長率	８％程度	(8.7％)
消費者物価上昇率	３％程度	(－0.7)
財政赤字	１兆500億元	(9500億元)
新規貸出額	約7.5兆元	(9.59兆元)
全社会固定資産投資額伸び率	20％	(30.1％)
輸出の伸び率	８％前後	(－16％)
社会消費財小売総額伸び率	15％	(15.5％)

6　巨額な公共投資を行ったため、中央と地方を合わせた〇九年の財政赤字は過去最大の九五〇〇億元に膨らんだが、歳入六・九兆元に対する比率は一三・八％できわめて低い。中国の累積債務は六・二兆元、それに外債残高三八六八億ドル（二・六兆元）を加えると八・八兆元で、対ＧＤＰ三三・五兆元の比率は二六％である。国家財政はきわめて健全であるといえる。

7　〇九年は、政府の地域格差縮小策が功を奏し、内陸・東北部が急成長した。実質成長率をみると、上位一〇地区のうち、九地区を内陸・東北部が独占し、沿海部は天津市のみであった。首位は内モンゴルの一七％増である。

8　中国の〇九年の輸出額は前年比一六％減であったが、世界第一位のドイツが一八％減とさらに落ち込んだため、中国が世界第一位となった。

二〇〇九年度の経済成果を踏まえて、中国政府は表2のような二〇一〇年度経済目標を立てた。

これらの数値目標には、公共投資依存の成長から投資、消費、外需間のバランスが取れた成長への転換を図る意図がみてとれる。一〇年第1四半期は一一・九％の成長率、寄与度内訳は、公共投資を中心とする資本形成が六・九％、最終消費六・二％、純輸出マイナス一・二％である。大まかにみて、ほぼ政府の思惑どおりの方向に進んでいるといえよう。

中国のV字型回復は日本に好影響を与えている。日本の〇九年の中国向け輸出額がアメリカ向けを初めて上回り、中国が最大の輸出相手国となった。こうしたなか、日銀の白川総裁は、日本経済が二番底に陥る懸念は新興国の成長のおかげもあって「かなり後退した」と語るにいたった。

九〇年代から中国での販売組織を固めたコマツは、中国の建機市場で二割強の最大シェアを握り、連結営業利益の四割近くを中国で稼いだ。多くの日本企業本社は、金融危機以前においては欧米最優先の意識が強かったが、危機以降はコマツなどに倣って、中国市場開拓に本腰を入れるようになった。ジェトロによる昨年一二月の調査では、中国進出企業の六割が、中国市場を中心に事業拡大を計画している。

また、中国のV字型回復は、周辺諸国及び欧米先進国にも影響を与え、世界経済の好循環形成にかなり貢献した。「中国の景気動向は日本を含む世界経済を左右する」といわれるのも故なしとしない。

二　抱える構造的問題への取り組み

経済回復に貢献した投資と消費の増加は、政府の景気刺激策に頼っている面がかなり強く、中国経済が自律的な拡大軌道に乗ったとはいえない。したがって、当局は「積極的な財政政策」と「適度な金融緩和政策」を二本柱としたマクロ経済政策を堅持するとしている。また、胡錦濤国家主席は、二月三日、「経済成長の方式を投資・輸出主導から、消費を含めた調和のとれたものに転換する必要がある」と強調した。

実は、経済成長率をみると大きな成果を収めたが、内実をみると問題ははなはだ多い。〇八年末に世界各国に先駆けて大規模な景気刺激策を採った際、中国の構造的問題を解消するチャンスとすべきだという考え方が強調された。しかし、実際の経済の動きはその逆方向に進み、構造的問題はむしろ深刻化した。

1　不動産バブルの膨張

〇九年末、金融機関の人民元貸出残高は三一・七%増の三九兆九七〇〇億元で、一年間の増加額は九兆五九〇〇億元と前年の二倍近くに膨らんだ。一部過剰なマネーは不動産市場に流れ、住宅価格の高騰を招いた。〇九年の通貨供給量は前年比二七・七%増で、政府目標の一七%程度を大幅に上回った。消費者物価は昨年末から急上昇し、二月には二・七%上昇となった。三月の消費者物価は二・四%と少し鈍化したが、油断はできない。三月の卸売物価指数は五・九%上昇し、不動産価格は一一・七%上昇と最高記録を示した（〇九年一二月末不動産価格は前年同月比七・八%上昇）。不動産バブルはますます明白となった。

中国人民銀行は、今年に入って、一月、二月、五月と三回にわたって預金準備率を引き上げた。また、三月一八日の公開市場操作（オペ）で、期間三ヵ月の中央銀行手形を一三〇〇億元発行した。市場の余ったお金を吸収するためである。預金準備率、公開市場操作、金利の調整の三手段のうち、金利の調整については、景気への影響を懸念して慎重な態度をとり、五月時点ではまだ手をつけていない。

中国銀行監督管理委員会（銀監会）は、企業が銀行から借りた運転資金を不動産の購入などに流用することを禁じる政令を施行した。中国人民銀行や銀監会は、一月半ばから「窓口指導」と呼ばれる行政指導を強化して、銀行融資の抑制に動いた。銀行融資の使い道を厳格に監視し、融資が本来の目的である実体経済に流れるようにするためである。また、住宅ローンの規制を強化し、二軒目購入の場合は頭金を購入価格の最低五割とし、一般より高いローン金利を適用するとした。一軒目でも床面積が九〇平方メートル以上の場合、頭金は購入価格の最低三割にするなどとした。

以上の金融手段と行政手段を用いたバブル対策によって、一定の効果が上がりつつあるが、根本的解決のためには、その根っこを断ち切る必要がある。人民元相場の安定を狙った元売り・ドル買い介入により、人民元通貨の流動性が高まった。しかも、銀行への規制を緩和したために融資額が急増し、カネ余りを深刻化させた。

2　降って沸いた「地方融資平台」（投資会社）問題

〇八年一二月、温家宝総理は、〇九年の新規融資額は〇八年を若干上回る五兆元以上と設定した。ところが、〇九年前半に急増し、たちまちにしてこの枠を突破した。年後半にかなり引き締めても、新規融資額は年間九・五九兆元となった。この思いがけない融資急増は、「地方融資平台」によるものであることが分かった。しかし、その実態はまだ調査中で、この六月にその結果が出ることになっている。

一九九〇年代に朱鎔基首相（当時）が進めた税制改革で自主財源を奪われた地方政府は、不動産開発権を業者に販売することで新たな財源を確保した。売却収入は自主財源の三―四割に達するとみられる。そのほか、中央政府が地方に代わって二〇〇〇億元の地方政府債を初めて発行した。この二つの財源に支えられ、〇八年末に打ち出された四兆元の景気刺激策では、三分の一を地方政府が負担し、〇九年の地方政府の財政支出は前年比で二三％増となった。以上は見える部分である。

実は、地方政府は資金調達のルートをもう一つ持っていた。それは地方政府傘下の「融資平台」（投資会社）などを通じて、国有銀行から巨額な融資を受けていたのである。「地方融資平台」と呼ばれる地方政府投資会社は、道路・鉄道の整備や都市開発などを手掛けている。事業資金の大半は銀行借り入れや債券発行を通じて調達する。〇九年六月末時点で全国に八二二一社、同年末の負債総額は六―八兆元に達するといわれる。

温家宝総理は、「内需拡大の名目で労力や財力を無駄にするプロジェクトは断固阻止しなければならない」と警告した。中国人民銀行の周小川総裁は要注意「平台」として次の二種類を挙げた。一つは、事業用地を担保として多額の資金を借り入れている「平台」である。不動産バブルがはじけて担保価値が急減すれば、金融機関は巨額の不良債権を抱えることになる。もう一つは、投資する事業の収益力が低い「平台」である。十分な利益がなければ借金を返済できず、最終的に地方政府が肩代わりすることになる。

一般に、省レベルの企業では採算のとれる事業を扱っている場合が多いが、県以下の地方政府系事業は危ないとみられている。しかし、筆者は、中国の現状からして無駄な公共投資はあまり多くないとみている。また、早期にこれを発見し、杜撰な事業計画には一定の修正・調整を加える必要がある。こうしたことによって、経済効率性をかなり保つことができるであろう。

地方政府の「融資平台」の貸出残高は七・二兆元に達するといわれ、結局、それは財政が肩代わりすることになるため、中国の財政状況はきわめて悪いという見方が強くある。しかし、たとえそれを全部加えても累積債務は一六兆元、対GDP比率は約五〇％である。EUの基準六〇％以下にあり、中国財政はやはり健全な状態にあるといえる。

3　所得格差の拡大

前述したように、公共投資を内陸部に重点的に回したこともあって、地域格差は縮小の方向に向かった。しかし、都市部の所得格差と都市・農村間格差は依然として拡大していった。景気対策が優先され、構造的課題の実質的棚上げや最低賃金の引き上げ中止などの措置が採られたためである。

GDPに対する賃金総額の比率は一九九〇年代初めの一五％台から〇八年には一〇・七％に下がった。収入の上位一〇％と下位一〇％の所得格差は一九八八年の七・三倍から〇七年には二三倍に拡大した。国家統計局によると、総人口二〇％の貧困層の所得が中国人総所得のわずか四・七％を占めるのに対し、二〇％の富裕層は五〇％強を占める。

温家宝総理は「富を増やすだけでなく、富というパイを上手に分けなければならない」と訴えた。三月五日、全人代で提出された計画案には所得分配制度の改革が盛り込まれ、労働者の給与の逐次引き上げ、徴税を通じた所得の再分配、国有企業と金融機関の役員報酬の規制などに取り組む方針が打ち出された。企業の業績悪化を防ぐために凍結されていた最低賃金基準も「逐次引き上げる」とされ、広東省、福建省、浙江省などでは、すでに約二〇％の引き上げが実施された。沿海部の最低賃金は月八〇〇元台であったのが、軒並み一〇〇〇元前後に高まる。

創業者など未公開株の保有者が上場後に株式を売却した場合、売却益の二〇％相当額を所得税として徴収することが決まった。これはキャピタルゲインに対する初の個人課税である。また、「わが国には雇用、社会保障、所得分配などで社会矛盾が少なくない」として、今年の立法活動の第一に社会保険法の制定が挙げられている。

都市・農村間格差についてみると、〇九年の都市部一人当たりの可処分所得は一万七一七五元、農村部一人当たり純収入は五一五三元、両者の格差は三・三倍である。陳衛生部長は「人口の大部分は農村で生活しているが、優れた医療資源の八割が都市に偏在している」と都市と農村の医療格差を指摘し、農村地域での病院建設を急ぐ考えを示した。

二〇一〇年予算では、「三農」対策として八一八三億元（前年度比九三〇億元増）が計上され、水利建設など農業インフラの整備や農村保険制度の充実に使われる。また、格差解消対策の一つとして、中小都市での定住を望む離農者に都市戸籍を与える方向性が示された。戸籍の取得を通じ、出稼ぎ労働者は年金や医療、教育など各方面の手当てが受けられるようになる。

4　省エネ・環境目標の未達成

二〇〇九年、単位GDP当たりエネルギー消費量の削減率五％が目標とされたが、結果は二・二％と二〇〇六年以降、四年連続で目標未達成となった。公共投資増に伴い鉄鋼、セメントなどエネルギーを大量消費する産業が経済を牽引してきたからである。二〇〇一―〇五年計画で唯一達成できなかったのは環境目標であった。二〇〇六―一〇年計画でも、やはりこの目標未達成の可能性が高くなった。国有企業と民間企業のあり方も含めて、仕組みを根本的に見直す必要があろう。

二〇一一―一五年の次期「五ヵ年計画」では、省エネなど環境対策投資を現行計画比で二・二倍の三兆元に拡充する計画が立てられている。二〇二〇年までに単位GDP当たりの二酸化炭素排出量を〇五年比で四〇―四五％削減するという政府目標の実現には大きな困難を伴う。現行の「五ヵ年計画」では省エネ目標の達成が難しくなったため、旧型の小規模発電所の閉鎖を加速させようとしているが、行政手段ではなく、経済的手段で導く手法を確立すべきであろう。

二〇二〇年までにIT技術を使って電力を効率的に供給する次世代送電網（スマートグリッド、智能電網）を活用した電力供給体制の整備に四兆元を投ずる計画が立てられている。「国家電網」の素案によると、二〇一一―一五年間に二兆元、一六―二〇年間に一兆七〇〇〇億元の投資を計画している。風力や太陽光などを利用した発電所建設に適した北部・内陸部と、製造業の拠点が集積する南部や沿岸部を結ぶ超高圧送電網を構築する。総発電能力は二〇〇九年末の八億七四〇〇万キロワットから二〇二〇年には一六億キロワットに増加、発電種類別内訳では、火力発電が七五％から六三％に低下、水力発電も二二％から一九％に低下するのに対し、新エネルギーは二％から一三％に高まり、原子力は一％から五％に高まる。

5 「国進民退」と産業構造高度化の後退

景気刺激策の公共投資とそれに伴う融資増大は、その大部分が国有企業に回された。しかも、その国有企業は鉄鋼など伝統的資本集約型産業が多く、産業構造高度化と逆行するものであった。

粗鋼生産高は二〇〇〇年には一億トン余りであったが、今世紀に入って急増し、二〇〇九年は一三・五％増の五億六七八〇万トンであった。生産能力は六億六〇〇〇万トン、さらに五八〇〇万トンの設備が建設中である。鉄鋼関係の工場稼働率は六〇％といわれ、エコノミストの成思危氏は「鉄鋼業界の過剰生産能力は二億トンで、一兆元が無駄な投資」と指摘している。

中国政府は、二〇〇九年九月、石炭化学、鉄鋼、セメント、板ガラスなど六業種を生産能力が過剰な産業に指定し、設備増強の抑制に向けた行政指導を強めた。石炭化学設備と鉄鋼設備の増強を三年間認めない措置をとった。

中国にはまだ五〇〇社もの製鉄会社があり、政府は鉄鋼業界の再編・統合を進め、最終的に競争力の高い三―五社に集約する計画である。しかし、政府の決める再編案は、経済効率の悪い国有企業が効率のよい民間企業を合併する傾向にあって、企業の自発性を奪う可能性がある。行政主導で巨大な鉄鋼メーカーが誕生したとしても、真の競争力が伴うとは限らない。

国有企業の非効率是正のために、今年からＥＶＡ（経済付加価値）指標を取り入れることになった。この指標は、日本が二〇〇〇年前後に採用し、米欧でも広く使われるようになったものだ。税引き後営業利益から資本コストを差し引いて計算するＥＶＡは、国有企業の現状では大半がマイナスになるとのことである。中国国有資産監督管理委員会が今年から国有企業集団の経営管理指標の一つとしてこれを取り入れることは、国有企業の経営において、資産効率重視への転換が図られることを意味し、大いに評価できる。

「政府活動報告」は、「経済発展方式の転換」を前面に出し、「経済構造の調整と最適化」を図るとしている。そして、とりわけ重視しているのが「戦略的な新興産業」、「中小企業」、「サービス業」の育成である。新興産業としては、新エネルギー、新素材、省エネ・環境保護、バイオ・医薬などを挙げている。外資導入も、①ハイテクサービス業に重点を置く、②中西部地区に外国企業が投資するように導く、③投資形態は単なる工場建設ではなく、企業の合併や買収などを通じて、外資を国内産業の再編に絡ませる、などの方針が示された。

6　人民元レート調整の立ち遅れ

中国の外貨準備高は、二〇〇九年末に二三％増加し、二・四兆ドルとなった。急増したのは、人民元の対ドルレート（一ドルが六・八三元）を実質的に固定するためにドル買い入れ政策を行ったからである。この間、他の通貨に対してドルはドル安に進んだため、中国の実効レートは約六％の元安となった。その結果、アメリカばかりでなく、他の国からも中国に対する元高圧力が強まった。

中国は外圧に屈した態度をとりにくい。とはいえ、本来、元レートは一〇年くらい前から徐々に引き上げる方向で誘導すべきであった。二〇〇五年七月から為替レート形成メカニズムの改革が行われ、二〇〇八年の中ごろまでに二〇％強上昇した。しかし、ここ二年間、金融経済危機襲来ということもあって、再び実質的にドルに固定させる政策が採られた。その結果、元の割安感はいっそう深まり、投機的資金が大量に流入することになった。

二〇〇九年の外貨準備は四五三一億ドル増加した。その内訳は、貿易黒字と直接投資黒字が二八六一億ドル、利息が約六〇〇億ドル（金利三％として）、それに投機的資金（ホットマネー）が約一〇〇〇億ドル加わったとされる。中国では、資本取引は厳重に管理されているため、投機的資金が自由に出入りするのは難しい。その多くは、非合法的手法を通じて不動産投資や株式投資に回ったとみられる。

人民元レートの割安感を是正することは、緊急の課題となっている。それは対外関係のアンバランス解消に必要であるというだけでなく、中国経済の構造改革を推進するうえでも大変有益である。発展パターンの外需主導から民需主導への転換、中国国民の生活レベルの向上、産業構造の高度化など、すべての面でプラス要因として働く。輸出減退、一部企業の淘汰など短期的なマイナス要因に目を奪われないで、長期的視点に立って対応すべきであろう。

今年に入って、自主的に為替レートの調整を行う条件が整いつつある。まず、輸出が回復し、企業に耐久力が出てきた。次に、物価上昇が加速化し、インフレを防止する必要が出てきた。当局も時期と手法を検討しているように思える。

三　中長期的見通しと国際的影響

以上のことから分かるように、中国は、今回の世界金融経済危機に直面して世界経済の落ち込みに歯止めをかけるうえで大きな貢献をしたが、そのための犠牲もかなり大きかった。当局は政策的ミスを真剣に総括する必要がある。筆者は、「中国の奇跡」とか「中国モデル」とかの言辞を、外国人が言うのはともかく、中国自身が口にすべきではないと戒めている。しかし、これは、あくまでも中国の当局に対してのことであって、「中国の木を見て森を見ない」、つまり具体的欠陥に目が向き、全体的ダイナミズムを見ない日本の読者には、中国の活力とその影響力を強調しておきたい。

1　急上昇する世界的経済地位

ジョージ・フリードマンは、著書『一〇〇年予測』で、中国の経済成長は、輸出依存と貧困問題がネックとなって失速し、それが社会不安に発展し、中国共産党政権の解体が始まるとみている。それに対し、エズラ・ボーゲルは、中国には独自のルール化が進み、大きな問題が起こることはないとみている（「週刊東洋経済」一〇年二月六日）。歴史は、後者が正しく、前者は間違っていたことを立証するであろう。

中国経済は、今後も八―九％の成長を維持し、国内総生産は、購買力平価ベースで二〇一五年頃に、為替換算ベースでも二〇三〇年までに、アメリカを抜いて世界一になるという見方がある。筆者の予測もこれに近く、中国は、二〇二〇年頃まで高度成長が続き、それ以降は四―五％の中成長段階に入るだろう。それが二〇年くらい続き、その後は二―三％の低成長段階に入る。今後一〇年間において、高度成長と人民元上昇（約二倍になる）の相乗効果によって、中国経済の世界に占めるシェアは急上昇する。現在のシェア八％余りは一三―一五％に高まるであろう。

日本内閣府の推定では、二〇二〇年に世界主要国が投じる研究開発投資は、アメリカが首位であるが、二〇〇六年実績五〇％弱の投資シェアは三六％に低下する。中国は、一〇％強から二七％に大幅に拡大して第二位になり、日本は、一六％で第三位に後退するとしている。こうしたことから、二〇二〇年代の中国の中成長はかなりの程度において、生産性向上によるものとなろう。

中国大陸・台湾間の自由貿易協定にあたる経済協力枠組み協定（ＥＣＦＡ）が一〇年の六月中に締結される可能性が出てきた。中国大陸、香港、台湾の経済的一体化は加速していく。それに加えて、海外華僑・華人のパワーを考えると、中国の世界における経済的影響力は、まちがいなくさらに強まる。

香港、上海、深圳の中国三金融市場での二〇〇九年の新規株式公開（ＩＰＯ）による調達額は、七〇〇億ドルに達し、世界の三分の一を占めた。二〇〇九年の世界主要市場でのＩＰＯ調達額は、金融危機の影響などで約一九〇〇億ドルと二〇〇八年の六割強に留まった。一方、中国三市場の調達額は倍増し、世界市場でのシェアが急拡大した。今年以降も、世界のマネーは中国に流入する動きが加速するとみられている。

2　中国企業の海外での積極的展開

中国の資源獲得戦略において、西側先進国や資源国との協調姿勢が顕著だ。中国の二〇〇八年の石油消費量は三億七五〇〇万トンで、アメリカに次ぐ世界第二位である。それを賄うために、国内外の資源開発において、経験豊富な先進国多国籍企業と提携する姿勢をとっている。中国石油大手が欧米メジャーなどと組み、国内の油田やガス田の開発を加速している。二〇〇九年一二月、南シナ海の水深一五〇〇メートル以上の深海で大規模な天然ガス田が発見された。中国海洋石油がカナダの石油開発会社スキー・エナジーと探査などを進めた結果である。ロシアなどの資源国とも戦略的協調関係を進めている。

中国政府は、二〇〇〇年頃から企業の海外進出を促す「走出去」（外に打って出る）政策を展開し、企業の海外進出を支援してきた。世界を舞台としたM＆A（合併・買収）で中国企業の存在感が急速に高まっている。自動車会社「吉利（ジィリ）」は、スウェーデンのボルボを買収し、一躍有名になった。M＆Aを含めた二〇〇九年の中国企業の海外直接投資額は四三三億ドル（金融業を含まず）、海外企業の中国への直接投資額（九〇〇億ドル、実行ベース）の五割弱まで膨らんだ。二〇〇三年はわずかに五％程度であった。

アフリカなど発展途上国に対しては、資源獲得と地域開発をリンクさせる方式がとられ効果を上げている。長い間紛争が続き、経済が疲弊していたアフリカにおいて、いま平和が訪れ経済の発展がみられるようになった。そのなかで、中国政府と企業の活躍は目覚しく、他の国の参入を促している。中国の対アフリカ貿易は二〇〇八年には一〇七〇億ドルと五年間で五・八倍に拡大した。アフリカは、旧宗主国である欧州との繋がりが深く、欧州帰りの政治家が主導して発展を模索してきたが、その多くがつまずいた。そしていま、新興国のレベルに見合った中国の経験が生かされつつある。

3　国際金融における地位向上とその影響

二・四兆ドルの外貨準備高は、中国の国際金融での地位を大いに高めている。超主権国家のＳＤＲを国際通貨として使用すべきだという中国の主張は、国際的支持を得つつある。バーグステン・ピーターソン国際経済研究所所長は、アメリカ経済の再生にとってドル基軸通貨という肩書きは重荷であると主張し、「強いドル」政策の見直しを求めている。また、スティグリッツ米コロンビア大学教授は「世界はグローバルな準備通貨づくりに協力すべきだ」と指摘している。

中国は、短期的には元相場の安定を保つことが世界経済への貢献になるとの立場を強調し、「弱いドル」は容認できないという姿勢を示した。中国国家外貨管理局は最近の報告書で「ドルの基軸通貨としての地位は短期的には変わりようがない」と指摘し、今後も外貨準備の運用はドル主体で続ける方針を明確にした。しかし、長期的には人民元の基軸通貨化を見越して、人民元の国際化を積極的に推進している。

現在、世界の外貨準備の六五％はドル、ユーロは二五％、英ポンドは三・六％、日本円は三・五％である。ポンドと円は徐々に消失し、人民元が「第三の柱」となるという見方が強くある。他方、将来の基軸通貨の候補は人民元であるが、金融市場など条件が整うのに数一〇年かかるので、それ以前にアジア圏で汎アジア通貨が誕生する可能性があるという見方もある。

4　新国際経済秩序構築への積極的参加

改革開放後三〇年間は、主として既存の国際経済秩序に適応していく過程であった。その典型例はＷＴＯ加盟プロセスの紆余曲折である。今回の金融危機を契機として、中国は国際ルール作りに積極的に参加する態度を鮮明にした。それは、中国経済が二〇〇九年において、世界経済の安定と回復に牽引的役割を果たしたという事実によって、ますます現実味を帯びるものとなった。

中国は独自のモデルを形成しつつある。それは政府主導型市場経済であり、国際協調主導型市場経済である。国有企業改革は、まだ不徹底で問題はあるが、国民経済の動脈となる資源、通信、金融分野では、民営化すべきでないことがはっきりしてきた。例えば、中国の石油価格は国有企業のおかげで、国際市場の乱高下に左右されることなく相対的安定を保つことができた。また発展途上国への援助も、その多くは国有企業が担い成果を上げてきた。

一九九〇年代から今世紀にかけて、市場原理を絶対視する新自由主義が国際社会を風靡していた。その結果は、貧富の格差拡大であり、南北格差の拡大であった。今回の金融経済危機を経て、その問題点が認識され、反省の声が強くなりつつある。しかし、アメリカ社会に根ざす市場原理主義はなかなか変えられず、それの世界への影響は無視できない。中国は、発展途上国と先進国有識者の共鳴を得ながら、根気よく説得をしていくこととなろう。

結び

経済規模においては、国内総生産でも工業生産でも、日本は、世界第二位の地位を中国に譲ることとなった。その心理的影響は小さくない。ここで重要なのは、いかにしてこの変化を冷静に見るかである。人口が日本の一〇倍である中国が日本を追い越すのは至極当然である。要は、この飛躍する中国経済を日本経済の発展にいかに取り込むかである。

日本経済は二〇年間停滞した。二〇〇九年のＧＤＰは二〇年前の水準にある。いくら少子高齢化社会になったとはいえ、潜在成長率二％は実現できたはずである。停滞の原因はいろいろ挙げられるが、経済外交戦略の不備も重要な一因であった。日本の対中戦略を練り直し、中国とともに経済発展を図る道を築くべきではなかろうか。

日中関係の失われた一〇年（一九九八―二〇〇七年）において、両国の経済関係は引き続き発展をみたとはいえ、日本の中国におけるウエイトは下がり、その存在感は低下した。日本の質的優位性が保持されている現在においては、中国の構造的問題の解決に協力できる分野はまだ多い。遅れをとらないで、戦略的対応策を検討すべきだ。

第三章　政策的余裕のある中国経済

解題：（二〇一二年三月執筆）二〇〇七、〇八年はインフレ抑制策を採っていたが、〇八年秋の世界金融経済危機以降、景気刺激策に転じた。二〇一〇年末には景気過激抑制策として引き締め政策が採られた。その後、インフレが終息気味となったため、二〇一一年末に金融緩和策に転じた。本論はその過程を分析し、中国のマクロコントロール能力を評価した。と同時に、長期的視点に立った対応策も紹介し、中国経済への悲観論を客観的事実で以て反論した。

本論において、世界経済危機で一時的に中止された人民元レート割安調整が二〇一〇年に始まり、二〇一一年末には大体均衡点に達したことを指摘し、人民元の国際化がかなりのスピードで進展していることを紹介した。

高度成長があと一〇―一五年は続くという予測は若干間違っていた。中国経済はすでに高度成長後期段階（六―七％）に入り、五―一〇年後には中速度前期段階（五―六％）に入るからだ。

中国経済について、「中国　内外需に不安定要因」、「中国経済はトリレンマ（インフレ・成長失速・不良債務急増）をしのげるか」、「物価高・輸出減に苦慮」、「中国　薄氷経済運営　今年は安全重視　減速なら社会不安も」、「中国八・九％成長に鈍化　世界経済の『エンジン』失速」、「中国高成長にかげり」など、暗いイメージがマスメディアに映されている。

それに対し、コマツ会長坂根正弘氏は、「安定成長二〇二〇年まで続く」と楽観論を示す（「日本経済新聞」一〇月一六日）。東洋証券株式会社情報本部長細井靖氏は、中国経済は「ソフトランディングに成功した」とみる。ここでは、多くの資料を基にして、坂根氏や細井氏の論断が真実に近いことを立証したい。

一　二〇一一年中国経済の主要経済指標分析

一年半の引き締め政策によって、消費者物価上昇率の上昇及び不動産価格の高騰が収束し、経済成長率も持続可能な七—八％代にダウンした。これは、中国当局が目指していたもので、中国経済は基本的にソフトランディングに成功したといえる。

（1）国内総生産

二〇一一年の国内総生産は四七兆一五六四億元、前年に比べて実質九・二％増であった。四半期ごとの伸び率をみると、第1四半期が九・七％、第2四半期が九・五％、第3四半期が九・一％、第4四半期が八・九％としだいに低下している。しかし、減速は、経済政策の成果であって、決して憂うべき問題ではない。むしろ第4四半期の数字は、大方の専門家の予想を上回るもので、中国経済の力強さを示したといえる。

（2）食糧生産高

二〇一一年の食糧（米、麦、トウモロコシ）生産量は五億七一二一万トンで、前年比四・五％増、八年連続の増産を達成した。食生活の改善で需要量は増えているが、生産が伸びているため、食糧の自給率はずっと九五％以上で、この数年は一〇〇％に近い。レスター・ブラウンは、一九九五年に『誰が中国を養うのか』という本を著し、中国の目まぐるしい経済発展により将来の食糧危機を危惧し、次のように書いた。「一九九〇年、中国は三億二九〇〇万トンの食糧を生産し、三億三五〇〇万トンの食糧を消費した。六〇〇万トンを輸入して、その不足を補った。中国の食糧に対する需要は現在の趨勢でいくと二〇三〇年には四億七九〇〇万トンに達するが、その間の食糧生産はおそらく五分の一減り二億六三〇〇万トンに下がる。その足りない分は二億六〇〇万トンに上り、一九九三年の全世界の食糧輸出量の二億トンを上回る」。ブラウンの予測は完全に外れた。

（3）粗鋼生産量

二〇一一年の粗鋼生産量は六・八％増の六億九五五〇万トンで、世界の四五・五％を占める。生産量第二位の日本は、一・八％減の一億七六〇万トン、中国の生産量は日本の六・五倍である。人口が日本の一〇倍であるから、これは中国の高度成長を反映するもので、決して異常とはいえない。ただ、質の向上と高度成長終息期（一〇―一五年後）の対応をいまから考えておく必要がある。

（4）投資伸び率と消費伸び率

全国固定資産投資は、実質一六・一％増、そのうち全国不動産開発投資は実質二〇・〇％増で、伸び率は前年に比べ五・三ポイント低下した。全国社会消費財小売総額は一八兆一二二六億元で、実質一一・六％増と堅調な伸びを示した。二〇〇九年に採られた自動車や家電の購入補助金政策の期間が終了したため、消費が伸び悩むとみられていたが、その影響はあまり大きくなかった。

（5）国家財政

二〇一一年の財政収入は前年比二四・八％増の一〇兆三七四〇億元、内訳は中央財政が二〇・八％増の五兆一三〇六億元、地方財政が二九・一％増の五兆二四三四億元である。財政収入のうち税収が二二・六％増の八兆九七二〇億元である。財政支出は二一・二％増の一〇兆八九三〇億元で、赤字額は五一九〇億元、対ＧＤＰ比率はわずかに一・一％である。財政がいかに健全であるかが分かる。

（6）物価上昇率

全国の消費者物価は五・四％上昇し、前年の三・三％より二・一ポイント上回り、年初目標の四％を一・四ポイント上回った。商品分類でみると、食品が一一・八％、居住費が五・三％上昇したが、そのほかはいずれも平均を下回るものであった。新住宅価格は、二〇一一年一〇月時点で、七〇の大中都市のうち三四都市で価格が下がり、二〇都市でゼロ、一七都市でわずかな上昇（〇・二％を超えない）があった。土地価格の上昇率も大幅に低下し、不動産価格高騰は基本的に収束に向かった。

（7）輸出入貿易

貿易総額は二二・五％増の三兆六四二〇億ドルで、輸出は二〇・三％増の一兆八九八六億ドル、輸入は二四・九％増の一兆七四三五億ドルであった。貿易均衡を図るために、輸入拡大政策を推進したため、前年に続いて輸入の伸び率が輸出の伸び率を上回り、貿易黒字は二六三・七億ドル減の一五五一・四億ドルに縮小した。貿易伸び率は、二〇〇八年、二〇〇九年に大幅にダウンし、二〇〇九年はマイナスとなったが、二〇一〇年には三〇％以上にまで回復し、二〇一一年は若干ダウンしたが、対米欧日先進国の輸出は一五―一八％の安定した伸び率を維持し、ＡＳＥＡＮ及びロシア、ブラジル、南アフリカなど新興国市場向け貿易は拡大した。

（8）外資導入額と対外投資額

二〇一一年の外商直接投資の新規認可の件数は二万七七一二件（前年比一・一二％増）、外資導入実行額は一一六〇億ドル（同九・七二％増）で、過去最大となった。そのうち、農林水産牧畜業は一・七三％、製造業は四四・九一％、サービス業は四七・六一％で、初めてサービス業が製造業を上回った。この変化は中国の対外経済政策の効果を表している。対外直接投資は前年比一・八％の微増で六〇〇億七〇〇〇万ドルであった。地域別には対欧州の五七・三％増と対アフリカの五八・九％増が突出している。

（9）外貨準備高と人民元レート

一二月末の外貨準備高は三兆一八一一億ドルで、一〇月末の三兆二七三八億ドルより九二七億ドルも減少している。また、人民元レートは、年末に一ドル六・二九四〇元となり、年間の上昇率は四・七％と、前年の三・六％に比して拡大した。一〇月以降、欧州の債務危機の影響で新興国から資金を引き揚げる動きが強まり、元も〇・五％の値幅制限いっぱいまで連日売られる局面も出現した。これも中国の外貨準備を減少させる一要因であった。

二　中国経済の正しい実態認識

過去三〇年間、中国経済はいつも「危機的状況」や「崩壊論」が日本のマスメディアを飾っていたと言っても過言ではない。ここでは、前節の基本データを基にして、中国経済の現状を認識するうえで重要な七点を指摘したい。

（1）持続的高度経済成長への移行

二〇〇八年秋、世界は世界金融経済危機に見舞われ、中国の二〇〇八年第4四半期GDPは急速に落ち込みはじめた。そこで、年末に四兆元の投資計画を含む一連の内需拡大政策を採った。その結果、二〇〇九年第1四半期GDP伸び率は六・一％で底をつき、第2四半期には八・三％にまで高まり、V字型回復を成し遂げた。二〇〇九年の伸び率は九・二％、二〇一〇年は一〇・四％、中国の超大型景気刺激策は成功したといえよう。それは、中国経済の急降下を防いだばかりでなく、世界経済危機の深化防止の支えにもなった。例えば、二〇〇九年の世界のGDP増加量の五〇％以上が中国で達成された。

しかし、このようなカンフル剤注射は、危機克服の有効治療法であっても、多くの副作用を伴うものであった。まず、財政投資による公共投資がFS調査不十分のもとで行われた場合があり、経済効率が悪い。次に、地方政府がその傘下の投資会社を通じて多額の融資を受けて事業投資を行ったため、インフレを引き起こす一大要因となった。第三に、産業構造の高度化と経済発展方式の転換を図るうえでマイナスとなる状況が生まれた。例えば、エネルギー多消費型産業が発展し、省エネ政策の効果を弱めた。そこで、政府は、二〇一〇年から引き締め政策を採り、経済成長率が七−八％台の持続可能なレベルに低下するよう誘導してきた。

（2）内需主導型発展への転換

中国は一〇年前にWTOに加盟し、米欧日先進国との貿易が飛躍的に拡大した。二〇一一年の輸出入貿易額は一兆八九八六億ドルと、一〇年前の七倍に拡大した。その結果、外需主導型の高度成長が続き、対外経済関係における矛盾を招いた。巨額の貿易黒字と外貨準備高はその表れである。また、国内的にも環境破壊や格差拡大などの要因となった。そこで、二〇〇八年の国際金融経済危機を契機として、内需主導型経済発展への転換が図られるようになった。

経済成長の推進力が輸出・投資主導であったのを、消費・投資主導にもっていこうというのが政策目標であり、低所得者の収入増加を図る一連の政策が採られた。その結果、二〇〇八年以降、GDP寄与率に占める投資のウエイトと消費のウエイトが着実に高まっている。二〇一〇年と二〇一一年の輸出（外需）寄与率はそれぞれ〇・八％とマイナス〇・五％であるのに対し、投資寄与率は三・九％と四・七％、消費寄与率は五・六％と五・〇％であった。

（3）好調かつ健全な財政状況

前述したように、中国の財政収支はほとんど均衡しており、累積債務残高の対GDP比率は約二五％といわれている。二〇一〇年末の全国地方政府の債務（地方政府投資会社の抱える債務）残高は一〇・七兆元で、その四割は土地譲渡収入を担保としている。そのため、土地の価格が下がると地方政府投資会社の債務返済リスクが高まることになる（「人民日報」一一年一二月二〇日）。この地方政府債務を加えても、債務残高の対GDP比率は五〇％以下であり、中国の健全財政を脅かすものとはなりえない。なお、地方政府、国有企業、国有金融機関の抱える不良債権を加えると、中国債務残高の対GDP比率は政府発表の三―四倍になるということが伝わっているが、高度成長のなかで、企業及び銀行の不良債権率は大きな改善をみせており、伝聞を軽々しく信用すべきではない。

改革開放後、中国政府は国債を発行するようになったが、地方政府の地方債発行は許されてこなかった。二〇〇九年に発生した地方政府投資会社債務を教訓に、地方政府の資金需要を満たすために、地方債の発行を許可する方向に舵を切った。一一年一一月一六日、上海が七一億元の地方債を発行することが実験的に試行され、それに続いて、経済力のある広東省、浙江省、深圳市もそれぞれ六九億元、六七億元、二二億元の債券を発行した。当局は、不透明な地方政府投資会社などを通さず、地方政府が直接地方債を発行して、資金調達ができる道を切り開くことを目指している。これは債券市場の育成にも繋がり、一歩前進と評価できよう。

（4）効果顕著なインフレ対策

二〇〇八年二月、消費者物価上昇率（CPI）が八・七％と高くなり、引き締め政策を採ってきた。その結果、CPIは下がっていったが、秋の世界金融経済危機の到来で景気が急速に悪化し、二〇〇九年半ばにはCPIはマイナス二％を記録した。政府は財政金融面で大規模な景気刺激策を採った。それが功を奏して、経済は急速に回復したが、またもやインフレ気味となった。そこで、二〇一〇年末に金融緩和の終了を宣言し、インフレ抑制に軸足を移した。二〇一〇年秋から基準金利を五回、預金準備率を九回引き上げ、通貨供給量を抑えた。例えば、M2の増加率は二〇〇九年二八％、二〇一〇年二〇％であったのが、一一年には一三・六％にまで低下した。都市部固定資産投資の伸び率は、二〇〇九年は四二・三％増であったのが、二〇一〇年には三二・七％増に低下し、二〇一一年には二一・五％増（実質一六・一％）にまでダウンした。CPI上昇率は、二〇一一年七月の六・五％を頂点として下がりはじめ、夏場では六％前後を徘徊したが、秋には五％台に、一二月は四・一％にまで下がった。

明らかに、経済基調に変化が生じたため、二〇一一年一二月五日、三年来はじめての預金準備率の〇・五ポイント引き下げが行われた。一〇月末のM2伸び率は一二・九％、M1伸び率は八・四％と大変低く、流動性の不足現象が顕著となり、中小・零細企業の資金繰りが困難となった。また、外貨準備高減少、インフレ収束傾向、人民元上昇圧力の低下などにより、金融緩和の条件が整ったことも原因して、一二月中旬に開かれた中央経済工作会議では、インフレ抑制重点から景気配慮への政策転換が正式に決まった。

（5）収束に向かう不動産バブル現象

高度成長のなか、過去一〇年間にわたって、不動産価格の急騰に対する抑制策を採ったが、十分な効果をみることができず、民衆の不満を買っていた。ここ数年、かなり厳しい政策を採ることによって、投機的売買へ歯止めがかかるようになった。政府の採った政策は、①住宅ローンの差別的金利化、すなわち二軒目を購入する場合、頭金は六〇％以上、基準金利よりも高い金利を適用する、②四六都市における現地外者の購入及び三軒目の購入を制限する、③一〇〇〇万戸の低所得者向け保障住宅を建設する（計画では五年間で三六〇〇万戸建設）、④不動産税の徴収実験を開始する（上海と重慶で実験）、などである。こうして、住宅の投機的取引は抑制され、不動産神話は崩壊に向かった。

確かに、中国の不動産取引には、投機的要素が強く、断固とした措置をとる必要があった。しかし、問題を拡大化し、日本やアメリカの不動産バブル崩壊と並べて論じるのは問題である。中国は、まだ高度成長期にあり、一九七一年の日本列島改造論で起きた地価高騰のバブル要素が高度成長のうちに吸収されていったように、今後、数年以内に、それも解消していくであろう。中国では、住宅へのニーズはいまだ強く、問題は価格調整にあるからである。

（6）三大格差縮小の傾向

所得格差、地域格差、都市・農村格差の縮小が政策課題として提起され、ここ数年、いろいろな措置が採られた。所得格差については、最低賃金の引き上げ、社会保障費の整備、高所得者所得税率の引き上げなどがある。地域格差では、中部、西部へのインフラ投資拡大、外資導入優遇策などが採られ、一定の効果が出はじめている。地域別工業生産の伸び率をみると、東部が一一・七％、中部が一八・二％、西部が一六・八％と、沿海地域と内陸部の格差は縮小しつつある。

都市・農村格差については、全国都市部住民の一人当たり可処分所得は二万一八一〇元で実質八・四％増であったのに対し、農村住民の一人当たり純収入は六九七七元で、実質一一・四％増となった。いわゆる「三農（農業、農村、農民）」政策の一環として、農業税の廃止、食糧生産補助金供与などによって農民の所得を増やす政策が採られてきた。その結果、都市部住民の所得の伸び率の方が農村部所得の伸び率より高かったのが、二〇〇九年には大体一致し、二〇一〇年には逆転して、農村部所得の伸び率の方が都市部所得の伸び率を上回るようになり、今年もそれが続いた。すなわち、都市と農村の格差は縮小に向かいつつある。また、都市と農村の一体化が進められており、都市住民人口が初めて農村人口を上回った。

（7）人民元レートの調整進展

二〇一一年末の人民元の対ドルレートは、一ドル六・三〇〇九元と対前年比で年率四・八五九％の元高となった。二〇〇五年七月の二・一％の切り上げ前と比較すると、二三・八七％の元高を記録した。中国の物価上昇率はアメリカより高かったため、それを換算すると八％くらいの上昇となる。アメリカはまだ人民元が安すぎると圧力をかけているが、中国の貿易収支は縮小傾向にあり、元レートを巡る矛盾は緩和に向かうであろう。

人民元レート調整のプロセスをみると、二〇〇八年の元上昇率は六・四三四三％、二〇〇九年は〇・九四％（二〇〇八年後半から二〇一〇年六月まで、世界金融危機の影響で輸出の停滞・減少が続いたため、元はドルに固定化された）、二〇一〇年は三・〇一％であった。一一年一一月、一二月は市場での外貨買いが売りを上回り、外貨準備は前月比で減少した。また、秋口には為替レートが元安に振れたため、人民元レートは双方向に振れはじめたと評価する見方も出された。これが定着するかどうかは、まだ何ともいえないが、調整がかなり進んだことは確かである。二〇一二年の元相場は、三―四%上昇し、年末には一ドル六元になると予測されている。

三　二〇一二年の経済目標と対策

一一年の一二月一二日から一四日にかけて、中央経済工作会議が開かれ、「穏中求進」(安定の中で進展を求める)の方針が打ち出された。一二年の経済成長率目標は示されなかったが、三月の全人代で七%台が設定され、実際には八%台の成長率を達成するであろう。中国社会科学院は、一二年の経済成長率は八・五%前後と予想し(世界銀行の予測は八・四%)、投資が四・五ポイント、消費が四・三ポイントそれぞれ押し上げられるのに対し、純輸出は〇・三ポイント押し下げられるとみている。

年間を通じての趨勢については、年前半は低く、年後半は高くなるとする。理由としては次の三点を挙げている。①上半期に物価上昇率が引き続き下がり、金融政策が緩和され、積極的財政政策が採られるため、下半期には経済成長率は下げ止まりから上昇に転じる。②上半期は不動産価格コントロール政策によって住宅販売件数減少・価格低下となるが、年央には転換期を迎え、第3四半期には価格低下・件数増加となり、経済発展を牽引する。③先進国の最も深刻な公的債務危機段階が過ぎ、下半期には輸出が回復しはじめる。

二〇一二年の輸出入額の拡大目標は前年の約半分である一〇%増に定めるといわれている。一一年一〇月から輸出が鈍化しはじめたことを重くみて、当面の貿易政策の最優先事項は、一一年の輸入促進から安定した輸出に置き換えられる可能性があるともいわれる。中央経済工作会議では、輸入促進と安定輸出の両方が謳われた。輸出は外需不振、人民元切り上げ圧力、労働コストの上昇、インフレ圧力に晒されていて、かなり厳しいとみられている。

一二年度の経済政策としては、中央経済工作会議で次の五点が提起された。①マクロコントロールの強化と改善による安定的高度成長の実現、②「三農」工作強化による農産物供給の保障、③経済構造調整による自立的協調的発展の促進、④重点分野・重要結節点の改革深化と対外開放レベルの向上、⑤民生の保障・改善と社会管理の強化・創新、である。

「安定の中で進展を求める」の基本方針については、次の六つの説明がなされた。

1.「安定成長」:「内需拡大、外需安定の方針を堅持し、国内外の不安定要因と不確定要素の影響を克服し」、経済の安定的発展を図るとしている。中東情勢の不安によるエネルギー問題、EUの債務危機、成長率鈍化による国内矛盾などを念頭に、万全の策を整えようとしている。

2.「物価制御」:「総合的措置を採って、物価の基本的安定を維持し、物価トレンドの逆戻りを防ぐ」としている。物価上昇には石油価格の上昇や穀物価格の上昇など国際的要因の影響も大きい。したがって、現在のインフレ収束トレンドがぶり返す可能性は依然としてあり、油断は許されない。

3.「構造調整」:「扶助があれば抑制もあり、経済成長の質と効率の向上を図り、発展の協調性と持続可能性を強化する」としている。GDP第一主義から脱皮し、エネルギー多消費の産業を抑制し、環境産業やハイテク産業を扶助する、それによって経済成長の質を高め、持続可能な経済成長を実現するというのである。

4.「民生改善」:「緊迫性のある問題を集中的に解決し、人民大衆が目に見える、実際の利益を得られることを着実にやること」としている。地域によっては、口先だけ、スローガンだけに終わっている現実に対して、結果を出すことを求めている。緊迫性のある問題とは、農民の土地買収問題で起こっている争議などを指していよう。

5.「改革推進」:「経済の長期的な健全なる発展に影響を与える制度的構造的矛盾の解決に力を入れ、重点分野と重要結節点で新しい突破口を開き、対外開放で改革を促し、発展を促し、創新を促す」としている。長期的視点に立った財政制度改革や税制改革が提起され、金利の市場化改革や資本市場整備などにも触れている。

6．「和諧促進」：「改革、発展、安定の関係を正しく処理し、さまざまの矛盾や潜在的リスクを積極的かつ効果的に解消し、社会の和諧安定を促す」としている。社会管理を創新・強化することによって、大衆の意見や要求に耳を傾け、異なった経済利益集団の調整を図るメカニズムの構築が求められている。

以上の会議内容には、継続的長期課題と短期的課題の両方が含まれているが、中国における論議からみて、次のいくつかの点で成果を上げられるかどうかに注目したい。

（1）消費主導の自律的経済発展が遂げられるかどうか

これまで、金融経済危機対策として、政府の投資が牽引力になって経済発展速度を維持してきたが、その代価は大きく、持続不可能である。これからは、経済成長の担い手を政府部門から企業家や民間部門に移し、経済効率を重視しなくてはならない。また、これまで中国の過剰生産能力は西側諸国の消費バブルによって消化されてきたが、今回の米欧経済危機によって、このような循環は過去のものとなった。経済成長率を落として、生産過剰能力と在庫を調整する必要があるし、個人消費を主とした内需拡大に力を入れる必要がある。

（2）実体経済重視の社会経済基盤強化が為し得るかどうか

先進国での金融と財政の複合危機は、規制緩和で実体経済に遊離して膨張した金融の不均衡拡大（バブル）の崩壊によってもたらされた。中国もこのような新自由主義の影響を受けた。それは不動産価格の急騰とそのバブル現象に反映されている。幸い、中国は社会主義を堅持していたために、政府の役割が放棄されることなく、大きなダメージを受けることはなかった。最近開かれた中央金融工作会議で、金融は実体経済に奉仕しなければならないことが明確化された。引き締め政策のなか、一一年夏から秋にかけて、中小零細企業の資金繰りが苦しくなって破産するケースが続出した。温家宝首相は、温州を訪れ、実態調査を行って、中小零細企業支援策を打ち出した。中小零細企業は、都市部労働力の八〇％に雇用を提供し、ＧＤＰに占めるウエイトは約六〇％、国家税収に占める比率は約五〇％ときわめて高い。民間中小金融機関を整理・整頓して強化し、国有銀行の中小企業への融資を増やす方向で新政策が打ち出された。実体経済重視が叫ばれるなか、金融機関の短期利潤追求型から長期的視点に立った産業育成型への転換が真に行われるかどうか注目したい。

（3）中間層育成による消費拡大が実るかどうか

中央経済工作会議で「中等所得者の比重を引き上げる」ことが決まった。中等所得者層は二・四億人で、人口の約二三％を占めるが、二〇二〇年には中産階級層は七億人に達するという予測がある。富者と貧者の比重が小さく中間層の多い「オリーブ型社会」は、安定的、実務的、理性的であり、公平かつ公正な政治制度、経済制度を構築するうえで有利とみられている。そこで、政府は中産階層の育成策を採るべきだとして、次のような政策を策定した。①最低賃金の引き上げ。中国人事社会保障省は、二〇一一年3四半月期に二一地区（省・直轄市・自治区）で法定最低賃金が引き上げられ、その平均上昇率は二一・七％であったと発表した。一番高いのは深圳市で月額一三二〇元であった。②貧困基準の引き上げ。「中国農村貧困扶助開発要綱（二〇一一―二〇二〇年）」が公布され、貧困基準を年収一二七四元から世界銀行の定めた国際貧困基準に近い二三〇〇元（二〇一〇年固定価格）に引き上げた。それによって貧困者が二六八八万人から一・二八億人に拡大するが、二〇二〇年にはこれら貧困層が「衣食に憂えず、義務教育、基本医療、住居が保障される」ようになるとしている。方策として、自助努力支援の開発型貧困扶助と農村社会保障の普及が並行して実施される。国の新規社会保障投入は、農村の貧困地域を重点に傾斜させ、新型農村社会養老保険は一二年中にカバー率一〇〇％を実現するとしている。③個人所得税の課税最低基準の引き上げ。「改正個人所得税法」が一一年九月一日に施行された。その目的は、「高所得者の納税を増やし、中所得者の税負担を軽減し、低所得者の納税を免除すること」にあり、課税最低基準が月二〇〇〇元から月三五〇〇元に引き上げられた。納税義務のあるサラリーマンの比率は、現状の約二八％から約七・七％へと減少し、納税者数もこれまでの約八四〇〇万人から約二四〇〇万人へと激減する。課税最低基準引き上げによって、国民の負担軽減額は五五〇億元に達するという。

（4）海外投資協力はどこまで拡大するか

中央経済工作会議の文献には「『導き入れる』と『打って出る』同等重視を堅持し、各分野の対外開放レベルを高め、企業が秩序ある海外投資協力を展開するよう導き、未発達国の民生改善と自主的発展能力の増強に有利な協力を重視する」と書き込まれた。先進国経済が困難に直面し、新興国経済もその影響を受けているなか、経済状況が最も良い中国がその豊富な外貨を活用して、いかに対外経済協力に取り組むかは、世界経済の行方にも大きな影響を及ぼす。中国の対外直接投資の累計は一万八〇〇〇件の三二二〇億ドルである。前述したように、二〇一一年は前年比一・八％の微増で六〇〇億七〇〇〇万ドル、伸び率の大きかった投資先はEUとアフリカで、EUが九四・一％増の四二億七八〇〇万ドル、対アフリカは五八・九％増の一七億ドルであった。国際政治情勢が厳しいなか、中国の対外直接投資が大きな伸びを示せるかどうか気になるところだ。

（5）人民元の国際化はどこまで推進されるか

国際金融システムが危機に直面しているなかで、人民元の国際化が急速に進展している。海外貿易の元建て決済をみると、昨年度は二兆元を超え、前年比約六倍である。また、中国人民銀行は、韓国、マレーシア、香港、ベラルーシ、アルゼンチン、アラブ首長国連邦など一五の国・地域の中央銀行・通貨当局とすでに総額一兆三〇〇〇億元を超える「二国間通貨スワップ協定」を結んでいる。一二月二五日の日中首脳会談で、元建て決済や中国国債の購入などについて合意に達し、元の国際化はさらに進むであろう。また、香港で人民元の市場が急拡大している。「点心債」と呼ばれる香港で発行される人民元建て債券の起債額は二〇一一年に一〇〇〇億元を超え、二〇一〇年の約三倍に拡大した。人民元の預金残高も昨年末の二倍以上となる約六五〇〇億元に達し、香港の総預金残高の一割超を占める。一一年、中国政府は、香港を人民元が広く流通する主要な「オフショア市場」に育てる方針を打ち出した。香港を人民元国際化の拠点として活用し、香港の国際金融センターとしての地位を維持する戦略が着々と実行に移されている。シンガポール、ロンドン、台湾なども人民元のオフショア市場に関心を寄せているといわれる。ドルとユーロが動揺するなか、人民元の国際化は世界の注目の的となっている。

結び

中国の「政府の役割と市場の原理を結びつけた政策運営メカニズム」は、目に見える成功を収めており、健全な道を歩んでいるといえる。しかも、中国経済のパフォーマンスはよく、財政と金融の両面で政策的余裕が十分にある。したがって、今年度の八％台の成長率目標は問題なく実現できよう。高度成長があと一〇―一五年は続くとみられ、その経済規模は二〇三〇年頃にはアメリカに追いつくともいわれる。中国経済の世界経済に与える影響は計り知れないものがある。中国経済の欠陥・問題点を誇張して「日本経済に如かず」と自己満足に浸るのではなく、その安定的高度成長を客観的に評価し、日本の経済発展にいかに取り込むかを、日本の為政者と有識者は真剣に考えるべきではなかろうか。とりわけ、日本のマスメディアは、報道の姿勢を変える必要があると強く感じる。

第四章　第一八回党大会からみた問題点と展望

解題：（二〇一三年一月執筆）中国共産党崩壊論が盛んななか、本論は名指しで日本人論者を批判・評価した。胡錦濤体制から習近平体制への移行について、かなり率直にその複雑なプロセスを指摘した。難しい環境のなか、胡錦濤がよく頑張ったこと、とりわけ完全リタイアの意義を強調した。腐敗集団からくる妨害に終止符を打ち、新しい道を後輩習近平に与えたからである。
また、中国共産党の提唱する「協議民主」を強調し、その生命力に触れた。筆者は北京市政治協商会議委員を勤めた経験があり、その限界をよく承知しているが、旧ソ連などの体制とは違う重要な組織形態であることも事実だ。改善を重ねることによって、世界的共鳴を得られるものになる可能性は甚だ高いとみている。

世界が注目する中国共産党第一八回党大会が一一月八日から一四日にかけて開かれた。翌一五日には、最初の中央委員会が開かれ、習近平を首班とする新しい党指導者を選出し、新体制が発足した。日本のマスメディアの報道は、依然として「体制危機論」が主流を占め、客観的・理性的な報道・分析に欠ける。
防衛大学校長国分良成氏は、中国の「社会主義体制は限界」にきており、「一党独裁の矛盾は一段と進み」（「日本経済新聞」一一月二〇日）、中国共産党は恰も崩壊の寸前にあるというような見解を示している。それに対し、慶応大学准教授加茂具樹氏は「われわれはかつて中国の将来像を的確に展望できなかったことを確認しておく必要がある」と反省し、「なぜ見誤ったのか。近年の国内外の研究成果は、中国共産党が自らを取り巻く環境の変化に対応して柔軟に変身してきた」と指摘する。中国の抱える諸問題を列記したうえで、「では、中国共産党の統治は危ういのだろうか。かつて誰も予想できなかった変身を果たして、統治の維持と安定に成功したことを忘れてはならない。『人民の素晴らしい生活への憧れ』を満たすために、中国共産党は今一度、華麗な変身をするかも知れない」（『日本経済新聞』一一月二一日）と冷静かつ理性的にみる姿勢を示している。

国分氏のような論調が主流を占めて三〇年余りが経過した。その結果は、中国の飛躍、日本の停滞であった。筆者は、中国共産党の崩壊はないとあえて断言する。加茂氏のような見方は、まだ少数派であるが、今後五年ないし一〇年後には、日本のマスメディアの主流になると確信している。ここでは、中国共産党の「華麗な変身ぶり」、着実な発展ぶりを示すことによって、より正しく中国を理解する方向を示せるように努めたい。

一　一〇年の胡錦濤・温家宝体制をどう評価するか

胡錦濤の行った政治報告は、過去五年間、経済の安定的な比較的速いスピードの経済発展、改革開放政策の進展、国民生活の顕著な向上、民主的法制度の新発展、文化建設の新段階、社会建設の新進歩、国防・軍隊建設面での新局面、香港・アモイ・台湾活動の強化、外交活動の新成果、党建設の全面的強化など一〇方面の成果を列挙した。そして、胡錦濤・温家宝体制一〇年間の成果を、サーズへの対応、二〇〇八年の国際金融経済危機への対応、四川大地震の克服、北京オリンピックや上海博覧会開催の成功などを挙げながら説明し、「一〇年来勝ち取った一連の新たな歴史的成果は、（二〇二〇年に）小康社会建設を全面的に達成する堅固な土台を築き上げた」と謳歌した。しかし、同時に、発展の不均衡、不協調、持続不可能問題の存在、科学的発展を制約する制度的欠陥、都市・農村間の発展格差及び住民所得分配の格差、党組織の不健全さと腐敗現象などを指摘し、「徒に自らを侮ることなく、また徒に尊大にもならず」、新しい勝利を目指して前進しようと呼びかけている。

日本では「政治改革　失われた一〇年」、「目立つ政治改革の沈滞」などを見出しにして、「格差の拡大や汚職の広がり、環境破壊、道徳の崩壊といった多くの問題が未解決で、一部はむしろ過去一〇年の間に悪化した」など、マイナス面を強調して報道されている。その内容は、中国の一部学者のネット上での文章を引用したり、また中国一部インテリの見方として紹介したりするため、いかにも客観的で真実に近いように感じさせる。しかし、実際は「成果が九本の指、欠陥は一本の指」であり、胡錦濤・温家宝体制の一〇年間は、歴史的転換期にあってよく中国を正しくリードして、大きな成果を上げたと評価すべきである。

確かに、政治改革は、当初期待したような成果を上げることはできなかった。しかし、それは複雑な国際情勢と国内の政治情勢（後述する老害政治力からくる障害）によるもので、全般的にみれば、理論面での発展、経済力の飛躍、政治改革の基礎作り、文化面でのソフトパワー強化、外交面での国際協調路線の推進など大きな成果を上げたことは明らかである。

また「〇七年の第一七回党大会で内需主導型経済、循環型経済、高付加価値経済への移行、和諧社会（調和のとれた社会）の実現、改革開放政策の深化という五つの柱を掲げたが、インフラなど投資主導型の成長に偏り、所得の上昇や生活関連の整備は遅れがちだった」と一〇年の経済成果について批判的である（「日本経済新聞」一一月一四日）。確かに、投資主導型の成長に陥った面はあるが、それは二〇〇八年の世界金融経済危機に対処するためで、あの四兆元の応急措置によって、中国経済の急回復が実現し、世界経済の危機克服にも貢献してきたことを忘れてはならない。日本もその恩恵を十分に受けてきたという事情も考慮して、より公正な評価を与えるべきである。

二　どのようなマルクス主義の理論的発展をみたか

共産党は、理論の党であり、理論的発展が重要である。過去三〇年間、中国においていろいろな問題が起き、中国社会は混乱気味であったが、それは中国共産党の理論的不整備、あるいは理論的混乱によるものであった。党内において、ほとんどの者が「社会主義は建前で、実行しているのは資本主義」と思っていることに現れている。しかし、三〇年間の実践を経て、マルクス主義の発展が図られ、新しい理論体系が基本的に形成された。これは、今後の三〇年間の中国を予測するうえで、きわめて重要なことである。

まず、政治報告の標題が「揺るぎなく中国の特色ある社会主義の道に沿って前進しよう」にみられるように、階級闘争論を旨とする晩年の「毛沢東思想」とは一線を画し、同時に西側先進諸国の資本主義の道を歩まないことも鮮明にした。それは、「われわれは揺るぎなく中国の特色ある社会主義という偉大な旗幟を高く掲げ、閉鎖的硬直化の古い道を歩まず、旗幟を変える邪道も歩まない」という言葉に現れている。前者については、薄希来支持派への牽制、抑え込みを図った面もあろう。

次に「科学的発展観」がマルクス・レーニン主義、毛沢東思想、鄧小平理論、三つの代表論という重要思想に並ぶ指導理念として位置づけられ、中国の特色ある社会主義理論体系の一環にあるとされた。この科学的発展観は、二〇〇三年に提起され、五年前の第一七回党大会の政治報告においてすでに重要視されたが、今回、過去五年の実践を踏まえて、正式に党規約に書き込まれた。三つの代表論は、第一六回党大会開催直前に提起されたものであるが、内容はきわめて乏しい。それに比べると、科学的発展観は、内容が充実しており、今後、鄧小平理論とともに中国の特色ある社会主義建設の重要指導理念として重視されていこう。科学的発展観とは、「①人を本とし、全面的協調的持続可能な発展を堅持し、②社会主義和諧社会の構築と生態文明建設の加速化を図り、③中国の特色ある社会主義事業の総合的配置（経済、政治、社会、文化、生態）を形成し、④民生の保障と改善に力点を置き、⑤社会の公平と正義を促し、⑥和諧世界の構築を推進し、⑦党の執政能力と先進性の向上を図る」と定義づけられ、きわめて整合性のあるものとなった。中国は、最大の発展途上国として、先進国の歩んだ道とは異なる新型現代化、新型現代文明を創造していくとしている。

第三に、生態文明建設が新しく提起された。改革開放政策は、まず経済から始まり、次に政治改革が論じられ、二〇〇二年の第一六回党大会では文化建設を加えた三位一体論、二〇〇七年の第一七回党大会では社会改革を加えた四位一体論、そして今回の第一八回党大会で生態文明建設が加わって五位一体論となった。エコロジー重視の建設ということで先進国並みの目標を掲げたことになる。

第四に、社会主義の核心的価値観体系が提示された。改革開放のなかで、当然、さまざまな価値観が生ずる。しかし、党としては、国の基準となる価値観を設定する必要がある。三〇余年の実践を経て、「富強、民主、文明、和諧の唱道、自由、平等、公正、法治の唱道、愛国、敬業、誠信、友善の唱道をして、社会主義の核心的価値観を積極的に培う」という結論を出すにいたった。第一の唱道は国レベル、第二の唱道は社会レベル、第三の唱道は個人レベルとしている。革命的利他主義、拝金的利己主義、伝統的封建主義の三つの価値観が混合する矛盾が続いてきたが、個人の利益と社会の利益を両立させることが社会的道徳観に合致するということで、一応、整理整頓されたとみてよかろう。

そのほか、「経済改革の核心」は、市場原理と政府の役割の結合にあるとされたこと（後述）、改革開放政策は、社会主義初期段階の全過程において貫徹され、たえず思想を解放し改革開放を進めなくてはならないと定義づけられたことなども、重要な意義がある。

三　中国の高度経済成長は今後一〇年も続くか

今回の第一八回党大会で、二〇二〇年に小康社会の全面的建設を達成するとし、国内総生産と一人当たり収入を二〇一〇年の二倍にするという数値目標が掲げられた。

国分良成氏は、中国経済は「『神の見えざる手』ではなく、『党や国家の作為的な手』が常に介入する」、「『社会主義』の冠を取らない限り、真の市場経済への突破口はない」、「社会主義市場経済は限界を迎えている」、「かつてのような高成長は望めなく、むしろ低成長時代を迎える」と断言する（「日本経済新聞」一一月二〇日）。津上俊哉氏も「人件費などのコスト上昇により、八％成長時代から五％前後の成長の段階に入りつつあり、中国の高度成長期は終わった」、「実際に中国が米国を超えることはない」とみる（「日本経済新聞」一一月一六日）。

筆者は、今後一〇―一五年間は七―八％の高度成長が続くとみている。理由は次の三点にある。

第一は、素質の高い労働力が存在すること。確かに、生産年齢人口がその他の年齢層を上回る「人口ボーナス」は消えつつあり、中国の労働力供給はピークを迎えている。しかし、国家統計局の人口センサスによると、一八歳人口は二〇一四年までの数年間は急減するが、その後二〇二八年までの一四年間は、毎年、ほぼ一五〇〇万人で安定的に推移する（厳善平論文、「日本経済新聞」一一月二二日）。中国の一人当たりＧＤＰは五〇〇〇ドル余り、先進国と比べてまだまだ大きな格差があり、需要と供給の両面で、高度成長の経済的土台が存在する。

第二は、効率的経済メカニズムが存在すること。政治報告では「経済体制改革の核心的問題は政府と市場の関係をうまく処理することで、市場法則をより尊重し、政府の役割をよりよく発揮することである」と述べている。政府の役割と市場原理をうまく結びつけることが経済改革の核心と認識されたことは重要である。中国も、一九九〇年代後半から二〇〇〇年代初めにかけて新自由主義の影響を受けたが、二〇〇八年の世界金融経済危機を体験して、政府の役割を再認識するにいたった。所得格差の縮小、中所得層の拡大、サービス業の育成、国内消費の拡大、社会の公平を目指す税制制度などの経済政策によって、七―八％の潜在成長率を実現できよう。

第三は、国際競争のなかでの創新（イノベーション）が推進されること。経済発展方式の転換を図るなかで、これまでの「要素駆動型発展」から「創新駆動型発展」への転換が提起され、人材養成と科学技術研究が重視されている。科学研究費の対ＧＤＰ比率は一九九六年の〇・六％から二〇〇九年には一・七％に高まり、二〇一四年には二・二％にする計画である。二〇二〇年頃には先進国並みの三％に近づくであろう（二〇一〇年の日本は三・五七％、二〇〇九年のドイツは二・七八％、二〇〇八年の米国は二・七九％）。過去三〇年の高度成長は、主として先進国から技術と資金を導入することによって達成されたが、これからは内生的発展の道を歩むことになる。あと一五年もすると、潜在成長率は四―五％の中速度に低下し、三〇―四〇年後には先進国との格差はほとんどなくなり、二％前後の低成長に陥るだろう。

四　政治体制改革は進展をみることができるか

一〇年前、胡錦濤が総書記になったとき、政治改革の方向性として、党の指導性、人民民主、法治の三結合が提起された。しかし、この一〇年間、ほとんど進展をみなかったというのが一般的な見方である。デモや暴動は二〇〇五年には年間約八万七〇〇〇件だったが、二〇一一年には一九万件に増えたことなどがその証左とされ、いまや腐敗と格差に対する民衆の怒りは限界を超えようとしているとみている。しかし、実際には、各分野で政治改革が着実に行われ、とりわけ人事制度改革は大きな進展をみせている。常識から考えても、独裁政治のもとで三〇年にわたって九％台の高度成長を遂げることなどありえないことであろう。

ここでとりわけ注目すべきことは、「協商民主」という中国独特の根回し方式が整備されたことである。政治報告は「人民は選挙・投票を通して権利を行使することと、人民内部の諸方面について重大な政策決定を行う前に十分協議し、共通の問題についてなるべく意見の一致を見ることは、わが国社会主義民主の二つの重要な形態であり」、「社会主義協商民主はわが国人民民主の重要形態である」としている。具体的には、特別テーマごとの協議、業界内協議、業界間協議などが開かれることである。確かに、選挙は形式だけという側面があるが、その前の段階での協議根回しは、各方面の意見を吸収する重要な手段となっている。最近、日本では、自民党の派閥政治の積極面を見直す傾向があるが、それと似た機能が働いているのである。

とはいうものの、政治改革の立ち後れによる不正腐敗の社会的蔓延は重大問題である。胡錦濤は、政治報告のなかで、「腐敗問題をうまく解決しなかったならば、党に致命的傷害をもたらし、ひいては党と国を滅ぼす」と危機感を表し、政治体制改革推進を第五項目の「見出し」とした。また、習近平は、就任の挨拶のなかで腐敗退治への固い決意を表し、一七日に行われた最初の政治局学習会では、「腐敗を拒み、変質を防ぎ、リスクに対処する能力を高めなければならない」と強調し、腐敗退治の徹底を呼びかけた。

二〇年間叫ばれて実行できなかった高級幹部の財産公開制度も実行されようとしている。「人民日報」には、「役人の財産公開の最大難点は当面の条件が熟していないなどという客観的原因にあるのではなく、財産公開が党・政府高官の利益と直接関わるため、既得権益集団の主観的妨害を受けるためである」と厳しく批判した論評が掲載された（一一月二三日）。また、党・政府幹部たちの財産公開制度について、江蘇省徐州市など全国七か所で試験的実験が行われている。

全国有識者から信頼を得ていた胡耀邦の政治改革志向は、一九八〇年代末に挫折をみたが、ここ二〇年間余りの大きな変化を踏まえて、習近平政権によって新たな進展をみせるのではないかと期待されている。その根拠としては、次のようなことが挙げられる。①問題の重大性と危機感を共有するようになった。②北京延安児女聯誼会が昨年「共産党大会への建議」を公表し、選挙方法の改善を求めたように、政治改革への強い世論が形成されつつある。③政治局委員の構成に変化がみられ、トップクラスでの抵抗勢力は弱まっている。④専門家による政治改革の設計に進展がみられる、ことなどである。

また、「消防隊長」（サーズ問題や金融債務問題などで成果を上げた）といわれる王岐山が党中央規律検査委員会のトップになったことも、人々をして政治改革への期待を抱かせている。

五　軍事外交政策は覇権的膨張か国際協調か

ここ数年、確かに海洋権益の確保が強調され、海軍力の増大と太平洋への出動が顕著となっている。そのうえ、南シナ海島嶼や尖閣の領有権問題で摩擦が先鋭化しているため、中国の軍事外交政策に変化が起きたのではないかという疑念が持たれるようになった。しかし、政治報告は、明確に、中国は「平和発展の道を歩むし、独立自主の平和外交政策をとる」としている。但し、「国家の主権、安全、発展利益を断固擁護し、いかなる外的圧力にも屈しない」としている。

日本のマスメディアは、ことさら「外的圧力に屈しない」を強調して報道しているが、これは一貫した中国の政策である。毛沢東、鄧小平時代、力量がまだ弱かったときにもそうであったし、一定の力がついた今日においてはなおさらのことである。また、領土問題についての一連の行動は、「係争棚上げ、共同開発」が無視されたことへの反発であって、あくまでも主権と領土を守る行動であり、決して膨張政策ではないとしている。尖閣について言えば、係争棚上げ否定、実効支配強化への対抗措置なのである。最近、中国の軍事評論のなかでは、アメリカを後ろ盾として中国を侮る国に対して、軍事的に「筋肉を示す」必要があるとして威嚇（「威慑」）という言葉を使いだした。当然、これは平和発展論、覇権主義反対論と矛盾するものである。ある将軍は、これについて、平和的発展の道を歩むのは戦略であり、軍事的威嚇顕示は戦術であるという説明をしていた。一応納得できるが、戦術的にも軍事的威嚇はやらない方がベターである。軍事演習については事前に丁寧な説明をすべきである。

政治報告は、「国家発展戦略と安全戦略の新しい要求に適応して、……新時期における積極防御軍事戦略方針を貫き……海洋、宇宙、サイバースペースの安全には大いに注意を払い、平和時の軍事力の運用について積極的に計を謀り、軍事闘争への備えを絶えず押し広め深めていく」として、超軍事大国アメリカを意識した軍事増強目標を掲げている。同時に、「覇を唱えたり、拡張を図ったりすることはないし」、「いままで通り各国との軍事交流を強化し、軍事的相互信頼を増進し、地域及び国際的な安全活動に参加し、国際政治と安全分野で積極的な役割を果たす」としている。

ここで注目されるのは、アジア太平洋重視の再均衡戦略を打ち出した超大国アメリカとこれを追い上げつつある中国との関係が今後どう進むかである。政治報告は、「先進国との関係を改善発展させ、協力の分野を押し広げ、相違点を適切に処理し、長期的安定的健康的発展の新型大国間関係を樹立する」としている。特に、アメリカとの間で新型の大国間関係をつくることに熱心である。近現代国際関係において、新興大国と守勢大国がいかに相対するかはずっと難題であったが、米中両国は、歴史に責任を負う国家として、新型大国間関係の樹立を模索し、歴史的な大国間のゼロサム競争の悪循環を打破し、プラスサム思考で世界に新たな公共財を提供していこうと呼びかける。

これに対して、アメリカはどのように対応するであろうか。それはまだ定かではないが、オバマ大統領が習近平総書記に送った次の祝電から、大体の方向が見えてくる。「貴殿が中共中央総書記に選ばれたことを祝う。貴殿は今年二月米国を訪問され、円満なる成果を上げた。私たちは米中関係の未来について、積極的かつ建設的な討論を交わした。私は将来において、貴殿と緊密に協力し、引き続き米中協力パートナーシップ関係を築き、とりわけ両国間の実務的協力の強化を通して、地域と世界の経済・安全面でのチャレンジに立ち向かい、両国人民に幸せをもたらし、世界の平和と繁栄を促進できることを期待している」。戦術的課題では矛盾・摩擦が絶えないであろうが、戦略的には基本的に協調していくことになろう。

六　中国共産党の指導体制の行方

今回、日本のマスメディアが最も多く報道したのは、中国新指導部の誕生と胡錦濤の完全引退の身の処し方であった。密室政治で決まる最高人事、薄希来事件の発生、党大会開催の延期、常務委員人事の難航などからして、このような報道は無理からぬことである。しかし、現在の中国は制度化されており、人事対立があったとしても、それは利権とポストの争いで、国の行方を占うような議論ではないということを認識すべきである。常務委員七人は、留任組政治局員一〇人から選ばれることはほとんど決まっており、誰がこの七人に選ばれたとしても、中国の政局全体に大きな影響を与えることはない。したがって、一般の中国国民は常務委員七人の選出に対してあまり関心がないというのが現実である。誰もが階段を一歩一歩よじ登ってきた人たちで、そういう人たちによる集団指導体制がうまく機能しているとみているからである。

とはいえ、一〇年前、胡錦濤が総書記に就任した際、政治局員の最初の学習会テーマとして憲法を選び、政治改革への取り組みに並々ならぬ意気込みを示したにもかかわらず、リタイアした老人からの抵抗に遭って、結局、本来あるべき上からの政治改革は挫折してしまった。第一七回党大会でも、第一八回党大会でも、胡錦濤は既得権益集団の代表ともいうべきリタイア組トップからの妨害を受けることに悩まされた。こうして、やむをえず、前述したように、下からの政治改革を進めることとなった。鄧小平は、党と政府の職を退いてから、必要なる過渡期として軍事委員会主席を二年間勤めた。このような措置は本来不必要であったはずだが、リタイアした最高指導者によってそれが継承され、しかも、胡錦濤が総書記兼軍事委員会副主席の地位にありながらも、軍の重要会議からほとんど外され、軍隊での権威づけに繋がる露出度は押さえ込まれた。その結果、権力の二重構造が形成され、胡錦濤が進めようとする政治改革は阻まれた。このような苦い経験を踏まえて、胡錦濤は完全引退の道を選び、中国共産党の集団指導体制確立という歴史的功績を残した。過去二年間、胡錦濤は重要軍事会議に必ず習近平副主席を同席させ、その権威付けに気を配った。薄希来問題が起き、二年間、残らざるをえないかなと思わせたが、結局、完全引退が宣告された。これは上層部においても、人事面での制度化が推進されることを意味し、政治体制改革阻害の重しが除去されたことを意味する。歓迎すべきことである。今後は、党トップの選出についても、より民主化、透明化、公正化、制度化が進むと期待できよう。

旧常務委員は、文化大革命前の大学で学んだため、ほとんどが理工系出身者であった。計画経済時代は、理工科が重視され、優秀な人材はほとんど理工系に流れたからである。文革後、とりわけ改革開放後は、人文社会科学も重要視されるようになり、中央委員二〇五名のうち、理工系は二一人で、一〇・二％占めるのみで大部分が人文社会系である。学歴も向上し、大学卒業が九五％以上占め、そのうち修士六五％、博士一四％である。また年齢構成からみた継承性も顕著である。一九四〇年代生まれが三一人（一五・一％）、五〇年代生まれが一六五人（八〇・五％）、六〇年代生まれが九人（四・四％）となっている。

七　三〇年後の中国はどうなっているだろうか

政治報告は、今世紀半ば（二〇四九年新中国成立一〇〇周年）までに、「富強、民主、文明、和諧の社会主義現代化国家を実現する」という目標を掲げた。今後、三〇―五〇年後の国際関係はどうなっているのであろうか。

ＯＥＣＤは、一一月九日、「経済強国の力関係が今後五〇年に生ずる大きな変化」と題する調査報告書を発表した。購買力平価で計算した場合、二〇一一年の中国国内総生産は世界の一七％でＥＵと同水準、アメリカは二三％であるが、二〇一六年には中国の国内総生産はこれを追い越し、二〇六〇年の世界のＧＤＰ比率は、中国が二八％、ＥＵが九％、アメリカが一六％と予測する。

日本経済研究センターの二〇〇七年の予測では、二〇二〇年に日本のＧＤＰは四・二兆ドル（二〇〇〇年購買力平価ドルベース）、中国は一七・三兆ドルで日本の四倍以上となるとしている。アメリカは一六・八兆ドル、ＥＵは一四・五兆ドル、インドは七・一兆ドルで、中国が世界一と予測する。このような数字をそのまま信ずるわけにはいかないが、二〇二〇年ないし二〇二五年には、中国がアメリカを追い越し世界一になるというのは大方の見方である。但し、一人当たりではアメリカのまだ四分の一ないし五分の一である。

軍事力については、国防費の対ＧＤＰ比率が現在の一・四％を維持していくとした場合、毎年実質七―八％の増加率を示すことになる。現在、中国の国防費は約一〇〇〇億ドルであるが、二〇二〇年には二〇〇〇億ドルを超す。アメリカの国防費は六〇〇〇億ドルから減少していく方向にあり、二〇二〇年頃には米中軍事費対比は二対一（現在は六対一）くらいに縮小していく可能性が高い。二〇二〇年代には、遅くとも二〇三〇年までには、中国の望む対等な立場での安全保障枠組み作りに米国が前向きに応じざるをえなくなるであろう。

国際経済組織については、アメリカの金融問題専門家ミッチェル・ハドソン（Michael Hudson）氏は、欧米先進国経済は「債務支出」（借金）経済に陥り、動きが取れなくなっていると指摘し、中国経済のみは借金経済に陥らず、健全な経済活動を維持していると評価する。そして、「今後三〇年において、中国の直面するチャレンジは、西側諸国の技術と知恵を吸収する面で先進的成果を上げると同時に、西側諸国の経済進歩の土台を蝕んだ金融力に対して防御することである」と警告する。さらに「ワシントン・コンセンサス体制から独立するには、別の制度システムをつくって、多極化の世界金融、貿易、外交システムの形成を促す必要がある」と提言する（『中国未来三〇年』中央編訳出版社、二〇一二年五月、二一―四三頁）。傾聴に値する見解である。

政治報告は、「多国間協議に積極的に参加し、……国際秩序と国際システムが公正で合理的な方向に向かって発展するよう推進していく」と述べている。今後三〇年間、中国はハドソン氏のような世界の有識者を北京に集めて、既存の国際政治経済秩序の不公平、不合理の部分を改革する世論を形成していくことになろう。すなわち、中国は先進国及び発展途上国の有識者の期待に応えて、国際政治経済改革の面でますます中心的役割を果たしていく可能性があるということである。

結び

日本は中国共産党への偏見、現代中国への偏見を改めなくてはならない。「現在の反日感情が醸成されたのは、共産党政権の政策の結果だ」という見方は間違っている。日本の政治家がドイツのように戦争認識問題でけじめをつけなかったところに根本的原因がある。尖閣問題も、日清戦争という歴史、冷戦下のサンフランシスコ条約という歴史に関わっている。歴史認識問題を超克するには、日中両国の意識の大転換が必要である。

愛知県立大学准教授鈴木隆氏の次の言葉を是としたい。「日中や日韓が領土や海洋権益の問題を巡って争っているが、その争いの土台は、欧州が作り上げてきた近代国家を中心とする国際関係のシステムだ。欧州の概念、価値観にのっとって争っている。『アジアの時代』というなら、欧州のつくった価値や概念を乗り越えていかないといけない。互いの権益を巡る対立を管理できる仕組みをアジアが作り出せるチャンスでもあるはずだ」（「毎日新聞」一一月一六日）。

日本は一年先、三年先の目先のことだけでなく、五年後、一〇年後、三〇年後、五〇年後のアジアと世界の展望を持って世界に対応していくべきである。そうすれば、加茂具樹氏や鈴木隆氏のような若い研究者の観点が主流を占めるようになっていくであろう。

第五章　習近平・李克強体制の確立とその行方

解題：（二〇一三年一二月執筆）習近平体制発足後一年間の政治、経済、外交をコメントした。政治面では綱紀粛正と腐敗退治の進展を高く評価し、同時に、基本的には胡耀邦路線を堅持することを解説し、「守旧派」と「西欧派」を退けていることを前向きに評価した。

経済面では中高速度段階（注：高速度後期）に入ったと位置づけ、速度よりも構造改革を重視する政策転換を図ったこと、政府の役割と市場メカニズムの活用を結びつける点で大きく前進したことなどを評価した。

外交面では米中間の新型大国関係構築を中心に国際協調路線を鮮明にした一方、「一帯一路」戦略を提起したことを重視し、中国の「打って出る」戦略がますます本格化していくことを強調した。

二〇一二年一一月、習近平が党総書記になってからちょうど一年になる。一三年三月、国家主席になり、同時に李克強が首相に選ばれ、習近平・李克強体制が発足した。この一年間の執政をどう評価すべきか、国内政治、経済及び外交の面から顧み、同時に、習・李体制下の今後一〇年の行方を展望してみたい。

一　習近平主席権威の確立とその特徴

現在、中国共産党は、その理念を堅持できるのか、それとも自己崩壊を招くのかの歴史的転換期にある。一九九〇年代初めソ連が崩壊してからは、国際社会主義運動の重責は中国共産党が担うこととなった。幸い、鄧小平の強力なリーダーシップによって、中国は、一九七九年から改革開放政策に向かい、経済は高度成長期に入ることができた。しかし、市場経済メカニズムを導入するなかで、資本主義的要素がますます増長し、社会の矛盾も深まっていった。いま、断固たる対策を打たなければ、取り返しのつかない結果を招くことになる。これが、中国指導部の一致した現状認識である。

ところで、社会の矛盾が激化してくると、当然、さまざまな意見、見方が出てくる。典型的なのは、毛沢東派と西欧派の対立である。毛沢東派は、中国がいま歩んでいる道は間違っている、資本主義の道を歩んでいるという。彼らは、共産党内部において改革開放政策を否定し、毛沢東路線に戻るべきだと主張する。鞏献田氏はその代表的論客で、「西側経済学を取り入れた改革・開放政策の三〇年間で資本主義が復活し、少数が富み、多数が貧しくなる両極化が生じた」、「社会の不公平が、皆が平等だった毛沢東時代への回帰熱を高めている」、「中国経済は対外依存が六、七割に達し、すでに半植民地状態だ」（「読売新聞」八月一〇日）といって、改革開放後三〇年の成果を否定する。

この論調は、明らかに偏っており、的を射ていない。確かに、過去三〇年間、市場原理を導入する過程で多くの政策的ミスを犯し、資本主義的要素があまりにも増長し、中国は資本主義国よりも資本主義的になってしまったかもしれない。しかし、経済の発展によって社会主義的政策を採る力が付いたことに間違いはなく、今後三〇年間において、社会主義を堅持する共産党の指導のもと、中国社会における社会主義的要素を増長させていくことができるはずである。欠陥があったからといって、改革開放政策そのものを否定することはできない。

他方、西欧派は、毛沢東時代の三〇年間の建設を否定し、改革開放後三〇年間の「西欧化」を肯定し、さらにそれを推進するよう主張する。その代表的論客茅于軾氏は、「毛沢東時代に物質的には公平であっても権利の面では全く不公平であり、毛沢東一人が天の上にあって、底辺にいる者は『奴隷』となった」、「問題は人権の保障がなく、土地を不当に強制収用されていることなどである。法治を進め、権力を監督することで、公平な社会を実現すべきである」、「改革開放による経済成長にこそ、共産党の合法性がある」、「米国のような社会になるためには、思想を解放しなければならない」（『読売新聞』八月一〇日）という。この主張は、共産党の合法性を経済成長に託していること、また、アメリカ社会を建設目標としていることなどから、そこには社会主義理念は全くみられない。実際には、共産党解散論者である。

このような両極端な論調に対して、習近平は、毛沢東時代の三〇年を是として改革開放後の三〇年を否定してはならず、また、後者で前者を否定してはならないとした。すなわち、弁証法的に統一して考えるべきであり、毛沢東時代の良き伝統は継承し、同時に改革開放政策を深化させることによって、中国の特色ある社会主義の道はより健全なものになるというのである。「習近平が最近毛沢東の言葉をよく引用するから左に偏った」というのは当たらない。また、先に深圳市を訪問したから、西欧化の改革開放を推進するとみるのも、当を得た見方ではない。伝統的な中央集権的社会主義ではなく、現代資本主義でもない、中国の特色ある社会主義の道を模索していこうとしているのである。

前述したようなイデオロギー論争のなかで、さらには中国独特の複雑な権力構造のなかにおいて、習近平がいかにして自らの権威を確立していくかは、きわめて重要な試練であるといえる。この一年間のプロセスをみると、彼はバランス感覚があり、戦略的段取りもうまくこなす稀に見る指導者といえる。毛沢東、鄧小平に並ぶ「名君」になるのではとの期待感も耳にする。高級幹部の子弟ではあるが、父の失脚下で舐めた労苦がプラス要因となっているのであろう。

習近平がまずやったことは、大衆の支持を得るための共産党幹部の自己規制である。二〇一二年一二月四日、中国共産党中央政治局は、特別会議を開き、次のような八項目を規定した。

1．「中央政治局のすべての同志は、調査研究を改善し、末端に行って調査研究し、真実の状況を深く理解し、経験を総括し、問題を研究し、困難を解決し、活動を指導し、大衆に学び、実践に学び、もっと大衆と話し合い、もっと幹部と打ち解けて話し合い、もっと相談、討議し、もっと典型を分析し、困難と矛盾が集中して、大衆の不満の多いところにもっと行き、その場限りや形式主義をやらない。出かける時には随行者を少なくし、同伴者を減らし、接待を簡素にし、標語や横断幕をやめ、大衆の送迎を手配せず、賓客を迎える際にカーペットを敷かず、花を飾るのをやめ、招宴を手配しないこと」。

2．「会議活動を簡素化し、会議の気風を確実に改め、中央の名義で開く各種の全国的会議と重要な活動を厳格に抑制し、うわべだけの活動手配や要求提起のための会議は開かず、中央の承認を受けていない各種テープカットや起工式、祝賀会、記念会、表彰会、博覧会、研究会及び各種フォーラムにすべて出席しない。会議の実効性を高め、会議を短時間にし、話を短くして、空論や決まりきった言葉を戒めること」。

3．「文書や報告を減らし、文書の気風を確実に改善し、実質的内容がなく、出しても出さなくてもいい文書や報告はすべて出さないこと」。

4．「外国訪問活動を規範化し、外交活動の大局的必要性に基づいて訪問活動を合理的に手配し、随行者を厳格に制限し、規定に従って厳格に交通手段を選び、一般的には中国資本の機関や華僑・華人、留学生代表らの空港での送迎を手配しないこと」。

5.「警護活動を改善し、大衆との結びつきに役立つ原則を堅持し、交通管制を減らして、一般的状況では道路の封鎖や公共の場の整理・閉鎖をしないこと」。
6.「ニュース報道を改善し、中央政治局の同志の会議出席と活動は、公務の必要性、ニュース価値、社会的効果に基づいて報道するか否かを決定し、報道の件数、字数、時間を一段と短縮すること」。
7.「文書原稿の発表を厳格にし、中央が統一的に手配したものを除き、個人は著作や演説の単行本を公開出版せず、祝賀書簡や祝電を出さず、題辞や題字を記さないこと」。
8.「勤倹節約を励行し、清廉政治に関する規定を厳格に順守し、住宅や車両の配分など活動・生活処遇の規定を厳格に実行すること」。

この八項目は現在の中国の実情を反映した形式主義、官僚主義、享楽主義、奢侈風潮に対する批判・改善であり、大衆からは大歓迎された。当初、本当に実行されるか否か危ぶまれたが、ないがしろにする幹部は名指しで批判され、徐々に人々の信頼を得られるようになっていった。これをさらに徹底させるために、七月一日から大衆路線教育活動（一種の整風運動）を開始した。

この大衆路線教育実践活動は四期に分けて展開される。一期三ヵ月で、学習―自己点検―改善措置のプロセスを経て、整風（作風の整頓）が行われる。反形式主義、反官僚主義、反享楽主義、反奢侈風潮の四つがその内容で、上級幹部は、前記の八項目に照らして自己点検をするのだが、その際、皆の意見を聞いて自分自身の持つ欠点についての認識を深めていく。こうしたやり方は、中国共産党の良き伝統であったが、ここ二〇年間、ほとんど行われることはなかった。習近平はこれを復活させたのである。

習近平が力を入れたもう一つの大仕事は、不正腐敗退治である。王岐山が党規律委員会書記となって以来、大物を次々と摘発している。王氏は、フランスのトクヴィルが著した『旧体制と大革命』を党規律委員会幹部らに推薦した。中国の社会矛盾はフランス革命の前夜に酷似している、もし腐敗を退治しなかったならば、犠牲がきわめて大きい革命が起こる、それを防ぐには自らの力で腐敗を退治しなくてはならない、という一大メッセージを発したのである。

注目すべき点として、周永康前共産党中央政法委書記（前党政治局常務委員）周辺に対する本格的な腐敗摘発が行われている。二〇一二年一一月、元四川省党委副書記李春城が「重大な党規律違反」で調査を受け、解任された。二〇一三年六月、周氏の元秘書郭永祥（元四川省副省長）、八月末には、周氏出身母体の中国石油天然ガス集団の幹部四人が相次ぎ摘発された。また、山東省の勝利油田で周氏、郭氏と同僚だった国有資産管理委員会主任蔣潔敏氏（元中国石油天然ガス集団会長）も解任され、規律違反で取り調べを受けている。党常務委は「汚職調査の聖域」とされてきたが、習近平はそれを打破する決心をしているとみられる。

習氏の権威を確立するうえで大変重要なことは、薄熙来事件を早期に処理することである。薄熙来は、二〇一二年三月に重慶市トップの座を追われたが、その処分は胡錦濤前指導部が積み残した懸案であった。薄被告には収賄など経済犯罪が問われたが、実態は庶民や保守層を煽動し、中央に挑戦したことにある。習近平としては、これをうまく処理してはじめて権威が確立される。

この事件は、次のようなプロセスを経て、割合早く決着をつけることができた。①二〇一二年三月一五日、薄熙来の重慶市党委員会の書記職を解任、②九月二八日、党籍剝奪と政治局員と中央委員の職務解任、③二〇一三年七月二五日、検察当局が収賄や職権乱用などの罪で薄被告を起訴、④八月二二日、初公判が山東省済南市中級人民法院で開かれ、薄被告は罪状を否認、⑤九月二二日、無期懲役の判決を下す、⑥一〇月二五日、山東省高級人民法院が、無期懲役とした一審判決を支持し、薄被告の上訴を退けた。これで一八期三中全会が開かれる前に解決することができ、長期安定の土台を築くことに成功した。

なお、習近平は二〇一二年末から一三年初めにかけて、中国人民解放軍の各部隊を訪問し、軍隊の整頓にも力を入れた。軍首脳部人事でも若返りを図り、軍事委員会主席としての権威を早期に確立した。これは前総書記胡錦濤が就任した直後とは全く違うところである。というのも、胡錦濤が完全リタイアを宣言することによって、習近平の権威確立を邪魔する勢力が完全に排除されたからである。この点で胡錦濤は歴史的貢献をしたと後世の歴史家によって評価されよう。

二　高度成長から持続的安定成長へのソフトランディング

習・李体制が発足するにあたって、中国の経済事情は決してよいものではなかった。短期的には、経済成長減速によるハードランディングが語られ、影の銀行（シャドウ・バンキング）問題も大きく報道された。中長期的には、経済発展方式転換の困難や中所得国の罠に陥ることなどが盛んに語られた。しかし、この一年の成果から、中国経済は持続的安定成長の軌道に乗る可能性が高いと評価されるようになった。

まず、経済成長の減速化であるが、中国経済は、一九一二年第4四半期の七・九％をピークに、二〇一三年第1四半期には七・七％、第2四半期には七・五％と減速していった。第3四半期はさらに減速し、中国経済は失速するのではないかと騒がれた。しかし、第3四半期の成長率は、前年同期比で実質七・八％、第2四半期に比べ〇・三ポイント改善した。成長が持ち直された理由はきわめて単純で、成長率が下がるのを防ぐためにインフラ投資を増やしたからである。景気減速が鮮明になった七月以降、中央政府は景気刺激策として、次のような手を打った。①五ヵ年計画の鉄道建設計画の前倒し、②老朽化したバラック・住宅一〇〇〇万戸の建て替え、③ガス管・下水処理など都市インフラの整備、④零細企業約六〇〇万社向けに税を優遇する、などである。現在、中国経済は財政的にも金融的にも余裕があり、臨機応変に対応策がとれることを忘れてはならない。

李克強首相は、雇用確保のため今年の成長率は七・五%を下限とし、景気過熱抑制の上限を消費者物価上昇率三・五%としている。つまり、成長率が七・五%を割るようなことがあれば景気刺激策を採るし、物価上昇率が三・五%を超すようなことになれば、景気抑制策を採るというのである。経済状況がその範囲内であれば市場に任せ、もっぱら長期の安定成長に不可欠な構造改革に力を入れるというのである。七月時点で、七・五%の下限が危なくなったということで、上述のような小規模な刺激策を採ったというわけである。李首相は、九月一一日に大連で開かれた夏季ダボス会議で、中国経済は高度成長から中高速度成長の段階に入ったとして、七・五%前後の伸び率を適正成長率と見なしている。

イギリスのバークレイズ・キャピタルがレポートのなかで「リコノミクス」という言葉を使い、李克強首相の経済政策路線を次のようにまとめている。中国経済を持続可能な安定成長に軟着陸させるため、①大規模な景気刺激をしない、②膨張した信用リスクを抑制する、③企業の設備過剰の縮小など構造調整を推進する。最近のＩＭＦ報告では、李克強のこのような政策は、財政上のリスクを軽減し、バランスのとれた成長に繋がると評価している。

六月下旬、金利が急騰し、金融システムの崩壊が語られたのも一つの試練であった。銀行間市場で金利が突如一三%台に跳ね上がった。「影の銀行」が問題になっていたこともあり、中国の「金融システムが危ない」と騒がれた。実際には、金融政策の標的を貸出量から金利に移すため、金利をできるだけ市場に委ねるようになった際、「一部の銀行が期末の資金管理を怠り、金利が上がった」という事情があった。また、資金が不動産など投機的分野に流れるのを抑制しようとして中央銀行が蛇口を細くしたことも原因の一つであった。中央銀行が応急措置をとることによって、それはすぐに収まった。問題は、技術的操作ミスの範囲内であったといえる。

影の銀行問題についても大げさに騒がれているようだ。これは地方政府が開発プロジェクト推進のため、「融資平台」という地方政府傘下の開発投資会社に高利の理財商品を銀行に販売させて資金調達を行うものである。その開発プロジェクトがよき投資効果を上げるとは限らず、「融資平台」の債務返済が困難となり、それが地方政府の過剰債務になる可能性があるということから問題となった。その額については、中央政府が公的債務の実態調査に乗り出したが、その結果はまだ発表されていない。しかし、一般的予測では、地方政府の「融資平台」が銀行から受けた融資の残高は約一〇兆元といわれている。ほかに信託会社からの借り入れや債券発行を通じた資金調達、民間の高利貸しの利用などもある。それらを合わせると、「融資平台」の債務総額は一八兆元前後になると試算されている。中央政府によれば、国の債務は大きく三種類に分かれる。①国債で残高は七兆元台、②国家開発銀行など政策銀行の金融債、③旧鉄道部など国家機関が発行した債券など。これらを合わせると、総額一六兆元程度になるといわれる。中央と地方の債務を合計すると三四兆元となり、対ＧＤＰ比率は七割弱である。公的債務の対ＧＤＰ比率は決して高くはない。

では、なぜ影の銀行が崩壊すると騒がれたのか。それは一八兆元といわれる「融資平台」の債務の多くが不良債権化するとみられたからである。銀行預金よりも高利の理財商品を通じて資金を集めて運用したところ、その運用対象資産の価格が暴落し、不良債権問題が深刻化するというのである。しかし、瀬口清之氏によれば、不良債権問題が起こるのは株価や不動産価格が暴落したとき、つまりバブルが崩壊したときで、中国にはそのようなリスクはほとんどない。焦げつきリスクのあるものは二〇％、実際に焦げつくのはそのうちの一〇％と想定すると、不良債権化するのは全体の二％、五〇〇〇億元に過ぎない（『日本経済新聞』八月二七日）。実態調査の結果を待たないと、はっきりした結論は得られないが、瀬口氏の分析は実態に近いのではないかと考える。

とはいうものの、影の銀行の膨張は重大問題であり、抜本的に解決していく必要がある。それは金利の市場化と規制の緩和である。銀行の窓口で、集まった企業剰余金、理財商品資金などを五―六％の金利（一年物定期預金金利の上限は年三・三%）で地方政府の投資会社（融資平台）、不動産開発会社、中小企業などに貸し出していた。この影の銀行を縮小し、それらを正常の金融取引に変えていくには、金利を基本的に自由化することが不可欠である。政府は、七月から銀行が貸出金利を自由に決められるようにした。しかし、預金金利は自由化されずに低く抑えられているため、人々は依然として高利の理財商品を購入しようとする。貸出金利ばかりでなく、預金金利についても規制緩和が求められる。

習近平がロシアで開かれたG20会議で中国経済の問題点として取り上げたものに、影の銀行問題のほかに、生産過剰問題がある。二〇〇八年、リーマンブラザーズの破綻によって起きた世界金融経済危機の際、中国は素早く四兆元の景気刺激策を打ち出した。その結果、中国経済はV字型回復が実現し、世界経済の底割れを防ぐ役割を果たすことができた。しかし、その後遺症は、ここ数年、顕著に現れてきた。主として二つの面に現れた。一つは前述した影の銀行膨張問題、もう一つは過剰設備問題である。

リーマンショック後の大型景気対策は四兆元規模を謳っているが、中央の負担は三割程度で、地方政府が自力の資金調達を強いられた。土地収入だけでは賄えず、正規の銀行融資でない資金集めに走った。それが影の銀行を膨張させた一大要因であった。また、大型景気対策は、公共投資がメインであったため、鉄鋼、ガラス、アルミ、セメントなど建設関連資材の需要を促した。これら業種は、建設需要を当て込んで設備投資を増やし、それらが稼働しはじめたときに、中国経済は減速しはじめた。そのため、過剰生産能力が一気に表面化し、経済構造調整は待ったなしの状況となった。また、供給過剰のもとでは販売価格が下がるし、生産コストは上昇する。そのため、企業利潤が圧迫されるし、過剰債務問題が発生する。生産の縮小、債務の返済資金不足という状態が生まれるため、中国の格付け会社による格下げが急増している。一―八月期の格下げ件数は七八社で、二〇一二年の三六社の倍以上となった。

過剰設備の典型的業種は鉄鋼業である。中国の鉄鋼メーカーが生産過剰になりがちなのは、この一〇年間、作れば売れるという状況が続いたからである。住宅や鉄道の建設などによる鉄鋼需要が急拡大し、国内の年産能力は二〇〇四年末の四億二〇〇〇万トンから一二年末には九億七〇〇〇万トンへと二倍以上に拡大した。現在では、このうち二億トン超が過剰生産能力とされ、中国全体の粗鋼生産量は七億トンである。供給過剰のもと、鋼材価格は下落し、中国鉄鋼企業協会の調査では、一―六月期は会員企業八六社のうち三五社が赤字となっている。

過剰設備調整と並んで取り組むべき重要な課題として、乱立する工業団地の整理整頓がある。その典型例としては河北省工業団地曹妃甸が挙げられる。第一一次五ヵ年計画（二〇〇六―二〇一〇年）で国家重点プロジェクトとされたが、曹妃甸は思うような成果を上げていない。国家主導で開発が進められたが、採算を考える企業は、海外企業も含めて、それに対応していくことができなかったのである。その背景には、経済構造の変化がある。工業団地を整備すれば国内外の企業を誘致できるという時代は終わりつつあり、上海に自由貿易試験区をつくることを決めるなど、都市の規制緩和といった新しい成長戦略を模索しはじめる段階に入っている。八〇年代の深圳、九〇年代の浦東を、二〇〇〇年代に渤海湾で再現しようというのは、もはや時代遅れといえるであろう。

李首相は、構造改革を推進して設備過剰の解消や経済開発区の再生を図るために、上海自由貿易試験区に力を入れている。八月三〇日、全国人民代表委員会常務委は、上海自由貿易試験区内で「外資企業法」など外資系企業に関わる法律を変更する権利を一〇月一日から三年間、国務院に与えることを決めた。そして、九月二九日、上海の四つの保税区を合わせた二八平方キロの自由貿易試験区が正式に発足した。この区域内では、①貿易の自由化、②金融の自由化、③投資の簡略化、④行政の簡素化が推進される。その意図は、香港やシンガポールのように自由貿易の一大拠点をつくると同時に、ここでの経験を全国の開発区や新区に押し広め、改革開放路線をさらに深化させることにある。

上海自由貿易試験区の設置については、中国の改革開放政策が第四ステージに入ったと位置づけられている。第一ステージは一九八〇年代の工業の外資誘致を図った経済特区、第二ステージは一九九〇年代の金融・サービス業の外資誘致を図った経済新区（上海浦東など）、第三ステージは二〇〇一年の世界貿易機関（ＷＴＯ）加盟による国際経済とのリンク、第四ステージは今回の自由貿易試験区で国内経済と海外経済との一体化が進められる。この四ステージとも対外開放をより広げていくという共通点があるが、前三ステージは門戸を開放して受け入れるという意味合いが強かったのに対し、第四ステージは外資誘致と内資対外進出の両面があることに留意すべきだ。およそ一〇年前から、巨額な外貨準備高をバックに、中国企業が海外に「打って出る」政策を推進してきたが、二〇一二年の対外直接投資額は八七八億ドルに達し、外資導入額を上回った。中国企業の対外進出はこれから本格化していくが、上海自由貿易試験区はそれに必要な諸条件を備えさせる、あるいは事前に訓練する場を提供するという役割も担う。

改革開放政策の深化は必ず抵抗勢力の反発を受けるものである。前三ステージの抵抗は主としてイデオロギー面によるものであった。第四ステージはそればかりでなく、既得権益集団からの抵抗とも闘わねばならない。習・李体制は、短期的経済問題の山は首尾よく乗り越えることができた。それを踏まえて、中長期的な課題である構造調整改革に取り組むことになるが、過去の実績からみて、難題を克服して成果を上げることができると思われる。

三　国際的平和環境の整備と国際協調外交の展開

習近平体制発足時の対外関係はきわめて厳しいものであった。米中関係は対立気味であったし、ＡＳＥＡＮの一部の国とは南シナ海の領土紛争、日本とは尖閣諸島（釣魚島）を巡る係争、南アジアのインドとは国境問題などが存在していた。しかし、ここ一年間、中国は積極的な平和外交を展開し、フィリピンと日本を除いて、他国との緊張は大幅に緩和された。とりわけ、習主席の四回（①三月のロシア・アフリカ三ヵ国（タンザニア、南アフリカ、コンゴ共和国）訪問と南アフリカのダーバンで開催された第五回ＢＲＩＣＳ首脳会議出席、②六月のカリブ海・中米三ヵ国（トリニダード・トバゴ、コスタリカ、メキシコ）訪問とアメリカでの習近平・オバマ首脳会談、③九月の中央アジア四ヵ国（トルクメニスタン、カザフスタン、ウズベキスタン、キルギスタン）訪問とサンクトペテルブルクで開かれたG20サミット会議及び上海協力機構サミット会議出席、④一〇月のASEAN二ヵ国訪問（インドネシアとマレーシア）とバリ島で開かれたアジア太平洋経済協力会議（APEC）出席）にわたる外国訪問と李首相の二回（①五月のインド、パキスタン、ドイツ、スイスの訪問、②一〇月のブルネイ、タイ、ベトナム三ヵ国訪問とブルネイで開かれたASEAN関連首脳会議出席）にわたる外国訪問は注目に値する。

まず、米中関係については、二〇一一年にアメリカが「アジア回帰」を宣言して以来、対中国包囲網とも思える外交を展開し、中国の猛反発を受けることになった。ベトナム、フィリピン、日本は、アメリカを後ろ盾にして中国に対する挑発をしていると受け止められ、一二年、中国は一連の強硬な対抗措置をとることとなった。明らかに、それは、アメリカに向けられていた。オバマ大統領は、中国の「誤解」を解くために、「回帰」を「再均衡（リバランス）」に改め、中国を含むアジア諸国との関係を深めて、アメリカ経済の立て直しを図るものであると説明するようになった。そして、オバマ大統領は、二期目になってから、ケリー国務長官やヘーゲル国防長官を通して、中国との関係改善に動き出した。六月七日と八日、カリフォルニア州で正味八時間に及ぶ長時間の習近平・オバマ会談が行われ、米中関係の戦略的方向性が示されることとなった。

習近平がまだ副主席であった二〇一二年二月に訪米した際、新型の大国間関係構築を提起し、五月の「米中2+2会議」の開幕式で胡錦濤国家主席が正式にそれを提起した。アメリカは、中国側の提案に対して前向きの姿勢を示し、一三年三月、習国家主席就任の際、オバマ大統領は祝電で「双方が戦略的角逐ではなく健全な競争に基づく新型の大国間関係の構築に共に努力すること」の重要性を強調した。六月の首脳会談では、米中間に横たわるさまざまな問題も議論されたが、基本的には対立ではなく協調に向けて共に努力するということで合意に達した。新型の大国間関係とは、①非衝突、非対立、②相互尊重、③協力・ウインウインの関係、とされている。米中関係において、具体的実務レベルでは、さまざまな摩擦、矛盾は今後も避けられないが、このような戦略的枠組みが一応設定されたことは歴史的意義のあることである。

次に、フィリピンを除いて、ＡＳＥＡＮ諸国との関係が改善されたのは特記すべきことである。習近平のマレーシアとインドネシア公式訪問によって、この二ヵ国との戦略的パートナー関係が、安全保障も含む全面的戦略的パートナー関係に格上げされた。タイとは二〇一二年すでに全面的戦略的パートナー関係が確立されたため、ＡＳＥＡＮ一〇ヵ国の三大国との関係がより確かなものとなった。また、李首相のブルネイ、ベトナム二ヵ国訪問によって、南シナ海における共同開発について合意に達した。これは「係争棚上げ、共同開発」に向けて重要な第一歩を踏み出したことを意味する。フィリピンとの関係は、まだ見通しが立っていないが、李首相とアキノ大統領との面談が行われたことは、近き将来において改善の方向に向かうことを示している。

もう一つ重要なことは、中国とインドとの関係に大きな進展がみられたことである。李首相が五月にインドを訪問し、一〇月にシン首相が訪中して、国境地帯での軍事衝突回避策などを明記した「国境防衛協力協定」を締結した。これは、国境画定が行われたのではなく、最後的な解決策ではない。しかし、衝突回避、経済協力強化を経て、国境地帯において、「係争棚上げ、共同管理、共同開発」の方式に向かう可能性があり、中印両国にとってきわめて重要な前進である。先進国の優位性が相対的に低下していくなか、中印両国が今後の世界において対立するか協調するかは、世界の命運を決する重要な関心事である。協調の方向づけがなされたことは高く評価できる。

以上、周辺諸国との関係改善を踏まえて、中国が海上・陸上シルクロード経済ベルト構想を打ち出し、太平洋に向けての海洋戦略とともに、中国の全方位外交戦略はますます戦略的かつ能動的になったことは留意すべきである。二〇一三年九月七日、習主席はカザフスタンの大学で講演し「シルクロード経済ベルト」構築を打ち出した。また、一〇月三日、習主席はインドネシアの国会において「手を携えて中国・ＡＳＥＡＮ（東南アジア諸国連合）運命共同体を建設しよう」をテーマに演説を行い、「海上シルクロード経済ベルト」構築を提起した。これより一三年九月三日、李首相は、南寧市で開かれた第一〇回「中国―ASEAN博覧会」及び「中国―ASEANビジネス・投資サミット」の開会式で「中国―ASEAN海洋パートナーシップ」の構築と「中国―ASEAN港湾都市協力ネットワーク」の構築を提案した。

陸上のシルクロードは、約二一〇〇年前の漢の時代、張騫が二回にわたって使者として西域に出向き、そのことで切り開かれたロードである。長安―河西回廊（現甘粛省）―新疆―中央アジア―ヨーロッパ・南アジアのルートによって、北アジアとヨーロッパ、北アジアと南アジアの交流が進んだ。それは、隋、唐の時代に全盛を極めたが、宋の時代に海のシルクロードに取って代わられ、衰退していった。海洋渡航技術の発展の結果でもある。いまや高速鉄道や高速道路など陸上交通手段の目覚しい発展によって、陸上シルクロードが再度、大きな発展をみる条件が備えられることとなった。

習主席が提起した「シルクロード経済ベルト」構想によれば、太平洋沿岸とバルト海沿岸を結ぶ物流の大動脈を整備するほか、互いの貿易障壁の解消や人民元と中央アジア諸国通貨の直接取引などを進めていくという。さらに習主席は、中央アジア五ヵ国とロシアから中国に留学する学生を対象に、政府が向こう一〇年間、三万人分の奨学金枠を設ける方針も明らかにした。

海のシルクロードも約二〇〇〇年前に中国と東南アジアとの間で切り開かれ、明の時代に鄭和の大航海が行われ全盛を極めた。その「海上シルクロード」を復活させる一環として、李首相は、「中国とASEANが海上協力を展開することは、双方の協力関係の拡大・発展にとって重要な領域である」と強調した。中国は、すでに三〇億元（約四八七億円）を投じて、「中国―ASEAN海上協力基金」を設立し、漁業基地建設、海洋生態環境保護、海産物の生産取引、航行の安全・海難救助、海上輸送の円滑化など、一連の協力プロジェクトの推進について研究しているという。

最近、中国は、「中国・ミャンマー・バングラデシュ・インド回廊」と「中国・パキスタン経済回廊」の建設を提案している。海上シルクロードは、最終的には「中国—東南アジア—南アジア—中東」を結ぶ経済ベルト地帯を形成するとしている。中国のこのような構想に周辺諸国はどのような態度を示すのであろうか。過去一〇年間、中国との連携強化によって周辺諸国は大きな経済的メリットを得ており、前向きに対応してくる可能性がきわめて高い。現に賛同国が増えつつあるといわれる。

一〇数年前のロシアと中央アジアの状況は、テロの脅威下にあって、経済建設どころではなかった。ところが、二〇〇一年に上海協力機構が発足し、機能しだしてからは、アメリカ軍の中央アジアからの撤退も余儀なくされ、この地域の治安は目覚しい改善をみるにいたった。経済協力も順調に進み、混乱が続く中東とは全く対照的に、社会安定下での経済発展と繁栄を享受することとなった。東南アジア諸国においても、大体同じようなことがいえる。中国とＡＳＥＡＮ諸国との貿易額は過去一〇年間で五倍に増えた。したがって、時間はかかるであろうが、中国の描く方向に進む可能性は十分にあるといえよう。

一九七九年に中国が改革開放政策に踏み切った際は、門戸を開いて外資や技術の導入を図り中国経済を発展させるということに重点が置かれ、さらには先進国の文化や制度も受け入れていった。そのため、一九八〇—二〇一〇年の三〇年間は、先進国に学び、先進的制度を受け入れるという開放戦略であった。しかし、これからの三〇年間は、「創新」に重点が置かれ、中国の特色ある社会主義の「打って出る」開放戦略が展開される。二つの「シルクロード戦略」は、北米・南米を対象とした太平洋進出戦略とともに、「打って出る」全方位開放戦略を形成していくであろう。

中国のこのような「打って出る」開放戦略は、当然のことながら、「平和発展の道」を遵守するものであって、安全保障の確保、経済交流の深化、文化交流の促進が主要課題となる。それは、既存の軍事同盟安全保障体制を形骸化し、国連を中心とした新しい集団安全保障体制がそれに取って代わるプロセスとなろう。ブリックス、上海協力機構などが国際協力基金、国際投資銀行などを設立し、既存のＩＭＦや世界銀行の改革を迫り、先進国中心の世界経済秩序は漸進的に改革されていくであろう。また、社会文化面では、東洋文化の世界に向けての発信ばかりでなく、西欧文化、イスラム文化を含む世界の諸文化を尊重した調和のとれた文化世界が形成されていこう。

二つのシルクロードを新情勢下で復活・発展させることは、中国の夢――「中華民族の偉大な復興」に繋がり、中華文明の神髄「大同世界論」の実践でもある。孫文の言う覇道ではなく王道を進むものであり、中国の特色ある社会主義の外交路線の核心となるものである。それは、中国国民の支持を得られるばかりでなく、世界のすべての人々から支持されるはずである。一〇月下旬から一一月初めにかけて行われた西太平洋での大規模海軍軍事演習については、中国の海洋戦略とともに、アメリカや日本、及び周辺諸国の理解を得られるよう十分な説明が求められる。

結び

安倍晋三首相は、就任以来、中国の台頭を強く意識して、対決する姿勢を示している。また、精力的に諸外国を訪問しているが、それも「中国包囲網外交」を展開していると主要メディアで喧伝されている。中国は、当面、日本無視の姿勢をとっているが、世論の圧力下でいつか対抗措置をとるようにならないかと懸念される。日本としては、中国の政治経済状況及び国際政治の流れを客観的かつ理性的に分析・把握し、中国と対決するのではなく、その経済活力と対外戦略を日本の今後の発展のなかに取り込むことが肝要である。伝統的な牽制戦略はもはや通用しない。二一世紀の先を見通した大戦略を展開すべきである。

第六章　中国の「膨張」は続く——非現実的な「崩壊論」

解題：（二〇一四年六月執筆）中国経済崩壊論と中国軍事脅威論が日本のマスメディアを支配している。そこで、中国経済はまだ「膨張」し、崩壊することはないとし、各種の崩壊論を論破した。とりわけ、中国経済が「中所得国の罠」に陥っているという論調を批判した。

中国の国防費増大は平和時の正常な「膨張」であり、中国脅威論は根拠のないものであると論じた。経済成長に伴って拡大する軍事費の行きつくところは、米中の間で国連憲章の原点に戻って新安全保障体制が構築されることであるとした。

また、中国共産党の生命力について論じ、四段階論を展開した。習近平体制は第四段階の入り口にあり、いまは今後三〇年間の発展の基礎作りをしているところと位置づけた。あと五年もすると、筆者のこの論が広く認められると確信している。

「共産主義国家中国が市場原理を取り入れ、社会主義市場経済なるものを行っているが、それは必ずや行き詰まり崩壊する」というのが、日本のかなり多くの人の見方である。ところが、一〇年、二〇年経ても崩壊しないばかりか、絶対に日本を超えることはないと思っていた中国が、いまやその経済力は日本の二倍となった。心理的ショックは実に大きい。いまもなお、「中国崩壊前夜」（書名）、「中国危機─巨大化するチャイナリスクに備えよ」（書名）、「中国が直面する複合リスク」（社説）などが、書店や新聞・雑誌を飾っている。ショックの鎮静剤として。では、真実はどうであろうか、中国の経済、軍事の「膨張」トレンドをみながら、その力の源泉を紐解いてみたい。

一　世界で最も良好な経済パフォーマンス

二〇一三年の経済実績をみてみよう。実質成長率七・七％（年初目標七・五％）、雇用一三一〇万人増（九〇〇万人）、インフレ率二・六％（三・五％以内）、投資一九・三％増（一八％）、消費一三・一％増（一四・五％）、財政赤字の対ＧＤＰ比率二％、対外貿易七・六％増、貿易黒字二五九七億ドル。これらの数字から、中国が世界中で最もよい状況にあることは明らかである。

ところが、「中国経済崩壊論」が依然として罷り通っている。その根拠はなにか。

第一に、中国経済が二桁の成長率から急速に減速し、七％台になったことを挙げる。成長率減速は次の二つの原因によるもので、決して不思議なことではない。一つは、潜在成長率が下がったからである。国務院発展研究センターが最近発表した報告書には、「二〇一四、二〇一五年は、潜在成長率の短期的な転換点で、二〇一四～二〇年に潜在成長率が穏やかに低下し、二〇二〇年以降には急速に低下する。二〇一三～一六年は八％をやや上回り、二〇一七～二〇年には七％に近づき、二〇二〇～二三年には五％に近づく」と記されている（「国際貿易」二〇一四年三月四日）。すなわち、資本・生産性・労働力の三要素のうち、一人っ子政策により労働力が余剰から不足気味に変わるため、潜在成長率が急速に低下していくということである。

もう一つは、潜在成長率の低下を踏まえて、政府の政策が二桁の高度成長から持続的な安定成長に舵を切ったことである。安定成長へのソフトランディングを目指して、二〇一四年の成長率目標を七・五％前後とし、下限七・二％を割らない限り、景気刺激策はとらず、もっぱら経済構造の調整と経済改革の推進に力を入れるとしている。いまや、中国経済には、所得分配の不公平と格差拡大、過剰投資や過剰生産能力、地方政府の過剰債務や地下金融の膨張などにみる金融システムの不整備、国有企業による独占と民間企業圧迫、大気や河川の汚染など、重要課題が山積している。成長よりも構造調整と経済改革が優先、量よりも質というわけである。

第二に、シャドーバンキング（「影の銀行」）問題との関連で、地方債務の破綻と不動産バブルの崩壊による危機到来論を主張する。確かに、二〇〇八年の世界金融経済危機時にとった四兆元の景気刺激策の後遺症と、その後に採られた政策の不備により、「影の銀行」問題が重大化し、国際的な懸念を引き起こした。それに対し、中国当局は、二〇一三年、半年以上もかけて実態調査に乗り出し、問題の全貌をはっきりさせるにいたった。その結果を踏まえて、目下、対策が講じられており、大事にいたらずに解決されるであろう。

ここで強調すべきことは、中国の良好な財政状況と効率的な危機管理機能の存在である。すなわち、①中国の経済体制の基本は、政府の役割と市場原理の結合であり、「市場の失敗」に迅速に対応できる。②地方債務総額はＧＤＰの約二〇％、国の債務残高は二〇％余、両者を足しても四〇％台で、完全に制御可能である。③モラルハザード回避のために、選択的に社債の債務不履行を認めると同時に、金融システム全体に影響を与えないよう善処している。④中国の銀行本体の財務状況は良好で、「影の銀行」が破綻しても、元本だけは返還するということで、丸く収めることができる。⑤「市場メカニズムに決定的役割を果たさせる」という方針のもと、預金金利の自由化や預金保険制度の確立など抜本的改善策が採られようとしている。

第三に、中国経済の先行き悲観論に「中所得国の罠」云々があるとしていることである。それは、発展途上国が中進国になると、成長が停滞してしまうことを指し、ブラジルなど中南米諸国の実例をもとに、世界銀行が二〇〇七年に初めて使った言葉である。停滞に入る原因は、経済成長に伴って賃金が上がると生産コストも増え、製品の価格競争力が低下し、投資はより賃金の安い国に逃げていくためとされる。それを防ぐには、インフラの整備、産業構造の底上げ、教育水準の向上に取り組む必要があり、政治の強いリーダーシップを必要とするというものである。

確かに一部の新興国にはこのような現象が見受けられるが、中国には全く当てはまらない。中国は、過去三〇年間、労働集約型産業の発展、外需主導型の発展を辿ってきたが、いま、この発展モデルが行き詰まっていることは確かである。そこで、中国経済も同じく「中所得国の罠」に陥っていくというのであるが、中国はいま、モデルチェンジを図っており、着実にその成果が現れている。それは、最初に挙げた世界で最もよい経済指標にみることができる。また、「中所得国の罠」に陥るのを防ぐ要件である、インフラの整備、産業構造の底上げ、教育水準の向上、強い政治リーダーシップなど、すべてにおいて、中国には条件が整っているということも忘れてはならない。

第四に、悲観論のもう一つの根拠として「リコノミクス色あせ論」がある。李克強首相が、経済成長率目標を高めの七・五％前後に設定し、雇用を重視する姿勢を示したことから、無理な景気刺激をせず、金融リスクを抑制し、構造調整を進め、過度の投資依存から脱却して、中国経済を中長期的に持続可能な安定成長を導くというリコノミクスが色あせてきた、さらには「リコノミクスは失速し、死語にすらなりつつある」というのである。これは的外れな論調である。

中国経済はまだ成長期にあり、一定の合理的経済成長を維持してはじめて、構造調整と経済改革を推進できる。一四年の第１四半期は経済の落ち込みが目立ったため、①法人税を半減する零細企業の範囲を拡大（対象を「年間課税所得六万元以下」から「同一〇万元以下」に）、②老朽住宅地域の再開発を推進（国家開発銀行の低所得者向け住宅建設への融資増強）、③内陸部を中心に鉄道整備を加速（国有鉄道会社が今年の投資計画を二〇〇億元増額し、七二〇〇億元に）等の措置を決定した。これらはあくまでも景気下支え措置であり、リコノミクスの基本的方針は何ら影響を受けていないとみるべきである。事実、その効果があって、第2四半期には景況が好転しはじめ、構造調整を進める条件が整備されたといえる。

中国経済のスピードはダウンするが、引き続き「膨張」していく。二〇二〇年までは七～八％の高度成長、それから約二〇年間は五％前後の中速度、今世紀の中ごろには二％前後の低成長時代に入ることになろう。世界銀行が公表した二〇一一年時点の購買力平価換算の国内総生産（GDP）を基にした推計では、中国は、二〇一四年にもアメリカを抜いて第一位になる見通しとなっている。名目GDPでは、アメリカはなお中国の二倍の規模だが、購買力平価ではアメリカを追い越すというのである。実際のレートでも、一般に二〇二〇年代には、中国のGDPがアメリカを追い越すとみられている。イギリスの「エコノミスト」誌が編集した「二〇五〇年の世界」によると、五〇年に世界全体のなかで占めるGDPシェアは、中国が三〇％、アメリカは一八％に縮小し、日本はわずか三％に留まるという。ということは、中国が一人当たりでも先進国に追いつくということである。いずれにしても、中国経済がスピードを落としながらも、引き続き「膨張」していくことはまちがいない。

二　正常な「膨張」を続ける軍事国防力

かつて日本の高度成長期に、日本の防衛費が対GDP比一％くらいであっても、急増していったように、中国も経済力の発展に伴って、国防費の対GDP比率は小さくても、絶対額では急増していく。

二〇一四年の国防費は一二・二％増の八〇八二億元（約一三〇〇億ドル）である。DDP伸び率を七・五％とすると、二〇一四年のGDPは六一・一四六兆元で、国防費の対GDP比率は一・三二％である。アメリカの四％、インドの三％台、ロシアの四％台と比べて、決して高い数字ではない。正常な増加率というべきである。しかし、現在、基数が大きくなっているため、増加額は八八一億元（約一四二億ドル）という、かなり大きな数字である。今後一〇年、国防費は毎年一五〇億ドルから二〇〇億ドル増加していくと思われる。

現在、アメリカの国防費は約六〇〇〇億ドル、海外軍事活動からの撤退によって、五〇〇〇億ドルくらいにまで削減されるであろう。国際情勢に大きな変化がない限り、今後一〇年、アメリカの軍事費は大体この数字を維持していくと思われる。他方、中国の軍事費は二〇二〇年頃には二五〇〇億ドルくらいにまで増え、大体、アメリカの半分くらいとなろう。さらに五年後の二〇二五年には三三〇〇億ドルくらいになり、アメリカの国防費の三分の二となる。アメリカは全世界をカバーしているが、中国軍は主として西太平洋において活動する。とすると、西太平洋における力関係は、日米軍事協力をいくら強化しても、中国に対抗することは難しくなっていくのではなかろうか。

ここで是非とも強調しておかなければならないことは、中国の国防費増大は決してかつての日本軍国主義やナチスの軍備拡大、さらには旧ソ連の異常な軍事費増大ではなく、全く平和時の正常なものであるということである。対GDP比率は下降気味で、一・六％台、一・五％台、一・四％台、一・三％台と下がってきた。予算では、伸び率が二桁といっても、物価上昇率を差し引くと一桁であり、大体、実質経済成長率に見合った伸び率で、多くの年は実質国防費伸び率は経済成長率よりも低い。そのため、対GDP比率は下がっていくのである。「二〇数年にわたる二桁の国防費伸び率」とよくいわれるが、財政予算の伸び率もずっと二桁であり、国防費伸び率は予算伸び率よりも低い年が多く、国家財政支出に占める国防費の割合は下がっている。

しかし、二〇一四年はちょっと事情が違う。国防費の伸び率は、二〇一一年が一二・六％、二〇一二年が一一・六％、二〇一三年は一〇・七％であった。注目すべきことは、尖閣諸島や南シナ海問題で軍事的緊張が続いていたにもかかわらず、国防費の伸び率は三年間低下してきた。だが、昨年、日中関係が対立状態になったため、一四年の国防費伸び率は一二・二％に高まった。一四年の歳出伸び率は九・三％と一桁であるから、それを二・九ポイントも上回る高い伸び率になったのである。

中国の軍隊は、一九九〇年代初めの湾岸戦争を境として近代化が急ピッチで図られ、陸軍の人数を削減する一方、海軍、空軍、及び戦略ミサイル軍の装備近代化に力を入れてきた。その結果、近年、中国の軍事技術の進歩・発展は著しい。航空母艦「遼寧号」のほかに、純国産航空母艦二、三隻が建造されるという。原子力潜水艦、最新鋭ステルス戦闘機「殲20」、無人機などの開発、対艦弾道ミサイル（ＡＳＢＭ）の配備などが注目されている。このほか、宇宙科学面での進歩も注目すべきものがある。二〇一五年末ごろには新たな小型宇宙実験室「天宮２号」を打ち上げ、二〇二〇年頃に大型宇宙ステーションを建設する準備が進められている。二〇一六年頃には初の宇宙貨物船を打ち上げる計画もあり、打ち上げには重さ一三トン以上の重量物を運べる新開発ロケット「長征７号」が使用されるという。中国は、二〇一一年に天宮１号を打ち上げ、無人、有人宇宙船とのドッキング実験に成功した。天宮２号はその後継機で、宇宙での長期間の活動を想定した燃料補給システムが追加されている。この天宮１号と２号で確立された技術を基に、宇宙ステーションの建設が着手されるのである。

また、二〇一三年一二月二日には、月面探査機「嫦娥３号」の打ち上げに成功した。軟着陸には成功したが、無人探査機に故障が起き、月の地質調査は全うできなかった。中国は、二〇〇七年に嫦娥１号、二〇一〇年に嫦娥２号を打ち上げて月を周回させ、探査技術を高めてきた。二〇一七年には、月に着陸した後に地球へ帰還する探査機を打ち上げる予定で、二〇二〇年以降には宇宙飛行士を送り込む計画がある。中国がこのような長蛇の進歩を遂げる背景には、軍事科学や宇宙科学の分野でも後発性利益を享受でき、追い上げる側にはかなり有利という事情がある。

中国の軍事力の増大は正常なものであるとしても、そのスピードはあまりにも早く、周辺諸国は脅威を感じるようになった。中国としては、国防力の強化であって、周辺諸国の脅威になる軍拡ではないといっても、東シナ海と南シナ海での紛争を目の前にして、にわかには信じかねるというのが実情である。ここで重要なことは、中国は周辺諸国に誤解されないよう、細心の注意を払って行動することである。防空識別圏の設置にしても、抜き打ち的なやり方ではなく、周辺諸国に理解されるよう事前に打ち合わせをすることである。また、周辺諸国は中国側の言い分に耳を傾け、相手の立場に理解を示す姿勢が必要である。頭から覇権主義と決めつけて、中国を敵者扱いにするのは問題をこじらせるだけである。

ここで指摘すべきことは、中国の正常な軍事的台頭に対して、アメリカと日本の異なった対応姿勢である。アメリカもタカ派とハト派に分かれるが、主流は中国の経済的台頭とともに軍事的にも台頭するのは自然な流れと受け止めており、中国の平和的台頭を歓迎し、共に新しい安全保障秩序を構築しようとする。習近平国家主席の提唱する新しいタイプの大国関係（衝突・対立しない、相互に尊重する、協力によるウイン・ウインの関係）に賛成し、安全保障面でも相互信頼を醸成するよう努力する。もちろん、アメリカは容易には覇権的地位を手放そうとせず、中国を自分のペースに巻き込もうとするから、それに応じようとしない中国とは厳しいやり取りが避けられない。しかし、双方とも衝突してはならないことが分かっており、結局、時間をかけて前述した新しいタイプの大国関係を築いていかざるをえない。

ところが、日本は中国の海洋進出などとんでもないことだと考える。太平洋はアメリカと日本の内海であり、中国が進出してくることは絶対に許されず、沖縄・宮古島で阻止すべきだ、日本に有利な既存の海空秩序は絶対に守らなくてはならない、と考える。だが、台頭する中国に、とても単独では対応できないため、どうしても日米安保条約を盾にしなくてはならない。アメリカの有識者の多くは、尖閣の係争棚上げを是とするが、日本はそれを封じ込め、土下座してまでも、第五条を尖閣に適用することを宣言するよう、アメリカに乞い願う。実際には、冷戦時代の残滓である日米安保条約の賞味期限はあと一〇年で切れる運命にある。日本は、これを戦略的拠り所としているが、アメリカは戦術的利用価値としかみていない。

こうしたなか、中国は、過去一〇年にわたって侵蝕された南シナ海と東シナ海の係争地域に対して、一昨年からの実効支配強化を踏まえて、「係争棚上げ、共同開発」の平和的解決を目指して動きはじめた。去る四月二二日、中国の青島で日米中など二一ヵ国の海軍幹部らが参加する「西太平洋海軍シンポジウム」が開かれた。この会議で、ミサイルなどを他国艦船に向けたり、他国艦船近くで模擬攻撃をしたりするなど五項目の「回避すべき行動」を明記した行動規範が採択された。中国が議長国として、この海上の衝突回避のための規範をまとめた。また、五月下旬に上海で開かれる国際会議「アジア相互協力信頼醸成措置会議」では、中国が提唱する「アジア新安全観」が宣言文に書き込まれようとしている。これは、習近平主席が三月にオランダでカザフスタンのナザルバエフ大統領と会談した際、「アジアの安全と協力」の新たな構想として提示したもので、「平等」、「共存共栄」の原則が強調されるということである。

中国は、アメリカの招請する軍事演習にも、前向きに参加する姿勢を示している。例えば、今年二月、米タイ両軍主催の東南アジア地域最大の多国間合同軍事演習「コブラゴールド」がタイで行われたが、中国軍は初めて正式に参加した。一一日の開会式では、アメリカのケニー駐タイ大使から、「今年は中国からの特別な参加を歓迎できることを光栄に思う」という丁重な挨拶があった。今夏には、アメリカ軍が主催する「環太平洋合同演習（リムパック）」に中国軍が初参加することになっている。

また、今年二月二二日、米陸軍のオディエルノ参謀総長は、記者会見において、「中国軍高官と会談し、米中陸軍同士で初めて公式対話の枠組みを構築することで合意した」ことを明らかにした。四月八日、北京で行われた「米中国防相会談」では、実務レベルの「アジア・太平洋安全保障対話」を立ち上げることで合意した。米中間の戦略的対話は、多方面にわたって行われている。

以上のことから断言できることは、中国の軍事力は引き続き「膨張」するが、それは米中協力のもとで、全地球範囲で新安全保障体制を構築していく環境整備に繋がるものであるということだ。

三　中国共産党の生命力と中国の将来

最初の社会主義国家ソ連は崩壊し、ソ連共産党も消え去ったに等しい。それとともに、ヨーロッパの共産党はほとんどが歴史的存在となってしまった。ところが、一三億の人口を抱える中国では、共産党がその指導的地位を維持し、今日の強大な社会主義中国を築き上げた。その生命力を理解して、はじめて今後の中国の行方を見通すことができる。

中国共産党の歴史は四段階に分けることができ、現在は、第四段階に差し掛かっていると筆者はみる。

第一段階は、一九二一年の党創立から一九四九年までの約三〇年間で、武力革命の時期である。八年間の抗日戦争も含まれ、中国国民にとって試練の時期であった。言語に絶するこの苦しい闘争を経て、中国人民は鍛えられ、建国の基礎を築いた。第二段階は一九四九年から始まった伝統的社会主義建設期の三〇年間である。ソ連方式を導入したがうまくいかず、中国独自の方式を模索したが、それは失敗に帰した。文化大革命という大錯誤も犯し、中国国民は大きな人的災難を味わった。しかしながら、中国共産党はそこから教訓を汲み、次のステップの糧とした。

第三段階は、一九七九年からの三〇年間で、改革開放の時期である。過去六〇年間は基本的に毛沢東思想に基づいていたが、鄧小平の指導のもと、現代資本主義への見方を根本的に変え、閉鎖性から開放性へ、革命から改革へと一大転換を図った。社会主義と市場原理を結合させるという離れ業を、共産党の指導のもとにやりぬいた。その結果、経済は目覚しい発展を遂げたが、新自由主義の影響を受けて、資本主義国よりも資本主義的な社会に陥ってしまった。拝金主義、格差拡大、不正腐敗、環境悪化、民族矛盾激化など、社会的矛盾はこれまでになく深まり、共産党の支配体制そのものを脅かすものとなった。

このような危機的状況下で、習近平体制が誕生し、第四段階の三〇年間が始まった。それは、第三段階にもたらされた歪みを是正し、真の中国的特色のある社会主義を建設することである。経済的には、政府の役割と市場原理が結合したメカニズムを活用して、一人当たりＧＤＰで先進国に追いつき、政治的には、「党の指導性、人民民主、憲法中心の法治三結合」の民主的社会主義社会を建設することである。対外的には、国際主義、グローバリズムを貫き、国際的紛争の解消と南北格差の縮小に努める。それは、資本主義国と社会主義国の融和が図られる三〇年であり、人類の新紀元を切り開く土台作りの時期でもある。

習近平体制には一〇年の期間を与えられているが、初めの五年間は過去三〇年間に生じたさまざまの偏向を是正することにあり、非常時期と位置づけられる。それは、二期目の五年間に新体制の特色を打ち出すための環境整備時期でもある。不正腐敗の退治、既得権益集団の排除、民族問題悪循環の切断、社会的弱者への支援など、多くの難題を処理しなくてはならない。それには権力の集中と権威の確立が不可欠である。この一年間余り、習近平は軍隊を掌握し、あらゆる分野での権威を確立し、リーダーシップを発揮することができた。それには、完全に身を引いた胡錦濤の歴史的貢献に負うところが大きい。

ここで特記すべきことは、習近平が実行に移した「大衆路線教育実践活動」と銘打った「整風（作風の整頓）運動」である。これは二〇一三年の七月から実施され、第一期は中央及び各省の指導層で行われ、第二期は下部組織の指導層で行われている。一九四三年に行われた「延安整風運動」では、毛沢東の権威が確立され、抗日戦争と解放戦争の勝利を導いた。それには行き過ぎもあったが、共産党の大衆路線と人民奉仕精神が徹底され、作風の改善に大きく貢献した。いま、習近平は、当面の難題を克服するために、中国共産党の伝統的手法を取り入れたのである。状況が全く変わっており、あまりにも古臭いやり方と思われがちだが、現在の腐敗しきった党の浄化を図るには、この方法しかないのである。中国の政治改革は、党の指導性を否定する民主化によって、西側先進国のような法治国家を目指すべきだとよくいわれる。しかし、その結果は、ソ連の崩壊であり、エジプトの混乱であり、ウクライナの混乱である。決してよい選択とはいえない。

「大衆路線教育実践活動」は、当面の難題を克服するための非常手段であり、民主的社会主義法治国家を構築していく一里塚と位置づけるべきである。疑いなく、今回の整風が習近平の権威確立に役立ったといえる。とはいえ、それが独裁体制の方向に向かうと大きな弊害をもたらす。毛沢東への個人崇拝と集団指導制の破壊という教訓がそれである。現在行われている権力の集中は、あくまでも当面の非常時期を切り抜けるためであり、集団指導体制の基本を崩してはならない。習近平体制の第二期目において、その行く末が見えてくる。注視していきたい。

現在の中国は、共産党の一党独裁体制であるとよくいわれる。確かに、その面はあるが、民主集中の組織原則が守られている限り、決して悪いものではない。プラトンは五つの政治形態を述べ、開明的国王のもと、賢人によって政をする形態を理想国家とした。そして、民主政治は、衆愚政治に陥る可能性があるとして退けた。現在の中国は、限りなく賢人政治に近いものになっている。トップクラスの七人は、誰もが、市レベル、省レベルのトップを経験している。たとえ太子党であれ、能力があり、実践に耐えた人間でなければ抜擢されることはない。官職の売買が行われるというような前代未聞の悪風が一時横行したが、これは本来の人事組織制度とは関係ない。また、行政のトップが政治協商というかたちで有識者の知恵を絶えず吸収する仕組みができていることも重要である。

中国共産党に生命力があるもう一つの重要な要因として、マルクス主義の中国化がある。マルクス主義の基本原理は不変であるが、その応用は時と場所によって異なり、実際の状況に基づいて絶えず発展させるべきだとするものである。そうした発展のもとで、教条主義（ドグマ）に陥ることなく、情況の変化に臨機応変に対処することができる。胡錦濤は、和諧社会論、和諧世界論、科学的発展観を提起した。習近平は「中国の夢」として「中華民族の偉大な復興」を提起し、それを「世界の夢」、「大同世界」、「運命共同体」に重ねている。まさにマルクス主義の「中国化」であり、中国理念の世界化である。共産党は、利益共同体ではなく、理念に基づく政党である。政策転換にあたっては、必ず理論的裏付けが求められる。原理に基づく原則性と政策的必要に基づく柔軟性、この両者の結合が中国共産党を活性化させているのである。

結び

いまの中国は魅力的な国ではない。偏見と蔑視の風が日本に充満するのも無理もないことである。しかし、一〇年後には、魅力が芽生え、二〇年後、三〇年後には相当魅力に富む国となろう。国際政治で一流国家であるばかりでなく、経済社会面でも一流国家になっていくであろう。一九五〇年代初め、多くの有識者や学生のなかで、「新中国」の事情を知ろうとするブームが起きた。いま、「新新中国」が誕生しようとしている。経済の「膨張」しつづける中国は、世界の貧困撲滅に努めるはずである。軍事「膨張」する中国は、覇権なき世界の創出に努めるはずである。日本も含めて、世界の心ある人は、中国の事情を知ろうとするブームが、そのうちにやってこよう。最後に、いままさに、「新日中友好運動」が展開される黎明期にあるのだと、敢えて言わせてもらう。

第七章　中国の整風運動と中日・両岸関係への影響

解題：（二〇一四年一一月執筆）習近平が推し進めた「大衆路線実践教育活動」を新情勢下の政府運動と位置づけ、その歴史的意義を論じた。この教育活動が不正腐敗問題の解決に繋がり、習近平体制の確立を保障したからである。

日中関係や大陸・台湾関係を難しくしている根本的原因の一つとして、中国大陸が多くの問題を抱え、魅力ある社会になっていないことがある。整風運動が成功裏に終わり、今後、魅力ある中国社会が形成されていけば、自然に日本や台湾との関係改善と発展に繋がっていく。

習近平体制の強化によって、二〇一五年内に習近平・馬英九会談が行われる可能性があると指摘したが、それは一一月に実現した。

過去一年余りにわたって中国で行われた「大衆路線教育実践活動」は、歴史的意義のある重要な運動である。それは、延安整風運動が党内の意志を統一させ、その後の抗日戦争勝利と全国解放を導いたように、中国が自らの二つの「一〇〇年目標（党創立一〇〇周年と建国一〇〇周年）」を達成し、世界を強権政治（パワーポリティックス）から和諧世界に導く環境整備に繋がるからである。延安整風運動は、複雑な政治状況のなか、行き過ぎのミスも犯したが、今回は過去の経験を踏まえてかなり成功裏に全うすることができたといえる。

当初、運動という言葉を避け、整風の精神で大衆路線教育実践活動を実施するとしたが、実際には、党中央の指導のもとに行われる作風改善運動であり、一四年になってからは整風運動といわれるようになった。中国共産党の歴史は、当初三〇年の新民主主義革命、建国後三〇年の社会主義建設、改革開放後の中国的特色のある社会主義建設三〇年に区分できる。社会主義建設の終わり一〇年間の文化大革命の教訓を踏まえて、「混乱収拾、秩序回復（拨乱反正）」を実施し、改革開放への道を開くことによって、高度経済成長を達成した。

しかし、改革開放後三〇年の後半は、新自由主義の影響を受け、市場万能論のもと、格差拡大、拝金主義、不正腐敗などが横行し、ひどく歪んだ社会が形成されてしまった。とりわけ、党政府幹部の腐敗は目に余るものがあり、白昼下の官職の売買にいたってはまさに言語に絶するものであった。この悪弊をいかに絶つか、これは党の存亡、国家の存亡に関わる大きな問題と位置づけられた。このような危機感のもと、第二の「混乱収拾、秩序回復」が決断されることとなった。もし、先進諸国において一般にいわれているような民主選挙方式で解決しようとすれば、党の指導性が否定され国家は大混乱に陥る。そこで、習近平政権は、党の指導性を確保しつつ、大衆の積極性を発揮させる「大衆路線教育実践活動」を選択したのである。

中国共産党政治局は、二〇一三年四月一九日、その年の後半から約一年の時間を費やして、上から下への方式で党の大衆路線教育実践活動を展開することを決定した。まず、トップの常務委員七人が自己点検をして模範を示した。その後、部、省レベルの指導機関で行われ、さらに市、県レベルの指導機関に下された。今回の整風運動を通じて、中国社会の雰囲気は大きく変わり、共産党の社会基盤はより強固なものとなった。それは、中国の外交政策、対日政策に影響を与え、両岸関係の発展にも大きな影響を与える。ここでは、まず整風運動がどのように展開されたかを検討しつつ、日中関係と両岸関係に与える影響について論じたい。

一　大衆路線教育実践活動の歴史的意義

大衆路線とは、「全ては大衆のために、全て大衆に依拠し、大衆の中から生まれ出て、大衆の中に戻して、党の正しい主張を大衆の自覚的行動に変える」というもので、中国革命は、大衆の支持を得て成功したことに基づいている。ところが、政権獲得後は、個人崇拝が顕著となり、大衆路線の名のもとに主観主義的政策が強行された。その最たるものが文化大革命であった。その教訓から、改革開放後は、制度化が強調され、大衆路線や大衆運動はタブー視されるようになった。

中国的特色のある社会主義制度の構築が合言葉となり、法治国家を目指して諸領域での法制化が進められた。党の指導性、人民が主人公、法治の三結合を目指した政治改革が志向されたが、市場経済化での利己主義、大衆無視の官僚主義、私利私欲を図る幹部の腐敗が跋扈し、いまや法はあっても真面目に実行されないという由々しき状況になってしまった。トップクラスを含む幹部の整理整頓なくしては、党中央の政策や法規は貫徹できないという状況となった。

習近平は、二〇一二年一二月、一九八二年憲法三〇周年記念大会で講演し、「憲法の生命は実施することにあり、憲法の権威も実施することにある」と、憲法の尊厳と履行を強調した。しかし、いまの幹部陣では憲法を実施することができず、まずは大衆路線教育実践活動を実施することとした。この実践活動によって腐敗した党を建て直し、憲法の権威が守られる条件を整備しようとするものである。

習近平の推進する大衆路線教育実践活動は、江沢民の「三つの代表論」の学習や胡錦濤の「科学的発展観」の学習とは本質的に異なる。「実践活動」という言葉が示すように、たんなる学習ではなく、その目的は「党の先進性と純潔性を維持発展させる」ことにあるとしている。新味は、まさに「純潔性」にある。党員らしい党員があまりにも少なくなり、党員としての品性、「純潔性」が強く求められるとしている。

実践活動の主たる課題としては、「人民のためである、実務的である、清廉である」ことが提示され、それぞれの幹部が「鏡に照らし、襟を正し、身を清めて、病を治す」よう要求されている。つまり、自己点検である。お互いに批判と自己批判が展開され、それぞれが自己の欠点を認識し、改善を図るというものである。「実践活動の重点は県処長レベル以上の指導機関、指導グループ、指導者」としており、一般党員には、上役の欠点克服を「助ける」役割が求められる。こうして「マルクス主義の大衆観点を確立し、工作作風を改善し、人民の信任と擁護を得よう」というのである。

自己点検の照らす鏡としては、四つの作風（官僚主義、形式主義、享楽主義、贅沢風）反対、八つの規定（調査研究の改善、会議の簡略化、文書の簡略化、出国活動の規範化、警備活動の改善、新聞報道の改善、著作出版の厳格化、勤倹節約の励行、詳しくは七六頁参照）厳守、六つの禁止令（公費での相互訪問、贈呈、宴会などの新年挨拶活動：上級部門への地元特産物の贈呈：規定に反するモノ、金銭、有価証券、商品券、商品カードの贈呈・受領：モノや金銭をやたらに配ったり、見栄を張ったりした浪費：標準を超えた接待：賭博活動を組織したり参加すること）厳守が設けられた。

このような作風改善活動は、腐敗分子の摘発と密接に結びついている。腐敗分子は悪化した作風のなかで生まれるのであり、作風改善のなかで腐敗分子は炙り出される。最近はネットを利用した告発や告示が行われるようになり、大きな効果を上げている。党中央がリタイアした信頼できる高級幹部からなる巡視グループを各部、各省に派遣して実践活動の実施ぶりを監督する制度を編み出したことも、腐敗退治成果の重要な要因となっている。習近平はトラとハエの両方を徹底的に退治するといったが、前者については、周永康、徐才厚など大物を俎上に載せ本気度を示し、後者については、直接、大衆の目に見えるもの、大衆の利益と直結するものであり、実践活動は大衆から高い評価を得ることとなった。

不正腐敗退治の先頭に立っている王岐山常務委員は、最近、反腐敗の三段階論、つまり「不敢貪（汚職をしようとしない）、不能貪（汚職しようとしてもできない）、不想貪（汚職しようと思わない）」を説いている。一年間余りの実践活動と汚職退治によって、基本的に汚職をしようとしない雰囲気になったと彼自身が評価している。確かに、現在、汚職幹部たちは戦々恐々としており、作風は大きな改善をみている。しかし、制度面での改革をさらに推し進めなければ、一時的効果で終わってしまう可能性がある。いまは第二段階の制度改革の局面に入りつつあり、汚職しようとしてもできない環境をつくらなくてはならないとしている。第三段階の汚職をしようと思わなくなる環境をつくるには、さらなる長い期間を必要としよう。

九月三〇日、政治局会議が開かれ、一〇月二〇日から二三日にかけて「四中全会」が開かれることが決まった。「四中全会」では、「法治を全面的に推進する若干の重要問題についての決定」が審議・採択されることになっている。また、政治局会議は、「党の大衆路線教育実践活動は二〇一三年六月に始まり、二〇一四年九月末に基本的に終了した」とし、「四つの作風反対・作風改善の集中的推進は経常的な作風建設に転じる」と宣言した。今回の整風運動は一段落を告げ、正常な状態に戻ったことを意味する。日常活動は経済活動も含めて、整風運動の影響を一時的に受けたが、きわめて妥当なところで区切りをつけたと評価できる。

汚職問題は世界的問題であり、国際社会でも議論され、国際協力が謳われている。中国の汚職分子が外国に逃亡しており、最も多いのがアメリカである。中国当局は、アメリカ政府に汚職分子を中国に送還するよう求めているが、米中間には犯罪者引き渡し協定が結ばれていないため、実行されていないといわれる。米中間の新型大国関係が打ち立てられようとしている今日、汚職分子の中国への送還が期待できよう。それによって、アメリカは中国政府と大衆の信頼を得られるようになり、それが中国的特色のある社会主義民主政治の政治改革をさらに推進していくことになる。中国国民のアメリカへの信頼が高まっていくと同時に、アメリカをはじめとする世界の中国政治改革への評価も高まっていく。

二　中国経済政治社会改革の日中関係への影響

外交は、国内政治の延長線であるといわれる。改革開放政策によって、中国経済は大きな飛躍をみたが、社会政治改革の立ち後れによって、中国的特色のある社会主義の優位性は十分に評価されていないのが現状である。格差の拡大、少数民族暴力事件、集団抗議活動、拝金主義によるモラルの低下、幹部の不正腐敗などが指摘され、国内においても海外においても批判を浴びている。こうしたなかで、中国外交は十分な展開をみせることができないでいる。日本においては、「中国崩壊論」と「中国脅威論」が交錯している。勿論、そこには歴史的要因による偏見が働いているし、中国国内の抱える問題と政策的ミスが原因となっていることも軽視できない。日本、台湾、韓国は高度成長を経るなかで、社会的格差は縮小し、社会的不均衡が緩和されていった。それに反し、中国は、長い間、悪平等下にあったということもあって、不均衡な経済発展が目立ち、社会的矛盾が先鋭化した。それ故、日本や台湾においては、中国の高度成長を評価しない論調が強く存在し、中国経済崩壊論、中国共産党崩壊論が横行している。

ところが、習近平の実行した整風運動が不可能とされていた不正腐敗退治をやり遂げ、既得権益集団へのメスも入れられ、量的発展から質的発展への経済発展方式の転換も着実に行われようとしている。そのため、中国的特色ある社会主義政治の将来性への評価が高まりつつあり、近い将来において、日本世論の主流となる可能性は充分にある。安倍首相のブレーンたちは、中国は大きな困難に直面しており、そのうちに日本に頭を下げてくると見込んでいる。しかし、それは全く主観的願望に過ぎず、実際の中国は日本の二倍三倍五倍と伸びていき、そのうちに一人当たりG

DPでも、日本に追いついていく。中国崩壊論の破綻は目に見えている。日本世論の主流は、いま国際政治において起きている地殻変動を正面から見ようとしない。相変わらず、発展途上国を見下げ、アメリカの覇権的地位に期待を寄せる。台頭する中国については、今後一〇年以内に経済は行き詰まり、政治的にも破局がくるとみる希望的観測者がかなり多い。例えば、元陸将補の矢野義昭氏は、「中国は、長期的には崩壊の可能性があるが、一〇年程度の期間内では、年率一割以上のペースで軍事費増額を継続する可能性は高い」、「近い将来、米中の軍事費が逆転することも予想される」、「対中パワーバランスを維持するためには、二〇二〇年ごろまでに、少なくとも我が国の防衛予算を倍増させる必要がある」（「インテリジェンス・レポート」二〇一四年八月号、三二頁）と述べている。つまり、今後一〇年、防衛予算を大幅に増やす一方、集団的自衛権を行使して、アメリカとともに、中国を牽制すべきだと説き、一〇年後については、中国は崩壊するからいまは考えなくてもよいというのである。

しかし、今回の整風運動によって、中国の経済、政治、社会は大きく変わり、中国的特色のある社会主義の優位性が目に見えてくるようになると、日本のマスメディアも論調を変えざるをえなくなる。日本の右傾化勢力による日本国民に対する「反中」世論操作も効き目が大幅にダウンすることになろう。そのとき、日本の世論は、一〇倍の人口を有する中国に対して、より客観的な評価をするようになり、日本の対中外交も背伸びをしない身の丈に合ったものにならざるをえなくなる。

日本の対中国外交を左右している重要な要因として日米関係がある。日米安保条約によって日本は守られており、日米軍事同盟を強化することによって中国を牽制できると日本政府も多くの国民も考えている。しかし、アメリカは戦術的には日米軍事同盟の利用価値があるとみているが、戦略的には中国と新型の大国関係をつくる必要があると考えている。中国に対する見方は、アメリカは日本よりも現実的であり、理性的である。EUは、さらに現実的、理性的である。日本は距離的に近いが故に、中国について、虫に侵食された樹木に目を奪われ森の全体像を見失う傾向にある。

それに対し、アメリカは、習近平の国内政治における果敢な切り込みと外交政策における戦略的展開を冷静かつ理性的に評価している。アメリカ国務省のＡＰＥＣ担当高官の話によると、ＡＰＥＣが終わった後、丸一日を費やして米中首脳会談が行われ、それは私的交流方式で、一三年六月の米中首脳会談八時間半を上回る時間が割かれるという。一一月のＡＰＥＣで日本が予想できなかった米中関係の進展をみる可能性がある。

一九七二年、日本は、アメリカのキッシンジャーとニクソン大統領による頭越しの対中外交によって、大きなショックを受けた。日本の世論も沸騰し、日中国交正常化が一気に進んだ。現在の日中関係は、その時と似ているように思える。当時、中国は、戦略的にはアメリカも日本も重視したのであるが、戦術的には日本の佐藤内閣を無視して、まず米中関係の改善を先行させた。現在も、安倍首相の反中国姿勢を無視して、アメリカの新戦略（国際協調主義）に前向きに対応して、安倍政権の国内での孤立化を図ろうとしている。高い世論支持率を得ている安倍内閣が倒れるなど、あまりにも現実からかけ離れているように思えるが、安倍の対中国包囲網外交は完全に破綻しており、国民がそれに気づく日は間近に迫っている。

現に、日本の世論のなかには、安倍内閣の反中国的外交に疑問を呈する理性的な声があちこちで上がっている。「日本経済新聞」（八月一三日）の「大機小機」に「ドイツに敗れた日本」と題するコメントが掲載された。それは、「ドイツが独仏融和を軸に欧州連合（ＥＵ）を築き、近隣諸国との関係を深化・拡大させたのに対し、日本は中国、韓国という重要な隣国との関係でつまずいている」とし、そのため「日本は世界の成長センターの恩恵を十分に享受できない」でいる現実を指摘する。そして、「戦後六九年、なぜ日本はドイツに敗れたかを検証する」必要があり、「ドイツに何を学ぶかで日本の針路は決まる」としている。現在の安倍外交の歴史認識問題への厳しい批判である。

また、慶応大学准教授大久保健晴氏は、「読売新聞」（八月一八日）に「中国の夢　どう対峙」と題する小論を書いている。その内容は、欧州で生まれた「万国公法とは結局のところ、列強が互いに勢力の拡大をかけて鎬を削る」ものであり、日本の明治政府は「国際法を盾に条約外交を展開し、中国を中心とする旧来の東アジア秩序の改変を企てた。その象徴が日清戦争であった」とし、「近代日本における国際法とのとり組」が「アジア世界に平和と安定をもたらした」とはいえず、「日本近代の軌跡を無批判に肯定することはできない」と「侵略美化論」を批判する。そして、「今日の国際法の発展は、一九世紀とは異なり、他のアジア諸国との連帯をも可能にする。今こそ歴史を振り返り、未来を想像する力を養う必要がある」と説く。その言わんとするところは、「歴史を鑑として、未来志向で」ということであり、安倍首相のいう「法の支配」については、発展途上国を配慮した「新しい国際法の支配」に変えていく必要があると主張する。

三　本土の政治社会変革が促す両岸政治関係の発展

台湾の世論はアメリカと日本の影響を受けやすい。現在、中国国内における習近平の作風改善、汚職退治への高い評価が、アメリカや日本に伝わりつつあり、そのうちに台湾の世論にも反映されていくことはまちがいない。

今回の整風運動について、一年前の今頃は「反腐敗掛け声論」が中国国内でも主流を占めていた。つまり、本当に反腐敗をやり遂げるのは大変難しく、掛け声だけで終わってしまうであろうとみられていた。したがって、あまり重視されていなかったし、期待もされていなかった。国内のこういった雰囲気が海外に伝わり、日本やアメリカでも掛け声だけで終わるであろうとみられ、マスメディアも取り上げることがほとんどなかった。

その後、多くの高級官僚が取り調べられるようになり、中国国内では大衆の支持を得られるようになったが、海外では「政治闘争論」が叫ばれるようになった。すなわち、習近平が自己の支配体制を確立するために、反対派潰しに取り掛かったというのである。これは整風運動の真実を顧みず、派閥闘争に矮小化したものであるが、日本などではこのような邪論がしきりに喧伝された。ところが中国では、今年の半ばころになると、腐敗分子が次々に摘発されるようになり、汚職に染まった公務員たちが戦々恐々としている状況が生じ、日常の業務にも影響するようになった。そこで、中国国内の既得権益集団などから、大衆路線教育実践活動という整風運動が経済活動やその他の活動を妨げているという「反腐敗有害論」がしきりにいわれるようになってきた。それは、中国進出の外資企業にも影響を与え、海外においても整風運動有害論がいわれるようになった。とりわけ、外資企業の不法行為への取り締まりが強化され、贈賄、独占禁止法違反などが問われるようになってから、習近平が展開する整風運動への反感が強くなっていった。

しかし、整風運動の真実は、着実に作風改善と腐敗摘発を推し進めており、社会の雰囲気は大きな改善をみていて、大衆の絶大な支持を得ている。それは必然的に海外にも伝わり、中国大陸に対して強い偏見をもつ台湾の人たちも徐々に見方を変えるようになっていく。こうして、大衆路線教育実践活動は台湾の社会でも評価されるようになり、両岸関係の発展にもよい効果を生み出すことになる。まず、考えられることは、両岸関係の政治対話環境が生まれてくることである。馬英九は、政治対話の条件として天安門事件の名誉回復、大陸の民主化を挙げてきた。しかし、今回の整風運動によって、中国的特色のある社会主義民主政治が確立するようになっていくと、当然、政治の民主化、天安門事件見直しの条件は影が薄くなっていく。天安門事件見直しは、習近平政権の二期目に行われるとみられているが、中国本土の政権が大衆から支持され、海外においても評価されるとなれば、両岸トップ会談の条件は整えられていく。

第二に、両岸関係の政治対話を妨げていた次のような諸要因もよい方向に向かう可能性がある。一つは、中米関係の発展によって、台湾のアメリカにとっての軍事的価値が相対的に低下していくことである。台湾は、アメリカにとって中国大陸牽制の不沈航空母艦として重要な存在であったし、武器輸出によるドル箱でもあった。しかし、中国の経済力と軍事力が増強されアメリカとの格差が縮小していくなか、また、東欧のウクライナ問題、中東のイスラム国問題など新たな国際的課題を抱えるなか、アメリカは、平和発展を図る中国との新型大国関係を構築することが唯一の望ましい選択と見なしつつある。さらに、今回の整風運動によって、中国の政治改革推進の土台がつくられ、より安定した中国社会になれば、人権問題でのアメリカ世論の対中国圧力は緩和されていく。そうなると、アメリカの対中国戦略は、牽制面が後退し、協力面が前進する必然性にある。これまで、アメリカの対アジア戦略が両岸関係の政治的対話を阻む重要要因となっていたが、それが弱まっていく可能性が十分にある。

二つ目は、台湾における中華文明に対する共通意識が高まっていくことである。習近平は、「中国の夢」として「中華民族の偉大な復興」を掲げたが、当初、それは漢、唐の時代復帰を想像させ、国際的にあまり良い評価が得られなかった。しかし、この一年余りで大同理念や国際的「運命共同体」論が展開され、「中国の夢」が国際性を帯びるようになった。しかし、しかも、シルクロード経済ベルト構想や海上シルクロード戦略が提示され、インフラ整備などの具体的政策が実施されるようになると、周辺諸国からますます期待・歓迎されるようになった。それが今回の整風運動によってさらに強まり、当然、台湾にも影響を与えるようになる。民進党時代に脱中国化が進められたが、現在、国民党政権によって「脱脱中国化」が図られている。今のところ、十分成功しているとはいえないが、整風運動が展開されるなか、大陸においてマルクス主義と中華文明との有機的結合が進めば、台湾における大陸本土へのアレルギー性は弱まっていこう。

三つ目は、抗日戦争での国共合作が客観的に評価されるようになったことである。習近平は、最初の国家指定の「抗日戦争勝利記念日」である一四年九月三日に講話を発表し、抗日戦争における国民党将軍の功績を客観的に評価した。また、南シナ海での台湾の国防力強化の姿勢も前向きに評価されるようになった。これは、両岸関係の改善に有利であるばかりでなく、歴史に逆行する日本の右傾化現象に歯止めをかける面でも重要な意義がある。「カイロ宣言」がルーズベルト、チャーチル、蔣介石の三巨頭会談によってまとめられ、日本軍国主義の徹底的清算と戦後のアジア国際秩序が規定された。しかし、国共内戦と中国共産党勝利によるアメリカの対アジア戦略の大転換によって、台湾の統一は阻まれ、日本軍国主義の清算は不徹底に終わった。その結果、日本はドイツとは全く異なった道を歩むことになり、いまもって過去の侵略戦争へのけじめをつけておらず、アジア全体の不安定要因となっている。両岸関係連携強化の動きは、当然、政治的対話促進の効果を生み出す。

四つ目は、中国本土主導の台湾を含む東アジア共同体の形成を促すことである。王毅外交部長は、先日ASEAN10＋3の外相会議で、二〇二〇年に向けての東アジア共同体の形成目標達成を口にした。これは、日本が消極的であっても中国主導でこれを推進することを意味する。北東アジアにおいては、韓国と中国とのFTAの話し合いが進んでおり、台湾の国民党政権は後れをとらないよう、「物品貿易取り決め」（二〇一〇年「経済協力枠組み協定」の後続協議）や「サービス貿易協定」の締結と実施に力を入れている。東アジア共同体が形成されるようになると、台湾はよりいっそう周辺化される可能性があり、それを防ぐために、両岸関係の政治的解決に取り組まざるをえなくなる。両岸関係の政治的枠組みができれば、台湾も共同体の一員となれるからである。

馬英九は、六年前総統に就任した際、両岸関係の政治的解決に意欲を示した。しかし、台湾内の抵抗に遭って無為のうちに六年間を過ごしてしまった。両岸関係の平和発展のコンセンサスができ、経済関係においては顕著な進展をみることができたが、政治的対話、両岸首脳会談はついにいまになっても実現していない。実際に馬英九に残された時間はあと二年足らずで、今年一一月の地方選挙が終わると、二〇一六年の総統選とは無関係の彼にとって、来年一年は全く自由な身となりえる。もし、歴史に残る政治的業績を残そうとするのであれば、最後の政治的チャンスとして、一五年春ごろの習・馬首脳会談が考えられる。現在、整風運動が一段落した習近平政権は、かなりの余裕をもって、両岸関係に取り組むことができる。海峡両岸の首脳会談実現の可能性はきわめて高いといえよう。

第八章　二〇一六年全人代にみる中国経済と三大注目点

解題：（二〇一六年四月執筆）中国経済が減速するなか、中国のバブル崩壊が盛んにいわれているが、発展段階の違いと、政治力の違いにより、日本の経験したハードランディング（バブルの崩壊）はないと論断した。

また二〇一六年の全人代は第一三次五ヵ年計画を採択した重要な会議であるが、注目点として、まず、世界的なマネーゲーム体制に対抗して実体経済強化を鮮明に打ち出したことを挙げた。次に社会主義理念に通ずる五つのコンセプト、すなわち「創新、協調、緑色、開放、共享」を解説した。第三に国防費伸び率の大幅ダウンを、中国の平和発展論の視点からその意義を論じた。いずれも、習近平が提示した人類運命共同体論に繋がるものである。

二〇一六年の全人代は、第一三次五ヵ年計画を採択した。それは「創新（イノベーション）、協調、緑色（グリーン）、開放、共享（共に享受）」の五大コンセプトのもとに作成された。これは習近平指導体制のもとで出された最初の五ヵ年計画で、今後五年間ばかりでなく、三〇年先の方向も指し示しており、意義はきわめて大きい。また今年は第一年目で、世界経済不振のなかでの「中国経済の新常態」をどうみるか、その行方は大丈夫かなどが、人々の関心を集めている。本論はまず、中国経済の現状とトレンドを分析し、次いで三つの注目点、すなわち金融資本主義の影響から実体経済重視への転換、社会主義理念への回帰、国防費の伸び率縮小の世界的意義を論じる。

一　「新常態」中国経済の世界経済における地位

中国経済は二〇〇三年から二〇〇七年まで二桁の成長率が続き、リーマンショックによる世界金融経済危機のなかでも、二〇〇八年から二〇一一年にかけて一〇％前後の高度成長を遂げた。ところが、ここ数年、七％台に減速し、二〇一五年は六・九％と七％を切った。そうしたなかで「中国経済崩壊論」がまたもや台頭しているが、中国経済が三〇数年にわたる高度成長を経て中速度成長に入ることは自明の理であり、多くの経済学者が予想していたところである。中国当局が「中高速度が新ノーマル状態」と宣言したのは、中速度の初期段階に入ったということである。

戦後の日本及びアジアＮＩＥＳの経済発展をみると、三つの条件を備えれば、先進国へのキャッチアップ段階において七―九％の高度成長を遂げることができる。その三条件とは教育を受けた高質労働力の豊富な存在、政府の役割と市場原理が結びついた高効率メカニズムの形成、技術や資金を導入するための先進国との良好な関係、である。中国はもともと第一の条件を備えていたが、改革開放政策によって第二、第三の条件も備えるようになった。後れてキャッチアップレースに入ったため、先進国とのギャップがそれだけ大きかった。そのため、高度成長の期間も日本やアジアＮＩＥＳよりも長く、三〇数年に及んだのである。

高度成長段階から中速度段階に入った中国は独特の特殊事情があった。それは一人っ子政策の影響もあって、二〇一〇年代に入って第一の条件が急速にしぼんでいったことである。余剰労働力が労働力不足に陥るルイスの転換点が急カーブでやってきて、改革開放政策によってもたらされた後発性利益も、経済成長によって相対的に低下してきた。それは、模倣から創新（イノベーション）の段階に入っていくからである。中国経済の減速はこのような構造的要因によるものであり、全く経済法則にかなったものなのである。

とはいえ、今年は中国経済にとって大変厳しい年であることを中国当局が認めている。李克強首相の政府報告では「三期畳加（三重困難）」の局面としている。すなわち（1）経済法則に基づく減速期、（2）経済構造調整の陣痛期、（3）前段階刺激策の消化期、である。第一については先に述べたとおりだが、第二は政府が経済構造を推進する官製減速の陣痛期ということであり、第三は約一〇年にわたって進んだ二桁成長によってもたらされた過剰設備を整理していくということである。

経験則として、キャッチアップ段階の高度成長期においても、二桁の成長率は過熱気味であり、ほとんど間違いなく不均衡発展の歪みを招く。二〇〇八年の四兆元の刺激策は中国経済と世界経済を救う面でそれなりの役割を果たしたが、それに伴う金融融資のコントロール喪失は多大な悪影響をもたらした。それは明らかに政策的なミスであった。

昨年から今年にかけて中国経済が減速したもう一つの原因として不正腐敗退治の「政治運動」（当局は運動という言葉を避けている）がある。習近平政権は発足とともに綱紀粛正を図り、トラもハエも退治する厳しい対策をとってきた。多くの幹部は多かれ少なかれ問題を抱えており、結果として仕事への取り組みに影響が出た。李克強首相は政府報告のなかで、怠け者幹部を断固取り締まり、「地位を占めながら仕事をしないのは絶対に許されない」と強調している。

つまるところ、中国経済減速には基本的に経済法則に則った構造的要因、政策的ミスの処理要因、不正腐敗退治の政治的要因の三つがある。第一の要因によって中国の高度成長はもうありえない。第二の要因により困難は数年続く。第三の要因は割合早く解決できるとみてよいだろう。中国経済の成長率五％前後の中速度段階は一五—二〇年続くと思われる。その後は二％前後の低成長期に入る。中国経済は今年及び来年の厳しい時期を経て、安定した中速度成長に入っていくとみられる。

確かに中国にはゴーストタウンがあるし、不動産価格にはバブル要素がある。そこで日本のバブル崩壊の二の舞に陥るのではないかとよく論じられる。しかし、次の二つの理由により、ハードランディングは回避できるとみる。

一つは発展段階の相違である。一九七〇年代初期において、田中角栄内閣が日本列島改造論を推進し、不動産のバブル現象が起きたが、高度成長後期あるいは中速度成長初期段階にあったためバブルを吸収することができた。一九八〇年代後半は中速度成長期の後期に差しかかっていたし、九〇年代初めは低成長期に入りつつあった。こうしたなかで発生した巨大バブルは漸進的吸収を図るのが難しかった。現在の中国は、中速度成長期の初期段階にあり、政策を誤らなければ、バブルを漸進的に吸収していくことができるはずである。

二つ目は強力な政府の存在である。一九九〇年代の初め、日本は自民党長期政権に終止符が打たれ、政局が不安定化した。政権交代が頻繁に行われ、資産バブルに対して有力な対応策をとることができなかった。現在の中国政府は強力で安定している。マクロ経済管理にも習熟しており、日本を含む諸外国の経験をよく学んでいる。今回の政府活動報告を見ても、的を射た政策が並んでおり、ハードランディングは避けられるとみてよい。

中国経済の基数は大変大きくなっており、四―六％の中速度成長でも、その絶対額はきわめて大きい。李克強首相は政府報告のなかで「現在、ＧＤＰ伸び率一ポイントの増加量は、五年前の一・五ポイント、一〇年前の二・五ポイントの増加量に相当する」と述べている。昨年度においても、世界経済の成長率への寄与度は二五％で、世界最大であった。中国経済は今後も、アメリカ経済とともに世界経済を牽引する大きな力であり、米中経済協調は維持されていく。経済的困難に直面しているＥＵに対しても、ドイツを中心に協力態勢を強めている。「一帯一路」戦略の展開によって、周辺新興国・発展途上国への経済協力も強化されつつある。中国経済の世界的存在感は間違いなくますます高まっていくであろう。

二　実体経済強化による金融資本主義の影響克服

第一三次五ヵ年計画は、国際的に主流を占めている金融資本主義の影響を克服して、中国及び世界の実体経済を強化しようとしている。

一九九〇年代からアメリカによって金融の自由化が推進され、金融資本主義がますます支配的になっていった。それは市場原理主義ともいわれる新自由主義と相まって世界に浸透した。実体経済から乖離したマネーゲームが横行した世界経済である。二〇〇八年のリーマンショックによって起こった世界的金融経済危機は、まさにそのような金融資本主義の破綻を示すものであった。そこで実体経済重視の構造改革や製造業再重視などの反省はあったが、結局、安易な金融政策に頼ることとなり、アメリカをはじめとする先進国において超金融緩和政策が採られていった。

日本は一九九〇年代においてアメリカの金融自由化の圧力に屈し、自ら創出した東アジアモデル方式を否定してしまった。中国も新自由主義の影響を受け、資本主義的要素が膨張していき、資本主義国よりも資本主義的な社会になっていった。しかし、社会主義を堅持するという枠があったため、政府の役割と市場原理の結合という基本原則は堅持され、それが「資本主義化」に対する一定の歯止めの役割を果たした。

二〇〇八年の国際金融経済危機に直面して、中国当局は新自由主義の影響を反省するようになり、金融は実体経済に奉仕すべきであるという基本認識を示すこととなった。それは国際会議でも国内会議でも提唱された。しかし、走り出した新自由主義メカニズムを是正するのは容易ではなく、第一三次五ヵ年計画の重要課題となっている。「金融体制改革を加速化し、金融が実体経済に奉仕する効率を高める」とし、「民間資本の銀行業への参入拡大、大衆向け金融の発展、中小零細企業及び農村への金融サービス強化」が強調されている。

また金融面でのリスク管理については「中国の国情と国際基準に合った監督管理規則をより健全なものにしていく」としている。昨年から今年にかけて株式市場、不動産市場、為替市場が波乱含みで、「中国政府の管理能力云々」が日本で語られているが、金融面での本格的市場メカニズム導入を開始してわずか二〇年余りであり、種々のミスを犯すことは避けられない。日本を含むどこの国も、試行錯誤を経て経験を積んできた。こういう視点でみれば、中国の犯した試行錯誤は決して特にひどいものではない。逆に、短期間でよくここまで進歩してきたと評価する海外の国際金融専門家も少なくない。

現在、中国経済は国際経済と完全にリンクしており、国際的投機マネーの影響を受けやすい。中国当局にとって、それとの闘いは終始、重要課題である。「市場メカニズムが基礎的役割を果たす」としている以上、投機はつきものである。もし投機を排除したら、市場メカニズムは働かない。問題は「良い投機」と「悪い投機」をどう見分けるかである。実体経済にプラスの投機は良いもの、実体経済にマイナスになるのは悪い投機で、対抗措置をとる必要がある。三―四月に入って、中国金融市場は安定してきたが、これも貴重な経験を経て一歩前進したとみることができよう。

金融資本主義の「悪い投機」を克服するうえで重要なことは、金融制度改革のほかに財政政策をうまく活用することである。短期的マクロ経済政策において重要なのは財政政策と金融政策だが、いま、日本を含む先進国の多くは財政面で巨額の累積赤字を抱え、前向きに積極的財政政策をとる余地がなくなっている。そのため、もっぱら金融緩和政策に頼って景気を支えようとしている。その結果、欧州と日本ではマイナス金利政策がとられるようになり、金融財政秩序は一大混乱期に陥っている。

それに対し、中国の財政状況はドイツと並んで世界で最もよい状態にある。実体経済強化のために積極的財政政策をとるとし、財政赤字は前年度比五、六〇〇億元増の二・一八兆元、対ＧＤＰ比は二・三％から三％に拡大され、かなりの景気刺激策となる。財政支出の増加は、創新（イノベーション）促進、高速鉄道などインフラ整備、農村の都市化推進など、主として実体経済の強化に使われる。金融政策は稳健な通貨政策をとるとし、広義通貨M2増加率は昨年とほとんど同様一三％増と設定された。中国の金融はEUや日本と違って、金利政策をとる余地がある。財政と金融の有機的結合によるマクロ経済政策によって、中国経済は着実に実体経済が強化されていくとみられる。

アベノミクスは金融、財政、成長戦略（構造改革）で構成されるが、第三の成長戦略が十分実行できず、一時的効果で終わろうとしている。中国は実体経済を強化する根本的対策として、昨年一一月、供給サイド構造改革を提起した。それは単なる過剰設備処理と解釈されているが、それだけではなくより深い意味がある。李克強報告は今年度の八大任務の一つとして「供給サイドの構造的改革を強化して、持続的成長力を増強する」を挙げている。それは次の六項目からなっている。

1.「行政簡素化・権限下放、下放と管理結合、サービス改善の改革をより深く推進していく」。すなわち主として規制緩和の行政改革推進である。注目すべきは「インターネット＋行政サービス」を大いに推進するとしている。

2.「全社会の創業・創新の潜在力を発揮させる」。創業は企業起こしを奨励することである。創新は五つの発展理念の第一番に置かれ、「発展の基点」と位置づけられている。中国はいま、模倣の段階から創造の段階に入っている、また第四次産業革命を前にしているという背景がある。第一次の機械革命、第二次の電気革命、第三次のIT革命には参入できなかったが、第四次の人工知能革命には先進国と同じスタートラインにいるとみている。GDPに占める研究開発費の比率は二〇二〇年には二・五％に高められ、先進国に近づいている。

3.「過剰生産能力を解消し、コストダウンと効率アップを図る」。鉄鋼、石炭などの過剰設備を処理し、ゾンビ企業は「積極的かつ稳当に処理していく」としている。その対策費として中央財政が一〇〇〇億元計上、不足なら、さらに補填すると李克強首相は言明している。

4.「製品とサービスの供給の改善に努力する」。品質と安全基準を国際基準にリンクさせることによって消費財の質を高めるとし、「職人精神」を培うことが初めて提起された。マスメディアは、「ドイツと日本の職人意識に学べ」というキャンペーンを展開している。

5.「国有企業改革を大いに推進する」。本年と来年の二年間で国有企業改革を推進し、「発展組、再編組、整理組」の三種類に分けて国有企業調整を行うとしている。また董事会権限の着実実施、経営者の市場化招聘、専門経理人事制度、混合所有制度、従業員株所有などの実験をするとしている。

6.「非公有制経済の活力をよりよく発揮させる」。つまり民間企業や外資企業の活力を引き出すということで、国有企業の独占場であった電力、電信、交通、石油、天然ガス、公共施設分野での民間企業のアクセスを大幅に緩め、さらに民間企業の国有企業改革への参入を奨励するとしている。

三　社会主義理念への回帰

習近平政権によって提起された発展理念「創新、協調、緑色、開放、共享」はいずれも社会主義理念に合致したものであり、それを具体化した第一三次五ヵ年計画は「中国の特色ある社会主義」を掛け声だけに終わらせることなく、真に実行しようとするものである。

改革開放後、中国では「西方経済学」（近代経済学）が盛んとなり、マルクス主義政治経済学は廃れていった。大学でも経済学といえば近代経済学で、資本主義の本質を語ったマルクス主義経済学はほとんど教えられなくなった。これは世界的現象であるが、社会主義を堅持する中国において、マルクス主義経済学のイロハも分からない知識層が経済学及び経済界の主流となっていることは大きな問題である。中国が資本主義国よりも資本主義的になったのは、中国共産党の理論的混乱もしくは理論的な探究の欠如が主因であろう。
いま世界資本主義は行き詰まりつつある。トマ・ピケティの「二一世紀の資本論」はマルクス主義に基づいて、創造的に現代資本主義の矛盾を分析した。「資本主義は所詮、世襲財産で成り立っている」、「ある水準以上になると、投資リターンにより資産は加速度的に増大する。この不平等を食い止めるには、国際的な累進資産税を設けるべきだ」など、分配の不平等を厳しく批判している。本来、社会主義中国においてこのような創造的理論書が出るはずだが、それは不可能に近い。なぜであろうか？　近代経済学とマルクス主義経済学を対立させる観念から脱皮していないからである。

一九五〇年代日本の経済学者杉本栄一氏は名著『近代経済学の解明（上）』（一九五〇年出版）の序文に次のように述べている。「マルクス経済学をも、ひろく近代経済学と呼ばれる分野にひきだし、いわゆる『近代経済理論』との対象において、その理論の本質を説き、その学派の位置づけを行うことは、思い切った試みと呼ばれるかも知れません。しかしかかる思い切った試みによって、いわゆる近代経済理論の砦に拠る人々が、マルクス経済学についての広い視点をつかみとり、またマルクス学派の砦に拠る人々が、みずからを現代経済学の広汎な分野の中に、理論的に位置付ける手がかりをえられることこそ、学界の切磋琢磨の進歩のために、不可欠なことではないでしょうか」。

戦後の日本は、近代経済学とマルクス経済学が相対立していた。また、ソ連においては近代経済学をブルジョア経済学と決めつけて排除していた。日本の経済学界はその影響を受けて両者は水と油の関係にあった。それに対して、杉本栄一はマルクス経済を「近代経済理論」の一部と位置づけ、近代経済学者はマルクス経済を、マルクス経済学者は近代経済学を学べと言っているのである。昨今に通用する名言である。

中国は計画経済期において、ソ連の影響を受けて近代経済学をブルジョア経済学として批判してきた。経済学といえば、型にはまったマルクス経済学で、ソ連が編集した政治経済学教科書が使われた。改革開放後は、マルクス経済学は経済発展に役に立たないということで放棄されてしまった。胡錦濤が総書記になってから、マルクス理論の創造的発展を図ろうとしたが果たすことができなかった。習近平はそれを復活させようとして、二〇一二年、まだ副主席であったときに「マルクス主義の中国化」シンポジウムを主宰した。国家主席になってからは党の良き伝統復活と社会主義理論の再生に力を注いでいる。

昨年一一月二三日、中共中央政治局は「マルクス主義政治経済学の基本原理と方法論」というテーマで第二八回集団学習を行った。その際、習近平総書記は「中国の国情と発展実践を踏まえて、新しい特徴と新法則性を明らかにし、中国の経済発展実践の法則的成果を精査・総括し、実践経験を系統立てた経済学説に昇華させ、現代中国マルクス主義政治経済学の新境地を絶えず切り開かなくてはならない」と語った。マルクス主義の中国化ではなく、現代中国マルクス主義政治経済学としたのは特別の意義があるといわれている。また、習近平は「創新、協調、緑色、開放、共享の発展理念の提起と実行についての理論も政治経済学の重要な成果であり、現代中国の国情と時代の特徴に適合した政治経済学であり」、「マルクス主義政治経済学の新境地を切り開いた」とも語っている。筆者が敢えて「社会主義理念への回帰」と論断した理由は、まさにここにある。

「創新」とは発展の動力をイノベーションに置くということである。理論、制度、科学技術、経営、文化等のあらゆる分野で創新を貫く。シュンペーターは資本主義における技術経営面でのイノベーションを説き、その発展の結果、資本主義は社会主義に進むと予言した。中国ではそれを大きく拡大解釈し、創新を社会主義社会全体の発展動力と位置づけている。なお、経済発展要素として、労働力、土地、資本以外に、技術と管理を加えている。高度知的社会に適応させたのである。

「協調」とは持続的な健全な発展を遂げるために各方面の均衡を重視していくことである。都市と農村の協調的発展、経済社会の協調発展、新型工業化・情報化・都市化・農業現代化の協調的発展、ハードパワーとソフトパワーの協調発展が求められるとしている。

「緑色（グリーン）」とは経済社会の末永き発展と美しい生活環境を保障することである。経済は発展したが、水・空気・土壌が汚染されたという状態を改善し、環境に優しい社会をつくり、人間と自然の調和を重視するとしている。

「開放」とは「国家繁栄の必然的方途」と位置づけ、中国経済が世界経済に深く溶け込んでいくことである。いままでの「受け入れる」開放だけではなく、「受け入れと打って出る」の同時進行に取り組み、先進国と発展途上国との連携を強化しようとする。その典型が「一帯一路」構想であり、そこには国際主義精神が宿る。

「共享」とは「中国の特色ある社会主義の本質的要求」と位置づけ、すべての人が「獲得感」があるようにすることである。そのカギは分配の公平性にあり、第一分配（賃金所得など）の公平性確保、第二分配（社会保障費など）の改善充実、慈善事業の発展など、三方面の努力によって実現されるとしている。

五ヵ年計画で謳われた五大発展理念は、過去三〇年余りの市場経済万能論あるいは経済効率第一主義への反省に基づくものであり、社会主義理念への回帰がきわめて明確に現れている。習近平総書記は建国初期の計画経済期三〇年で改革開放後三〇年を否定してはならず、また後者で前者を否定するのも正しくないと語ったことがある。計画期三〇年と改革開放三〇年の経験と教訓を踏まえて、今後三〇年の中国及び世界の進むべき道を指し示したのが、第一三次五ヵ年計画である。

四　「平和発展論」堅持の国防予算

中国の国防費増加率が前年実績比七・六％増の九兆五四三〇億元となった。六年ぶりの一桁ということで世界の注目を浴びている。東シナ海及び南シナ海の島領有問題で、米中関係と日中関係が緊張するなか、中国の国防費は伸び率が高まるのではないかと予測する向きが多かった。欧米専門家のなかには二〇％増になると予測した者もいたとのことである。ではなぜ、国防費伸び率が大幅に縮小されたのであろうか。

傅瑩（フーイン）全人代報道官は「中国の国防予算は二つの要素を考慮して決まる。一つは国防建設のニーズ、もう一つは経済発展と財政収入の状況だ」と語った。これは重要な指摘である。

国防建設のニーズとは、現在の国際情勢をどう認識するかである。第一三次五ヵ年計画は依然として「平和と発展の時代」としている。つまり、南シナ海を巡る米中対立はコントロールできる範囲内にあり、大局に変化はないとみているのである。中国の某軍事評論家は、もし中国の周辺において安全保障危機が到来すれば、軍事費を大幅に増加させなくてはならないが、いまのところそのような状況にはないと、テレビ番組で語っている。

もう一つの「経済発展と財政収入の状況」とは決して日本軍国主義やソ連の二の舞を演じないということである。中国国防費の対ＧＤＰ比率は低下気味で、ここ数年は一・三％前後で安定している。アメリカの三％台の半分以下である。日本よりは若干高いが、ロシアやインドと比べても格段と低い。中国の軍事に関わる予算の実態は公表数字の二倍になるという見方がよく報道される。理由として開発費と武器輸入が含まれていないというのである。しかし宇宙開発費は米国や日本でも軍事費に含まれていないのではないか。たとえ二倍だとしても、アメリカの比率よりは低い。

しかしながら、中国軍事脅威論を喧伝するために、今までは国防費二桁の伸び率（確かに過去五年間二桁の伸び率だったが年々縮小し、昨年は一〇・一％増で一桁に近かった）とよく叫ばれた。今年は言葉を変えて「伸び率は依然として経済成長率を上回る水準」とか「中国の軍事予算が過去最高を更新」といった言葉が飛び交う。これらの論調は全く事実誤認に基づくものであり正すべきである。

ＧＤＰ伸び率は実質で、国防費伸び率は名目である。今年の物価上昇率は三％以下としており、国防費伸び率は少なくとも一・五―二ポイント引いて初めて経済成長率と比較できる。今年の国防費伸び率は成長率と同等、あるいはそれ以下とみるのが正しい。「過去最高を更新」にいたっては、二〇数年ずっと更新しており、このような提起の仕方自体がおかしい。昨今の国際情勢において、対ＧＤＰ比率一・三％の国防費支出は正常であり、高度成長期及び中速度成長期において当然、毎年「過去最高を更新」することになる。平和憲法で武力保持が許されていない日本においても、高度成長期には防衛費が毎年「過去最高を更新」し、アジア第一の軍事費大国となったことがある。

中国の防衛費が「日本の防衛費の約三・二倍」と喧伝するのもおかしい。中国の経済規模は日本の三倍以上、人口は一〇倍、国土は一六倍、中国の国防費が日本の一〇倍になってもおかしくないのである。だが、中国がそこまで国防費を増やすことはないと断言できる。中国は覇権を求めないからである。

中国の某軍事評論家は国防費伸び率が縮小したことについて、基数が大きくなっているため、七％台の伸び率でも毎年一〇〇億ドル以上の増加を見込めるので、それで充分だと解説していた。また過去二〇数年は「国防費の借り（国防費を抑えて経済建設に回した）を返す」ために二桁の伸び率が必要であったが、中国の国防力は基本的に十分強化されたため、国防費の伸び率は抑えることができるとも解説していた。多分、米中間の新型大国関係が軌道に乗れば、中国国防費の対ＧＤＰ比率は日本と同じく一％前後、あるいはそれ以下になっていこう。

筆者のみるところ、今後一〇―二〇年間に国際安全保障体制が大きく変わり、米国覇権主導の国際安全秩序は国連主導の覇権なき国際安全秩序に転換していくであろう。その兆候は今回のアメリカ大統領選挙にも窺える。過去においても、共和党であれ民主党であれ、アメリカの主流は米国主導の覇権体制維持であった。しかし、アメリカにはすでにその実力はない。オバマ大統領が「世界の憲兵にはならない」と宣言したのは、まさにこの趨勢を率直に認めたからである。しかし強いアメリカ、世界のリーダーでありたいという願望はアメリカ社会に強く存在する。いま、アメリカはその矛盾に喘いでいる。非主流の共和党トランプ候補、民主党サンダース候補が善戦しているのは、アメリカ社会の地殻変動を反映している。この二人が当選しなくても、社会変革は今後も続くとみられる。

トランプ候補は過激な発言で常軌を逸している面があるが、軍事同盟によってアメリカの覇権を維持することがいかに米国国民の利害を損ねているかを語る点は的を射ている。ルーズベルト主導でつくられた国連の原点に戻り、既存の国際秩序を改革していくべきである。トランプ候補もサンダー候補もまだはっきりした外交政策を打ち出してはいないが、米国国民の世論はこの方向に向かいつつある。中国はこのような流れを歓迎しており、米中協調という大きな流れが変わることはない。

日本のマスメディアは「経済減速でも続く強軍路線」と喧伝し、米中協調の動きに警鐘を鳴らす。「読売新聞」四月三日の社説「米中首脳会談：南シナ海緊張の責任を問う」はその典型である。「中国は米主導のアジア秩序に挑戦するな」、北朝鮮問題を巡る新鋭ミサイル防衛システムサードについて中国は「日米韓と協調せねばならない」と主張し、最後に「中国の海洋進出や人権問題など懸案の解決で進展がないまま、協調の演出にばかり腐心してはいないか。これでは、健全な二国関係とは言えまい」とアメリカの対中姿勢を批判する。時代の流れに全く追いついていない。

「米主導のアジア秩序」は必然的に過去のものとなり、国連主導のアジア安全保障体制が構築されていく。中国が中国の安全に不利なサードを受け入れることはありえないし、米中韓に無条件で寄り添うこともありえないであろう。国連主導の三ヵ国会議、四ヵ国会議、五ヵ国会議など多種多様な会議を重ねていき、最後に六ヵ国会議を復活させ、話し合いによって北朝鮮問題を解決し、さらにアジア安全保障体制を構築していく。これが米中共通の利益であり、この地域の共通利益でもある。米中「協調の演出」は演出ではなく本質であり、米中対立こそが演出なのである。米国の対中戦略は定まっており、日米安保条約及びその他の軍事同盟は、米国の覇権的地位延長のために戦術的に利用しているに過ぎない。

日本の右寄りと言われる有識者のなかにもこの流れを認識するようになり、論調を変えつつある。例えば、中西輝政氏は「文芸春秋」二〇一六年四月号に「日本はもはや米国に頼れない」と題する一文を寄せ、日本は「もはや『自由と繁栄の弧』などという時代錯誤の米国製のスローガンとはとっくに決別すべき時なのである」、「国内の『人気取り』もあって、無用に観念論を持ち出して今後も中国に強硬に対抗しようという薄っぺらい戦略論では、日本外交はやがて自縄自縛の状況に陥り孤立しかねない」と警告している。安倍首相のブレーンを務めた中西氏が反旗を翻すようになった。この変化は注目すべきことである。

中西氏のような有識者は増えつつあり、大多数の日本国民もそのうちに認識するようになるであろう。そのとき、真の日中関係改善がやってくる。それはあまり遠くない将来であると信じている。

第二部　中国のグローバル戦略

第九章　動き出した新中華思想の中国外交戦略

解題：（二〇〇八年一〇月執筆）北京オリンピックで演出された中華文明の伝統を誇示したアトラクションを踏まえて、中国のグローバル外交戦略について論じた。まず新中華思想と伝統的中華思想の違い、すなわち皇帝中心vs主権在民、国家間の上下観念vs平等観念を指摘したうえで、中華思想の良い面を指摘した。

次に、毛沢東、鄧小平、江沢民の外交上の特徴を述べたうえで、胡錦濤外交は新中華思想に基づいた能動的国際協調外交を展開していると説いた。その後、習近平は「中華民族の偉大な復興」をスローガンに掲げ、その外交は新中華思想の色合いをよりいっそう濃くしている。

最後に、今世紀末までの国際政治を三段階に分け、中国外交の果たす役割を大胆に論じてみた。習近平外交はまさにこの段取りに沿って展開しているように思える。

毛沢東時代の国づくりは「失敗に帰した」という文言は過言であった。


先月二四日、中国人一〇〇年来の待望であった北京オリンピックが無事終幕を迎えた。北京オリンピックの開幕式と閉幕式の豪華なアトラクションは、中国人ばかりでなく、世界の人々にも大きなインパクトを与えた。とりわけ、東アジアの人々のなかには、東洋文明の共有者としての感激を覚えたものも少なくなかったのではないか。五〇〇〇年の歴史の重みを反映したアトラクションは、現代技術が十分に駆使されたこともあって、人口大国中国の潜在力が顕示された。さらに、二一世紀の世界に臨む中国の国際協調性も十分に示され、中国が責任ある国家になって欲しいという国際社会の期待に十分応えられるものであった。中国の国際的影響力はますます増大し、世界の平和と繁栄を支える大きな力になるであろうと、中国及び世界の主流は好意的な評価をしている。

他方、二〇〇一年、第一九回オリンピック大会の開催地が北京に決定したその時点では予想さえもしえなかったさまざまな問題が発生し、中国当局を悩ませてきた。チベット独立問題に関わる騒乱や新疆の東トルキスタン独立問題を巡るテロの多発などがそれである。そのうえ、二〇〇八年上半期には、中国は、南部大雪害、四川大地震、南部大洪水の三大自然災害に見舞われた。さらには、世界経済の不安定と減速化のなかで、中国経済もインフレと成長減速のスタグフレーションに襲われつつある。こうしたなかで、高度成長下で醸し出された経済的矛盾は、社会的矛盾に転化する様相を呈している。そこで、北京オリンピックは中国崩壊の始まりであるとまで言い切る論者も出てきた。

以上の二つの見解に対する筆者の立場はもちろん前者である。北京オリンピックは大成功であったし、中国国民は列強から侵略された屈辱感を拭い去ることができた。これからは、中国は、伝統文化に宿る寛容さを取り戻すことができ、国際的にも類をみない新中華思想外交を展開していくことであろう。改革開放後三〇年の中国外交の変化に焦点を当てながら、今後の中国外交を展望してみたい。

一　マルクス主義から新中華思想へ

中国共産党を指導政党とする中国は一九四九年に始まり、六〇年が経過しようとしている。共産党はマルクス主義を指導理念とすることが党規約で定められており、建国後三〇年間はマルクス主義が国家の基本理念とされてきた。

しかし、一九七九年から改革開放政策が採られるようになって、中国では伝統文化への再評価が徐々に行われ、儒教への見方は「否定から肯定へ」と大きな変化がみられるようになった。

1　弁証法的唯物論の有効性と限界

マルクス主義の真髄である弁証法的唯物論とは、マルクスがヘーゲルの弁証法とフォイエルバハの唯物論を結びつけてつくり出した理論体系である。それは、神の存在を否定し、宇宙は物質からなっており、自然の法則性によって事物は絶えず弁証法的（対立物の統一、量より質への転化、否定の否定）に生成―発展―死滅するという哲学思想である。現代科学は、まさに自然の法則性探求によって発展してきた。しかしながら、宇宙の解明は限りないものであり、唯物論によってのみ認識できるものではない。たとえ物質の構成や事物の法則性を解明できたとしても、その法則性はいかにして生まれたのか、物質構成の元素はなぜ存在するのかと問われれば、いかなる知者であっても答えようがないのである。有能な科学者が科学を追求すればするほど、宗教分野に突き当たるといわれる所以であろう。自然界の科学的探究にあたっては、弁証法的唯物論は有効な哲学思想であるが、唯一正しい哲学として絶対化するには無理がある。叡智に富む人間も「天理」または「神」への帰依の精神、あるいは自然への謙虚な精神は必要なのである。現在の中国において、一世を風靡した弁証法的唯物論を超克して、中国の伝統的哲学「天理」への再評価が行われているのは、蓋し当然というべきである。

2　史的唯物論の新展開

弁証法的唯物論を人類社会の発展に適用したのが史的唯物論である。人類社会は長い間、原始共産制社会（旧石器、新石器時代）を経て、古代奴隷制社会、中世封建制社会、近現代資本制社会という搾取被搾取関係のある階級社会に入った。階級社会での発展は、階級闘争によってなされ、最後の階級社会である資本主義社会を葬り、公正平等な共産主義社会を建設するには、無産者（労働者）階級による資産者階級への階級闘争を不可欠とした。こうして一九一七年にロシア革命が成功してソ連が誕生し、一九四九年には中国革命が勝利して中華人民共和国が誕生した。

中国は、建国後約三〇年、階級闘争論を中心に据えて国づくりをしてきた。しかし、それには明らかに間違った面もあり、失敗に帰した。一九七八年末、鄧小平は第一一期三中全会で、政策の重心を階級闘争から経済建設に移し、改革開放政策を打ち出した。階級闘争論からの脱皮である。しかしながら、それは不徹底なもので、必要に応じて階級闘争論やプロレタリア独裁論を持ち出したりした。その後、胡錦濤政権になって「和諧社会論」が提起され、階級闘争論から完全に脱皮した。かつて、「中庸」は修正主義として批判され、マルクス主義はつまるところ「闘争哲学である」と毛沢東は断言したが、いまやマルクス主義と「和諧哲学」とは矛盾していないということになった。これは、まさに一八〇度の大転換である。

3　前近代における中華思想と東アジア秩序

「和諧」とは、和して調和を図るという意味で、中国の伝統的思想である。この和の精神は中華思想の真髄である。ここで、中国の伝統的中華思想と欧米列強の侵略を受ける以前の東アジア秩序について若干考察してみたい。

日本では、よく中華思想を中国漢民族覇権主義と結びつけるが、これは的を射ていない。もともと、漢民族とは、主として漢字文化で結ばれた集団で、絶えざる同化によって形成されてきた。それは、一般にいわれる同一民族とはかなり異なる。およそ一二億の同一民族などありうるはずがないのである。「華夷秩序」と称される「華」は高い文明を表し、「夷」は文明末発達を意味するが、その秩序は、武力（ハードパワー）で以て維持するというよりも、徳力（ソフトパワー）による感化を強調するものである。冊封制度、朝貢外交などには、確かに、上下の差別はあるが、その秩序は、基本的に「徳治」と「和の精神」で維持されていた。近代四〇〇年のパワーポリティックスと比べれば、より文明的であったといえよう。

古代と中世において維持された中華思想つまり中華文明が、現代において通用しない面があることは勿論である。しかし、一七世紀に始まった西洋文明の優位性が疑問視されている今日において、中華文明に代表される東洋文明が見直されつつある。とりわけ、改革開放政策が採られるようになってからは、西洋文明のなかで発生したマルクス・レーニン主義へのこだわりが薄くなり、中国独自の文化への回帰現象が起きるようになった。そのことは「中華振興」のスローガンに反映されており、新中華思想ともいうべきものである。中華思想のよき伝統は継承しつつも、そのマイナス面は放棄し、現代文明に調和させようとするものである。それは、西洋文明を否定するのではなく、東西融合によってより発展させようとするものである。

4　新中華思想と新世界秩序の構築

伝統的中華思想と新中華思想とはどのような違いがあるのであろうか。まず、前者においては皇帝が中心であったが、後者においては主権在民である。これは、近代ヨーロッパの民権思想を受け継いだものである。この点において、中国は未熟であり、伝統的中華思想から新中華思想への進化が求められる。つまり、政治改革による民主政治の確立である。次に、伝統的中華思想では、対外関係において自己中心的上下観念が働いていたが、新中華思想においては平等の観念に基づく相手国への思いやりがある。冊封制度にみられる主従関係は当然のことながら否定される。

では、継承されるべきプラス面の伝統的中華思想とは何か。それは先にも述べた和の精神であり、中庸の理である。このような理念のもとでは、きわめて包容力があり、さまざまな宗教や価値観が平和的に共存できる。また、権力維持の武力維持を前提としつつも、文官による徳治が重視された。ところが、一九世紀後半になって、大清国が列強の侵略に遭って半植民地化すると、徳治、中庸、和諧などの伝統的中華思想は否定され、毛沢東が強調した「闘争哲学」、「階級闘争論」がマルクス主義の名で支配的地位を占めるようになった。そして、中華思想、中華文明は大きなダメージを受けることになったのである。

上述のように、中華人民共和国は、建国後三〇年間、マルクス主義の階級闘争論に基づく国づくりをやってきたが、それは総じて失敗に終わった。そして、改革開放政策に変わった一九七八年以降、中国は、先進諸国に学ぶなかで、資本主義固有の欠陥について体感することとなった。同時に、現代国際政治の持つ合理性への認識を深めつつ、そこに存在する非合理性を克服する必要性を痛感するところとなった。だが、その是正にあたっては、マルクス主義に基づく革命ではなく、中華文明の和の精神を以てするという結論に達したのである。胡錦濤による「和諧社会論」をさらに進めた「和諧世界論」の提起がそれである。いま、マルクス主義の中国化が謳われているが、それはマルクス主義が新中華思想に吸収されることを意味しよう。北京オリンピックのアトラクションは、まさにマルクス主義から新中華思想への移行を宣言するものであったし、同時に東洋文明の西洋文明への「調和的挑戦」を宣言するものでもあった。

二　中国外交の歴史的展開

中華人民共和国の外交は中国共産党によって指導されてきたが、旧ソ連とは異なる面が多々あったし、ソ連崩壊後のロシアとは当然のことながら大きく異なる。マルクス主義に基づく社会主義外交とはいえ、伝統的文化の影響を多分に受けているからである。新中華思想への移行という視点から、中国外交の変化を以下の四段階に分けて分析してみたい。

1　国際的階級闘争論外交（毛沢東時代）

一九四九年から一九七八年までの三〇年間は毛沢東時代で、国際的階級闘争論外交を推進した。社会主義陣営と資本主義陣営が対立していた一九五〇年代は勿論のこと、中ソ分裂が起こった一九六〇、七〇年代においても、国際的階級闘争論を指導理念としていた。中ソ分裂のきっかけの一つは、ソ連の指導者フルシチョフが修正主義に陥り、アメリカ帝国主義に屈服したというものであった。つまり、西側先進国との平和共存を主張するソ連よりも「左」寄りであったのである。一九六〇年代においては、アメリカ帝国主義とソ連社会帝国主義に反対する「革命的外交路線」を展開した。国内で「プロレタリア文化大革命」という熾烈な人為的階級闘争が展開されたが、それは二つの帝国主義に反対する国内基盤を固めるためでもあった。

一九七〇年代に入ってからは、主たる敵はソ連社会帝国主義であるとして、米中関係の改善が図られ、それにつれて日中関係も国交正常化が実現した。しかしながら、それは中国が国際的孤立から抜け出すためで、世界革命推進の目標を放棄したわけではなかった。既存の世界政治経済秩序は、アメリカをはじめとする帝国主義国がつくったものであり、それとは一線を画し、外部からの革命的手段によってそれをぶち壊し、中国が主体となって新しい世界政治経済秩序をつくろうとした。したがって、アメリカが牛耳っているとみた世界貿易機関（ＷＴＯ）や世界銀行などには加入する意思が全くなかったのである。但し、国連は国際的階級闘争の場としてその価値を認め、それへの加入活動を積極的に展開した。それは一九七一年になってやっと実った。

2　プラグマティズム外交（鄧小平時代）

「文化大革命」によって国民経済は崩壊寸前にまで疲弊した。鄧小平は、カムバックするや否や階級闘争から経済建設に重点を置き換え、改革開放政策を打ち出した。一八〇度の大転換である。毛沢東は、世界の革命を推進し、それが成功してはじめて本格的経済建設をなしうると考えていた。それ故、当時の経済建設は最後の革命戦争の準備と位置づけられた。それに対し、鄧小平は、世界革命の推進は不可能とみて、一九七八年から本格的な経済建設に取り組む決断をしたのである。米日欧先進諸国はもちろん大歓迎した。当時、ソ連は対外的拡張政策を採っていて、一九七九年一二月には、アフガニスタンに侵攻した。中国の改革開放政策への転換は、そんなソ連への牽制になるとみたことも、これを歓迎する重要な要因であった。中国の革命外交路線が平和外交路線に転換したことにより、改善しはじめた米中、日中関係にはよりいっそう弾みがついた。

その実、鄧小平は階級闘争論を放棄したわけではなく、プラグマティズム外交を展開したのである。それは、中国の経済建設に有利であるか否か、共産党の指導する国家の利益に適うか否かを基準とした外交で、イデオロギーの束縛を受けることはほとんどなかった。レーニンの帝国主義論に基づく「革命と戦争」のスローガンは、「平和と発展」のスローガンに変わっていった。既存の世界政治経済秩序についても、その合理的側面を認め、積極的にそのなかに入っていって経験を積み、不合理な側面は内部から徐々に改革していこうという手法に変わった。その結果、先進諸国との協調外交はより鮮明となってきた。

3　受動的国際協調外交（江沢民時代）

一九九〇年代初頭にソ連が崩壊し、ロシアの人口と経済力はソ連時代のほぼ半分となった。そのうえ、新生ロシアは政治的経済的混乱が一〇年間の長きにわたって続いたため、西側先進諸国にとって脅威ではなくなった。しかも、ロシアにおいて民主的選挙が行われたため、民主主義国家としてサミット会議のメンバーに迎えられるまでになった。それに比べて、天安門事件を武力で乗り切った中国は、共産党の実質的な一党独裁を堅持しており、社会主義も放棄してはいない。そこで、アメリカをはじめとする先進諸国は、主たる敵を旧ソ連・新生ロシアから中国に切り替え、圧力を加えることとなった。その典型は、一九九〇年代中ごろから喧伝された「中国脅威論」である。これには、改革開放政策が予想以上の大成功を収め、目覚しい経済発展を遂げた中国に対する懸念も大きな要因としてあった。

このような圧力のなかで、中国外交は困難を極めた。改革開放政策を堅持するには、西側先進諸国とよい関係を保たなくてはならない。と同時に、ソ連のように共産党政権が崩壊するようなことがあってはならない。その均衡点を模索するなかで、江沢民政権は受身の国際協調外交を推進せざるをえなかった。経済的には、アメリカで主導的地位を占めた新自由主義が受け入れられ、中国経済のアメリカナイズがいっそう進展した。外交的にも、アメリカの思惑をより配慮したものとなり、北朝鮮を孤立に追い込むような外交政策さえ採られた。

4　主動的国際協調外交（胡錦濤時代）

二〇〇二年、胡錦濤が総書記になってからは、国内政策では、科学的発展観と和諧社会論（二〇〇四年）が提起され、新自由主義のもたらした国内不均衡を是正する方針が打ち出された。それは、社会主義的要素の重視であると同時に、伝統的中華思想の復活でもあった。そして、対外的には、自主性のある国際的協調外交を積極的に展開した。例えば、二〇〇三年のフランスで行われたサミット会議に出席したこと、台湾問題の国際性を認め、アメリカと協力して台湾独立を抑えたこと、北朝鮮との関係を改善し、六ヵ国協議のホスト役を真剣に務めたことなどから窺うことができる。

さらに二〇〇五年、胡錦濤は「和諧世界論」を提起し、中国の伝統文化に基づく国際協調路線をより鮮明にした。現在、アメリカの単独行動主義が壁に突き当たり、外交的困難に直面しているなかで、中国はアメリカをはじめとする先進国と発展途上国との橋渡しをする役目を担いつつある。その根底には「和諧世界論」がある。今回のロシアとグルジアとの紛争については、中国は、米欧のNATO東方拡大による対ロシア圧迫とアメリカをバックとするグルジアの南オセチアへの軍事行動に反対すると同時に、ロシアのグルジア侵攻と南オセチア及びアブハジアを独立させようとする強行策にも、反対する姿勢をとっている。「新冷戦」到来が叫ばれるなかで、おそらく中国は仲介的役割を担っていくであろう。

三　二一世紀中国の外交戦略

胡錦濤の「和諧世界論」が提起された二〇〇五年頃、世界各国の人々は、半信半疑または信ずるに値しないとみていた。しかし、ここ数年、中国の「和諧世界外交」が推進されるにつれて、人々の関心はますます高まりつつある。そこで、二一世紀中国の外交戦略を「和諧世界論」に沿って考えてみたい。

近代国際政治は一六四八年のウエストファリア条約によって始まった。すなわち、主権、領土、国民の三概念による国家を単位とする国家間関係のルールが定められた。本来、これは三〇年戦争後のヨーロッパでの条約であったのであるが、その後、普遍化していき、世界のどの地域においても、主権が確立されていないところは「早いもの勝ちのもの」ということになった。その結果、世界各地は、ヨーロッパ諸国の武力によって制圧、侵略され、それらの植民地または半植民地と化した。人類史上最大悲劇の一つであった。

第二次世界大戦後、植民地は相前後して独立したが、現在の国際政治秩序は、依然としてこの条約の基本的枠組みのうちにある。すなわち、現在の国際政治経済秩序は、欧米がアジア、ラテンアメリカ、アフリカなどに押しつけたものであり、先進国に有利で、発展途上国に不利である。したがって、この秩序には限界があり、改革されるべきなのである。かつて半植民地となった中国や植民地となったインドなどの勃興により、欧米主導の既存の政治経済秩序は二一世紀において変革される運命にある。

近現代国際政治は国を基本単位としており、すべての人にとって国家利益が最大関心事となる。しかし、経済のグローバル化によって国家間の相互依存関係は深まり、国境を越えた地球的問題が大きな課題となってきている。したがって、二一世紀はナショナリズムからグローバリズムに移行する過渡期と位置づけられる。そのプロセスについて言えば、最も進んでいるのはEUを実現したヨーロッパである。次に重要な働きをするのは移民国家アメリカである。三番目に重要なのは急成長を遂げている発展途上大国の中国である。但し、欧米は既存世界秩序における既得権益享受者であり、その改革への取り組みには限界がある。そこで重要となるのは、中国がいかなるテンポでグローバリズムに移行するかである。

中国やインドは、主権喪失による苦しみを体感しているため、先進国に追いつく前の段階においては、ナショナリズムを克服しにくいという客観的事情がある。しかし、中国の場合、包容力のある伝統的文化を有するため、為政者が「和諧世界論」に基づいて上手に舵取りをしていけば、意外に早く移行できる可能性がある。今回の北京オリンピックではそれを垣間見ることができたといえよう。

このような筋書きを前提として考えると、中国の新中華思想に基づく二一世紀外交戦略は、おおよそ次の三段階を経ることが想定される。

第一段階：米国の一極支配体制の打破（今後二〇―三〇年間）

アメリカの軍事費は世界の半分を占めており、その軍事的超大国の地位は長期にわたって保たれている。そのため、過去一〇年にみられたような単独行動主義に走る危険性を常に伴う。それを抑制するには、中国自身の軍事力、ハードパワーを強化しなければならない。アメリカの単独行動主義を牽制するハードパワーの強化は、世界の平和と繁栄に必要であり、アメリカ国民にとってもプラス要因となる。但し、中国一国で対抗力を持つことは至難の業であり、ＥＵ、ロシア、日本などとの連携を強化して、アメリカの単独行動主義への牽制を強めることも重要である。つまり、ソフトパワーの強化である。

ここで重要なことは、アメリカ自身が単独行動主義に走らず、国際協調主義を目指すことである。中国は、一方で軍事力を強化し、他方で戦略的パートナー外交を展開して、ハードパワーとソフトパワーの相互促進を図りつつ、対等な集団安全保障体制を構築すべく努力している。アメリカでは、イラク侵攻にみられたように単独行動主義がすでに破綻し、多国間主義に転換する可能性が出てきた。例えば、米戦略国際問題研究所のジョン・ハムレ所長は「多国間主義で秩序の安定を図れ」といっている（「日本経済新聞」八月二日）。また、〇八年七月一日、ヒル米国務次官補は、ワシントン市内の講演で、北朝鮮核問題を巡る六ヵ国協議が「北東アジア安全保障機構」に発展することへの強い期待を表明した。さらには、アメリカ民主党の綱領に核兵器の全廃が終局目標に掲げられた。大いに励まされるアメリカの一連の動きである。

第二段階：多極間均衡秩序の構築（今後二〇―六〇年間）

超大国アメリカは、相対的実力が徐々に弱まるなかで、全方位的国際協調を選択せざるをえなくなってきている。アメリカを中心とした多極化世界の形成である。各地域の安全保障は各地域の組織に任せ、一般にはアメリカが直接軍隊を出すようなことは極力控える。また、アメリカの価値観を押しつけるようなことはせず、アメリカの国家利益のための国際的軍事活動などもしない。ただ、コーディネーター的役割を果たすことを旨とし、どうしても必要なときにのみ、安保理の決議に基づき国連軍を組織して平和のための軍事的活動を行う。もし、アメリカがこのような方向での集団的安全保障体制を構築するのであれば、中国は、アメリカに全面的に協力していくであろう。中国の軍備拡大は抑制され、その透明性はアメリカ並みに高められ、対等な宇宙平和利用条約のもとで、宇宙の共同開発も行われるようになるであろう。

米中両国間では、非伝統的安全分野での協力から伝統的安全分野での協力関係に進み、他の極をなす諸大国との協力関係も進められる。世界は国連を中心として、アメリカを中心とした多極間均衡世界が徐々に形成されていく。ここにおいて、絶対的優位を占める覇権的国家はなくなり、各国の主権及び各地域の安全保障機構のコンセンサスを尊重した多極間均衡秩序が構築され、すべての国の安全が保障される。国境の壁はますます低くなり、異なった価値観の民族や種族が共存し、宗教紛争、民族紛争、領土紛争などは姿を消していく。この段階にいたれば、中国が一三億の民を中央主権的に束ねるのは非効率的であるため、慎重な論議を経て連邦制に移行していくであろう。

第三段階：世界大同社会秩序の構築（今世紀末に向けて）

第二段階において、中国の総合経済力は世界一となり、第三段階においては、一人当たりＧＤＰでも先進国に近づくであろう。そして、先進諸国と新興諸国とともに、地球環境問題や世界の貧困問題解決に指導的役割を果たせるようになる。南北経済格差の縮小、教育レベルの普遍的向上、人の自由の往来などによって、「ひとつの世界、一つの夢」は現実のものとなっていく。中国の和諧世界論外交はより高い次元のものとなり、大同社会の実現に向けていっそうの努力がなされる。世界の国家防衛の軍隊は治安部隊と変わり、行政は世界中央政府と諸段階の地方自治体政府によって執行される。現存する国境はなくなり、州境となる。オリンピック大会は国家単位でなく州単位となる。中国は一五くらいの州に分割され、小国は幾つかが合併して一つの州となる。

もちろん、第三段階のプロセスは長期にわたるものであり、二二世紀に跨る可能性もある。しかし、人類の科学技術の進歩によって地球は小さくなり、温暖化問題などあまりにも多くの地球的課題を抱えるようになる。そうしたことから、国家の理念を超えた大同社会理念が不可欠となってくる。人々の意識には変化が生じ、現在の大国、小国の概念は消失し、世界各地の優秀な識者がグローバルな活動を展開するようになる。その時点で、国家主権時代は過去のものとなり、ここ四〇〇年の光と影について、初めて真に科学的総括がなされる。人種差別の根源である奴隷貿易や植民地主義も、すべての人種からなる識者によって最後の審判が下されるであろう。

以上の視点からみれば、中国が今後発展した後も覇権主義国家にはならないという約束である日中平和友好条約「第二条」の、日中両国は「覇権を求めるべきではない」という文言は、決して口先だけのものではないということが分かる。歴史上、各地域において覇権王朝が出現したし、近現代四〇〇年の歴史のなかで、オランダ、スペイン、イギリス、アメリカなど覇権国家の交代もあった。その延長線上での中国覇権国家の出現がしきりに議論されるが、中国の和諧世界論の提起とその実践は、そのような思考方式に終止符を打つものである。世界最後の覇権国家はアメリカであり、世界情勢の変化、とりわけ中国の勃興のもと、アメリカは自らの力でそれを変えていくであろう。黒人大統領が生まれようとしている現代アメリカは偉大な国家であり、他国では持ち得ない自己革新能力を持っている。それを最もよく理解しているのは中国で、米中両大国は「和諧世界」の実現に向けて緊密な連携を保っていくことが期待される。

結び

日本の外交戦略不在が叫ばれて久しい。しかし、いまもって、その改善の兆候はみられない。カーティス教授は、日本は後発先進国として、ずっと「対応型外交」に終始してきたため、外交戦略での創造性に欠けるとみる（「東京新聞」八月三日）。いずれにしても、経済大国と平和国家に相応しい外交戦略が立てられていないのは国際政治にとって大きな損失である。

このような現状を変えるために、筆者は次のような意識転換を図るよう提案したい。

第一に、日本はアジア唯一の先進国という優越感から脱皮し、中国の発展と今後の世界的役割を冷静かつ理性的に見守ることである。中国の持つさまざまな欠陥を誇張し、日本の優越性を感ずることによって自己満足に陥るという保守的心理状態を克服しなくてはならない。それには歴史認識問題に決着をつける必要もあろう。

第二に、中国が共産主義独裁国家であるという既成概念を改めるべきである。改革開放後の三〇年間で中国は大きく変わり、今後三〇年間でさらに変わる。政治改革も進み、中国式民主政治が確立されていく。それは共産党の指導性確保、主権在民の民主主義、憲法による法治の三結合となっている。今後の展開を見守る必要はあるが、基本的には国際的に評価されているシンガポールのような国になっていくであろう。

第三に、アメリカと中国が持つ「包容的、戦略的、現実的」外交に留意し、米中関係深化のなかでの日本の外交戦略を考えるべきである。戦後堅持してきた経済援助外交と核廃絶平和外交を活かして、日本独自の外交戦略を打ち立てる絶交のチャンスを迎えていることを認識すべきである。

第四に、アメリカを中心とした先進国即国際社会という通説から脱皮して、「発展途上国をも含めた国際社会」の観念を樹立すべきである。今後、中国、インド、ブラジル、南ア連邦、エジプトなど発展途上国の国際的発言権はますます強まっていく。G８は改組されない限り、その存在感はますます弱まっていく。一時期、欧米先進国と発展途上国の橋渡しをするのが後発先進国日本の責務であるとしたことがあるが、それを再度復活させ、中国と連携して対発展途上国外交を強化すべきである。それは、アメリカやEUの利益にも繋がる。

最後に、中国とともに東西融合文明の創出に協力することである。世界の外交は、政治外交ばかりでなく、軍事外交、経済外交、文化外交なども含めた総合外交時代に入っている。日本は東西融合文明の創出面で先頭を走ってきた。しかし、その発信力は弱く、世界への影響力はさほど大きくはなかった。国際的影響力を強める中国と協力して、東洋文明を再評価し、東西融合文明を創出することが日本に求められている。中国の変化によって、日本はいま、絶好のチャンスを迎えているといえる。

日中両国の戦略的互恵関係が深まっていくなか、筆者の提案が広く日本の有識者の賛同を得られれば、幸いである。

第一〇章　中国のＢＲＩＣｓ首脳会議戦略と南北関係

解題：（二〇〇九年一一月執筆）ＢＲＩＣｓ四ヵ国首脳会議とＧ20首脳会議との関係を、先進七ヵ国サミット対新興国四ヵ国サミットという視点から捉え、Ｇ20がＧ７の上に立つ「最上級の会合」であることを強調した。そのうえで、中国が実質的にＧ４でリーダーシップを発揮し、Ｇ７でリーダーシップを発揮する米国との連係プレイを図る戦略をとっているとした。

中国やＧ４の目指す当面の中心的課題は国際金融秩序における先進国優位を是正することにあり、人民元の国際化を推進しつつ、ドル一極体制を漸進的に切り崩しつつあることを説いた。またＧ４の役割は政治的分野にも拡大し、安全保障体制も含めて、新しい国際政治が展開される可能性も指摘した。

六月一六日、新興四ヵ国の首脳、ブラジル・ルラ大統領、ロシア・メドベージェフ大統領、インド・シン首相、中国・胡錦濤国家主席がロシアのエカテリンブルグに集い、初めて単独の首脳会議を開いた。その効果については、今年九月、アメリカのピッツバーグで開かれた第三回金融サミットで、Ｇ20サミットがＧ７サミットを上回ると位置づけられたことに如実に現れている。中国のＢＲＩＣｓ（以下、Ｇ４と略称）首脳会議への対応と戦略を分析し、今後の展開と影響を論じてみたい。

一　BRICs首脳会議開催の背景とG20金融サミットとの関係

ゴールドマン・サックスの研究者ジム・オニールは、二〇〇一年、ブラジル、ロシア、インド、中国のアルファベットの頭文字をとったBRICsという言葉を初めて使った。さらに二年後の研究報告において、二〇五〇年にBRICs四ヵ国がアメリカ、日本と並ぶ経済規模になり、六大経済体が出現すると予測し、世界の脚光を浴びた。

現在、G4の人口は世界の四二％、GDPは一四・六％、貿易額は一二・八％を占める。二〇〇六年から〇八年にかけての平均年経済成長率は一〇・七％であった。購買力平価で計算した世界経済成長への貢献度は五〇％に達し、外貨準備高は世界の約四〇％を占める。今世紀半ばには、中国は世界最大の経済体となり、その規模は、アメリカ経済の二倍、インド経済はアメリカと並ぶ水準になり、ブラジルとロシアの経済は、日本及びヨーロッパのすべての国を上回るという予測もある。

こうしたなか、二〇〇七年六月、ブラジル・ルラ大統領がG4の会合を提唱し、四ヵ国外相会議が多くの機会を利用して数回開かれた。しかし、当初はそれほど注目されるものではなかった。二〇〇八年九月、世界金融経済危機が発生してから、一一月に初めて財相会議が開かれ、今年三月には第二回財相会議が開かれた。それはいずれも、G20金融サミット会議とその準備としてのG20財相会議に対応するための会合であった。

実は、〇九年四月、ロンドンで金融サミット第二回会議が開催された際、G4首脳会合がG20サミット会議に先駆けて開かれ、共同声明を発表した。それは、発展途上国の代表格である新興四ヵ国が歩調を合わせてG20サミットに臨むという意思表示をしたということで、にわかに国際社会の注目を浴びることとなった。その二ヵ月後、G4サミット会議が開催されたことにより、G4は正式に国際舞台にレビューすることとなった。擬似体に過ぎなかったB

ＲＩＣｓという新興経済体は、実力ある現実の組織となったのである。それは軍事的協力や地政学的利益共同体ではなく、既存の体制内で話し合いによって相応の権益を確保しようとするものである。

では、Ｇ４の形成を促したＧ20とはどのような組織であろうか。Ｇ20はもともと先進七ヵ国が発展途上国の台頭という国際経済情勢の変化に鑑みて、一九九九年に発展途上国など一二ヵ国（中国、アルゼンチン、オーストラリア、ブラジル、インド、インドネシア、韓国、メキシコ、ロシア、サウジアラビア、南アフリカ、トルコ）とＥＵを加えた財相会議を開いたのが始まりである。その設立目的は、先進七ヵ国と新興市場国家との間で、国際通貨と金融システムなど重要な問題について、建設的で開放的な対話を促進するということにあった。議長国は毎年入れ替わり、二〇〇五年一月には中国が議長国となり、第七回Ｇ20財相会議が一〇月に中国で開かれ、開幕式には胡錦濤が出席した。

一九九九年から約一〇年間、Ｇ20といえば財相会議を指していた。ところが、〇八年九月、世界金融危機が発生してからは、アメリカ大統領ブッシュの指導のもとで、第一回金融サミットがワシントンで開かれることになり、Ｇ20の重要さは一気に高まった。Ｇ20は全世界のＧＤＰの九〇％以上、貿易額の八〇％、人口の三分の二を占める。この二〇ヵ国が世界金融経済危機に対して共同歩調をとるならば、一〇〇年に一回といわれる世界大経済危機も乗り越えることができるであろうという期待が人々の心を摑んだのである。

それは同時に、今回の金融危機によって、アメリカを代表とする西側諸国の金融システムが機能しなくなったこと、目覚しい発展を遂げつつある新興国の協力なくしては、グローバル経済の効果的運営は不可能であることを世に知らしめた。Ｇ20が歴史的舞台に登場する必然性があったのである。

Ｇ20は先進七ヵ国に韓国やオーストラリア及びＥＵを加えた先進国と、Ｇ４を代表とする発展途上国一〇ヵ国からなる。この両者の協力が必要であるが、後者は経済力においても国際経済組織においても未だ弱く、絶対的優位に立つ先進国にどのようにして立ち向かうかが問われていた。そこに今回の国際金融危機が起こって、発展途上国は自らの発言権を強化するチャンスを得るにいたった。Ｇ４の団結という課題が一気にクローズアップされてきたのである。

〇九年六月、上海協力機構会議がモスクワで開かれる機会を利用して、四ヵ国サミットが開かれたが、その目的は、九月に開かれる第三回金融サミットに臨む歩調を合わせることにあった。事実、四ヵ国サミットの合意を踏まえて、九月には三回目の四ヵ国財相会議が開かれ、Ｇ20財相会議と第三回金融サミットへの準備が整えられた。すなわち、六月に第一回Ｇ４首脳会議がロシアで開催されたことによって、四ヵ国の協力関係は実質的第一歩を踏み出し、先進国主導のＧ20サミットにおいて、先進国と対等で渡り合える態勢を作り上げたのである。

二　胡錦濤発言にみる中国のＧ４戦略

胡錦濤は、六月一六日、無題の講話を発表した。「人民日報」には、「ＢＲＩＣｓ指導者会合での講話」という見出しで報道された。ここに、その内容を紹介し、中国の思惑と長期戦略を検討してみたい。

胡錦濤は、第一に、Ｇ４の三つの使命を述べている。それは、①伝統的と非伝統的脅威に対して共に協力して対応する、②経済社会の発展を加速し、国民の生活レベルの向上を図る、③発展途上国の権益を維持し、国際金融システムの改革を推進する、というものである。重点は第三点にあろうが、一般論として提起している。

第二に、四つの協力分野を提起している。すなわち、①政治的相互信頼の強化、②経済協力の深化、③人文交流の推進、④経験相互学習の提唱、の四点である。これも、一般論であり、Ｇ４の各分野での協力を強化して、自国の発展を図ろうというのがその主旨となっている。要するに、Ｇ４会議を長期にわたって維持していこうという考えがみてとれる。

第三に、当面の四つの課題を提起し、差し迫った第三回金融サミットにおいて、Ｇ４が協力して先進国に対応していく基本が示されている。その第一の課題として、世界経済の早急な回復のために、それぞれの国は景気刺激策を続け、経済構造を変革すると同時に、保護貿易主義には反対しなくてはならないと強調する。第二の課題は、国際金融システムの改革推進であり、講話の重点はここにある（このあとに詳述する）。第三の課題は、国連ミレニアム発展目標の実現を提起し、最貧困国への支援を怠ってはならないと強調したことである。第四の課題として、当面の重要な地球的問題である食糧、資源エネルギー、公共衛生の安全確保で、省エネ問題に言及している。

今回の講話の最重要点と思われる国際金融システムの改革について、その内容をより詳しく紹介しよう。第一に、「公平、公正、包容にして秩序ある国際金融新秩序を構築する」という長期目標を掲げている。そのうえで、第二に、「ＩＭＦと世界銀行の改革案を共同で作成し、発展途上国の代表性と発言権を高め、世界経済局面の変化が客観的に反映される」ようにするとしている。これは、新興国及び発展途上国のシェアを増やして、発言権を強めるということを意味する。第三に、「国際金融管理監督メカニズムの整備を推進し、発展途上国の金融安定理事会など国際金融管理監督機構での効果的な参画を確保する」としている。これは、欧米が独占している国際経済組織の経営陣を変えようということである。第四に、「国際通貨システムを整備して、基軸通貨発行コントロールメカニズムを整備し、国際通貨システムの多元化を着実に推進して、主要準備通貨の為替レートの相対的安定化を図ろう」と指摘している。これは、ドル一極の通貨体制を変えようということである。以上の四点から、中国の国際金融秩序改革への強い意志が窺われる。

以上の胡錦濤発言から、Ｇ４サミット会議に対する中国の思惑と基本姿勢は、次のようなものであることが分かる。

1　アメリカを代表とする先進国との協調

Ｇ４のうち、ブラジルは、四ヵ国同盟をつくることによって、世界政治経済新秩序のなかでの地位向上を図ろうと積極的に提案し、米欧と戦略的競争関係にあるロシアは、Ｇ４をその駒の一つにしようとする。インドは、常任理事国入りの良き条件をつくるのが狙いの一つである。この三ヵ国の思惑に対し、中国は相対的に余裕のある状態に置かれている。活躍する国際舞台は多くあるし、米欧及びその他の発展途上国との関係を配慮しなければならないという事情もある。それ故、インド、ロシア、ブラジルなどのＧ７と対決するような過激な言論に対して、中国は終始穏健なトーンを保ってきている。

2　国際金融組織におけるＧ４などの発言権の拡大

ここ三〇年、中国の経済は、急成長したにもかかわらず、ＩＭＦや世界銀行での中国の発言権は変わっていない。国際的人材もかなり成長しているのだが、国際経済機構で役員を務めるものはきわめて稀である。長期にわたって欧米主要国に牛耳られていた組織運営に参入するのは容易ではない。これはロシア、インド、ブラジルにおいても全く同じことがいえる。つまり、Ｇ４には共同歩調をとる客観的土台がある。アメリカ主導の世界経済秩序を多極化システムに再編しようという共通目標もある。中国は、いつもの「小異をおいて大同につく」という外交手腕で三ヵ国をまとめ、先進国に切り込もうとしている。

3　Ｇ４を代表とする発展途上国の団結

中国の経済力は他の三ヵ国の合計に匹敵する。アメリカからは米中２Ｇ論が盛んに吹き込まれる。しかし、中国はそれに乗ることはない。それは、アメリカとともに覇権主義国家になりかねず、中国の国是に反するからである。他方、既存の国際金融秩序において、先進国を説得して自らの地位向上を図るには、他の発展途上国、とりわけＧ４の支持を得ることが賢明なのである。中国一国の主張では先進国に振り向かれなくても、Ｇ４が束になって提案するとなれば、当然のことながら、その重みは全く異なる。中国は、当初、必ずしも積極的ではなかったが、金融危機が発生してからは、態度が急に積極的になったといわれる。その理由はここにあろう。

４　既存の国際経済秩序の漸進的改革

中国は、Ｇ20サミット会議を、先進国主導の既存の世界経済秩序をより合理的で公正な秩序に変革していく重要な場と位置づけている。勿論、それは長期にわたって徐々に改革していくものであり、それには、Ｇ20内の新興四ヵ国の協力強化が不可欠とみている。Ｇ４首脳会議への思惑は、それぞれの参加国によって違うが、中国としては、長期にわたってそれが機能し、Ｇ20サミットにおいて発展途上国が先進国と対等な立場で話し合える基盤が強化されることを目指して努力しつづけるであろう。というのは、中国が一九八〇年代半ばから一貫して主張してきた既存の世界経済政治秩序をより合理的でより公正な新秩序に変えていこうという主旨に沿うからである。

三　Ｇ４共同声明の発表とその効果

Ｇ４サミットは六月一六日に共同声明を発表した。その内容は次のようなものである。

第一に、Ｇ20金融サミット会議を高く評価し、「金融危機への対応面で中心的役割を果たしたし、各国の国際経済と金融分野での協力、政策協調、政治対話を促進する上で有益である」としている。「中心的役割を果たした」という評価は、オバマ大統領のリーダーシップでG20ピッツバーグ宣言に書き込まれた「最上級の会合」という文言、つまりG7より上位という位置付けを先取りしている。

第二に、「二〇〇九年九月のピッツバーグでのG20サミットが集団行動をとる面でより多くの進展をみるよう保証したい」と決意の程を述べている。

第三に、「国際金融機構改革を推進し、世界経済情勢の変化を具現するようにする」とし、①「新興国と発展途上国の国際金融機構での発言権と代表性を高めるべき」、②「国際金融機構責任者や高級指導者の選挙は公開、透明、選優の原則を遵守すべき」、③「安定的で、予測可能な、より多元化した国際通貨システムを構築すべき」など三つの提案を行っている。これは胡錦濤の発言と完全に一致しており、ロシア、ブラジル、インドの要求とも一致する。四ヵ国の「一つの声」として、強く世界に発せられた。

第四に、改革後の金融経済システムに含まれるべき原則として、次の四原則を提示した。①「国際金融機構の決定と執行プロセスが民主的で透明性があること」、②「堅実な法律的基礎があること」、③「各国の管理監督機構と国際標準制定機構の活動が相互に抵触しないこと」、④「リスク管理と管理監督の実践が強化されること」。これら四点は、欧米主導型の一方的国際金融システム、欧米主導の慣習的運営方式及び国際基準を理由に一方的に押しつけるやり方等を固持し、さらには監督管理を嫌う米欧金融資本に対して、異議申し立てを行ったものである。

第五に、「国際貿易と海外直接投資の世界経済回復に重要な役割を果たす」とし、「多角的貿易システムの安定維持と貿易保護主義の抑制」、「投資環境の改善」を強く呼びかけている。自由貿易と投資の自由化は、アメリカが最も強く主張してきたが、いまや情況が逆転し、アメリカが保護主義に走り、中国など新興国が保護主義反対の旗頭となっている。

第六に、「最貧困国が金融危機の影響を最もひどく受けている」とし、これらの国への「流動性の提供」を強化し、「ミレニアム目標の実現を確実にしよう」と呼びかける。また、「政府発展援助が国民所得の〇・七％を占めるという約束」を先進国が実行するよう求めている。

第七に、「より民主的かつ公正な多極世界を構築する」という長期目標も提示している。

第八に、「国連が全地球的脅威と挑戦に対応するなかで中心的役割を発揮することを支持する」とし、「国連の全面的改革を行い、その効率性を高めなくてはならない」としている。そして、「インドとブラジルの国際活動での地位を重視し、国連でより大きな役割を発揮しようとする願いを理解し支持する」としている。

最後に、「漸進的で秩序があり、積極的で実務的であり、開放的で透明性があるという方式で四ヵ国間の対話・協力を推進する」とし、一〇年はブラジルで開催することが定められた。

まだ実体のある国際組織になったとはいえないが、持続する方向で前進したことは確かである。このＧ４サミットの合意を踏まえて、Ｇ４財相は、Ｇ20財相・中央銀行総裁会議が九月五日にロンドンで開かれる直前の四日に独自の会合を開いて、共同声明を発表し、記者会見も行った。その主たる主張は、①世界銀行やＩＭＦでの新興国の発言権が不当に小さいと批判、②ＩＭＦ加盟国の出資割当額全体を二〇一一年に現在の二倍に拡大する、③出資比率を国内総生産の規模に見合う水準に高める（ＩＭＦの発展途上国拠出金シェアを七％増やし、世界銀行のシェアを六％増やす）、④ＩＭＦ専務理事や世界銀行総裁の選出を国籍や地域にかかわらず開かれた方法で行う、⑤ＩＭＦの資金基盤拡充に向け、四ヵ国合計で八〇〇億ドルのＳＤＲ建てＩＭＦ債を引き受ける、⑥世界経済の現状からすれば、危機終了を宣言するのは時期尚早で、景気刺激策を継続すべき、などであった。

これらの要求は、Ｇ20財相会議で基本的に取り入れられ、Ｇ20財相会議共同声明には、①ＩＭＦは経済刺激策について監督すること、②ＩＭＦは二〇一一年一月までにメンバー国のシェアを見直すこと、③新興国と発展途上国により大きな発言権と代表権を持たせること、④世界銀行の改革は二〇一〇年春季会議以前に達成すること、などが書き込まれた。

さらに、九月二五日に閉幕したG20金融サミットでの首脳声明には、IMFへの加盟国の出資比率は世界経済での相対的地位を反映すべきであり、出資比率配分の五％を新興国・途上国に移すことが書き込まれた。これは四ヵ国が「一つの声」として発した成果といえる。

一年足らずで、G20構成国によるマクロ経済政策、通貨政策、外交・金融など多分野での協調を通して、一〇〇項目余りの経済刺激政策が採られたことにより、経済の衰退は効果的に食い止められ、国際金融管理監督制度の改革が始動した。この成功のカギは、相互信頼のもとに一致協調の姿勢が確立したことにある。〇八年のワシントン会議が「自信誇示」の会議であったとするならば、〇九年四月のロンドン会議は「方向確定」の会議で、今回のピッツバーグ会議は「協調均衡」の会議であったと評価される。これには、G4の一致団結した先進国への対応が大きな役割を果たしたことを特筆すべきであろう。

四　ドル一極体制打破の長期戦略

今回の金融危機は、昨今の世界経済の不均衡を表現しており、既存の経済秩序と金融システムが現実の世界局面に適応していないことを示している。とりわけ、アメリカの国力と地位が低下したため、金とリンクしないドルの準備通貨としての地位が問われることとなった。G4サミット会議は、金融危機で揺らいでいるドル機軸通貨体制の見直しを主要議題に開かれたと言っても過言ではない。アメリカをはじめとする先進七ヵ国主導の国際金融分野の秩序づくりに対して、発展途上国の発言力を向上させ、自らの権益を保護しようというのである。

G4は単に口先だけではなく、IMFのSDR（特別引き出し権）建て債券の購入額を公表した。六月のサミット会議時点では、中国が五〇〇億ドル、ロシア一〇〇億ドル、ブラジル一〇〇億ドルが約束され、Ｇ20サミットが開かれた九月には、インドも一〇〇億ドルの購入を決め、合わせて計八〇〇億ドルの債券購入額が決まった。ＳＤＲはドル、ユーロ、円、英ポンドの四通貨で構成する合成通貨単位であり、為替レートは比較的安定している。発行債券がドル建てではなくＳＤＲ建てであるということは「脱ドル化」が進むことを意味する。そのほか、多くの国は二国間及び多国間の貿易業務のなかで、自国及び相手国通貨で決済する動きを活発化しており、この面でも「脱ドル化」が進んでいる。

「脱ドル化」が急速に進むと、アメリカ経済に大きなダメージを与え、世界経済が混乱に陥る。アメリカは、ドルが基軸通貨であることを生かして海外に国債を売却し、財政赤字を穴埋めしてきた。もし、それが中断すると、アメリカは国債発行ができなくなり、経済再建は行き詰まる。したがって、ドルの地位と機能の変化は長期にわたるプロセスを経る必要があり、世界経済の安定を保ちつつ慎重に行われなくてはならない。一時、ロシアなどでは、基軸通貨体制そのものを見直そうという構想も浮上していたが、中国は、それには一定の距離を置き、既存のドル一極体制を徐々に変えていく戦略をとりつつある。

ドル基軸通貨体制見直しを巡っては、中国人民銀行の周小川総裁が、三月、ロンドン金融サミット会議開催前に論文を発表し、ＳＤＲをドルに代わる基軸通貨に育てるよう提案した。これは、時が時だけに、また役職が役職だけに、国際的に大きな反響を呼んだ。しかし、これは方向性を示したものであって、すぐにドルに取って代わろうというわけではない。ロンドン金融サミットでは、中国はこの問題には全く触れなかった。国際協調に不利と考えたからであろう。しかしながら、中国はＩＭＦのＳＤＲ建て債券の発行を促し、率先して五〇〇億ドルの購入を約束したように、積極的にＳＤＲの国際的利用を推進している。と同時に、人民元の国際化を加速化している。人民元の国際化政策を着実に実行することによって、中国の国際金融での地位が向上し、Ｇ４での実質的リーダーシップが確立され、そのうえ、G20サミットでの中国の発言権がさらに強化されるからである。

国際金融危機はドルの不安定化をもたらし、人民元の国際化を加速化させるチャンスを提供してくれたとして、ここ一年、中国は一連の国際化政策を採った。それは次のようなものである。

①二〇〇八年一二月以来、中国は、韓国、マレーシア、白ロシア、インドネシア、アルゼンチンなどと総額六五〇〇億元のスワップ協定を結んだ。これは、海外に流動性を提供するものである。

②二〇〇八年一二月、「珠江デルタ」及び広西、雲南などの地域における国境を跨いだ貿易での人民元による決済の試行が決定された。

③二〇〇九年四月、上海、広州、深圳、東莞、珠海など五都市で人民元による海外貿易決済を試験的に行うことが決定され、企業四〇〇余社がその資格を得た。海外対象地域は暫定的に香港・マカオ地区とＡＳＥＡＮとなっている。

④二〇〇九年七月、「国境貿易における人民元建て決済試行管理方法」が公布された。

⑤二〇〇九年九月、人民元建て国債六〇億元を香港で発行することが決まった。これは、人民元の国際化を促し、香港でのオフショア人民元金融商品センターの構築に繋がると注目されている（「人民日報」九月三〇日）。香港での元建て国債発行は一石三鳥の功があるといわれている。一つは、人民元を準備資産として持つようになる。二つ目は、国内銀行や企業が香港で人民元建て債券を発行する基準を提供する。三つ目は、海外流通の人民元を利用して、オフショア人民元業務の発展を促し、香港人民元債券市場の規模拡大に繋がる。

人民元の国際化は三段階を経るとしている。第一段階は人民元で貿易決済をすること、第二段階は人民元建てで金融取引を行うこと、第三段階は人民元が世界の準備通貨の一つとなることである。いまはまだ、第一段階にあるが、香港での元建て国債の発行は第二、第三段階に繋がる。相当程度、同時進行が図られているともいえる。

いまのところ、九月中旬までの人民元による貿易決済額は約七〇〇〇万元で多くはない。それは、海外での人民元の活用が限られているからである。人民元建て国債の発行は、人民元の投資ルートを提供するため、人民元による貿易決済を発展させるうえで有利であるとみられている。したがって、人民元国際化の三段階論は、相互促進というかたちで空間を広げていくことになろう。

温家宝首相は、「人民元が真に国際的通貨になるには、まだかなり長い時間を必要とする」と語った。ダボス会議では、「人民元の海外で流通する量は拡大していて、人民元の国際市場での地位はそれなりに高まっている。しかし、人民元は貿易収支面で兌換できるが、資本収支面では兌換できない。人民元国際化の道については、正しく自己評価する必要がある」と謙虚な姿勢で語った。専門家は、人民元が真に国際的通貨になるには、少なくとも五年ないし一〇年はかかるというが、それは相当な速度である。

中国がリーダーシップをとってＧ４をまとめ、先進国の国際金融面での独壇場に挑戦して、国際金融秩序を徐々に改革していくという局面が、今後長く続くかどうか、注意深く見守る必要がある。

五　今後の展開と世界への影響

ＢＲＩＣｓ四ヵ国首脳会議の将来について、国際的にも、中国においても、次の二つの見方がある。一つは、四ヵ国の国情はあまりにも異なり、一つとしてまとまるには困難が伴うとする見方である。オニールは、「四ヵ国は発言権を獲得するために連合するが、それが達せられたら提携する意義はなくなる」とみている。中国にも、「Ｇ４の国体、政体、経済モデルは千差万別で、重要な国際問題での共通認識は不足しており、中印、中ロ、ロ印の間では歴史的、現実的怨念と係争が残っている。Ｇ４の経済規模は大きいが、経済構造の相互補完性は低い」（陶短房「参考消息」六月一八日）という悲観的見方がある。

もう一つは、確かにＧ４の相違点は多いが、共通の利益があり、協力・発展の余地は大きいとする見方である。まず、今回の金融経済危機で、「新興大国が最初に経済衰退から脱却し、世界経済の衰退からの回復を導いた」ことを評価し、「イデオロギー、社会制度、地政学、経済利益などの面での差異」、延いては「現実的矛盾も存在する」が、「四ヵ国が協力してこそはじめて先進国と対等で話し合うことができる」のであり、「平等なパートナーシップ」、「オールウイン協力」を発展させることができると強調する（石建勲「人民日報」望海楼、九月八日）。

筆者は後者の立場をとる。理由は、オバマ大統領がＧ20サミットを重視し、首脳声明に「Ｇ20サミットを、国際経済を議論する最上位の会合」と位置づけたことにある。Ｇ４首脳会議の今後の展開とその影響について、次の四点を指摘したい。

1　Ｇ20：Ｇ７＋Ｇ４構図の形成

前述の如く、米国のピッツバーグで開かれた第三回Ｇ20金融サミット会議で、Ｇ20サミット会議はＧ７サミット会議の上位にあるとされ、今後、毎年開催されることが決まった。次回は一〇年六月にカナダで開催される。これにより、Ｇ７は米国主導で先進国の意見をまとめ、Ｇ４は実質的に中国主導で発展途上国の意見をまとめて、米中協調のもとでＧ20経済サミットが運営されるという構図が形成されつつある。いままで国際経済をリードしてきた先進七ヵ国サミット会議がその地位をＧ20に譲ったということは、このような新しい構図に移行していくことを意味する。アメリカで「アメリカ、ユーロ圏、中国、日本のＧ４論」が出ているが（「読売新聞」一〇月五日）、これは先進国が中国を抱え込もうとするもので、多分、中国は消極的姿勢を示すであろう。

2　Ｇ４への参加国拡大の傾向

Ｇ４首脳会議は定例化され、毎年開かれることになった。一〇年はブラジルで開かれる。Ｇ20サミットが定例化されたことにより、Ｇ４サミットの存在意義が決定的となった。「共通認識を得る会議から、共に行動する組織になれるかどうか」懸念されていたが、この問題は解消したといえよう。ただ、広範な発展途上国の利益を代表する「一つの声」にするには、その代表性を高めるために、より多くの発展途上国、とりわけ、南アフリカ、メキシコ、サウジアラビアなど、地域影響力のある新興国をメンバーとして吸収する必要がある。

３　経済的会合から政治的会合へ

Ｇ４は、非軍事協力の、地政学とも関係のない、経済利益中心の集団である。それは、既存のシステムのなかで、それ相応の共通の権益を確保しようとするものである。すなわち、当面は、国際金融秩序の改革という共同理念及び国際組織のなかでの発言権強化という共通利益に基づく協力であるが、四ヵ国はサミット共同声明のなかで、「より民主的で公正な多極化世界を構築する」、「恒久的平和で、共に繁栄する和諧世界を構築する」と謳っており、将来的にはＧ20サミットを南北和諧の政治会合に発展させていくであろう。

４　国連の機能強化と抜本的改革

国連は過去六五年、茨の道を歩んできた。それは、いまもまだ十分に機能しているとはいえない。しかし、Ｇ20サミットの出現によって、国連軍の創設も含めて、国連の機能は強化される方向に進むであろう。そればかりでなく、時間はかかるであろうが、国連の抜本的改革を行う条件が整備される可能性が出てきた。Ｇ20には、西洋文明圏に入っていない中国やインド、ブラジルが入っており、人類の文明はさらに多元化し、さらに豊富となる。西欧の価値観でつくられた国連には自ずと限界がある。それを克服するために、二一世紀において国連の抜本的改革への道が切り開かれよう。

結び

世界は大きく動いている。ところが、長い間、日本は小さな問題のみに気を奪われ、世界の潮流を見ることができなかった。幸い、鳩山政権が誕生し、日本の外交も大きく前進しようとしている。ここで重要なことは、日本は、アジア唯一の先進国という優越感から脱皮し、新興国・発展途上国とともに進むという観念を刻み込むことである。そして、これからますます大きな役割を果たす中国の存在を客観的かつ理性的に評価し、戦略的互恵関係の内実を固めると同時に、東アジア共同体の構築に向けて真に手を携えて前進することである。

第一一章　中国外交戦略の新動向——中欧関係の強化

解題：（二〇一一年二月執筆）本論は、アメリカのアジア回帰戦略によってもたらされた対中圧力をかわすため、中国は、フランスをはじめとするEUとの戦略的提携強化に乗り出したと指摘した。

南シナ海問題を核心的利益に引き上げるのは問題だとみて、戦術的ミスだと判断していたが、その後、それは正当化された。アメリカが東シナ海と南シナ海での中立的態度を放棄したことが、その背景としてある。

中国とヨーロッパとの戦略的提携強化は、対ユーラシア戦略強化のためでもあるとし、学者レベルでのシルクロード構想、ユーラシア大陸圏構想をこの時点ですでに紹介した。これは二〇一三年習近平により提起された「一帯一路」構想に繋がる。

二〇〇九年前半は、アメリカが米中2G論（米中共同統治論）を唱えはじめたことにより、米中関係の蜜月ぶりが突出した。だが、二〇〇九年末から二〇一〇年にかけて、アメリカのアジアへの回帰（カムバック）戦略が打ち出され、米中関係は緊張度を増した。とりわけ二〇一〇年に入って、アメリカが南シナ海の島嶼を巡る主権争いと尖閣列島問題に関与したため、問題はいっそう先鋭化し、複雑化している。東アジアにおいて、米日豪印を中心とした対中包囲網が形成されているという見方さえ出ている。こうしたなかで、中国とフランスをはじめとするヨーロッパとの関係が強化されつつある。台頭する中国への警戒と期待が錯綜するなかでの、中国の外交政策とその試行錯誤を検討してみたい。

一　中国外交の戦術的ミスとその調整

二〇〇九年末から二〇一〇年にかけて、中国外交が強硬になったという声が国外で高まってきた。中国国内においても、疑問の声が上がっていたが、それはかき消されてしまった。二〇〇八年秋の金融経済危機を契機として、中国の国際的存在感が強まったため、「自信が過信」に陥り、中国本来の外交政策路線からはみ出る傾向が出てきた。その根底には、これまでは先進国に抑えられてきたが、いまは実力もついてきたから、ここで中国の存在感を示す言動が必要だという認識があった。これは、ひとつの驕りであり、絶対に避けなくてはならないものである。

二〇〇九年秋に開かれた海外使節会議で「韜光養晦を堅持し、積極的に為すところある（有所作為）」という方針が打ち出された。鄧小平の「韜光養晦、有所作為」の後者に「積極的」の三文字を加えた。それは、この二〇年間に起きた変化に対応したもので、言葉自体には決して問題があるとは思わないが、その理解には二つの異なったものがあった。一つは、国際的責任をより「積極的」に担うということであり、もう一つは、ナショナリズムの視点から中国の存在感を「積極的」に示そうとするものであった。懸念すべきことは、どうも後者が主流を占め、国内世論を背景に、高飛車な外交姿勢がとられたことである。「現代国際関係」（二〇年一〇月）国慶節特別号では、それを立証するかのように、「近年、中国外交を巡って韜光養晦を引き続き堅持すべきかどうかについて、国内学術界で意見が分かれている」（四八頁）と述べられている。この「特別号」のすべての論文が、このように高飛車な論調と動きに批判的であることから、政府最高レベルで、偏向是正策がとられているとみられる。

南シナ海の領土問題を「核心利益」に格上げしたことは、明らかに不適当である。また、尖閣列島沖での中国漁船拿捕と船長逮捕問題での中国の反応は、あまりにも短絡的で中国外交の信用を落とすものであった。しかしながら、中国側のミス判断ともみられるこのような反応は戦術的なものであり、中国の外交戦略に変化が起きたとみるべきではない。ここ数ヵ月、南シナ海島嶼の主権を巡る問題を「核心利益」に結びつける言語は聞かれなくなり、目下、東南アジア諸国連合（ＡＳＥＡＮ）との関係修復にも努力中であり、日中関係も改善の方向に向かっている。北方領土問題については、中国のある高級官僚が「ロシアは尖閣列島問題をうまく利用した」とメドベージェフの北方領土訪問を批判的に語っていた。

胡錦濤主席は、ソウルＧ20で、次の四点を強調した。

①「枠組みメカニズムを整備して協力的発展を推進する」。「世界経済の力強く持続的で均衡的な発展」を図るために、先進国と発展途上国、とりわけ新興国とのマクロ経済政策の連携を強化する必要性が強調され、Ｇ20は「国際金融危機に対応する効果的メカニズムから国際経済協力を促す主要プラットホームに転換すべき時期に来ている」とし、「中長期的政策協調を強化する」枠組み作りに取り組むことを提案している。

②「開放的貿易を唱道し、協調的発展を推進する」。「各国の資源賦存を踏まえた国際分業と自由貿易」が強調され、保護主義に反対している。近年、新興国の成長は目覚しく、先進国は保護主義的傾向に陥っているが、それへの批判とみてとれる。しかし、ここまで自由貿易を持ち上げるのは異常である。また、保護主義については、一時的な経過措置としての前向きの保護主義政策と過保護による後ろ向きの保護主義政策とを区別する必要がある。

③「金融システムを整備して、安定的発展を推進する」。世界銀行の投票権と国際通貨基金ＩＭＦの出資比率の調整が行われたことを評価し、さらに「公平・優秀」を基準にして国際金融機関の管理層を選ぶよう求めている。先進国が独占していることへのクレームである。また、ＩＭＦが「資本の流れに対する監視警戒機能を強化し、資金の大

量流出入によって個別経済主体が破壊的衝撃を受けるのを防がなくてはならない」としている。

④「発展格差を縮小し、均衡的発展を推進する」。世界経済の不均衡発展はさまざまの面に現れているが、「最も突出した問題は南北発展の重大な不均衡にある」とする。そして、その深層的原因は「国際秩序の不公平、制度不健全、機会不平等」にあり、「より平等、より均衡的な新型グローバル発展パートナー関係」を打ち立てるよう求めている。また、「先進国と発展途上国との相互理解、相互協調を促して、今までのような相互に非難し、公然と対立するやり方は避けなくてはならない」とし、Ｇ20は、よりいっそう南北問題に力を注ぎ、「発展で成長を促し、協力でリスクに抗する新発展理念を樹立すべきだ」としている。

また、横浜ＡＰＥＣでは、次の三点が主張された。

①「貿易と投資の自由化、円滑化を引き続き推進し、地域経済の一体化を加速する」。ここで、「アジア太平洋自由貿易地域（ＦＴＡＡＰ）についての掘り下げた研究を加速化し、異なったレベル、異なった範囲で、各種ルートを通じて漸進的に推進することを支持する」と述べたが、環太平洋経済連携協定（ＴＰＰ）そのものについては触れていない。

②「成長戦略の実施を加速し、経済成長の質を高める」。これは、今回のＡＰＥＣが不均衡是正や環境対策などの成長戦略をまとめたことへの対応とみられる。

③「経済技術協力を強化し、発展途上国メンバーの自主的発展能力と経済の内生的動力を強める」。ここでは、特に発展途上国の人的資源開発に協力する必要性が強調されている。

総じて、中国の対応は、自己主張をしながらも、協調的であるといえる。「人民日報」は、Ｇ20について、「言い争いの中で前進した」と報じ、ＡＰＥＣについて、「変革の中で前進した」というコメント論文を掲載している。

二　胡錦濤主席のフランス・スペイン訪問

胡錦濤は、一一月四日から六日にかけてフランスを公式訪問した。サルコジ大統領自らが空港に出迎え、全行程に随行したという。一一月四日に共同声明が出されたが、その内容は次のように実に注目すべきものであった。

①中仏関係は「戦略性、グローバル性、時代性」を体現しているとし、今後、中仏双方は「相互信頼・相互利益の成熟安定した、全世界に向けた新型の全面的戦略的パートナー関係を確立する」と謳った。

②「多極化、グローバル化が深まる当今の世界において、世界統治システムは深刻な変革に直面しており、新興国家のスピーディーな発展は、国際関係をより合理的且つ均衡的な発展に向かわせる上で有利である」という共通認識が示された。

③国連常任理事国として、中仏両国は「引き続き模範的役割を果たし」、「平等協力、包容互恵、未来志向の新型大国パートナー関係を確立していく」とした。

④「G20はより健全かつ安定的であることを踏まえて、世界経済成長と国際金融システムを再構築し、G20が国際経済協力の主要なフォーラムとしての役割を着実に果たす」ようにすべきである。「フランスは間もなくG20議長国になるが、中国は積極的に支持することを約束する」。「双方は、時代の要求に順応していくために、世界経済統治メカニズムを大いに改善することを望み、IMFを含む国際金融機関の改革を支持する」。

⑤「アフリカで経済協力を展開することは、アフリカ経済の発展を促す上で有利であり、両国の企業がアフリカで協力することを支持する」。

⑥「中欧関係の発展を推進するために、フランスは引き続き率先的役割を果たす」。双方は、「EUは対中国武器禁止

を解禁すべきであり、中国が完全な市場経済であることをなるべく早く認めるべきだ」という点で見解が一致した。

⑦「核エネルギー、宇宙産業、鉄道などの分野」での協力を広げ、「第三国の市場を共同で開拓」していく。

以上の共同声明の内容から、フランスの思惑として次の四点が指摘できる。①フランスの経済立て直しのために、ハイテク分野での中仏協力を強化する。②EUの政治的リーダーとしての地位を維持・強化するために中国との協力を強化する。③G20の議長国として、来年、国際金融制度改革を推進するために中国の支持を得る。すなわち、ユーロと人民元の連携によるドル一極体制打破の第一歩を踏み出そうとする。④かつてのフランス植民地に対し、発展途上大国中国の経済的活力と政治的影響力を利用して、フランスの影響力の復活を図る、などである。

中国のメディアは、サルコジ大統領のこのような戦略を高く評価し、アメリカの反対を押し切って一九六四年に中国との国交を結んだドゴールに譬えて彼を「第二のドゴール」と称えた。中国は、フランスのこのような長期的視点に立った戦略的対応を歓迎している。二〇〇九年後半から、アジア回帰を宣言したアメリカは、対中牽制を強化しているが、中国は、一方で対米協調外交を展開し、他方で対ロシア外交や対EU外交を積極的に展開して、対中国圧力をかわそうとしている。アメリカの後ろ盾もあって、東アジアにおいては利害関係の摩擦と競合は避けられないが、EUとの懸案は、主として人権などイデオロギーの問題であり、現実主義的協力関係を築きやすいというのが中国側の見方であるとみてよかろう。とりわけ、G20の今後の位置付けと国際通貨問題での中欧協力は、中国にとってきわめて重要である。中国は、先進国と発展途上国との交流の場としてG20を重視しているが、BRICsの代表格としてだけではアメリカに対応できない。日本が対米従属を続けている現状からみて、期待できるのはEUとの協力ということになる。特に国際金融機構の改革において、「ドル一極体制」を打破するには、人民元とユーロとの連携が必要であり、それができれば、中国にとって大変有利なものとなる。ギリシャへの金融支援及び港湾建設協力には、E

U市場進出の足場作りというだけではなく、より深遠な対EU戦略があるとみるべきであろう。

二〇一一年のG20会議に向けて、今後、中仏協力関係がどのように展開されるか、とりわけ国際金融機構改革でどのような進展をみせるかということを、いまから注目していくべきであろう。

三　中国における中欧戦略提携の論議

中国とEUとの関係について言えば、二〇〇八年北京オリンピック大会の際はきわめて緊張していた。だが、ここ数年は改善に向かい、二〇一〇年後半には、中国とEUとは蜜月ぶりを呈している。七月にメルケルドイツ首相が訪中し、「歴史的訪問」と評価された。一〇月二日から九日にかけて、温家宝首相が中欧首脳会議に出席すると同時に、ギリシャ、ベルギー、イタリア、トルコを訪問したが、ドイツ側の特別招請を受けて、予定を変更してドイツ訪問がなされた。さらに、一一月四日、胡錦濤主席のフランス訪問、一一月九日、閣僚四名と経済界代表五〇名を率いるイギリスのキャメロン首相の訪中などが続いた。

このような中欧関係の蜜月ぶりを反映して、中国の国際政治学界では、中欧戦略提携論議が活発化している。それは主として次の四方面から中欧協力の必要性と可能性を論じている。

1　多極化世界における中欧関係

ポスト金融危機の世界について言えば、「一超多強」局面は変わっていないが、「アメリカの力は相対的に弱まりつつあり、アメリカ、EU、新興大国の三極構造が形成されている」。「将来の国際政治経済秩序は、この三つの力の協力によって形成されるが、その鍵となるのは、元来の大国と新興大国との良好なる相互促進関係である」。しかし、

「伝統的な国際関係理論は、新興国家は台頭するなかで必ず既存の国際システムや国際秩序に挑戦するし、延いては覇権戦争が勃発する」とみる。こうしたなかで、欧州は時代の先を行っていて、「世界政治舞台での主要なプレーヤーであり、国際秩序の重要な構築者、とりわけソフトパワーの面で重要な役割を果たす」としている。つまり、中国は、他の新興大国と連携を保ちながら、EUとの協力を得て対米関係を展開し、平和的に新しい国際政治経済秩序を構築していくべきである、というのである（秦亜青「世界局面、国際制度、グローバル秩序」『現代国際関係』一〇月、特別号、一〇頁）。

2　経済発展モデルからみた中欧関係

多極化時代においては、発展モデルの多様化が容認されるようになる。とりわけ新興国の経済成長により、「ポスト冷戦下でかなり長期間にわたって鼓吹された自由主義市場経済モデルが支配的地位を占めていたが」、「中国、インド、ブラジルなど新興大国が独自のモデルを採用して成功したため」、これを「西側諸国の権威筋も認めるようになった」として、発展モデルの多様化が新しい流れになったとみる（崔立如「グローバル化時代と多極化世界」前掲号、一頁）。この点、アメリカは社会基盤が自由主義経済であるのに対し、EUは社会民主主義的傾向が強く、発展モデルの多様化を受け入れやすいとみる。

3　地政学的にみた中欧関係

人類の歴史において、ユーラシア大陸は、世界の中心であったが、近代になって海洋国家優位論が優勢を占めるようになった。その影響で、改革開放後、「中国経済の沿海化が進んだが、これは国家の重心の不均衡をもたらしていて、戦略的欠陥となっている」。ユーラシア大陸中枢地区こそ重要という地政学的大局の視点に立って、「中国と中央アジア地区との安定と発展を図るため、中国は、上海協力機構を活用して、西部大開発を推し進め」、「海陸の均衡的発展を図るべきである」。「EUはユーラシア大陸の一端にあり、中国と相対している国家集団である」。現在、中国とEUは海路によって結ばれているため、「絶えず海洋国家の圧力を受けている」。現代技術を駆使して、「中国、中央アジア、中東、欧州を結ぶ鉄鋼シルクロードを構築し」、「ユーラシア大陸協力圏を作るべきだ」としている（王湘穂「陸に依りて海に対する：中国戦略重心の再均衡化」前掲号、五四頁）。

4　国際政治史からみた中欧関係

一六四八年、ウエストファリヤ条約体制が確立され、パワーポリティックスの近代国際政治が始まった。以来、ヨーロッパにおいて、ポルトガル、スペイン、オランダなど覇権国家の交代が行われ、一九世紀は、イギリスの覇権国家時代、二〇世紀は、アメリカの覇権国家時代が出現した。しかし、現在、ヨーロッパが欧州連邦として生まれ変わり、時代の先端を走っている。アメリカは、唯一の超覇権国家として自ら進んで覇権的地位を放棄しようとはしないが、EUはアメリカの単独行動主義傾向に歯止めをかける役割を果たすことができる。したがって、新興大国中国はEUと提携して、覇権なき新世界政治経済秩序を構築できるとみる。

このようなEU重視の論議は、米中・日中関係の一時的後退に影響されている面が多分にあるが、二〇年後にはアメリカに追いつくといわれる経済大国中国の新しい戦略的動きとして重視すべきであろう。

四　中国の対日政策

尖閣列島問題などで日中関係がぎくしゃくし、世論調査によると、両国の相手国に対する国民感情は極度に悪化している。それは、インテリ層においても、庶民レベルでも、大きく変わらないとみられているが、一一月初め、中国の広東省と福建省を回って分かったことであるが、彼らの日本人に対する見方、感情は思ったよりもよかった。東莞では五〇〇社以上の日本の進出企業に対する経営評価は高く、とりわけ金融危機に直面した際、賃金の遅配などが全然なかったことへの評価は高かった。日本の企業は、人間性を重んじる経営を行うという高い評価もあった。また、話してくれた友人それぞれも、接した日本人の誠実さと勤勉さを高く評価していた。日本においても、中国に対する感情は悪化していても、中国人に対する感情は悪くはない。ネットでの反日論調や反中論調にはあまり過敏にならないことが肝要だと強く感じる。

今回の尖閣諸島問題では、中国当局の民主党政権の外交戦略への疑念が大きなマイナス要因となった。なかでも責任重大なのは前原誠司外務大臣の言動である。仙谷由人官房長官への疑念は、細野豪志氏の訪中によって大分解けたが、前原氏の発言は大きな誤解を招いたようである。横浜ＡＰＥＣでの日中首脳会談が最後まで決められなかったのは、前原氏の言動への不安があったからであろう。幸い、某日本人研究者の並々ならぬ努力によって、前原大臣への疑念が解かれ、胡錦濤氏自らが周囲の異論を排して日中首脳会談に臨む決断をすることとなった。

前原氏の対中国関係の発言は、これ以来慎重となっており、外務大臣としての立場を自覚するようになったと見受けられる。中国マスメディアも、氏への批判的態度を改め、一一月二二日付「環球時報」は、「中国のよき隣人として」と題する前原氏の書面インタービューを掲載した。文中、氏は、「自分は決してタカ派ではなく、理想主義を尊ぶ現実主義者だ」と訴えている。前原氏は、中国で新タカ派の代表的政治家として広く報道され、彼が外務大臣である限り、日中関係の改善は望めないとまでみられていた。しかし、それを覆した日本人研究者の功績は大きい。

実は、一一月四日、東莞で中日友好文化活動週間を実行する準備委員会を立ち上げる計画であったが、上からの命令で「文化」という名称を使わないこと、規模を縮小することになった。しかし、両国の首脳会談が行われてからは、完全に解禁され、計画通り事を運ぶことができるようになったという。丹羽宇一郎大使の天津への視察も実行され、天津の副市長が応対することによって、日中関係の改善と発展に向けての努力がなされたのもその現れであろう。

中国の外交手法は、日本や西側諸国にはなじまないところもあろうが、そこはある程度順応していかざるをえないと割り切る必要がある。前述した如く、ドイツ、フランス、イギリスなどは、いずれも戦略的調整を行って順応している。一一年一月、胡錦濤国家主席は国賓としてアメリカを公式訪問する予定である。アメリカも戦略的調整をしているといえなくもない。二〇〇九年は米中蜜月の年、二〇一〇年は米中緊張の年であり、二〇一一年には米中関係改善が見込まれる。

一二月二四日付「環球時報」は、米中首脳会談のニュースを前にして、「中米両国はともに石を探りながら河を渡るべきだ」と題する社評を掲載した。新型大国関係確立の試行錯誤がはじまっており、古い対立的視点で中米関係をみるならば、大きな誤りを犯すとしている。これはあたかも日本を指しているかのようにもみえる。

日本の政局は不安定で、外交政策面での戦略を練る余裕がないというのが実態であろう。日本の戦略的見識の無さによって、日中協力を土台とした東アジア共同体の構築がほぼ不可能となったことは実に残念なことである。日本もアメリカばかりに目を向けないで、中国の台頭に対して独自の戦略的対応を考えるべき時が来ている。尖閣諸島問題が発生して後、感傷的な中国脅威論や日米軍事同盟強化論が日本のマスメディア紙面を覆ってきたが、このままでは日本は前途を誤るのではないかという危惧さえ覚える。

冒頭でも述べたように、中国当局は戦術的判断ミスをしたが、その後、是正調整を行った。中国国内の国際協調派とアメリカや日本の国際協調派の実質的連携によるものである。いまや国家対国家の対立の時代は終わり、ウイン・ウインの関係またはオール・ウインの関係が問われる時代である。今回の尖閣諸島問題においては、中日両国の国際協調派の負けであり、主権絶対論者または狭隘なナショナリストの勝ちであった。両国の国民感情をもう一度よい方向に持っていくのは、大変手間のかかることではあるが、前述の如く、両国の国民感情の基盤は決して悪くはない。しかも、両国間の依存関係はますます深まっている。両国の有識者と政治家の努力によって、局面を大きく転換させることは決して難しくはないはずである。

ここで留意すべきことは、胡錦濤外交から習近平外交への移行期に入っていることである。胡錦濤は、日本重視の外交を展開しようとしたが、客観的諸条件の不備によって困難を極めた。習近平も、日本重視の外交政策を採るとみられており、そのうえ、彼は諸方面との関係がよいといわれている。したがって、日中関係の改善と発展にとってより有利な環境が形成される可能性が高く、日本はいまから超党派で対中外交戦略を練って対応すべきである。

第一二章　米中首脳会談から第三回米中戦略経済対話へ

解題：（二〇一一年七月執筆）一月の胡錦濤訪米の米中首脳会談と五月に北京で開かれた第三回米中戦略経済対話で、二〇一〇年の米中関係緊張化への緩和調整が行われた。本論は首脳会談と戦略経済対話の結果を分析評価し、米中協調の国際政治パラダイムが始動する可能性を論じた。「米中協調の新国際秩序構築元年」への期待である。

と同時に、アメリカが覇権的地位を進んで放棄することはなく、紆余曲折を経ることも指摘したが、当面の米中関係は、まさにその曲折の中にある。米中間の綱引きは宿命的なものがあるが、共通利益のための協調が主流であることは変わらないということも強調した。それは次の米大統領に誰がなろうともこの流れは変わらないということである。

二〇〇九年には米中蜜月を思わせる「米中2G論」が展開されたが、二〇一〇年は米中関係が緊迫した。二〇一一年一月の米中首脳会談は、まちがいなく、それを緩和するものになるだろうが、それは一時的なものかそれとも長期にわたる米中関係の安定を意味するものなのか、意見が分かれるところである。筆者は、今後も紆余曲折はあろうが、歴史的転換点になったと評価される時がやってくるのではないかとみている。五月九―一〇日に開かれた第三回米中戦略経済対話の結果は、まさにこの方向性を示している。

一　胡錦濤・オバマ会談の戦略的位置付け

胡錦濤は、四〇〇人の企業家と四五〇億ドルの契約をもって訪米した。陳徳銘商務部長は、今後五年間で、対米輸入を二〇〇〇億ドルにまで増やすと宣言した。アメリカの二〇〇九年の対中輸出は六九〇億ドル（輸入は二九六〇億ドル）であるから、約三倍になるということである。オバマは、今後五年で輸出を倍増させると公約したが、それを大幅に上回る。アメリカ経済の再生を図っているアメリカ経済界とオバマ大統領にとっては、この上もないよき手土産である。

これについては、首脳会談後の共同記者会見でオバマは率直に次のように語っている。「アメリカの対中国輸出の伸び率は、アメリカの他の地域への輸出伸び率の二倍であり、アメリカの輸出倍増目標を達成する上でカギとなる」。「中国の台頭は多くの経済的チャンスを提供する」。「胡錦濤主席が内需拡大を約束したが、それはアメリカにビジネスのチャンスを提供するし、雇用に直結する」。二期目を目指すオバマ大統領にとって、胡錦濤主席の訪米はまさに援護射撃となるものであった。

また、経済力と軍事力の面でアメリカを急スピードで追い上げている中国を、まだアメリカが絶対的優位を保っているあいだに、アメリカの新世界戦略の枠組みに取り込むことは、アメリカのブレーンたちの大きな課題であり、胡錦濤訪米はその契機を与えたようである。ブレジンスキーが今回の胡錦濤訪米を三〇年前の鄧小平訪米に次ぐ重要な意義があると位置づけるのは、このような思惑によるものであろう。

オバマ大統領は、礼を厚くして胡錦濤国家主席を迎えた。二〇〇六年四月に胡錦濤が訪米した際には、中国側が国賓としての公式訪問を要望したにもかかわらず、アメリカはそれを受け入れなかった。しかも、「法輪功」による不愉快な出来事を許した。今回はアメリカ政府が進んで国賓待遇を示し、礼砲二一発の最高の「禮」を以て迎えている。そのうえ、胡錦濤のアメリカ滞在中にオバマが一二時間半も一緒にいたという緊密ぶりを演出した。さらに、滅多に行わない私的夕食会を催し、大統領の歓迎の熱意を表した。大統領の下の娘が中国語を学んでいることを披露し、和やかな雰囲気を醸し出すことにも努めた。

今回の首脳会談の戦略的位置付けは、胡錦濤の提示した五提案によく現れている。①「求同存異、平等互信」の政治関係の発展、②「全面協力、互恵ウイン・ウイン」の経済関係の深化、③共に挑戦に対応する「グローバル・パートナー協力」の展開（アメリカが東アジアサミットメンバーになることを支持）、④国民が広範に参加する「中米友好事業」の推進（中米省・州長対話交流メカニズムの起動）、⑤意思疎通を深め、率直に対話を交わす「ハイレベル往来モデル」の構築、などである。

一月一九日に調印された中米共同声明は四一項目からなり、①前文三項目、②中米関係の強化九項目、③ハイレベル往来の促進三項目、④地域及びグローバルな挑戦への対応六項目、⑥全面的互恵の経済パートナー関係の確立一四項目、⑥気候変化、エネルギー、環境面での協力四項目、⑦人文交流の展開一項目、⑧結論一項目、であった。

以上の文献及び中米両国の指導者やブレーンたちの発言・論文からみて、今回の首脳会議の戦略的意義は次の五点に要約できる。

（1）「相互尊重」の確認。共同声明では「二一世紀の積極的協力的全面的中米関係確立」の再確認がなされ、「相互尊重と互恵ウイン・ウインの協力パートナーの確立」が謳われた。前者については、オバマ大統領が二〇〇九年一一月に訪中した際の共同声明で提起されたが、今回は一〇年の躓きを踏まえての再確認である。「相互尊重と互恵ウイン・ウイン」が強調されたが、これは主としてアメリカに対する中国側の要求であろう。アメリカの覇権国家としての一方的主張が、今後どれだけ抑制気味となるか分からないが、一定の効果はあるであろう。他方、中国側の国際慣例になじまない行動については、それへの抑制効果が出てこよう。

（2）「戦略的信頼醸成」の提起。共同声明は「中米関係は重要で複雑である」とし、相互に軽率な対応をしないよう戒めた。そして、「戦略的信頼関係を醸成し、両国関係を強化する」と謳った。この「戦略的信頼関係」という言葉は大変重みがあり重要である。米中間には戦略的信頼関係がまだできていない、少なくとも不十分であることを認め、それを出発点として、協力パートナー関係を築こうというのである。そこにはお互いに真摯な姿勢で対応しようという意味合いが含まれている。

（3）「全面的経済協力の枠組み」の構築。共同声明は、「中米戦略・経済対話」を通じて「全面的経済協力の枠組みを確立する」と謳い、「国際金融システムの強化と国際金融の枠組みの改革に力を入れる」ことを約束し合った。また、「ＩＭＦと多国間開発銀行の合法性と有効性を高める」ことで緊密に協力し合うことが明記されている。これは中国が既存の国際金融の枠組みを尊重しつつアメリカと協調して改革していく姿勢を示したといえる。さらに、Ｇ20の一連の決定を支持し、両国が協力し合うことを確認した。オバマ大統領は、共同記者会見で「今後一〇年の米中協力の基礎を築いた」と評価している。

（4）「健全かつ安定的で信頼できる」軍事関係の構築。共同声明は、「各レベルの実質的対話と意思疎通を強化して、誤解、読み違い、ミス判断を減らし、理解を深め、共通の利益を拡大し、健全かつ安定的で信頼できる両軍関係の発展を推し進める必要があることで一致した」と謳っている。この点の重要性については、オバマ大統領が共同記者会見でこれを強調したことからも分かる。米中軍事協力は、アメリカの台湾への武器輸出問題で中断したが、ゲイツ国防長官の一月九―一二日の訪中を機に再開されることとなった。中国は、反対の原則的立場は変えていないが、梁光烈国防部長は一〇日に行われた共同記者会見で、「この問題で両国関係や軍事交流が損なわれることは望まない」と発言し、一種の「棚上げ状態」にすることを示唆した。首脳会談で基本原則が確立された以上、アメリカも今後は一定の配慮をすることとなろう。

（5）「アジア太平洋地域及び世界的問題」での協力。共同声明は、「二一世紀のより安定した平和で繁栄するアジア太平洋地域の建設」に協力すること、また、「グローバル問題で協調・協力する」ことを謳った。そして、アメリカは「強大で、繁栄し、成功し、国際活動面でより大きな役割を果たす中国を歓迎する」とし、中国は「アメリカがアジア太平洋地域の国家として、この地域の平和、安定、繁栄のために努力することを歓迎する」とした。胡錦濤は、米中首脳会談で「アメリカが正式に東アジアサミットのメンバーとなることを歓迎し、アジア太平洋地域の重要問題について、アメリカとの政策対話と立場の協調を強化したい」と述べた。すなわち、中国はロシアとアメリカが参加するＡＳＥＡＮ10＋8に賛成し、ＡＳＥＡＮ10＋3にはこだわらないことを宣言したのである。

以上、五方面の戦略的意義のある内容が、今後、本当に実行されるのかどうか、その成り行きを見守るうえで重要なことは、今回の会談で示された米中両国の次の三つの視角変化である。

①時代の流れに沿った長期的戦略思考。オバマは、歓迎式典で「今後三〇年の基礎を築く」と言い、胡錦濤は「パートナーとしての協力関係の新たな章を開く」と語った。また、オバマは共同記者会見で「アメリカの人口は中国の四分の一であるが、アメリカ経済は中国の三倍である」とし、アメリカがまだ絶対的優位にあることを公言した。追い上げる中国をアメリカのペースに引き入れようとする意図は明瞭である。中国は、アメリカのリーダーシップを尊重しながらも、アメリカを中国のペースに近づけようとすることも明らかである。両国の首脳とも、長期的戦略的視点に立って、対立ではなく協調姿勢で戦術的摩擦を緩和・解決しようという意思を明確にした。

②米中首脳の協調による国内世論の健全化。中国の出版部数最高の「参考消息」は、外国の評論を紹介するというかたちで、今回の首脳会議は「中国は急進的ナショナリズムを抑制する必要があり、アメリカは中国脅威論を抑制す

る必要があった」と報じた。クリントン米国務長官も、一月一四日の演説で、「アジア地域やアメリカの一部に、中国の台頭を新しい『冷戦』に導く脅威ととらえる議論がある一方、中国側にもアメリカが対中『封じ込め』を画策しているとしてナショナリズムを煽る議論がある」と指摘した。米中両首脳が共に国内世論を健全な方向に誘導することで一致したことは重要である。

③ゼロサム志向からプラスサム思考への転換。胡錦濤は、訪米出発前にアメリカ二紙の質問に答える際、「和すれば双方に利ありて、闘えば共に傷つく」を強調し、ゼロサム思考ではなく、互恵ウイン・ウインの新思考で関係強化を図ろうと呼びかけた。他方、アメリカでも、クリントン米国務長官は、前述の演説で「一方が得すれば、他方が損するような一九世紀の大国間関係の理論は、二一世紀には意味をなさない。（両国には）国際関係の変わりゆくダイナミズムを理解する新しい思考方法が必要だ」と述べ、「味方か敵かという単純な区分けは当てはまらない」と語った。こうした思考方式の転換は、今後の米中関係をみるうえで重要である。

二　首脳会談の具体的成果と課題

今回の米中首脳会談については、その具体的成果は乏しいという見方が一般的であるが、その実、かなりの成果があったとみるべきであろう。経済面でアメリカが大きなメリットを得たことは明らかであるが、その他の面でも、アメリカに有利な妥協がなされている。追い上げる中国が困難な状況にあるアメリカをある程度配慮することは、至極当然というべきであろう。中国は、抽象的ではあるが戦略的譲歩をアメリカから得て、戦術的な具体的問題ではアメリカに譲るところが多かったともいえる。具体的成果として、次のような点が挙げられる。

①台湾問題での相互自制。共同声明には、「双方は台湾問題の中米関係での重要性を強調する」と前置きして、中国

の立場、アメリカの立場がそれぞれ明記され、その後に「アメリカは台湾海峡両岸の『経済協力枠組み協定』を讃え」、「両岸関係の平和的発展を支持する」など、当面の大陸・台湾関係の良好な関係を是とする言葉が続いている。つまり、米中双方がお互いに自制して、無為な挑発と過度の反応を慎もうというものである。胡錦濤は、友好団体の歓迎晩餐会で「一時的個別的案件の影響を受けない」米中関係を強調し、一〇年、米中関係が悪化した要因であるアメリカの台湾への武器輸出問題でのアメリカ側の求めた「全体への影響を与えるべきではない」という要望を受け入れたかたちとなったが、それはあくまでもアメリカ側が自重することを前提としていたといえよう。

②北朝鮮問題での相互譲歩。共同声明には、「中米双方は六者会談で同意に達した九・一九共同声明の約束を守るべき」であり、「朝鮮が公言している濃縮ウラン計画に関心を払っている」と明記され、中国側がアメリカ側に歩み寄った。同時に、「必要な段取りを決めて、なるべく早く六者会談を再開すべきだ」と記され、これはアメリカ側が中国側の主張に歩み寄った。中国の六者協議議長役は、本来、アメリカに依頼されて引き受けたものである。過去七年間において、さまざまな障害に直面したが、基本的には米中協調で克服されてきた。今後も同じパターンが繰り返されていくであろう。

③宇宙・サイバー問題での交流強化。共同声明には、「宇宙分野での対話と交流を深めるため具体的な行動を取ることで合意した」とあり、二〇一〇年のアメリカ代表団訪中の見返りとして、中国代表団の訪米が二〇一一年に行われる。中国が人工衛星を打ち落とし、国際的に大きな反響を呼んだ。こうしたなか、中ロ両国が二〇〇八年に宇宙平和利用条約を締結するよう提案したが、アメリカはあっさりと拒否した。アメリカがまだ絶対的優位にあったからである。その後、中国の軍事技術の発展が予想よりも速いことが分かり、二〇一〇年七月、アメリカの方から宇宙条約について前向きの姿勢をみせるようになった。

④「核なき世界」の実現に向けての協力。共同声明は、「核兵器なき世界の最終的実現に力を注ぐこと」を強調し、

ＣＴＢＴの早期発効で協力することを謳った。中国に核安全モデルセンターを建設する諒解覚書が調印されたが、これは核問題で協力する条件の整備に有益である。ワシントンで開かれた核安全サミット会議では、中国は消極的だと評されたが、中国は一貫して核廃絶を唱え、核兵器の保有も最低限度に押さえてきた。したがって、この問題について、中国はより積極的な態度が取れるはずである。事前協議で、かなり突っ込んだ話し合いが行われたという情報もあり、今後の成り行きが注目される。

⑤人権問題での中国の譲歩。共同声明では、「人権問題で依然として重要な相違点が存在するが、双方とも人権の促進と保護に力を入れる」と謳われた。そして、双方の主張が列記されたが、共同記者会見でオバマは、「すべての国民の普遍的権利に対するアメリカの基本的約束を私は再確認したい。それには、中国の憲法でも認められている言論、出版、集会、組織、示威デモ、宗教の自由など基本的人権が含まれる。これらの普遍的権利を強く主張するのは、中国を含むすべての国がより繁栄し成功するものと信ずるからである」と説得的批判を行った。これに対し、胡錦濤は、「中国は人権面で大きな進歩を遂げ、人権の普遍性も尊重しているが、中国は膨大な人口を抱えた途上国で、経済社会が困難に直面していることも考慮すべきだ」と発言し、人権の普遍的原則を尊重する意思を示した。そして、「中国は相互尊重、内政不干渉の原則に基づいてアメリカと人権問題について意見交換したい」と語った。人権の普遍的原則は温家宝総理が早くから是認していたのに対し、胡錦濤主席は沈黙を保ってきた。しかし、今回、対外向けであるとはいえ、それを認めたこと自体に意義があり、世界への重要なシグナルであると思われる。次世代の政治改革推進の環境を整備したともいえよう。

⑥人民元のＳＤＲ通貨組み入れへの支持。共同声明には、「中米双方はＳＤＲに組み入れられる通貨は国際貿易と国際金融取引で広範に使用される通貨に限られることで認識が一致した。それに鑑み、アメリカ側は人民元のＳＤＲ組み入れを漸進的に推進する努力を支持する」と記された。胡錦濤は、アメリカ一紙の質問に答えて、「ドル体制

は歴史的に形成されたものである」とし、絶対的なものではないことを指摘した。二〇〇九年四月のロンドンG20会議前、中国人民銀行総裁周小川は論文を発表し、世界共通通貨単位としてSDRを使うよう提案した。この論文は国際的に注目されたが、アメリカの反応は冷ややかであった。人民元がSDRに組み入れられることは、国際通貨面での中国の影響力が拡大することを意味し、中長期的にみればドル体制からSDR体制に向かう基礎作りに繋がる。それは、次の項目に書かれた「グローバル金融システム強化と国際金融枠組みの改革に力を注ぐ」と直結するものである。

⑦人民元レート問題での妥協。共同声明には、「アメリカは中期的な財政赤字を重点的に削減し、長期的な持続可能性を確保し、為替レートの過度の起伏に警戒する」と記され、他方、「中国は引き続き人民元為替レート形成メカニズムの改革推進を堅持し、人民元為替レートの柔軟性を強め、経済発展方式の転換を図る」と記されている。中国は、アメリカに国際的責任として、ドルの乱降下を避けるよう求め、人民元ついては、引き続き上昇方向で調整することを約束した。ここで、人民元レートの調整を経済発展方式の転換と結びつけたことは重要な意義がある。経済発展方式の転換は、中国の目下直面する最重要課題であり、人民元レートの調整がそれにプラス要因となると位置づけたことは、国内の抵抗勢力を抑えるのに有利である。なお、首脳会談が行われる直前にガイトナー氏が「インフレを加味すれば人民元は年一〇％超で上昇している」と語ったのは、対中関係を配慮したものであり、意義深いことである。

以上のほか、「中国の創新政策と政府購入優遇政策とを結びつけない」、「アメリカが推進している輸出管理システムの改革について中米双方が議論する」など、米中関係改善に向けての成果は少なくない。とはいえ、今回の首脳会談で主権に関わる根本的問題が解決されることはありえない。それは主として以下の三問題である。

一つは、人民元レート問題で、アメリカは対中国国際収支赤字があまりにも巨額で、この問題解決に焦りを感じている。オバマ大統領は、共同記者会見で、「中国が通貨の柔軟性を増大させることを歓迎するが、人民元は低く評価されており交換レートをさらに調整する必要がある」、「中国の通貨が市場メカニズムで決まる方向に進み、経済的不利益を得る国がなくなることを保証するよう引き続き見守っていく」と語った。アメリカ国内事情の発展如何で、いつでも問題が先鋭化する可能性がある。

二つは、台湾問題を巡る核心利益論である。オバマは、共同記者会見で、「三つの米中コミュニケと台湾関係法を踏まえて、一つの中国政策を堅持する約束を私は再確認する」と語ったが、第三のコミュニケと台湾関係法とは、台湾への武器輸出問題で相矛盾するものである。また、二〇〇九年共同声明に書き入れられた「核心利益」は、今回、声明から削除された。オバマの「今後三〇年の米中関係の土台を築く」という言葉は、中国側ではほとんど報道されていない。不確定要因への配慮からであろう。

三つは、人権問題での根本的食い違いである。共同声明には、「アメリカ側は人権と民主を促進することはアメリカの外交政策の重要な構成要素であることを強調した。中国側は如何なる国の内政にも干渉すべきでないと強調した」と併記されている。米中それぞれが自己の立場、観点を述べただけで、一致しなかったことは明白である。アメリカは、従来、ダブルスタンダードで臨み、アメリカの国益を第一に置き、人権、民主を促進すると口にしながら、実際には三〇年余りにわたりエジプトやその他の独裁政権を支援してきた。いまその矛盾が爆発し、アメリカ外交の民主・人権政策は破綻しつつある。これが今後の米中関係にも影響を与えることはまちがいない。

三　第三回中米戦略・経済対話の注目点

第三回対話の結果は、次の二つの文献に現れている。一つは「経済の力強く持続可能で均衡的な成長促進と経済協力に関する中米両国の包括的枠組み」協定で、全部で二〇項目からなり、胡錦濤主席特別代表の王岐山副総理とオバマ大統領特別代表ガイトナー財務長官が署名した。二つ目は「『中米戦略・経済対話枠組み』下での二〇一一年戦略対話の成果表」で、四八項目からなっている。今回の対話では、次の三つの面で大きな成果があったといえよう。

1　経済協力の深化と具体化

「包括的枠組み協定」には、「相手側の健全かつ持続的な発展は自国の繁栄に不可欠である」ことを認識し、「相手側の利益に影響を与える政策行動については、話し合いを強化する」とし、さらに「米中二大経済主体の政策の世界経済に与える影響」を認識し、「協力して世界経済の成長と安定した国際貿易と金融機構の維持を図る」と記されている。また、G20での経済的協調と「相互評価プロセスへの積極的支持」を再確認した。つまり、米中両国は二国間と世界経済の問題について、密接な協議を行おうというのである。

中国側の発表によれば、米中戦略会議で、「欧州ソブリン危機、日本の地震による核漏洩、揺れ動く中東情勢など世界経済に与える影響が議論され」、「世界経済の統治機構改革を効果的に推進し、公正で合理的な新国際経済秩序を漸進的に確立していく」必要性を米中双方が強調したといわれる（「人民日報」五月一二日）。ところで、これより先の四月一四日に中国海南島で開かれた第三回ＢＲＩＣｓ首脳会議では、南アフリカも参加した五ヵ国によって、①国連でのＢＲＩＣｓの発言力強化、②Ｇ７（先進七ヵ国首脳会議）に対する牽制、③原子力発電の重要性、の三点を指摘した「三亜宣言」が採択された（それには欧米のリビアへの軍事介入反対も謳われた）。中国は、ＢＲＩＣｓで実質的な主役を担っており、発展途上国をバックグラウンドとして、米中経済協力を進めるなかで、先進国と発展途上国との橋渡しを担おうとしていることがみてとれる。

「包括的枠組み」には、「二国間の経済貿易関係の今後の発展における原則、内容、道筋などの包括的プラン」が示され、新エネルギー分野などでの具体的協力もきめ細かく定められている。そして、中国は「自主創新、政府購入、知的財産権」などの面で譲歩し、アメリカは「ハイテク商品の対中輸出、対米投資面での差別待遇、市場経済国承認」などの面で譲歩し、それぞれがその実現に向けて努力することを約束した。実際、どれだけ実行に移されるか現段階では何ともいえないが、よい方向に進むことは予想される。

2　第一回目の戦略安全対話の実施

今回の戦略対話には軍首脳も参加し、最初の戦略安全対話が行われた。これは歴史的意義があるといえる。アメリカ側は、「中国が国際社会でより大きな役割を果たすことを歓迎し、中国の核心利益を尊重し、中国封じ込めを図らず」と再度表明し、中国側は、「平和的発展の道を歩む」ことを強調した。ここで重要なことは、アメリカがはっきりと「中国封じ込め政策は採らない」ことを言明したことである。これは、朝鮮戦争以来、ずっとアメリカの軍事的脅威にさらされてきた中国にとって評価に値するアメリカの態度表明である。中国は、一貫してアメリカの従属国になることを拒否し、対等の立場を求めてきた。米中戦略対話は「平等の対話」であったと中国側は評価している。

台湾への武器輸出問題は、依然として未解決であるにもかかわらず、一月のゲイツ国防長官訪中と胡錦濤・オバマ会談を踏まえて、中米両国の軍部による正面からの深みのある接触が行われ、核兵器、宇宙兵器、ネット攻撃、海洋安全などの諸問題について幅広い議論がなされたとのことである。そして、話し合いは、リスク回避、協力方式の模索、信頼醸成の面できわめて有意義であったと中国側は高く評価している。勿論、それが真に実行に移され、目に見える成果を上げるには、まだ長いプロセスを必要としようが、安全保障面での「戦略性、長期性、包括性」の視点から踏み出した第一歩として、きわめて重要な意義があると評価できる。

3　アジア太平洋地域問題での対話メカニズムの構築

「包括的枠組み」協定第一六項目では、「アメリカは中国が国際経済活動においてより大きな役割を果たすことを歓迎し、中国はアメリカが国際経済システムとアジア太平洋地域での重要な役割を認め、アメリカがアジア太平洋地域の経済の安定と繁栄に参加し、貢献することを歓迎する」と謳った。そして、「成果リスト」の第三項目には、「双方はアジア太平洋地域の平和、安定、繁栄を維持するという共通目標の面で広範な共通利益を有し、中米アジア太平洋問題協議機構を設立し、年内のなるべく早い時期に最初の協議を行う」と明記された。これは、実質的内容のある大きな成果とみられている。というのは、最近、アメリカは中国がアジア太平洋地域で影響力を増していることに神経質になっており、アメリカのこの地域での指導的地位が脅かされ、現実的利益が確保できないのではないかと懸念している。他方、中国は、アメリカの戦略的重心の西から東への移行、いわゆる「アジア太平洋回帰」に疑念を抱いている。このような戦略的相互不信のなか、南シナ海や黄海などでは「潜在的衝突」を抱えており、「中米間にアジア太平洋戦略的安定枠組み」をつくる必要性があり、緊迫性もあるとしている。中米両国がアジア太平洋問題で戦略的協議を行うことは、双方が共に平和、安定、繁栄のアジア太平洋を構築しようとする決心と意志があることを示しており、注目に値する。勿論、協議がどのように行われ、その成果がどうなるかは未知数であり、油断は許されない。しかし、話し合うことは一歩前進であり、かなり評価できる。

今回の戦略対話で、台湾問題はほとんど話題にならなかった。人民元レート切り上げ問題では、「アメリカは為替レートの過度の振幅に警戒することを約束し、中国は引き続き人民元レートの弾力性を強めることを約束する」ということで妥協し、大きな問題にはならなかった。残りの人権問題は、最も大きな相違点として目立つところとなった。だが、中国側は「人権問題での雑音」と見なし、軽く受け流している。中東情勢の変化による影響とアメリカ大統領選挙を控えての必要性によるものとみているからである。事実、米欧の人権と民主主義は、中東において全くダブルスタンダードであり、多くの発展途上国からは評価されていない。しかも、先進国内部からも批判の声が上がっている。したがって、中国は人権問題で西側諸国との対話には応じているが、内政干渉ともなる具体的要求に対しては大変強気で、断固拒否する基本的姿勢を崩していない。

結び

以上のことからいえることは、一月の米中首脳会談の成果が五月の戦略経済会議に引き継がれ、より具体化されたということである。米中いずれにも、強硬派と協調派が存在するが、強硬派が後退し、協調派が前進している。これは時代的特徴を反映した流れである。今後、紆余曲折は不可避であるが、この潮流は変わらないであろう。というのは、米中の力関係が大きな転換点に差し掛かっているからである。

国際通貨基金（ＩＭＦ）は、最近、二〇一六年に中国がアメリカを追い越すと予測した。それは、為替レートを購買力平価（市場レートは現在一ドル六・五〇元であるが、購買力平価では約四元としている）で計算した結果で、中国の経済規模は、現在の一一・二兆ドルから二〇一六年には一九兆ドルに達するのに対し、アメリカの経済規模は一五・二兆ドルから一八・八兆ドルに拡大するのみで、中国がアメリカを上回るというのである。市場レートで計算しても、二〇二〇年には中国のＧＤＰがアメリカを追い越す可能性が高い。当然、経済規模の拡大に合わせて中国の軍事費も増大し（現在の約一〇〇〇億ドルから二〇二〇年には二〇〇〇億ドル以上に増加）、二〇二〇年にはアメリカ（現在の七〇〇〇億ドル余りから四〇〇〇億ドルに減少）の半分以上になることはまちがいない。アメリカとしては、まだその優位性を保持しているときに、米中協調の新システムを構築しておこうと考えるようになるであろう。

一方、中国は、アメリカの「覇権的」から「協調的」への変化を歓迎する。「中米対話、漸入佳境」（「中米対話、漸進的に佳境に入る」）と題する小論は、二〇〇九年の第一回目は期待感、二〇一〇年の二回目は風波が立ち成果は乏しい、二〇一一年の三回目は「雰囲気がよく」、「成果も顕著」としている（「人民日報」一一年五月一二日）。

五〇年ないし一〇〇年後に、二〇一一年は米中協調の新国際秩序構築の元年であったという歴史的評価がなされるかもしれない。

第一三章　国際政治での新型モデル「上海協力機構」

解題：（二〇一一年一〇月執筆）本論は上海協力機構一〇周年と、中ロ首脳会談をもとに、中ロ間の戦略的協力関係を分析した。ＳＣＯは国境画定、反テロ、経済協力、社会文化協力へと進み、既存の先進国主導の国際秩序改革の動力になっていると指摘した。

ＳＣＯは中ロ主導で進められ発展してきたが、中ソ対立で矛を交えた両国が、どうしてここまで相互信頼を回復したかについても分析を加えた。

経済協力については、国際協調主動型市場経済の実験の場として、その有効性を示しつつあるとし、今後、ますますその影響力を強めていく可能性があると指摘した。「一帯一路」構想とアジアインフラ投資銀行の設立によって、ＳＣＯの発展にいっそう弾みがつくと予想される。

二〇一一年六月一二日から二〇日にかけて、胡錦濤は、カザフスタン、ロシア、ウクライナの三ヵ国を訪問した。訪問期間中、上海協力機構（ＳＣＯ）サミットやサンクトペテルブルクで行われた第一五回国際経済フォーラムに出席した。胡主席の訪問は、ＳＣＯ成立一〇周年、中ロ善隣友好協力条約締結一〇周年を祝うものでもあった。

カザフスタンのアスタナで開かれた第一一回上海協力機構サミット会議は、過去一〇年を総括し、今後一〇年の青写真を描くとされ、「上海協力機構一〇周年アスタナ宣言」と「上海協力機構加盟国元首理事会会議コミュニケ」が発表された。西側先進国が経済的にも政治的にも衰退気味になっている今日、中ロ主導で推進されてきた上海協力機構の過去一〇年の歩みと成果及び今後の成り行きは注目に値する。

国際組織は大きく分けて二つに分類できる。一つは先進国主導の国際組織である。影響力のあるのはこの類である。もう一つは先進国抜きの発展途上国からなる諸組織である。SCOはそのどちらにも属さない国際組織であり、しかも、かつての二大社会主義国が主導する新しい仕組みであり、「国際政治経済秩序を民主的で公正かつ合理的な方向に改革していこう」と主張しているところにその特徴がある。当初、この組織が今日のような発展をみるとは想像していなかったといってよい。今後、一〇年ないし二〇年に、この組織はますます大きな国際的影響を及ぼすであろう。ここでは、「SCO」一〇周年記念を踏まえて、その今後の影響力を考えてみたい。

一　上海協力機構一〇年の歩みと成果

1　国境画定から反テロ対策へ

上海協力機構の前身は上海ファイブである。一九九六年四月二六日、上海に中国、ロシア、カザフスタン、キルギス、タジキスタンの五ヵ国の首脳が集まり、「国境地帯での軍事分野の信頼醸成措置協定」に署名し、翌九七年には「国境地帯軍事力相互削減協定」を締結した。中国と旧ソ連との国境紛争は一九六九年には珍宝島の武力紛争にまで発展した。ソ連崩壊後は、ロシアばかりでなく、独立した中央アジア諸国、キルギス、タジキスタン、カザフスタンとも国境画定問題が発生した。

二つの協定を結んだあと、歴史的に残された国境問題が相次いで徹底的に解決され、数千キロの国境線は善隣友好協力の絆となった。加盟国間の相互信頼と安全保障協力は強化された。こうしたことを背景に、加盟五ヵ国はこの成果を反テロ対策に発展させようということになった。中央アジアは、イスラム原理主義の浸透に悩まされていたし、ロシアもまたチチェンのイスラム過激主義に、中国も新疆の分離独立主義のテロに悩まされていた。そこで、二〇〇一年六月、中国、ロシア、カザフスタン、キルギス、タジキスタン、ウズベキスタンの六ヵ国からなる上海協力機構が発足した。ウズベキスタンはイスラム過激派を抑えるという視点から加わった。一九九九年五月にタシュケントで大統領暗殺未遂事件が起きており、ウズベキスタン政府はイスラム過激派に対する危機意識をいっそう強めていた時期であった。

2　共同反テロ対策の阻害要因の克服

二〇〇一年六月一五日の上海協力機構成立当日、加盟国は「テロリズム、分離主義、宗教過激主義の取り締まりに関する上海条約」に署名した。ところが、まだ何も手を付けないでいたとき、二〇〇一年九月、アメリカで同時多発テロが発生した。そのため、この反テロ行動は一時的に挫折することとなった。アメリカは、アルカイダが拠点とするアフガニスタンへの軍事作戦を展開し、東北部に国境を接する中央アジア諸国に軍事基地を設けるよう求めた。多額の協力費を得られるため、ウズベキスタンやカザフスタンはアメリカに協力することとなり、中ロが主導するSCOの反テロ対策は宙に浮いたものになってしまった。

数年たっても、アメリカ軍は撤退しようとせず、ロシアが中央アジア諸国に働きかけ、徐々に指導力を回復していった。二〇〇四年には、タシケントで上海協力機構「地域対テロ機構」の成立が宣言され、対テロ情報交流・人材育成などの具体的協力が実行に移された。そして、二〇〇五年七月、SCO第五回首脳会議がカザフスタンの首都アスタナで開催され、域内の安全保障問題が協議された。テロに関する共同声明を出したほか、駐留米軍の早期撤退を事実上要求する共同宣言を採択した。

アメリカの影響が取り除かれた後、反テロ対策は順調に進められ、二〇〇七年には加盟国による初の合同軍事演習も実施された。この地域及び国際情勢の変化に伴い、上海協力機構は安全保障協力を日増しに深めていった。テロリズム、分離独立主義、宗教過激主義の「三つの勢力」を共同で叩くことが徐々に安全保障協力の核心となっていった。加盟国の多くが参加する対テロ合同演習の定例化は、テロリストを大いに震え上がらせた。上海協力機構の対テロ協力は深く進行し、目覚しい成果を上げていった。

3　重点が反テロから経済協力へ

反テロ共同対処を目的として発足したSCOは、二〇〇三年九月二三日、北京での第二回首相会議の共同コミュニケにおいて、「貿易と投資の円滑化を図ることが現段階での上海協力機構の主要任務」であることを表明し、経済協力の活動も重点の一つとした。温家宝首相の主導のもとで、加盟国は域内の貿易・投資環境の改善を定めた「多角的経済貿易協力綱要」など一連の六文書に署名した。

それ以来、域内の経済協力が徐々に強化され、二〇〇五年一〇月二六日、SCO第四回首相会議でSCO銀行連合体が設立された。同銀行連合体設立協定は、SCO加盟六ヵ国とオブザーバー国パキスタン、イラン、インド、モンゴルの一〇ヵ国指導者によって署名された。このSCO銀行連合体の提案者であり、中国側代表として設立協定に署名した陳元総裁が初代会長に選任された。この機構は、従前のような財政支援や贈与ではなく、協力形態を金融協力に替え、各国政府の発展目標を共同で実現するために、銀行間の信用情報の交換や決済機能の円滑化を目的とするとしている。また、中国は、前後して一二〇億ドル余りの優遇融資を他の国に提供することを約束している。

上海協力機構の経済貿易協力は、加盟国に大きな経済メリットをもたらした。とりわけ過去五年の経済発展は目覚しく、地域の経済一体化が進みはじめた。経済貿易、金融、エネルギー、交通、通信、農業などで協力を積極的に展開し、リーマン・ブラザーズ金融経済危機の到来時には協力して防御した。グローバル化の挑戦に共に対処し、貿易投資の円滑化、ネットワーク化の面でも一定の成果を上げた。

4　上海精神の定義とその実践

ＳＣＯは反テロを出発点としていたが、二〇〇一年の第一回会議でより高度な国際組織にしようとすることで意見が一致した。翌〇二年六月七日に署名されたＳＣＯ憲章は、安全（軍事）、政治、経済・貿易、科学技術、文化などの包括的協力を謳うものとなった。

憲章には、ＳＣＯ理念と任務として、次のようなことが約束された。①加盟国間の相互信頼や善隣友好の促進、②協力分野の拡大による地域の平和、安全、安定の確保、そして民主的で公正かつ合理的な国際政治経済の新秩序の構築、③あらゆるテロ、民族分裂活動、過激派の活動への反対、違法薬物や武器の売買、国際犯罪組織の活動や違法な移民の取締り、④政治、経済貿易、国防、法の執行、環境保護、文化、科学技術、教育、エネルギー、交通、金融融資、その他、共に関心を寄せる分野での有効な地域協力の奨励、である。

この内容は、簡潔に「相互信頼、相互利益、平等、協議、多様文明の尊重、共同発展」としてまとめられ、それが上海精神と呼ばれるようになった。また、ＳＣＯは非同盟、非対抗、他国・他組織に向けない、対外開放を原則とし、他国及び他国際組織との協力を展開するとしている。上海精神は冷戦思考またはパワーポリティックスから脱皮した新安全観であり、新型国家関係の構築であるとも謳っている。それから、ＳＣＯは全会一致を原則としている。

二〇〇八年八月、ロシアがグルジアを攻撃した際、中国とＳＣＯに支持を求めてきたが、中国は上海精神に反するとして同意しなかった。このことは、上海精神は理念として掲げたが、それを真に実行するには、一定のプロセスを必要とすることを意味している。これまでの実践を通じて、上海精神は人々の知るところとなったが、それは今後も長期にわたる実践を経て、世界に浸透していくものである。

5　制度的枠組み作りとその初歩的形成

ＳＣＯは、過去一〇年間に一〇〇以上の重要な協力文献が署名され、「多重層、多分野の協議メカニズムが構築された」としている。それは、政治、安全、経済、人文など諸領域にわたっている。元首会議、首相会議、外相会議、各省庁指導者会議、国家調整官理事会が制度化され、理事会の下には専門家会議が随時設置されている。これら各級会議のうち、外相会議は元首会議の議題調整をその任務に含めている。ここから分かるように、ＳＣＯは国連（安保理）のような拘束力ある決定を行う国際機構ではなく、緩やかな連合体である。

初代事務局長には張徳広が就任し、彼の下に三名の事務局長代理と事務局長補佐が置かれている。三名の事務局長代理はそれぞれ政治局と経済局と管理法務局を管轄し、一名の事務局長補佐は、報道・広報局を担当している。なお、本機構の公式の職務言語は中国語とロシア語である。

なお、ＳＣＯは、「協力、互恵」のパートナーシップ体制を加盟国間に築き、多国間協力によって二国間協力を促進し、二国間協力によって多国間協力を打ち固めるという協力モデルを構築している。中・ロ戦略的協力パートナーシップ、中国・カザフスタン戦略的パートナーシップ、中国・ウズベキスタン友好協力パートナーシップなどが、多国間協力の礎石となっている。

二　今後一〇年の目標と影響力の拡大

1　新規加入国の増加

現在、ＳＣＯは、正式加盟 六ヵ国とオブザーバー 四ヵ国（モンゴル・インド・パキスタン・イラン）、対話パートナー二ヵ国（スリランカ・ベラルーシ）、計一二ヵ国から構成される。国連、独立国家共同体、ＡＳＥＡＮ、集団安全条約機構、ＥＵ・アジア経済共同体などと連携を保っており、各組織の代表が今大会に出席した。オブザーバー国のなかには、早くから正式加盟の要望があったが、内部組織が固まっていない段階でメンバーを増やすのは、組織の健全な発展に不利ということで、過去一〇年間、正式メンバーを増やさなかった。

第一一回ＳＣＯサミットの新聞コミュニケには、「『上海協力機構新メンバー加入条例』に基づいて制定した『上海協力機構加入申請義務の備忘録見本』に基づいて、上海協力機構は将来メンバーを拡大する法律的基礎をより一層整備した。国家調整官理事会と専門家グループは引き続きメンバー拡大の全ての問題について検討する。それには新メンバー受け入れについて必要な法律、行政、財務条件を協議することも含まれる」とある。過去一〇年で組織がかなり整備されたため、今後一〇年内に加入国が増える可能性が大きい。それは、この組織の影響力拡大に繋がる。

2　安全保障面での協力強化

「宣言」は、「テロリズム、分離独立主義、過激主義の三勢力に打撃を与えるのが、ＳＣＯの安全分野での主要な優先方向」であるとしている。同時に「国際犯罪、不法麻薬販売組織は現代社会の重大な脅威だ」とし、「二〇一一―

一六年ＳＣＯ麻薬退治戦略」の重要さを強調している。またインターネットでの犯罪にも触れ、「国際情報安全分野での協力強化」も謳っている。それから、過激主義の思想やテロリズムを宣伝する危険性を指摘し、それを抑止する対策を採るとしている。アメリカ軍が撤退しはじめたアフガニスタンについて、「独立、中立、平和、繁栄の国家」になることを支持し、その平和と安定に協力するばかりでなく、国家再建を支援していくとしている。

以上の内容には、伝統的安全保障分野での協力について全く触れられていない。ＳＣＯ理事会は、名目上、特定の国を対象とした軍事同盟ではないと述べているが、「発足」から年を経るにつれて、しだいにたんなる国境警備の組織としての枠組みを越えつつあるとする見方が多くある。それは、二〇〇五年にロシアが中国・インドと相次いで共同軍事演習を行い、二〇〇七年には上海協力機構に加盟している六ヵ国による初の合同軍事演習（「平和への使命二〇〇七」）が行われたからである。同軍事演習は、中国陸軍一六〇〇名、ロシア陸軍二〇〇〇名を中核に各国の陸軍部隊が一堂に会する大規模なもので、中ロ以外には、カザフスタン、キルギスタン、タジキスタンが特殊部隊や空挺部隊を派遣したほか、ウズベキスタンは軍高官からなる将校団を派遣した。しかし、それ以後はこのような大規模な演習は聞かない。二〇〇七年八月にビシュケクで行われた首脳会談で、テロ組織や分離独立運動など、加盟国に脅威を与える勢力に協力して対抗する長期善隣友好協力条約など八条約が調印された。これも全く非伝統的安全保障分野に限られている。

上海精神によれば、軍事演習はあくまでも非伝統的安全保障分野であって、特定の国、集団を対象としたものではない。この点では、意思の疎通を図り、誤解が生じないように注意する必要があろう。他方、アメリカやＥＵは伝統的安全保障分野で挑発的なことを避けるようにしなくてはならない。

3　経済協力の規模拡大

「宣言」では、ＳＣＯの中心任務は、「世界金融経済危機の影響を克服すること」とし、「加入国の金融システムの安定維持について対話をする」としている。また、加入国の「交通、通信、農業生産、技術革新と省エネ技術、貿易、観光などの分野での大型共同プロジェクトを推進し、それの融資保証メカニズムの構築を速める」としている。さらに、「多角的経済貿易協力要綱」を全面的に実施するとしている。

「宣言」は、「オブザーバー国と対話パートナーを含む域内の経済貿易と投資協力をいっそう強化する」と謳っている。この経済に関しては、加入国とオブザーバー国との壁は小さいようだ。加入国数が多くなると政治的には厄介な問題を引き起こすが、経済的にはメリットの方が絶対に大きいからであろう。対外直接投資を増やしつつある中国が、今後一〇年において、この地域の経済発展に大きな役割を果たすことが予想される。胡錦濤も「新しい協力の分野と方向を模索し、とりわけ各分野の戦略的大プロジェクト協力を強化する」と述べており、今後、経済面からもたらされるメリットが突出することになろう。

コミュニケには、「実業家委員会と銀行間連合体が共同歩調をとって、多角的プロジェクトを着実に実行すること」、また、各部門の指導者会議を実のあるものにして専門委員会を活用するよう提案している。

過去一〇年間の経済協力は、主として後半の五年間に集中していて、枠組み作りに精一杯であったといえよう。今後一〇年は、実行段階に入ったと位置づけられ、より目に見える成果が出ることであろう。

4　社会文化交流の強化

「宣言」によれば、人文協力は「善隣友好協力関係を固める」うえできわめて重要で、ＳＣＯの全体活動のなかで

「重要な地位を占める」と位置づけ、今後、「文化、環境保護、科学技術、創新、衛生、観光、体育の分野での協力に大いに力を入れる」としている。胡錦濤は、中ロ関係について語った際、「子々孫々友好の平和理念を更に発揚し、人文分野の交流協力を強化し、両国人民の心の融合を増進しなくてはならない」と述べた。

国境画定、反テロ、経済協力と進んできたＳＣＯは、社会文化交流にも目を向ける段階に入った。歴史的に東西文化交流を担ったシルクロードの通過点での諸文明交錯の再生である。それぞれの文化を尊重するという上海精神を実行に移す場として、イスラム教、キリスト教、儒教、仏教の平和的共存ができれば、この地域の平和と繁栄に大きく貢献するばかりでなく、世界的に意義があることになる。

5　国際社会での協力強化

「宣言」は、国際情勢認識について、西アジア・北アフリカ問題を典型例として取り上げ、欧米の伝統的観念と強権政治手法を次のように批判している。「当該地域の国家は自国の国情と文化的特徴を踏まえて民主化を推進することを支持する」、「各国内部の衝突と危機は政治的対話で平和的に解決すべきであると考える」、「国際社会の行動は民族の和解プロセスに有利であるべきで」、「内政不干渉の原則を厳守すべきだ」、「リビア国内での武力衝突は停止すべきであり、関係各方面は全面的かつ厳格に国連安保理の一九七〇号及び一九七三号の決議を順守すべきである」として、ＥＵの対リビア空爆は、安保理決議に違反していると批判している。

国連については、「世界の平和と安全の維持、共同発展の促進、国際協力の強化の面で、国連は核心的役割を発揮している」と高く評価し、「国連との交流を強化し発展させることは、ＳＣＯの対外交流での優先的方向である」としている。欧米の道具と化している国連を、ＳＣＯを通じて真の国際社会組織に変えていこうという意気込みが窺える。

軍事情勢については、「ある国または少数の国家集団が一方的かつ無制限に反ミサイルシステムを配置すれば、戦略的安定と国際的安全を破壊する可能性がある」として、アメリカやNATOの旧東欧での反ミサイル基地設置に反対している。また、「宇宙の平和利用を主張し、宇宙活動の安全を保証しなくてはならない」とし、「宇宙に武器を配置したり、宇宙の物体に対して武力を用いたりすることを防止する法的拘束力のある条約を制定する」よう提案している。アメリカへの働きかけである。

胡錦濤は、「国際的、地域的問題での協調と歩調合せを強化し、全方位で国際戦略協力を深め、引き続き国際政治経済秩序がより公正、合理的な方向に発展する」よう努力しようと呼びかけている。

三　中国・ロシアの緊密な新型戦略的連携

1　中国・ロシア提携の主導的役割

上海協力機構は、中国とロシアの主導で成立したし、過去一〇年の運営もまた然りである。当初、果たしてうまくいくかどうか危ぶまれていたが、予想を上回る成果を上げた。メドベージェフ大統領は、「ロ・中関係はかつてみない高い水準に達し、高効率で誠意ある協力関係が確立された。この一〇年来の両国関係の発展に十分満足している」と語った。胡錦濤も、「『中ロ善隣友好協力条約』の唱道する相互信頼、相互利益、平等、協力の新安全観は新型国家関係を構築する上でのモデルケースとなった。これは中ロ関係発展史での重要な里程標であるばかりでなく、国際関係史上での創挙だ」と称えた。

実は、上海協力機構が発足した一ヵ月後の二〇〇一年七月一六日に「中ロ善隣友好協力条約」が締結された。そして今回、上海協力機構成立一〇周年を祝った翌日（二〇一一年六月一六日）にモスクワで「中ロ善隣友好協力条約」締結一〇周年を祝い、『中ロ善隣友好協力条約』署名一〇周年共同声明」と「当面の国際情勢と重要な国際問題に関する共同声明」を発表した。また、翌日の一七日には、胡錦濤は、第一五回サンクトペテルブルク国際経済フォーラムで「相互利益、ウイン・ウインと共同発展の良き未来を共に創造していこう」と題して講演を行った。これら一連の活動を通じて言えることは、今後一〇年においても、中ロ主導という基本的枠組みは維持されるであろうということである。

では、なぜ複雑難解の道筋を辿った中ロ関係が、現在のような蜜月ぶりをみせることになったのであろうか。

2　歴史的不信感からの脱皮

歴史的には、帝政ロシアと大清帝国との戦いがあった。東進するロシアと清王朝との衝突である。一九世紀後半になると、帝政ロシアは、列強の一つとして中国を圧迫しだした。ロシア革命後、レーニンが対中国不平等条約の放棄を宣言し、ソ連と中華民国との良好な関係が生まれる。一九二七年、蔣介石がクーデターを起こし、国民党と共産党が決裂してからは、両国の関係は良くない方向に向かった。一九四九年に共産党政権が誕生してからは、蜜月時代が到来した。中ソ論争によって、一九六〇年代から一九八〇年代までは敵対関係が続く。一九八〇年代後半、ソ連がゴルバチョフ政権なって改善に向かうが、九〇年代初めにソ連が崩壊してからは、イデオロギー抜きの中国・ロシアの国家関係が生まれた。

以上の歴史を持つ中ロ関係には、相互不信が根強く残っている。にもかかわらず、九〇年代後半に中ロ関係が大きく発展した背景として、次の二点を指摘できる。一つは、軍事費の過重な負担である。一九九〇年代のロシア経済は破綻状態にあり、軍事費は大幅に削減された。中国も長い国境線での防衛費を軽減し、経済建設に集中する必要があった。もう一つは、経済発展のための協力強化である。中ロ両国とも、計画経済から市場経済への移行期にあって、また、過去における経済交流（一九五〇年代のソ連の経済的援助）の実績を踏まえて、両国間の経済交流を発展させる余地はきわめて大きいという共通認識を有していた。

中ロ両国の以上の思惑は、過去一五年間に基本的に実現できた。これによって、相互信頼はかなり高まった。一〇年前には、一九六九年に珍宝島（ダマンスキー）を巡って戦火を交えた中ロ両国がどこまで協力できるか疑問視する向きが強かったが、いまでは相互不信感が基本的に払拭されたといってよかろう。

3　経済協力の相互メリット

国境画定問題が解決されてからは、反テロで協調するばかりでなく、経済協力に力を入れてきた。一九九〇年代においては、民間レベルの国境貿易がメインで、中国の劣質の消費財が経済混乱に陥っていたロシア市場に入り、悪いイメージを与えた。今世紀に入ってからは、両国政府による枠組みが整えられ、国有企業と民間企業の両方の交流が盛んとなり、交流の量と質は急速に高まっていった。

まず、貿易額からみると、二〇〇〇年にはわずか八〇億ドルであったものが、二〇一〇年には六〇〇億ドルに増加した。今回の首脳会談で、今後一〇年の貿易目標が示されたが、それによると二〇一五年に一〇〇〇億ドル、二〇二〇年には二〇〇〇億ドルに達するという。

なお、今回の首脳会議では、今後一〇年の中露協力ビジョンとして次のようなことが示された。①投資促進会議制度を整備する、②相互の投資規模を拡大する、③エネルギー分野の協力を全面的に推進する、④科学技術とイノベーションの新協力方式を積極的に模索する、⑤地域協力の拡大と深化を図る、⑥戦略的エネルギーパートナーシップを構築する、などである。

政治が非常に安定している中ロ両国が、このようなビジョンに基づいて経済協力を進めることになれば、両国にとって相互メリットがきわめて大きいだけでなく、周辺諸国への影響もまた強化されよう。

4　潜在的社会主義理念の存在

過去二〇年間、脱イデオロギーで中ロ間の国家関係が発展してきた。両国の国家利益の追求である。しかし、ここにきて、中国とロシアの間での社会主義理念が、陰に日に生き返っている。現象的には西側価値観への反発として現れ、一九五〇年代の伝統的友誼も語られるようになっている。それには、ソ連崩壊後に体験したロシアを含む旧ソ連構成国の苦い経験がある。

一九九〇年八月一九日、ソ連で保守派クーデターが起こり、今年二〇周年を迎えた。ロシアの国民は、民主改革と市場経済を推進したゴルバチョフを評価する人はきわめて少なく、「強権的な手法」で大国復活を目指したプーチン首相を支持している。一九九〇年代において、ロシアは混乱を深め、国力が著しく衰退したからである。プーチンも、はじめはヨーロッパの一員となろうとしたが、結局、受け入れてもらえないことが分かり、中国との連携を強化する方向に舵を切った。そこから得たメリットは大きく、この姿勢は今後も基本的に変わることがないであろう。

中国は、一九九〇年代において、ソ連の崩壊とロシアの混乱によって、国内的にも国際的にも大きな圧力を受けることとなった。今世紀に入って、ロシアが安定し、中ロ関係も安定した。今後一〇年、このような良好な関係をいっそう発展させようとしている。胡錦濤は、「中ロの子々孫々にわたる友好の平和理念をさらに発揚し、人文分野の交流協力を強化し、両国人民の心の融合を増進したい」と語った。伝統的友誼プラス新友誼への努力がなされていこう。

5　戦略的視点に基づく自己調整

今後、中ロ間で意見の相違や矛盾が起きることは不可避である。問題はそれへの対応の仕方である。強圧的に自己の視点を押し付けるか、それとも話し合いで辛抱強く妥協点を探すかである。それには、相手の「核心的利益」への配慮と自己調整の努力が必要である。ここで一つの例を示そう。

二〇〇八年、グルジアは、分離独立の動きをみせていたグルジア領南オセチア自治州に対して攻撃を開始した。これに対して、ロシアは「自国民の保護」を理由にグルジア部隊を撃退し、逆にグルジア各地に侵攻した。そして、同じグルジア領のアブハジア自治共和国と南オセチアの独立を一方的に承認した。ロシアは、中国とSCO加盟国に支持を求めたが、これは上海精神に反するため、中国は態度を保留している。また、ロシアから中国へのエネルギー供給ラインの建設や価格の設定などについて、なかなかまとまらないこともよくあった。その場合、お互いに大局的見地に立って理性的に対応し、円満に解決する必要がある。過去一〇年の中ロ関係史は、まさにこのような姿勢で臨まれ、順調な発展を遂げてきた。こうした意味で、過去二〇年間、とりわけ、ここ一〇年間の中ロ関係は成熟した関係になったとみることができよう。

四　二一世紀国際経済政治へのインパクト

中ロ主導のSCOが現在のような協調ぶりで発展していった場合、世界経済及び国際政治への影響はきわめて大きいとみるべきであろう。

1　新世界経済政治秩序の構築

ＳＣＯ憲章では、「各分野の協力を進め、地域の平和と安全と安定を維持し、民主的で公正かつ合理的な国際政治経済秩序の建設を推進する」と謳われている。これは、九〇年代半ばころから中ロが唱えてきたものである。それは、現在の先進国主導の国際政治経済秩序を改革していこうというものである。一九八〇年代半ばに鄧小平が口にしたときは、机上の空論といわれても仕方がなかった。しかし、いまは違う。中国には実力が付き、自ら実践することができるようになった、しかも、ロシアという大国が協調してくれることになったのである。

欧米日においては、「アメリカ抜きの当該地域の安全対策」への懸念、「東方ＮＡＴＯ」の構築ではないかとの疑問が生ずることは自然なことである。既存の秩序で利益を得ている先進国にとっては、挑戦と映るからである。しかし、ＳＣＯは、米欧によるイラク、イラン、リビアなどでの強権的手法や単独行動主義に批判的であっても、基本的には先進国との対話を通じて改革していこうという姿勢をとっている。現に、二〇〇九年には、アメリカ代表が関連会議にオブザーバーとして参加したとされる。

欧米の疑問は大きく次の三つに整理される。第一に、上海協力機構は、中国とロシアの「反米同盟」ではないのか。第二に、この機構を通じて、中央アジアは中ロに「支配」されるのではないか。第三に、この機構は、メンバーの拡大に応じて影響力を増していくのではないか。一〇年の実践によって、第一と第二の疑念は解けたといえよう。第三についてはまさにそのとおりで、欧米も平等に対応せざるをえなくなるであろう。

2　国連中心主義とその改革

中ロ首脳会談で発表された「当面の国際情勢と重要国際問題についての共同声明」のなかで「国連が国際問題、平和の維持、発展の促進、多角的協力の面で中心的協調の役割を果たす」ことを支持し、「安保理の代表性を強化し、有効性を保持すべきである」ということで認識が一致したと書かれている。

国連は、基本的にアメリカ主導で運営され、中国やロシアにとって必ずしも満足するものではないが、戦後六五年の経験に基づいて考えた場合、最も権威のある国際組織はやはり国連である。また、発展途上国の会員が増えたこともあって、いまや先進国主導で運営されるとは限らなくなった。逆に、中国やロシアがＳＣＯでモデルケースを作ることができれば、国連を通じて、既存の国際政治経済秩序を改革していくことができるとみている。

中国が国連に復帰した後、中ソ対立のなかで、中国は発言を控え気味であった。一九八〇年代に入って、改革開放政策を採るようになってからも、控え気味であった。一九九〇年代において、ロシアとの関係は改善されていったが、国連での協調は望めなかった。今世紀に入って、戦略的協力パートナー関係が軌道に乗り、国連での連携プレーが目立つようになった。今後一〇年、このような傾向がより強まっていくにちがいない。

3　先進国価値観押し付けへの抵抗

「中ロ善隣友好協力条約締結一〇周年についての共同声明」は、「条約の締結と実践は重要な国際的意義があり、全世界に大国間の和諧共存、平等、相互信頼、互恵ウイン・ウイン、建設的関係の成功モデルケースを示した」と謳った。中国とロシアは、国家間関係ではイデオロギーを持ち込むべきでないという点でコンセンサスを得て実践してきた。その成果を踏まえて、先進国の価値観押し付けに反対している。そして、アメリカが悪の枢軸と位置づけているイランを対話パートナーとして受け入れた。

また、ＳＣＯの各機関の決議は、投票を行わないコンセンサス方式で採択する。もし、審議の過程でいずれの加盟国も反対しないときは、決議は採択されたものと見なされる。すなわち、加盟国の資格停止または機構からの除名決議を除いて、決議案は「関係加盟国の全会一致」の原則で採択されるとしている。これは、多数決原理では弱国や小国の利益が守られないという考えに基づく。

中国もロシアも、冷戦思考からの脱皮を呼びかけ、「国際関係の民主化を推進する」と主張している。ＳＣＯの順調な発展が、今後の国際政治運営の在り方に根本的変革をもたらす可能性がある。

4　国際協調と市場原理の結合

ＳＣＯの経済協力について、「あらゆる形態の地域経済協力を支持・奨励し、貿易と投資の円滑化を推進し、商品と資本とサービスと技術の自由流通の漸進的実現を図る」としている。つまり、市場の原理を土台としている。他方、国際協調による枠組み構築、インフラ整備プロジェクト、資金融資計画など国際的公的部門の役割が明示されている。したがって、国際協調主導型市場経済の実験をしているとみることができる。

一九九〇年代において、ロシアは市場万能論の新自由主義を実行して失敗した。一九九〇年代に入って、プーチンが政府の役割を強化し、中国が進めてきたような政府主導型市場経済を実行して、ロシア経済は回復に向かった。いわゆる移行期経済において、市場第一主義は経済的混乱をもたらし、計画性と市場メカニズムを結びつけた仕組みこそが正しいモデルであることがはっきりした。

こうした経験を踏まえて、旧社会主義国が集まったのが上海協力機構メンバーである。過去一〇年間、ＳＣＯが割合とうまく機能した背景には、ロシアや中央アジア諸国が新自由主義の市場経済化で失敗したことから目覚めたという背景がある。したがって、これらの国は、中国とロシアが主導する国際協調主導型市場経済への適応力がある。今後、中国の主導するこのモデルは、いっそう国際的影響力を強めていくであろう。

5　国際金融システムの改革

中国とロシアが発表した「当面の国際情勢と重要国際問題についての共同声明」は次の点を強調している。「国際関係システムは大発展、大変革、大調整の重要時期に差し掛かっている」、「国際金融危機の勃発は、現在の世界統治メカニズムは効率性に欠け、当代の政治、経済、金融の現実を反映できないことを示している」とし、ＢＲＩＣｓとG20の重視を強調している。また、ドル体制衰退への対抗措置として、長期的戦略としてのＳＤＲ活用について中ロが一致している。さらに、中ロ貿易についてドルを介在としない自国通貨の活用でも合意している。

ロシアは、一九九〇年代において、ルーブルへのコントロール力を失い、大暴落を招いた。しかし、今世紀に入ってからは、リーマン・ブラザーズ破綻の国際金融経済危機下でも、大きな打撃を受けることなく、これを切り抜けた。それには、中ロ経済関係に負うところが大きいともいわれる。現在、中国は人民元の国際化を急ピッチで進めている。ロシアのルーブルも国際化の道を試みている。ドルとユーロが不安定、円も中長期的には懸念されるなか、もし中ロが国際通貨問題で協調し、それがインドやイランに拡大した場合、大きな国際的インパクト与えることになる。

結び

日本のマスメディアは、ＳＣＯ成立一〇周年の関連情報をあまり報道していない。日本が参加していないし、その重要性があまり認識されていないからである。

いま、世界は歴史的な大変革期にあり、既存の世界政治経済秩序は改革されようとしている。その方向性が上海協力機構に示されているのである。勿論、それが将来において主流になるという保証はないが、少なくとも現在において最も有力な改革の方向を示している組織であるといえる。

日本は、明治維新以降、欧米に視線を向けて進歩を図り、それなりの成功を収めてきた。しかし、いまやその流れが変わろうとしている。欧米主導の世界は、先進国プラス新興国主導の世界に移行しつつあり、米中協調の新世界政治経済秩序が形成されようとしている。それは、今後五〇年、一〇〇年にわたる長期的プロセスであるが、いまはその転換点にある。日本は、対欧米関係を重視しつつも、アジア志向、新興国志向が求められている。

その最も具体的な表れは、中国に対する姿勢である。中国に対する長期にわたる偏見と現実の変化への認識不足によって、日本の二一世紀戦略は全く方向性を見失っている。それは、一〇年後、二〇年後には、現実となった世界の変化に驚愕し、認識を改めるであろうが、それでは遅すぎる。情緒的優越感に浸っている時間はもはやない。現時点において、中国とロシアが結んだ戦略的協力パートナーに学び、日本の外交戦略のなかに中国を取り込むべきである。

第一四章　「韜光養晦」から「大国としての責任」への転換

解題：（二〇一五年一月執筆）習近平時代になって、中国の対外姿勢が大きく変わった。韜光養晦から大国外交を展開するようになった。本論は外事工作会議、北京ＡＰＥＣ、米中首脳会談を中心にその変化を分析した。アジア安全観の提起やＴＰＰへの対応などにも触れている。そこに見える習近平外交は、「トゥキディデスの罠」に陥ることなく、国連中心の覇権なき世界を構築する道筋をつけることである。

習近平の米中新型大国関係の確立については、米中間に複雑な思惑が錯綜しているが、オバマの基本的姿勢は評価でき、大統領を終えた後も、重要な役割を果たすであろうと期待感を示した。黒人大統領としてアメリカの流れを変えた意義は大きいからだ。

習近平政権は、この二年間、国内での経済政策の調整、不正腐敗退治、軍隊の整頓などを通じて強力な政権を確立すると同時に、外交政策面でも「守り」から「攻め」の姿勢に転じている。当初一年は、東シナ海や南シナ海で侵食された領土保全に対する主権保持を示すために戦術的対抗措置が採られ、「覇権主義的力の誇示」と周辺諸国から誤解されたが、それも一段落し、二〇一三年末からは、一連の国際会議で運命共同体論を説き、習氏の特色ある平和発展戦略を展開している。

それは中国がホスト役となった五月のアジア信頼醸成措置会議や一一月の北京ＡＰＥＣ会議及び香山フォーラムなどで顕著に示され、一一月二八、二九日に開かれた外事工作会議で明確に新外交政策として打ち出された。ここでは、まず、外事工作会議で示された外交政策調整について論じ、次いで安全保障政策や対外経済政策の新しい動きを紹介し、最後に米中首脳会談についてコメントを加える。

一　外交面での「国際秩序調整」と「改革推進」の提起

習近平は、外事工作会議で「講話」を発表して、「中国的特色のある大国外交」を展開するよう呼びかけ、「中国の風格、中国の気迫」がなくてはならないと強調した。その具体的内容については、次のいくつかの点が注目される。

第一に、当面の国際情勢を「深き調整」の時代と特徴づけていることである。「講話」のなかで習氏は、当今は、「①変革の世界であり、②新チャンス、新チャレンジが限りなく噴出する世界であり、③国際システムと国際秩序が深く調整されていく世界であり、④力関係が大きく変化し、平和と発展に有利な方向に変化する世界である」としている。つまり、新興国の勃興と先進国の相対的衰退によって、西側先進国主導の世界は変革を迫られていて、既存の国際秩序に対する調整は不可避となっており、それに伴う新チャンス、新チャレンジに対応できるかどうかが各国に問われているというのである。

また、習氏は、「①国際的局面の発展と変化の複雑性は十分見込むべきだが、世界の多極化が進む態勢が変わることはない、②世界経済の調整の曲折性は十分見込むべきだが、経済のグローバル化プロセスが変わることはない、③国際的矛盾と闘争の尖鋭性は十分見込むべきだが、平和と発展の時代という主題が変わることはない、④国際秩序の争いの長期性は十分見込むべきだが、国際システムの変革方向が変わることはない、⑤わが国の周辺環境の不確実性は十分見込むべきだが、アジア太平洋地域の全体的な繁栄安定の態勢が変わることはない」と述べている。すなわち、国際情勢は、複雑にして紆余曲折であり、時には厳しい闘争を経るが、政治の多極化、経済のグローバル化、平和・発展の時代、国際システムの変革、繁栄と安定等については変化がなく、自信を持って戦略的に諸事態に対応すべきだというのである。

第二に、「協力・ウインウインを中核とする新型の国際関係を構築する」としていることである。「講話」は、「互恵・ウインウインの開放戦略を堅持し、協力・ウインウインの理念を政治、経済、安全、文化など対外協力の各方面で具体化する必要がある」としている。これは、既存の国際関係が先進国主導でつくられ、欧米日には有利であるが、発展途上国には不利であり、また、大国と小国との間で不平等な状況が存在するとし、それを変えていかなくてはならないというのである。

さらに、「他国の内政不干渉原則を堅持し、各国民が自ら選択した発展路線と社会制度の尊重を堅持し、国家間の溝や紛争には対話や協議を通じた平和的解決を堅持し、何かといえば武力に訴えたり、威嚇したりすることに反対するべきだ」と強調している。自国の価値観や制度を他国に押し付けようとしたり、従わない国を武力で威嚇しようとするアメリカに対する建設的批判である。

第三に、「国際システムとグローバル統治（ガバナンス）改革を推進する」としていることである。現在、中東においても、東欧においても、統治危機の状態が続いている。冷戦時代に戻るのではないかという懸念も耳にする。一極体制が崩れ、無極時代になるのではないかとの論調もある。こうしたなか、中国が国際システムの改革とグローバルガバナンスの改革を打ち出したことはきわめて重要な意義があろう。いままでは提唱しても実行力が伴わなかったが、いまは違うからである。「確実に多国間外交を推進し、国際システムとグローバルガバナンスの改革を推し進め、中国及び発展途上国の発言権を強める」という言葉からは、現実味を感じ取ることができる。

習氏は「講話」のなかで、国内と海外の二つの市場、二つの資源を活用する必要性を述べているだけでなく、「国際国内二通りのルールの統一的配慮と総合的運用」を提起している。それは、合理的な国際ルールを導入することによって、国内の法整備を促進しようとする一面と、国内改革で成功したルールの国際化を図り、中国の影響力を高めようとする一面もあるであろう。つまり、国内ルールと国際ルールの相互作用を図るということなのである。

第四に「中国の夢」に国際性が加えられ「運命共同体論」が強調されていることである。「中国の夢とは平和、発展、協力、オールウインの夢であり」、世界の夢と重なるとしている。二〇一二年末に提起された頃の中国の夢「中華民族の偉大な復興」に比べて、内容が国際性を帯びるようになり、より豊富なものとなっている。アジア運命共同体、アジア太平洋運命共同体、大同世界などが語られ、「世界各国の理解と支持が得られるよう努力する」としている。

また、習氏は「正しい義利観を堅持し、義と利の双方を考慮し、信義を重んじ、情義を重視し、正義を発揚し、道義を確立する」としている。とりわけ発展途上国への援助については、義を重んじなくてはならないと述べている。さらに、ソフトパワー強化の一環として、大国・小国を問わず、先進国・発展途上国を問わず、すべての国とパートナーシップ関係を結び、グローバルなパートナーシップネットワークを構築していくとしている。

以上のことから言えることは、改革開放後の中国外交がいま、「受動的外交」から「主動的外交」に大きく転換しつつあるということである。改革開放後の一九八〇年代中ごろ、鄧小平は、国際政治経済秩序の改革を提起したが、国際的反響は皆無に近く、時が経つにつれて、ほとんど口にされなくなった。一九九〇年代初め、ソ連の崩壊によって、中国も一大試練に立たされたが、そのとき、鄧小平は「韜光養晦、有所作為（若干為すところあり）」を提起した。

二〇〇七年、世界が金融経済危機に襲われたとき、中国は四兆元の緊急経済対策を打ち出して世界から評価された。こうしたなか、「韜光養晦、積極的有所作為」と調整された。「韜光養晦」は堅持するが、「積極的に為すところあり」と「積極的」の三文字を加えたのである。その後、中国の世界における存在感は高まり、「韜光養晦」は非現実的なものとなった。大国外交を展開するということは、「大国としての責任」を積極的に果たすということであり、大きな政策転換である。

二　安全保障面での「アジア安全観」の提起

二〇一四年五月二〇、二一日、上海でアジア相互協力信頼醸成措置会議が開かれた。この組織は、カザフスタンのナザルバエフ大統領が一九九二年の国連総会で提唱し、一九九三年に発足した。現在、正規加入国は二六ヵ国であり、オブザーバーは日本を含む七ヵ国と四国際機関である。事務局はカザフスタンのアルマイトに置かれている。首脳会議は四年に一回、外相会議は二年に一回開かれることになっており、一九九三年から二〇一〇年まで議長国はずっとカザフスタンが勤めてきた。二〇一〇年からトルコが議長国に変わり、今年から中国が引き継いだ。この組織は、あまり有名ではなかったが、今回、中国がこの場を利用して新しい安全保障観を打ち出すための入念な準備をしたため、ロシア、イラン、パキスタン、イラクなど一三ヵ国の首脳が出席し、一躍世界の注目を集めることとなった。

習氏は、基調演説で「共同・総合・協力・持続可能の安全観」を提起し、「第三国に向けた軍事同盟の強化は、地域の安全に利することにはならない」、「いかなる国も地域の安全保障を独占的に扱うべきではない」と語り、日米安保条約の強化によって中国を牽制しようとする日米を間接的に批判した。そして、「アジアの問題は　結局はアジアの人々が処理しなければならず、アジアの安全は　結局はアジアの人々が守らなければならない」と宣言した。これは明らかに、矛先がアメリカに向けられており、既存の冷戦思考に基づく安全保障体制に対する批判なのである。そのアンチテーゼとして出されたのが、排他的ではない「共同」の、伝統的安全保障分野ばかりでなく非伝統的安全保障分野も含めた「総合」の、仮想敵国を想定した対立ではなく「協力」の、一時的な軍事同盟などではなく「持続可能」の安全観なのである。

一一月一七日、北京で第五回「香山フォーラム」が開かれた。今回は「トラック2」（政府間の会合がトラック1、それと並行して進む民間会合はトラック2）から格上げし、半官半民の「トラック1.5」の会合になった。「香山フォーラム」は、アジア太平洋地域の安全保障について話し合うためのもので、中国軍事科学学会の主催により二〇〇六年から二年に一回開催されてきた。従来は学者ら民間人が主な参加者であったが、今年から格上げされて防衛当局者も加わり、今回は史上最多の四七ヵ国、約三〇〇人が出席した。規模が拡大されたばかりでなく、今後は毎年開催されることになった。

今回のメインテーマは、「協力とオールウイン：アジア運命共同体の構築」であり、常万全国防部長が「中国軍隊とアジア太平洋の安全」と題して基調講演を行った。彼は、そのなかで、「①係争の管理コントロールをさらに強化し、危機管理能力を絶えず高めていくこと、②防衛面での交流協力をさらに強化し、戦略的相互信頼を絶えず増進させていくこと、③地域安全の枠組み構築をさらに強化し、運命共同体意識を絶えず強化していくこと」の三提案を行った。「香山フォーラム」は、中国の国防力強化の真意が諸外国に伝わっておらず、「中国脅威論」がしきりに語られるなか、対外宣伝を強化する場として設定されたものである。「香山フォーラム」での常氏の三提案は、習近平のアジア安全観を貫徹するためのものである。

ここで注目すべきことは、外事工作会議での習近平の「講話」が、「国家の核心利益は絶対に犠牲にしない」、「領土主権と海洋権益の保持」と謳いながらも、「揺るぎなくわが道、平和発展の道を歩む」、「領土島嶼係争問題の適切な処理を図る」と強調していることである。そして、常万全氏が「係争の管理コントロール」を第一に挙げていることである。つまり、ここ数年、南シナ海や東シナ海で採られた一連の主権保持対抗措置は一段落がつき、今後は、戦略的目標である運命共同体の構築に向けて新しい政策が進められていくということである。

海外では、よく「中国が国力の高まりに伴い、領土主権・権益維持の面で断固たる一歩を踏み出している」といわれる。しかし、それは「係争棚上げ、共同開発」提唱者として自制しているあいだに、主権が不断に犯されたことへの戦術的反発に過ぎないこと、また、中国が「将来、アジア太平洋地域、特に海洋でほしいままに振る舞う」のではという懸念が持たれているが、それは全く杞憂にすぎないということを、中国の最近の一連の措置が示している。ただ、中国が経済力の発展につれて国防力も増強され、国際法で許されている海域と空域に進出することは当然の成り行きとみる視点は必要であり、世界の平和と繁栄を維持するためには、相互信頼のもとに共同の安全保障体制を構築しなくてはならないというコンセンサスが不可欠である。中国は、まさにこのようなコンセンサスを実現するために、二一世紀における安全保障の在り方について方向性を指し示したといえるのである。

以上の論述から分かるように、中国は、安全保障面でも「守り」から「攻め」の姿勢に転じている。それは、「力によって現状を変える」というものではなく、実力をバックに一極的覇権体制を打破し、多極化が進むなかで「覇権なき安全保障体制」を構築していこうというものである。当然、それは、武力ではなく、平和的手段で進められていくものであることにまちがいない。

三　対外経済面での「アジア太平洋自由貿易圏」イニシアティブ

一一月七日、アジア太平洋の二一ヵ国・地域で構成されるアジア太平洋経済協力機構（ＡＰＥＣ）の閣僚会議が北京で開かれ、続いて一〇日、第二二回ＡＰＥＣ非公式首脳会議が開かれた。中国がＡＰＥＣの主催国になるのはこれで二度目であるが、今回の会議は一三年前の上海会議に比べて事情は全く異なる。それは、①前回は九・一一テロ事件の後で、テロ対策が大きな関心事であったが、今回は二〇〇七年の世界金融経済危機以後の経済回復をいかに実現するかが重要課題となり、また、②前回は中国の力はまだ小さかったが、今回は第二の経済体としての大国となっている。

今回のＡＰＥＣ会議のメインテーマは、「未来に向けてのアジア太平洋パートナーシップ関係を共に築こう」であり、これを標題とする「ＡＰＥＣ設立二五周年声明」が発表された。同時に、ＡＰＥＣ第二二回非公式首脳会議宣言「北京綱領：融合・創新・相互連結のアジア太平洋の構築」も発表された。この二つの文書は、ＡＰＥＣ発展の今後の「戦略的手引き」であり、「先導的、協調的役割を果たす」ものとして、高く位置づけられている。

この「北京綱領」は六八項目と四つの付属文書からなる。本文は、前書き五項目、第一部分「地域経済の一体化推進」が二二項目、第二部分「経済創新の発展、改革、成長を促進」が二六項目、第三部分「全方位インフラ・相互接続整備の促進」が八項目、最後の「展望」が七項目となっている。第一部分は、さらに①自由開放の貿易・投資の推進、②グローバルな価値チェーンと供給チェーンの連結推進、③経済技術協力の強化などの中項目に分かれており、第二部分は、①経済改革、②新経済、③創新による成長、④包容性への支持、⑤都市化などの中項目に分かれている。

ここで注目すべきことは、経済改革の冒頭に、多くの国が「『中所得国の罠』のチャレンジに直面している」が、それをいかに「乗り越える」かを「経済委員会の活動計画の中に入れる」としたことである。新興国がさらなる発展を遂げるには、改革・インフラ整備・人材育成等の困難の克服が不可欠とされているが、中国が先頭に立ってそれに立ち向かう意気込みを示したことは、資金・改革・人材の面での支援について、十分な自信があるからであろう。

今回のＡＰＥＣ会議の成果については、さまざまな視点から語られているが、重要なのは次の三点であると考える。

第一は、「アジア太平洋自由貿易圏」（ＦＴＡＡＰ）のロードマップを作成したことである。いま、アジア太平洋地域にはたくさんの地域経済組織があり、スパゲッティのように錯綜している。とりわけ、ＡＳＥＡＮの主導する「東アジア地域包括的経済連携」（ＲＣＥＰ）とアメリカが主導する「環太平洋経済連携協定」（ＴＰＰ）が相争う様相を呈している。そこで、中国がアジア太平洋の最高目標であるＦＴＡＡＰのロードマップを描くことによって、この地域の各種自由貿易区（ＦＴＡ）を一本化しようとしたのである。これは、中国を排除しているＴＰＰへの対応策でもある。現に、アメリカは、ＴＰＰは中国を排除するものではないと説明しているし、中国商務部のスポークスマン沈丹陽氏は、「ＴＰＰに対して開放的態度で臨み、その成功を歓迎する」と自信のほどを示している。

ＡＰＥＣは、二五年にわたる足取りのなかで、「ＡＰＥＣ方式」という独自の方式を形成してきた。それには、貿易と投資の自由化は進めるが、各国の自主性を重んじ、強制はしないこと、進んだ国が後れた国に対して経済技術協力を行い、自由化の条件を整備していくことなどの内容が含まれている。すなわち、そこには、中国や日本のアジア的手法が取り入れられており、アメリカの思惑とは必ずしも一致しない。ＦＴＡＡＰは、もともとアメリカが二〇〇六年のハノイ会議で提起したものであるが、自国の思い通りにいかないと悟るや、途中でＴＰＰに乗り換えた。中国は、そのＦＴＡＡＰ目標を継承し、今後一〇年のＦＴＡＡＰロードマップを作成したわけである。

このロードマップは、ＲＣＥＰとＴＰＰを先取りすることによって、この二つの組織が有名無実化する可能性がでてきた。中国は、「二〇二五年にＦＴＡＡＰを実現する」という目標を声明に盛り込むよう主張したが、ＴＰＰを優先させたいアメリカなどが慎重な姿勢を示したため、この明記は見送られた。だが、中国の積極的な取り組みによってロードマップが着実な前進をみせれば、錯綜しているアジア太平洋のＦＴＡ構造が二〇二五年頃までに整備されていく可能性は十分にある。

第二の成果としては、国境を超えたインフラ整備についての合意が挙げられる。北京ＡＰＥＣ会議は、インフラの相互接続を提起し、二〇二五年までのＡＰＥＣ「相互接続青写真」を採択した。ソフト・ハード・人員交流の三方面での「相互接続長期計画目標」が示され、それによって、人的取引や物流のコストを低減させ、域内貿易やサービスの利便化を図るというのである。これは、実体面からＦＴＡＡＰロードマップを支えるものであり、ＡＰＥＣが「議論の場」に陥りやすかった状態から、実際の域内経済を動かす「実践の場」に変わる可能性があることを意味する。

習近平は、昨年末、中国の新疆から中央アジアを経て中東・欧州に至る「陸上シルクロード経済ベルト構想」と中国から東南アジア、南アジアを経て、中東・アフリカに至る「海上シルクロード構想」を打ち出した。これは、「一ベルト、一ロード」戦略と命名され、国境を跨った高速道路・高速鉄道・港湾・空港などのインフラ整備を強調した。今回のＡＰＥＣ会議で、この戦略には、太平洋島嶼の港湾、空港建設も含まれ、北米・南米の太平洋側にまで拡張されることとなった。アメリカのロサンゼルス市長は、この構想はアメリカ経済の回復に有利であると歓迎の意を示している。

言うまでもなく、インフラの整備には巨額な資金を要する。アジア開発銀行二〇一二年の研究報告によると、アジアは今後一〇年間に八兆ドルのインフラ投資を必要とする。このようなインフラ資金を賄うことは、世界銀行もアジア開発銀行も不可能である。そこで、国内的にも対外的にも最も健全な財政状況にある中国がリードして、さまざまな開発銀行や投資銀行の設立が試みられている。例えば、上海協力機構開発銀行、ブリックス開発銀行、アジアインフラ投資銀行などである。そのうちでも、アジアインフラ投資銀行の進展は最も早く、二〇一三年一〇月、習氏がインドネシア訪問中に提起し、一年の準備を経て、二〇一四年一〇月二四日、「アジアインフラ投資銀行（ＡＩＩＢ）」設立発起国会議が北京で開かれ、設立覚書の調印式が行われた。初期の参加国は二一ヵ国であったが、その後、インドネシアが参加を表明し、二二ヵ国となった。

アジアインフラ投資銀行は今後一年間の準備を経て、二〇一五年の末に正式に設立される。当初の資金規模は五〇〇億ドル、目標は一〇〇〇億ドルである。資金の最大拠出国は中国であり、事務所は北京に置かれる。このほかに、APEC会議では、中国は単独で四〇〇億ドルのシルクロード基金を設ける意思表示をも行った。資金の裏付けのあるアジア太平洋におけるインフラ整備は、今後一〇年、着実な進展をみる可能性が出てきたといえる。

第三の成果として、経済とは直接関係のない「反汚職北京宣言」が挙げられる。第一八回四中全会（二〇一四年一〇月）において、反腐敗問題については、「国際協力を強化し、海外逃亡者の追及を強め、送還引渡しの実現を図ること」が決定された。それがAPEC会議に持ち込まれ、「反汚職北京宣言」が採択されると同時に、「北京綱領」の第四八項目として反汚職国際協力が書き込まれた。反腐敗問題は、本来、中国の議題であったが、それが世界の議題に変わったのである。

中国の腐敗対策、国外逃亡犯の逮捕、不法取得資産没収について、西側諸国は協力に消極的とみられていたが、腐敗犯罪は人類社会の癌であり、国際社会共通の敵であるということで、今回のAPEC会議で各国ともに腐敗対策で国際協力を強化する決意がなされたのである。中国の腐敗分子の主な逃れ先であるアメリカ、カナダ、オーストラリアなども、中国に対して協力的となり、腐敗対策の国際協力面で緊密な意思疎通と協力が行われ、良好な効果が得られるようになってきた。このような実績を踏まえて、この会議では、APEC反汚職工作グループが設置され、その下に「反汚職協力ネット」（ACT—NET）が設けられた。事務所は中国に置かれ、中国主導で国際的反汚職協力ができるようになったのである。これは、中国は人権を無視した共産党独裁国家であり、犯罪者引き渡し協定を締結するわけにはいかないといっていた西側諸国が、国連の汚職防止条約をより効果的に実行するために、中国への態度を変えざるをえなくなったということでもある。

以上、みてきたように、中国は、APEC主催国のチャンスを利用して、大国としての中国新外交を展開した。政府間組織としてのAPEC閣僚会議は二〇〇九年に創立されたが、それ以前の産官学三者構成の太平洋経済協力会議（PECC）時代も含めて、当初は、日豪、実際には日本によって主導されてきた。一九九三年にアメリカのシアトルでAPEC会議が開催された際、クリントン大統領がアジア太平洋共同体構想を提起して、非公式首脳会議が開かれることになり、主導権はアメリカに移った。前述の如く、その後、アメリカはPTTに乗り換え、APECへのリーダーシップを実質的に放棄することとなった。二〇一四年のAPEC会議では、一〇〇項目余りの提案がなされたが、その半分以上は中国から出された。主導国がアメリカから中国に移ったといえるであろう。一部の論者は、APECのパラダイムが転換されつつあるという。果たしてそういえるかどうか、今後の展開を見守る必要がある。

四　新型大国関係の漸進的発展を目指す米中関係

中国の大国としての責任ある外交がアメリカの枠組みのなかで行われるのであれば、問題はない。しかし、中国的特色のある社会主義外交が展開されるとなると、米中の摩擦は避けられない。そこで、注目されたのがAPEC会議終了とともに行われたオバマ・習近平米中首脳会談である。一一日夜から一二日にかけて一〇時間の公式・非公式会談が行われた。二〇一三年六月のサニーランド会談の延長線で、非衝突・非対立、相互尊重、協力・ウインウインの「新型の大国関係の構築」を中心として、さまざまな問題について話し合われ、二七項目について合意に達した。中国側は、いずれもいままでになく実質的内容を伴った合意であると高く評価している。

中南海の散策という格別の待遇など特記すべきことは多々あるが、重要な成果としては次の三点が挙げられる。

第一は、国際的影響のある二つの合意によって「米中2G論」の第一歩が示されたことである。そのことを明確に示す事実の一つは、「米中気候変動共同声明」を発表したことである。これは、アメリカが中国側に働きかけ、二〇二〇年以降の各自の行動目標を明らかにすることから生まれた。アメリカは、温暖化ガス排出量を二〇二五年までに〇五年に比して二六〜二八％削減する新たな目標を表明、中国は、国内の二酸化炭素（ＣＯ２）排出量を、三〇年頃をピークに減らす方針を示した。両国が数値目標を出したことによって、二〇一五年パリ会議での気候変動国際交渉の妥結に弾みがつくこととなった。これは、国際的に大きな反響を呼び、米中連携プレイの成果として高く評価された。二つ目の事実は、米中両国が「情報技術協定」製品範囲拡大交渉の早期再開で合意したことである。参加主体の合意が得られた対象製品は、すでに二〇〇件ほどに達し、もし、米中両国が妥結に達し、これらの製品の関税が撤廃されれば、大きなビジネス的意義があり、世界の貿易と情報産業の発展を大きく促進することになる。それは、また、世界貿易機関（ＷＴＯ）設立から一九年間で初の関税減免協定となり、ＷＴＯの多角的交渉機能に対する人々の信頼を大いに高めることとなる。

「米中2Ｇ論」は、オバマ政権が誕生して間もない二〇〇八年にアメリカから提起された。当時、中国は、それへの心構えができておらず、温家宝首相が中欧首脳会議で「中国は2Ｇ論に与することはない」と言明した。オバマは、対抗措置として「アジア回帰論」を提起し、対中国牽制を強めた。その後、約四年間、米中関係は摩擦が絶えず、紆余曲折の道を歩むこととなる。アジア金融経済危機を経て七年が経過し、中国の新情勢下での戦略戦術が練られ、アメリカの「2Ｇ論」に対応していく策が整えられた。世界に示された今回の二大成果はその証である。

サイバー攻撃問題が二国間の懸案として大きく横たわっている。米中首脳会談を経て、中断されていた対話が復活し、一二月二日、三日、ワシントンで第七回米中ネットフォーラムが開催された。中国側からはインターネットでの米中運命共同体論が提起され、①相互に否定しないで相手を評価する、②対立非難ではなく、相互尊重する、③自分だけの安全ではなく、共に管理し共に安全を享受する、④相互猜疑ではなく、話し合いを通じて相互信頼を醸成していく、⑤ゼロサムゲームではなく、協力によるウイン・ウインの関係を構築していく、という五つの提案がなされた。米中間においてサイバー攻撃問題で合意に達すれば、それは世界的基準になるともいわれる。いずれにしても、実質的2Gの動きは、今後ますます顕著なものとなっていくであろう。

第二は、「米中間の新型の大国関係」構築に向けて前進をみたことであり、これは注目すべきである。二〇一三年六月の米中首脳会談で合意に達した「米中間の新型の大国関係」については、この一年余りのやり取りからみて、その具体的内容については、明らかに認識の違いがある。習近平が示した三点、すなわち、①衝突・対立しない、②相互尊重、③ウイン・ウインの関係のうち、①と③については問題がないようだが、②の相互尊重については、アメリカ側が疑問符を打っているようである。アメリカ内では、中国の共産党制度を認めること及び中国のいう核心利益に反論できなくなることへの根強い抵抗があるからだといわれる。

しかしながら、両国首脳は、いずれも世界的見地に立って、両国の協力の重要さを強調している。習近平は、新型の大国関係の構築をさらに推進するうえで重点的に取り組むべきものとして、①「上層部の意思疎通と交流を強化し、戦略面の相互信頼を強化する」、②「相互尊重を基礎に両国関係を扱う」、③「各分野の交流や協力を深化する」、④「係争や敏感な問題を建設的な方法で管理・コントロールする」、⑤「アジア太平洋地域であまねく広がりのある協力を展開する」、⑥「さまざまな地域的または世界的な試練に共同で対処する」、の六点を指摘した。また、「アジア安全保障観、アジアインフラ投資銀行及びシルクロード基金の設立といった中国側の主張やイニシアティブは、いずれも開放・包摂の原則を堅持しており、アメリカを含む関係国の積極的な参加を歓迎する」と述べ、アメリカの理解を求めた。

これに対し、オバマは、「私は習主席の主張や提言を大変重視している。アメリカには中国とアジア太平洋で競争関係ではなく協力関係を構築し、地域の安全と安定を共同で維持する誠意がある」と表明し、「アメリカは、平和で繁栄・安定して国際的により大きな役割を果たす中国を歓迎し、支持するということを重ねて表明する。これはアメリカの利益に合致する。米側には中国を封じ込める、または中国の統一を損なう意図はない」と語った。米中間の新型の大国関係は漸進的に構築されていくとみてよいであろう。

第三は、軍事面での協調関係が進んだことである。中国が提起した新型の大国関係の本意は、中国の台頭によって守勢大国のアメリカとの間で起こりやすい「トゥキディデスの罠（新興大国が既存の覇権国家に挑戦し戦争を起こすこと）」を極力回避しようとすることにある。習主席は、「中米は新型の大国関係に見合った新型の軍事関係を構築する必要がある」と提起し、オバマ大統領は、「両軍がさらに広範な分野で交流、対話、協力を強化し、誤った判断を回避し、衝突を防ぐことを希望する」と応じた。両首脳のこうした協調姿勢を踏まえて、両国国防当局は、①重大な軍事行動の相互通告・信頼醸成措置メカニズムの構築に関する覚書及び②艦艇や航空機が遭遇した際の安全行動規範に関する覚書に調印した。双方は、これを基礎に両軍間の交流、相互信頼、協力を深化させることになった。中国側は、「アメリカ側と引き続き両軍の上層部交流、制度化された交流、合同訓練などを推し進め、絶えず新たな進展があるようにしたい」と協調の姿勢を強調した。

ここで、とりわけ重要なことは、両国間の係争を管理・コントロールすることで合意に達したことである。中国は台頭する大国、アメリカは守勢にある大国であり、両国間の摩擦をなくそうとするのは不可能である。そうであるならば、意思疎通を通じて相互信頼を促進し、係争を管理・コントロールすることが何よりも重要となる。オバマは、「交流や対話、相互信頼を強化し、互恵協力を拡大して、係争を建設的に管理・コントロールし、新型の大国関係を共同で推進することに賛同する」と語ったが、管理・コントロールに「建設的に」という文字を加えたことは、その誠意が現れており重視するに値しよう。

以上にみてきたように、米中関係はオバマ政権のもとで着実に新型の大国関係に向けて前進している。では、ポストオバマの米中関係はどうなるであろうか。米中関係は「脆弱性と強靭性の併存、競争と協力の併存、相互信頼と相互疑念の併存」という三大特徴があるといわれる。また、最近、アメリカ国内では、新型の大国関係という中米間の共通認識に対するネガティブな論調が増加傾向にある。誰がみても、米中関係が一直線に良好な発展を遂げることはありえない。しかし、両国が対立・衝突することも考えられない。相互牽制はあっても、協力協調が主流である。歴史が示すところでは、共和党時代でも民主党時代でも、この関係は変わらないであろう。

オバマは、習近平に「自分にはあと二年しか残っていない」と語り、習近平は「二年は短くはない、米中間の新型の大国関係の構築に向けて努力して欲しい」と大いなる期待を述べたという。アメリカ社会での有色人種の存在感がますます高まるなか、まだ若いオバマが大統領を終えた後も、重要な政治的役割を果たすことは十分に考えられる。核廃絶を唱えてノーベル平和賞を受賞したオバマが、中国とともに覇権なき世界を構築する先駆者になる可能性は十分にありえると期待したい。

結び

中国は、国内政治と外交政策の両面で中国的特色のある社会主義政策を本格的に展開しはじめた。とりわけ、大国としての責任ある外交政策として国際秩序の変革方向を指し示したことは、国際政治に大きなインパクトを与えるものであり、重要な意義がある。アメリカの主流は、それに対して前向きに対応しており、ヨーロッパもまたそうであるように思える。中国は、国際秩序の改革を目指して、責任ある穏健な姿勢をとり、その公正で合理的な方向への発展を促していく。他方、アメリカは、「単独覇権」の心理を克服し、「ゼロサム思考」から脱皮して、公正、包容、協力、ウイン・ウインの方向に向かう。覇権主義時代から覇権なき世界への移行である。二一世紀の前途は、決して悲観すべきではなく、平和と繁栄の世界に向けて、力を合わせるべきである。

第一五章　中国の世界戦略——理論と実践

解題：（二〇一五年一〇月執筆）本論は中国外交の変化を鳥瞰し、中国外交の三段階論を提示した。毛沢東の革命戦略時代、鄧小平・江沢民・胡錦濤の経済戦略時代を経て、いま、習近平によって政治戦略時代に入ったとみる。

習近平は既存の国際経済政治秩序を変革するために、さまざまのコンセプトを提示したが、整合性に欠けるとみる。そこで、社会主義グローバル戦略、国家平和外交戦略、軍事外交戦術の三次元に分けて、戦略と戦術を整理するよう提案した。

またマルクス主義と中華文明をどう結び付けるかについてもさまざまの角度から問題提起を行い、中国は愛国主義教育から国際主義教育に重点を移すべきだと提案した。

中国共産党の指導する中国は、紆余曲折を経て今日にいたるが、その理念は一貫しており、その戦略は、時代の変化とともに調整されてきた。ここで、そのプロセスを概観し、習近平政権の世界戦略について検討し、問題点も指摘しつつ今後の展望を試みる。

一　中国世界戦略の推移

中国の世界戦略は毛沢東時代の革命戦略と鄧小平時代（江沢民・胡錦濤時代を含む）を経て、現在は習近平時代を迎えており、重要な転換期にあるといえる。ここでは、それぞれの時代的背景と特徴を顧みながら、独自の評価を試みてみたい。

1　毛沢東・周恩来時代（革命戦略時代）

毛沢東は中国共産党の創設者の一人で、周恩来らとともに、新民主主義革命を経て、一九四九年、中華人民共和国を創立した。蔣介石の指導する中華民国政府は、台湾に逃亡し、アメリカをはじめとする西側諸国の支持のもと、依然として、中国を代表する中央政府として国連の常任理事国の地位を占めていた。中華人民共和国を承認する国は、ソ連をはじめとする社会主義国と一部の発展途上国に過ぎなかった。台湾海峡を挟んでの国家の分裂状態をいかにして収束させるか、いかに国連での蔣介石政権の地位に取って代わるかが重要な戦略的課題であった。アメリカは、抗日戦争時代に国民党ばかりでなく、延安にも軍事代表や外交官を派遣して、共産党支配地域の実態把握に努めていた。そして、中国共産党は他の国の共産党とは違い、ソ連共産党に対して自主性を保っていることを認識していた。したがって、新中国がユーゴスラビアのチトーのように、ソ連の覇権的体質に反対し、米ソ対立のなかで中立的態度を保つ可能性があるという見方が、アメリカには強くあった。ソ連のスターリンも、中国共産党の「民族主義的傾向」（当時は、ソ連の言いなりになるのが国際主義とされていた）を警戒していた。

こうしたなか、中国指導部内部でも、新中国成立後の戦略については異なった意見があったが、毛沢東は世界革命の視点から、「ソ連一辺倒」を宣言した。共産党は、マルクス・レーニン主義に基づいて、世界の革命を推進し、共産主義世界の実現を立党の最終目的としている。この原則を厳守するために、ソ連を首とする社会主義陣営に立つことを決定したのである。その背景には、新中国成立後の経済建設にあたって、ソ連からの援助を期待した面がある。事実、中国の第一次五ヵ年計画はソ連の援助に負うところが大きかった。こうして、名実ともに、先進国とその影響下にある資本主義陣営と中ソをはじめとする社会主義陣営の対立構造が形成された。

ところが、ソ連の覇権主義的傾向に毛沢東は反発し、一九六〇年代に中ソ論争が起こった。それはますますエスカレートし、中国はソ連を社会帝国主義と決めつけ、社会主義陣営は完全に崩壊した。中国はアメリカの帝国主義に反対し、同時にソ連の社会帝国主義にも反対することとなった。文化大革命はこのような国際的孤立化のなかで起きたのである。当時、革命主義で国内体制を固める一方、対外関係においては決して孤立していないことを説く必要があった。そこで、毛沢東は「三つの世界論」、「中間地帯論」を提起した。すなわち、「第一世界」はアメリカ覇権主義とソ連覇権主義で、「第二世界」は両覇権国家の従属下にある国々で、西欧資本主義国や日本も含まれる。「第三世界」は発展途上国である。中国は、「第三世界」に依拠し、「第二世界」や中間地帯と団結し、両覇権国家に反対するという戦略を打ち出したのである。

一九七〇年代に入ると、アメリカと中国は、共にソ連の覇権主義、対外拡張主義を警戒するようになり、アメリカは、すかさず対中国和解のシグナルを送り、毛沢東・周恩来もこれに積極的に応じた。キッシンジャーの、パキスタン経由での秘密訪中によって下準備がなされ、一九七一年、ニクソン大統領の中国訪問が実現し、米中間の歴史的一頁が開かれた。中国は、ソ連社会帝国主義を主要なる敵と位置づける一方、西側先進諸国及びその影響下にあった国々と外交関係を結んでいった。国連への復帰（中華人民共和国が蔣介石政権に取って代わり、国連の正式代表となる）も実現し、中国は、国際社会からの孤立化から完全に脱却し、全く新しい国際環境に恵まれることとなった。

しかし、文化大革命はまだ収束しておらず、外交面での新時代は、「四人組」が粉砕されて鄧小平がカムバックするまで待たなければならなかったが、米中関係改善から文革収束の一九七〇年代は、中国が改革開放時代に転換していく準備期であったといえる。日本や西欧、アメリカとの政府間交流が進み、中国が閉鎖状態にあった一九五〇年代、六〇年代に、世界は著しい進歩を遂げており、中国が大きな後れをとってしまったことを、中国上層部は深く認識することとなった。もし、この準備期がなかったら、鄧小平の改革開放政策はより困難極まりないものであったにちがいない。

2　鄧小平時代（経済戦略時代）

一九七八年の暮れ、第一一期三中全会が開かれ、改革開放政策の推進が決まった。国内の政治経済については改革を行い、対外的には米欧日資本主義国に対して開放政策を採るというのである。こうなると、いままでの国際政治の見方であるレーニン的な「革命と戦争の時代」に、抜本的な修正を加える必要があった。鄧小平は、当今の世界を「平和と発展の時代」と位置づけた。これは、実際には、過去三〇年間とってきた路線を一八〇度大転換するものであった。

こうして理論的な「突破」が行われると、既存の資本主義先進国主導の国際システムを世界革命によって打倒するのではなく、その合理的な面は学んで継承し、不合理な面は内部から改革していくという基本的な方針が採られるようになった。一九七〇年代のソ連社会帝国主義反対における米中、日中間の戦略的連携は、一九八〇年代に入ってからは、全方位協調体制の形成というように変化していった。米中・日中関係、とりわけ日中友好関係は、日中両国指導者の英知によって黄金時代を迎えるにいたった。

ところが、一九九〇年代初めにソ連が崩壊すると、米・中・日共通の敵が消失した。しかも、ソ連崩壊後のロシアでは、政治的民主化が行われ、政治経済社会は大混乱に陥った。ロシアは、旧ソ連より人口が半分になり、国民総生産GDPも半分に減ったうえ、経済はマイナス成長続きによって一〇年足らずで約半分に減少した。ロシアの国力は、ソ連時代の四分の一に縮小してしまったのである。しかも、ロシア政権は、欧米寄りの外交を展開するようになり、西側諸国にとってロシアは全く脅威的存在ではなくなってきた。覇権主義を維持する必要のあるアメリカは、新しい敵を必要としており、それは、依然として共産党の指導体制を維持する中国に向けられることとなった。西側諸国は、中国もソ連崩壊の影響を受けて、共産党指導体制が崩壊することを期待していた。

こうしたなか、鄧小平は、「冷静観察、決不当頭、韜光養晦、有所作為（冷静に事態を観察し、先頭には立たず、背を低くして力をつけ、若干為すところあり）」という一六字方針を定めた。この方針は、約二〇年間にわたって堅持され、米中関係及び日中関係において、中国は自己抑制して「我慢」の外交姿勢を採ってきた。これは、江沢民時代においても、また胡錦濤時代でも、基本的に受け継がれていった。一九九〇年代の江沢民政権は、日本に対して厳しい面があったが、アメリカに対しては、その意向を配慮する親米的国際協調路線を採った。胡錦濤政権は、ある程度、独自性を出そうとはしたが、国内外の客観的情勢がそれを許さず、受け身の姿勢を変えることはできなかった。ただ、二〇〇〇年代のキャッチフレーズとして、和諧社会論を対外関係にまで発展させ、和諧世界論を提起したことは特記すべきことであった。

江沢民時代及び胡錦濤時代前期は、対外的には低姿勢で臨み、もっぱら国内経済建設に力を注いだ。その結果、経済は目覚しい発展を遂げ、ヨーロッパ先進国を次々と追い越し、第二の経済大国日本に迫る勢いとなった。こうしたなか、二〇〇八年、アメリカを震源地とする世界金融経済危機が発生した。それは、さらにヨーロッパ、日本にも波及し、一九二九年の世界経済恐慌に勝る一大危機の到来とされた。中国経済も、急速に悪化し、応急措置として四兆元の緊急景気刺激策を採用した。それは、中国経済のV字型回復をもたらしたばかりでなく、世界経済を支えることにも大きく貢献し、断然、世界の注目を集めることとなった。

以降、対外的には、中国の国際的責任が強く問われるようになると同時に、中国国内においても、自国の存在感を自覚するようになった。この変化の到来は、あまりにも急激で、国内的にも国際的にも、心構えはできていなかった。国内では、どう対応すべきかについてさまざまな意見が出され、海外では、中国脅威論と中国崩壊論が叫ばれるようになった。胡錦濤は、新しい情勢の変化に適応するため、「韜光養晦、積極的有所作為」（「背を低くして力をつける」姿勢は変わらないが、「若干為すところあり」を「積極的に進める」に変えた）という方針を打ち出した。それは、基本的には受け身の姿勢は変えないが、国際的貢献をいままでよりも積極的に行うというものであった。

3　習近平時代（政治戦略時代）

二〇一二年秋、胡錦濤から習近平にバトンタッチをする際、両者は協力して国内改革の推進と対外関係姿勢の受け身から能動性への転換を図ることで一致したとみられる。そのメルクマールとなるものは、南シナ海と東シナ海でとった主権侵犯への対抗措置である。習近平政権になってからは、主権及び領土保全に対しては、断固たる態度をとり、外交や安全保障面では積極的に自己主張をするという姿勢に大きく変わっていった。習近平が就任早々語った中国の夢、「中華民族の偉大な復興」は、既存の国際秩序へ適応していく姿勢から、不合理なところを積極的に改革していく姿勢に転換することを意味していた。言葉を換えて言うと、近代資本主義国際政治からも、世界の有識者や発展途上国からも歓迎される二一世紀型社会主義国際政治への移行を目指すというものである。こうして、経済戦略の時代を経て、いまや政治戦略の時代に入っているとみるべきであろう。

二　二一世紀中国の世界戦略

習近平が中国共産党の舵を取るようになってから、国内政治においても、対外関係においても、その戦略的知性が十分に発揮された。ここ二年半余に語ったキーワードを中心にして、中国の二一世紀世界戦略を鳥瞰してみよう。

1　中華文明の見直しと文化戦略

習近平は、マルクスやレーニンの言葉を引用することはほとんどなく、もっぱら中国の古典を頻繁に引用している。二〇一二年の秋、就任早々「中国の夢」を語り、「中華民族の偉大な復興」と定義づけたことからも、中華文明への深い思いがみてとれる。

アヘン戦争以後、中国は帝国主義列強の侵略を受けて半植民地国家と堕した。西洋に学び近代化を図るということで、封建主義に反対するなか、中華文明も旧文化として否定的にとらえられてきた。とりわけ、中国共産党は、キリスト教文明のうちから生まれたマルクス主義を絶対視する傾向があり、革命期においては伝統的中華文明に否定的であった。特に、文化革命時期にはそれが徹底的に批判され、歴史文化関連図書はほとんど出版されなかった。その悪影響は文革後も一時期続いた。

一九八〇年代の改革開放後は、日本、シンガポール、そして台湾などとの交流が進むなか、東洋文明、中華文明への認識が徐々に高まり、「精神文明の建設」というかたちで、中華文明への見直しが行われていった。今世紀になると、中国国民の物質的生活には大きな改善がみられ、文化的ニーズの充足が重要課題になってきて、中華文明の再興が叫ばれるようになった。二〇〇八年に行われた北京オリンピック大会での催し物は、中華文明を世界にアピールするものであった。習近平の「中国の夢」提起は、このような流れをさらに高次元なものに引き上げ、新しい時代の中国外交に活用していこうということになった。中華文明外交遺産の創造的活用であるといっても差し支えない。

習近平は、「国は利を以て利とせず、義を以て利とするなり」を引用し、「国際協力の中で、われわれは利を重視するけれども、義をより重視する。義と利の両方を配慮して、はじめてその両方が得られ、義と利のバランスを図ることによって、はじめて義と利の両方を勝ち取れる」（一四年七月、韓国にて）と述べた。また、「正しい義利観を堅持し、己は儲け、相手は損する、己は多く、相手は少ないというようなことはせず、具体的なプロジェクトにおいては相手の利益を配慮する」（一四年八月、モンゴルにて）とも述べている。国家間の経済関係では市場の原理を重視するけれども、市場原理主義には陥らないということである。

そのほか、「和を以て貴しと為す」、「大同世界」、「親密、誠意、互恵、包容」など多くの中華文明の名句を使っている。学者レベルでは、冊封制度・朝貢貿易の研究も盛んである。近代以降、世界は西欧文明が中心であったが、二一世紀においては、多文明の共存が図られるべきである、と中国は主張する。多文明共存世界で、中華文明が重要な地位を占めるべく、中国はいっそうの努力を払おうとしている。中華文明の見直しは、取りも直さずソフトパワーとしての文化戦略の展開でもある。

2　マルクス主義の発展

中国共産党は、マルクス主義を立党の理論的支柱としている。したがって、政策がマルクス主義の基本原理に合致するかどうかが常に問われる。時代の変化につれ、マルクス主義も、当然、発展しなければならない。一九八〇年代初め、中国は伝統的社会主義計画経済から現代資本主義の市場原理を導入するという大転換を行った。それは、中国的特色のある社会主義と命名された。その際、伝統的マルクス主義への反省が行われ、趙紫陽は、一九八七年の第一三回党大会で行った「政治報告」において、これまでのマルクス主義への理解について、①基本的原理で依然として有効なもの、②時代的制約を受けていて、新時代に合わないもの、③われわれの理解が間違っていたもの、などがあったと総括した。

一九八九年の天安門事件を経て、一九九二年、鄧小平が「南巡講話」を発表し、「姓が資本主義か社会主義か」の論争を止めて、実践を通して総括するよう求めた。以来、マルクス主義に合致するかどうか、社会主義理念に合致するかどうかは問われず、資本主義的改革が急速に進められるようになった。それから二〇年余り、改革は大いに進んだものの、理論的混乱期が続いた。すなわち、中国的特色のある社会主義とは、建前は社会主義だが、実際には資本主義を取り入れるのだという意識がますます社会に浸透していった。その結果、資本主義国よりも資本主義的な国に変わっていった。

このような間違った意識を是正するために、二〇一一年六月二〇日、「中国共産党創立九〇周年セミナー」が開かれた際、習近平（当時副主席）は、「マルクス主義の中国化を絶えず推進し、中国の特色ある社会主義の道を堅持しよう」という講話を発表した。「中国共産党は立党九〇年来、マルクス主義の基本原理と中国の具体的実際との結合を堅持し、マルクス主義の中国化で二つの理論的成果を生んだ。それは、毛沢東思想であり、鄧小平理論、『三つの代表』重要思想、科学発展観など、大戦略思想を含む中国の特色ある社会主義理論体系である」とした。つまり、習近平は、理論的成果を毛沢東思想と中国の特色ある社会主義理論に分けることによって、毛沢東思想を相対化することができるようにしたのである。

その後、社会主義建設については、前三〇年（一九四九—一九七九年）と後三〇年（一九八〇—二〇一〇年）との関係には連続性があり、前者を以て後者を否定してはならず（保守派の改革開放批判を指す）、また、後者を以て前者を否定してはならない（急進改革派の毛沢東批判を指す）と論じた。習近平は、マルクス主義を堅持し、社会主義理念を重んじ、真に中国的特色のある社会主義をさらに前進させると宣言したのである。習近平にはまだ七年余りの時間がある。今後、理論面でどのような発展がみられるか、また、それが世界の発展にどのような影響を及ぼすかが注目される。

3　人類運命共同体理念の提起

「中国の夢」として「中華民族の偉大な復興」が唱えられたとき、あまりにもナショナリスティックであると多くの有識者は感じた。その後、「中国の夢」の国際化が進められ、「中国の夢は、国家の富強、民族の復興、人民の幸福を実現するもので、それは平和、発展、協力、ウイン・ウインの夢であり、アメリカの夢を含む世界各国人民の美しき夢に相通ずる」（一三年六月、アメリカにて）と定義づけられた。世界の行く先々で、中国の夢と各地域、各国の夢とは合致すると重説している。

そして、「協力とウイン・ウインを核心とする新型国際関係」の構築を提案している。「相互利益・ウインウインの開放戦略を堅持し、協力とウイン・ウインの理念を政治、経済、安全、文化など対外協力の諸方面に体現していこう」（一四年一一月、外事工作会議にて）とされた。そして、「国際秩序と国際システムをより公正、合理的な方向に発展するよう推進しよう」（一五年四月、バンドン会議にて）としている。既存の国際システムは、先進国主導で形成され、発展途上国及びその代表格である新興国の意見が十分に反映されているとはいえない。新しい変化に対応した改革を進めるべきだ、と呼びかけているのである。

二〇一五年三月二八日、習近平主席は、「海南島ボアオ・アジアフォーラム」の開幕式において、「運命共同体に邁進し、アジアの新未来を切り開こう」と題した基調講演を行い、「各国はますます相互乗り入れしている運命共同体になっている」と強調した。そして、「人類は一つの地球村に生活しており、各国間の相互連携、相互依存、相互協力、相互促進の度合いは空前に深まっている」（一四年六月、国際エンジニアリング科学技術大会にて）と国家を超越した「地球村意識」を提唱した。九月三日、軍事パレードの演説では、「平和のため、われわれは人類運命共同体の意識をしっかり打ち立てなければならない」と述べている。これは、社会主義理念の国際主義、グローバリズムに相通ずる。

この運命共同体理念を具体化する実験の場として打ち出されたのが「一帯一路戦略」である。二〇一三年九月、カザフスタンで講演し、「創新的協力モデルで、共同でシルクロード経済ベルトを建設し、点から面へ、線から面へと広げていき、地域的大協力を徐々に形成していこう」と呼び掛けた。これが陸路のシルクロード「一帯（ベルト）」である。続いて同年一〇月、インドネシアで中国・ASEAN運命共同体を築こうと題して演説し、「海洋協力パートナー関係を発展させ、共同で二一世紀海上シルクロードを建設しよう」と呼び掛けた。これが海路のシルクロード「一路（ロード）」である。この「一帯一路戦略」を推進する資金的裏付けとして、四〇〇億ドルのシルクロード基金（中国資金のみ）と一〇〇〇億ドルのアジアインフラ投資銀行（AIIB）が今年中に発足することとなった。

過去三〇年、後れた中国の発展を図るため、愛国主義教育に重点が置かれたが、これからの三〇年間は、国際主義教育に重点が置かれよう。それが新情勢下の中国の世界戦略に合致したものとなる。

三　世界戦略問題での理論的実践的課題

中国の世界戦略を考える場合、超長期の社会主義グローバル戦略、長期の国家発展戦略、中短期の軍事外交戦略・戦術に分けて考える必要がある。この三つの次元が混合すると理論的混乱を招き、説得力に欠ける。そこで、中国の世界戦略を三つの次元に分けて整理し、問題点を指摘すると同時に、その解決策について私見を述べてみたい。

1　共産党の持つべき社会主義グローバル戦略

マルクス主義は、「万国の労働者よ　団結せよ！」というスローガンにみるように、国際主義である。国家は、支配階級が被支配階級を搾取・圧迫する道具とみる。国家は、人類歴史において一時的に存在するものであり、いずれ消滅し、世界は一つとなる。世界の労働者は団結して、資本家階級を打倒し、真に自由平等の国境なき共産主義を実現しようというのである。どこの国の共産党も、マルクス主義を理論的基礎としており、共産党員は国際主義者であるべきなのである。

ところが、社会主義国ソ連は大国主義に陥り、中国を含む多くの共産党の反発を招くこととなった。ソ連が崩壊すると、ソ連邦構成国が独立し、ナショナリズムが高揚することになった。ロシアをはじめ多くの旧社会主義国において、共産党が政権の座から追われ、民族主義国家に変わっていった。社会主義を堅持する中国も、もはや、国際主義など口にする余裕はなく、もっぱら自国の経済建設に力を傾注した。だが、改革開放政策を推進するなか、人材の流出を防ぐという必要性からも、愛国主義が強調され、国際主義という言葉はメディアから消えていった。

しかしながら、いまや世界第二の経済大国となった中国は、より多くの国際的責任を負わざるをえないため、国際主義を大いに唱えるべきである。とはいえ、当面、中国自身の国内政治が社会主義理念からはかけ離れたところが多く、対外的に十分誇れるものではない。また、国際社会は資本主義先進国が主動的地位を占めており、誤解と反発を招きかねない。それが、国際社会で抵抗感のない「地球村」、あるいは「運命共同体」などの言葉をもっぱら使用している由縁であろう。実際には、これらの言葉は、社会主義理念及び国際主義に合致したものであり、中国共産党の社会主義グローバル戦略を意味するものである。

過去三〇年、西側先進諸国から現代国際政治理論を学び、マルクス主義に基づく社会主義国際政治理論はほとんど顧みられなかった。習近平が新たに提起した一連の新理念によって、中国の国際政治理論に一大転機が到来することになるであろう。例えば、中国はまだ社会主義初級段階にあるが、社会主義中級段階、高級段階ではどのような様相を呈するのか、それの国際社会に及ぼす影響はどうか、国際政治にどのような変化が起こるかなどが検討されるべきである。それによって、中国共産党は、超長期の社会主義グローバル戦略を持つことになり、周辺諸国及び世界各国にとって、中国はより理解しやすく安心できる国となる。

2　一国家としての平和発展戦略

現実の国際政治は、国家を基本的単位としており、どの国も一国家としての国家戦略が問われる。もし、超国家的社会主義グローバル戦略を第一次元の範疇とするならば、一国家としての国家戦略は第二次元の範疇となる。中国は、平和発展戦略を世界に宣言し、「中国は永遠に覇権を唱えないし、拡張主義をとることはない」（九月三日、軍事パレードでの演説）と繰り返し述べている。同時に、他国が覇権を求めることに反対すると主張している。これは日中平和条約の第二条（覇権条項）にもはっきり書き込まれている。しかし、日本をはじめ一部の周辺諸国はそれを信じていない。勿論、そこには日本側の中国に対する偏見もあるが、起因としては、最近中国がとった対抗措置（後述）があり、国防費増大と核心的利益についての説明が説得力に欠けることも大きな要因である。

国防費の増大については、自国の主権と領土保全を守る必要があること以外に、覇権なき世界を構築するために、また、国連憲章に基づいた国連軍を創設するために、軍事超大国アメリカが実質的に維持している覇権を放棄させる必要があるということを明言した方がよい。現実にアメリカの覇権を打破できる国は、当面、中国とロシアであり、アメリカがテーブルに着いて話し合い、最終的に覇権なき安全保障体制が形成されるまでは、中国経済の発展に見合った国防費の増大は正常かつ必要であり、平和な世界を構築するうえで有益なのである。このように論理をはっきり展開すれば、世界の有識者の理解を得られるであろう。

　核心的利益については、人々に誤解されるような定義付けは避けるべきである。例えば、中国政府は、二〇一一年に平和発展白書を発表し、核心的利益を「①国家主権、②国家の安全、③領土保全、④国家の統一、⑤中国憲法の定める政治制度と社会の大局的安定、⑥経済の持続的発展の保障」と定義し、「断固として核心的利益を守る」とした。国家主権、領土保全、国家の統一は分かりやすいが、国家の安全、社会の大局的安定、経済の持続的発展の保障となると、際限がはっきりせず、主観的判断によるところ大であるため、人々に不安を抱かせる。核心的利益の含意を再検討し、国際的に納得されやすいように調整すべきである。

3　軍事外交戦術としての「対抗措置」

　現実の国際政治においては、平和発展戦略を推進しようとしても、相手が敵対的行動をとるならば、正常な平和発展は望めなくなる。時には、第三次元の軍事外交戦術として力による「対抗措置」をとらざるをえなくなる場合が生ずる。二〇一二、一三年の、東シナ海と南シナ海における中国の対抗措置はこれに相当する。

　早くから「主権我に属し、係争を棚上げ、共同開発する」と中国は主張してきたが、一部関連諸国は、実際にはそれを受け入れず無視してきた。例えば、ベトナムは第三国と契約を結んで、係争地域での油井発掘を進めてきた。中国は、大局的見地に立って自己抑制し、係争地域での発掘と島嶼建設を控えてきた。ところが、二〇一一年、アメリカがアジア太平洋への回帰を宣言し、フィリピンやベトナムの後ろ盾となる行動にでてきた。ここにおいて、中国は、アメリカの対中国圧力を跳ね返すために、対抗措置をとらざるをえなくなった。「海洋権益の維持能力を高め、断固としてわが国の海洋権益を守る」（一三年七月、政治局学習会議にて）が強調されるようになった。しかし、これはあくまでも戦術的対抗措置であって、戦略目標は「係争棚上げ、共同開発」なのである。

東シナ海の尖閣諸島を巡る問題も全く同じ構造である。両国の指導者によって「係争棚上げ、共同開発」の口約束が交わされていたにも拘らず、日本が係争棚上げの約束はなかったと言いだし、しかも、実行支配を強化し、日本の法律に基づいて尖閣諸島の国有化を実行した。二〇一二年九月、中国は、これに対して強烈な対抗措置をとることとなった。アメリカが後ろ盾になっていること、「日米安保第五条」が適用されると言明したことが大きな背景としてある。中国にはアメリカを盾とした抑止力強化は通じない。日本は、本来の交わし合った約束に戻り、「係争棚上げ、共同開発」の道に進むほかはない、と中国はみている。中国としては、筆者が上述した方向で、世界戦略をよく整理し、周辺諸国が納得するような説明をするよう努力すべきであろう。

結び

一五年八月、中国を震源地とする世界同時株安が発生した。中国の世界における経済的存在感をみせつける結果となった。国際政治においても、中国の存在感はますます大きくなっていく。中国にとっては、その世界戦略と実践について、いかに分かりやすく国際社会に説明するかがますます重要になってくる。中国国内の論者が、世界各国の有識者の意見に耳を傾け、中国独自の二一世紀社会主義国際政治理論を切り開くことを期待している。他方、日本にとっては、時代の大きな流れ、中国の戦略的動きをしっかり把握し、日本のとるべき道を戦略的に考えるべきであろう。現在のような日中対立があと一〇年続くと、日本の戦略的空間はますます縮小していく。残された時間はそう長くはない。

第一六章　アジアインフラ投資銀行設立の世界的意義

解題：（二〇一五年五月執筆）アジアインフラ投資銀行の設立過程は当今の国際関係を如実に反映するものであった。本論は各国の対応を分析し、中国の世界戦略が着々と実を結んでいることを説いた。特に「一帯一路」戦略とＡＩＩＢの関係、既存の国際金融機関とＡＩＩＢの関係を述べ、国際金融秩序に与える影響を分析した。

補論（二〇一六年四月執筆）ではＡＩＩＢの正式発足と最終的な仕組み、とりわけ創設式典で習近平が挨拶で述べた理念を詳しく紹介した。ＡＩＩＢとＴＰＰの進展プロセスを比較して、前者の後者への優位性も論じた。資料として、ＡＩＩＢ（日中）共同研究会の日本政府への提言書も付している。

中国財政部は二〇一五年四月一五日、アジアインフラ投資銀行（ＡＩＩＢ）の創始メンバー国は五七ヵ国で確定したと発表した。域内国は三七ヵ国（中東一〇ヵ国、中央・西アジア六ヵ国、東南アジア一〇ヵ国、南アジア六ヵ国、東アジア・オセアニア五ヵ国）で、域外国は二〇ヵ国（ヨーロッパ一八ヵ国、アフリカ一ヵ国、中南米一ヵ国）である。常任理事国では中、仏、英、ロ四ヵ国が参加し、先進七ヵ国では英独仏伊の四ヵ国が参加、Ｇ20では一四ヵ国が参加して、国際金融機関として全く遜色ないメンバーが集まった。

ＡＩＩＢは習近平国家主席が二〇一三年一〇月にインドネシアで提唱したもので、約一年の準備期間を経て、二〇一四年一〇月二四日、二一ヵ国が設立覚書（ＭＯＵ）に署名した。二〇一五年三月末までに申し込んだ創設メンバー国は五七ヵ国に達し、六月末までにこれら創設メンバー国の協議を経て定款が作成される。年度後半に銀行スタッフの募集も含めた組織作りが行われ、年末までに貸出業務が展開される。予想をはるかに超えた創設メンバー国及びその進展の速さに世界はいま驚きの目で注視している。本論文は、中国の「一帯一路」戦略とＡＩＩＢ設立が提起された背景を論じ、主要国のＡＩＩＢへの思惑と態度を分析し、ＡＩＩＢ誕生の世界経済と既存国際金融システムへの影響を考えてみる。

一　中国の「一帯一路」戦略とＡＩＩＢ

習近平は二〇一三年に「一帯一路」構想を打ち出し、同時にＡＩＩＢ設立を提案した。「一帯」とは中国をスタート地点として、中央アジア五ヵ国を通ってさらに西へ延び、終点を欧州連邦（ＥＵ）とする「新シルクロード経済ベルト（帯）」を指す。「一路」とは中国の東海岸にある福建省や広西チワン族自治区をスタート地点として、東シナ海、南シナ海、インド洋を渡って、中東やアフリカに向かい、やはり終点をＥＵに置く新シルクロード海路のことである。この広大な建設計画を資金面で支えるのがＡＩＩＢである。では、このような構想が打ち出された背景にはどのような要因があるのであろうか。

1　中国経済の質的転換を図る国内事情

現在、中国経済は二桁の高度成長から一桁の中高速度成長に転換する過渡期にあり、過剰設備を抱えている。それを国内経済の範囲で解決しようとすると多くの困難を伴うため、周辺諸国の経済建設に活用しようという思惑がある。過去三〇年間、高速道路、高速鉄道、港湾・空港、エネルギー開発など経済発展に必要なインフラ整備の能力が急速に高まった。その経験を活かして、陸海シルクロード地域の経済基盤を固め、さらに生産財や消費財など製造業の移転も図り、中国と周辺諸国との経済貿易を発展させようとするものである。これは戦後日本が経験し、中国がそれに学び、今後はそれをさらに周辺諸国に伝播させようというのである。

中国経済は発展方式の転換、つまり量的発展から質的発展への転換、産業構造の第一次、二次産業から第三次産業への転換、労働集約型産業から技術集約型産業への転換などが新しい課題となっている。このような転換を国内経済だけでなく、周辺諸国経済との一体化を図りつつ成し遂げようとしている。それは国際収支における大幅な黒字及び四兆ドルに及ぶ外貨準備高という対外経済バランスの回復とも関連している。

一九八六年に前川春雄、大来佐武郎氏らがまとめた前川レポートは、内需主導型成長への転換、対外経済アンバランスの是正、規制緩和の徹底的推進、金融資本市場の自由化と円の国際化、積極的産業構造の転換、海外直接投資の推進、発展途上国からの輸入促進、経済技術協力の推進などを謳っている。改革開放政策をとって間もない中国は、当時、日本のこの政策転換で大きなメリットを受けた。現在、中国政府の打ち出した「一帯一路」構想とＡＩＩＢ設立は、当時の日本に次いで、発展途上国の経済発展に貢献しようとするものである。

2　中国外交の受動性から主導性への転換

毛沢東時代は西側諸国と対決する革命外交であった。鄧小平時代になってからは、国際協調外交に転換し、既存の国際経済政治機構の合理的な面は謙虚に学び、不合理、不公平な面は時間をかけて改革していこうということになった。過去三〇年余は貧困から抜け出すこと、先進国に学ぶことが主要課題であった。外交面においても自己主張は抑制し、もっぱら自国の国内建設に努めてきた。

ところが、二〇〇七年の世界金融経済危機を境にして、中国の存在感は急激に高まり、いままでの内向き志向、受け身の姿勢では対応できなくなった。国際的責任、国際的公共財の提供を求められるようになったのである。以来、七―八年の試行錯誤を経て、より積極的な外交を展開する政策体系が出来上がった。それが集中的に現れているのは、昨年一一月に開かれた外事工作会議である。

習近平はこの会議での講話のなかで、次のように語っている。（1）「協力ウイン・ウインを核心とする新型国際関係を構築する」、（2）「実務的協力を強化し、一帯一路の建設を積極的に推進していく」、（3）「中国的特色のある大国外交」、「中国の特色、中国の風格、中国の気迫」ある外交を展開していく、（4）「国際秩序での係争の長期性を十分念頭に入れ」、「国際的公平と正義を守り、広範な発展途上国のために発言していく」、（5）「多国間外交を展開し、中国と広範な発展途上国の発言権を強めていく」。これらの発言から言えることは、「一帯一路」構想及びＡＩＩＢ設立は、「中国的特色のある大国外交を展開する」重要な手段でもある。

思えば、一九八〇年代半ば、既存の国際政治経済秩序の発展途上国にとって不合理、不公平な点を改革していこうと、鄧小平が呼びかけたことがある。しかし、先進国が絶対的優位を占めていた当時において、この呼びかけは国際社会でほとんど相手にされなかった。三〇年後の今日においては、中国をはじめとする新興国が経済成長し、先進国との差を縮めてきた。ＡＩＩＢに欧州の先進国を含む五七ヵ国が加盟したことは、この変化を如実に示している。

3　ユーラシア大陸への文明回帰――海洋時代から海陸提携時代へ

文明史からみた場合、ユーラシア大陸は人類文明の発祥地であった。エジプト文明、メソポタミア文明、インド文明、黄河文明の四大文明はユーラシア大陸から起こった。そしてこの四大文明は、千数百年にわたって、陸のシルクロードと海のシルクロードで結ばれていた。ところが近代になって航海術が発展し、ヨーロッパの大航海時代が始まり、海洋時代がやってきた。ユーラシア大陸の内陸部は後れをとるようになり、ヨーロッパ帝国主義による植民地化の影響もあって、世界政治のなかで全く日の目を見ることができなかった。

中国は大陸国家であると同時に、長い海岸線を持つ海洋国家でもある。五〇〇年前に明の鄭和は七回にわたって大航海を行い、東南アジアばかりか、インド・中近東、果ては東アフリカまでその航海を広げていった。海のシルクロードの開拓者であったといえよう。鄭和の大航海はヨーロッパの大航海より百年早かったが、清の時代には鎖国政策がとられ海の交流は途絶えてしまった。そして清国自身が半植民地化され、国力は衰退の一途を辿っていった。中国の海洋進出は完全に閉ざされ、中国近海も西太平洋も、長い間、日本及びアメリカのコントロール下に置かれた。

今世紀に入ってからは、中国の科学技術の発展は目覚しく、造船技術も近代化が進んだ。近年、中国は海洋進出が目覚しく、五〇〇年前の海のシルクロードを再び復活させようとしている。それは「協力ウイン・ウインの新国際関係」をつくるためで、決して覇権を求めるものではないと言明している。しかしながら、近代国際政治は覇権の交代であり、中国の海洋進出はアメリカの覇権に挑戦するものとみられがちである。「一帯一路」を実行していくなかで、人類運命共同体理念を体現することにより、徐々に国際的信用を得られるよう努力していくべきであろう。

高速道路、高速鉄道の発展によって、ユーラシア大陸に横たわる砂漠や山脈も人類の交流を妨げるものではなくなってきた。北の陸のシルクロードによって、ユーラシア大陸の東西両文明が融合していく条件がいままでになく整ってきたといえる。アメリカ大陸文明からユーラシア大陸への文明回帰が進むなか、世界は海洋時代から海洋・大陸提携時代に入りつつある。中国は地政学的に有利な位置にあり、「一帯一路」構想はそれをフルに活用しようとするものである。

4　発展途上国主導の国際金融機関設立の必要性

二〇一三年の新興国・途上国の投資額（総資本形成：設備投資、公共投資などの合計）は、先進国のそれを上回った。GDPの規模でみると、先進国と新興国・途上国の割合はまだ六対四であるが、投資規模は後者が前者を上回ったのである。世界銀行のデータをもとにした試算によると、二〇一四年には貯蓄額でも新興国・途上国が先進国を上回っている。それは主として新興国、とりわけ中国の貯蓄率が高いからで、国内だけでは消化しきれないとなれば、当然、中国の投資が国外に向かうことになる。これからは、先進国からばかりでなく、中所得の新興国から低所得の途上国への直接投資も増加するものとみられている（「日本経済新聞」五月一一日）。

ところが現実の国際金融は、完全に先進国、とりわけアメリカに牛耳られており、新興国や発展途上国の意見は反映されにくい。二〇〇八年、先進国と新興国が参加したG20会議が開かれたことで、新興国の意見も若干反映されるようになった。二〇一〇年のIMF総会で新興国のシェアを増やすことが決まり、今後は既存の国際金融組織が健全なる発展を遂げるのではないかと期待された。しかし、IMFで一票拒否権を持つアメリカの議会がイェスと言わないため、今にいたっても実行されていない。そのため、多くの新興国及び発展途上国は既存の国際金融機関に強い不満を抱いている。

日本が主導するアジア開発銀行（ADB）は、設立当初、発展途上国の経済発展を支えることによって、日本経済の発展及び世界経済の発展に寄与しようという理念を持っていた。だが、米国に疑念の目で見られ、米国にすり寄るほかはなかった。その結果、アメリカの支持は得られるようになったものの、日本の独自性は十分に発揮することができなくなってしまった。つまり、アメリカの意に沿ったがために、当初の理念は形骸化してしまったのである。そこで融資対象国は、アメリカの言う通りにはならない、発展途上国が主導する国際金融機関が誕生するのを期待するようになった。

多くの発展途上国が創設メンバー国になったのは、まさにＡＩＩＢがこのような要望に応えたからである。今年四月、トルコで開かれたＧ20会議で、議長国トルコのババジャン副首相は一七日の記者会見で、米日などに配慮して「Ｇ20全体ではＡＩＩＢを取り上げていない」が、「トルコとしては歓迎する」と語った。また二四ヵ国の新興国や途上国で構成する「Ｇ24」は一六日、「われわれはＡＩＩＢの設立を楽しみにしている」との共同声明を発表した（「読売新聞」四月一九日）。

5　中国主導の国際金融機関ＡＩＩＢの設立

ＡＩＩＢは年内設立を目指しており、組織の枠組み作りを協議する創設メンバー五七ヵ国の代表者会議が四月末に北京で開催された。続いて、五月下旬にシンガポールで開かれ、投票権を左右する出資比率が決まる。中国はこの二回の会議で設立協定の合意に持ち込み、六月二五日に北京で調印する予定となっている。金立群をトップに協定原案の策定を担当する準備事務局が設置されているが、そこには米国人の世界銀行元顧問弁護士ら複数国の専門家二〇人以上が加わっているとのことだ（「読売新聞」四月一六日）。

現在、（1）出資比率の基準となる経済規模は、各国の名目国内生産と購買力平価ベースのＧＤＰを六対四の割合で反映して算出してはどうか、（2）アジア域内の出資比率を七五％にするか七〇％にするか、（3）英国、ドイツ、フランスなど二〇ヵ国近くが参加した欧州勢に理事一二人の三ポストを与えるか、それとも四ポストを与えるか、（4）理事を本部に常駐させるか、それともメールなどで持ち回り決議を行う「非常駐」方式にするか、（5）参加国が予想より多くなったため、発足当初の資本金五〇〇億ドルを一〇〇〇億ドルに引き上げたらどうか、などが議論されるテーマとなっている（「日本経済新聞」五月一六日）。

ＡＩＩＢ参加国が五七ヵ国と初期の予想を大きく上回ったため、さまざまな問題を取りまとめるのはきわめて大変で、今後、多くの難題に直面することを中国は覚悟している。石建勲氏は「ＡＩＩＢは任重く道遠し」という小論を発表し、「ＡＩＩＢの『友人圏』はますます大きくなったが、ここではっきりと認識すべきは、創設メンバー国が確定したことは『万里長征』の第一歩を踏み出したに過ぎず、未来に向けてのＡＩＩＢは任重く、道遠しである」（『人民日報』四月一六日）と述べている。

中国には既存の国際金融システムを改革発展させようとする長期目標があり、ＡＩＩＢでの中国主導を有名無実化しようとする動きには断固として反対するであろう。とりわけ先進国欧州勢メンバーが外部の日米と連絡をとって中国主導を妨げるのではないかと警戒している。中国としては、これは譲れない一線であり、一部の先進国が六月末の調印を見合わせるような事態が起こったとしても、それは想定内であろう。

二　主要国のＡＩＩＢへの思惑と対応

ＡＩＩＢ設立にあたって、昨年九月の二一ヵ国参加も予想を上回るものであった。それが三月一二日の英国の参加表明によって、ヨーロッパ諸国参加の雪崩現象が起きた。その結果、先進国の加盟を阻止しようとしていたアメリカと日本が逆に孤立するという羽目に陥ってしまった。この誰もが予想しなかった現象が起きた原因はどこにあるのだろうか。ここで主要国の思惑と実際にとった行動をみてみよう。

1　米国の行政部門と議会の矛盾

米政府内では当初からさまざまな意見があったようだ。元政府高官は「ホワイトハウスの数人の強硬派の意見が強く、財務省や国務省とうまく連絡がとれていなかった」と指摘する（「朝日新聞」四月一日）。つまり、行政部門内部でも完全に意見が一致していたとはいえない。それに加えて、議会は断固として反対という頑固派に握られている。オバマ政権がＡＩＩＢ設立に一定の理解を示していたとしても、議会が反対するため米国の参加は不可能である。こうした錯綜した矛盾のなかで、アメリカはどのような思惑でどのような対応をしたのであろうか。

まず、昨年一〇月、二一ヵ国が覚書に調印する前は、同盟国の韓国やオーストラリアに参加しないよう圧力をかけた。ところが、一一月ＡＰＥＣ会議で長時間の米中首脳会談が行われ、習近平がオバマにＡＩＩＢは決して既存の国際金融システムに挑戦するものではなく、補完するものであることを理解して欲しいと働きかけた。そこで一定の内部協議を経て、今年の一月七日、シーツ米財務次官が高い国際基準を満たすのであればＡＩＩＢの設立を歓迎するという小論を発表するにいたった。その後、二月二七日、シャーマン国務次官が講演で、再度、ＡＩＩＢ歓迎の意を表した。ＡＩＩＢの設立は避けられないとみて、オバマ政権は、米中関係の大局的見地から反対の度合いを弱めたのである。

それが英国の三月一二日参加表明をもたらし、ドイツ、フランス、イタリアの加入が続いた。米国はこのような事態が起きることは予期していなかったようで、英国を強く非難することになった。だが、いまやどうしようもなく、米国は日本とともに外部から影響を与え、英独仏伊は内部から意見を出し、ＡＩＩＢを国際基準順守の方向に導くということとなった。

米財務省のシーツ次官は三月二二日、「米国は国際金融の枠組みを強化する新しい多国籍の金融機関を歓迎する」と語り、「世銀やアジア開発銀行などの既存の国際金融機関との共同事業は質の高い基準を維持することに繋がる」として、米国が主導する世銀などを通じ間接的に協力する姿勢を示した（「朝日新聞」三月二四日）。この発言は、米国が反対から、やむをえず容認に変わったという見方が中国や海外でいわれているが、実際には一月七日当時の本人の発言とほとんど変らない。いずれにしても、アメリカ政府は米中関係の重要さが分かっており、ＡＩＩＢ設立に断固反対するという姿勢はとっていない。

２　英国の短期的及び長期的思惑

Ｇ７は昨年夏、ＡＩＩＢが一定の基準を満たさなければメンバーに加わらない方針で合意し、水面下で統一基準作りに入った。ところが今年二月下旬、英政府内で五月の総選挙をにらんで経済成長を重視する声が優勢となり、ＡＩＩＢ参加に傾いていった。欧州の結束が乱れることを懸念したドイツが必死に英国を説得したが、英国は最終案を受け入れず、三月一二日、ＡＩＩＢ加盟を表明した（「読売新聞」四月一三日）。英国が米独の反対を押し切って決断した背景には、選挙対策としての思惑以外に、次の二つの理由があった。

一つは国際金融面での利益確保である。資本主義の発祥地イギリスは、いまや製造業は全く衰退し、イギリス経済は多分にロンドンの金融街に依拠している。海外に分布するシティーバンクの金融収益は膨大なものであり、その利益を持続的に確保するには、これからますます成長していく中国をはじめとするアジア諸国に傾注せざるをえない。イギリスの経済利益確保、これが短期的要因としてイギリスの決断を促した。オズボーン財務相は「雇用を増やすには、中国のような高成長を遂げる国へ輸出を増やすことが重要」と語り、欧米主要国で初めて中国の通貨人民元建て国債を発行することや、外貨準備の一部を人民元で持つことも決めた（「読売新聞」四月一六日）。

もう一つ長期的戦略として、国際通貨政策調整がある。王義桅は「英国はなぜ中国の勃興を包容するのか」の小論を著し、「プラグマティックな英国は金融サービス業の支柱産業であり、ＡＩＩＢ創設メンバーとなることの、将来の国際金融局面での地位と意義」をよく理解しており、さらには「第二次世界大戦終結の前夜、英国が出したケインズ案がホワイト案に否定され、ポンド国際金融システムがドル主導のブレトンウッズ体制に取って代わられた」という歴史を忘れていない、と論じている（「人民日報」三月一四日）。

著名なケインズは国際共通通貨を創出して戦後国際金融秩序を打ち立てるよう提案した。これは科学的、合理的であると同時に、英国の国際金融ノウハウを活かせることができ、国益にもかなっていた。他方、ホワイト案はドルを中心とした国際金融システムを主張した。結局、ケインズ案は拒否され、現在のドル覇権の国際金融システムが形成された。一九六〇年代後半、ドル中心の国際金融システムは行き詰まり、国際共通通貨ＳＤＲ（特別引き出し権）が考案された。しかし、ドル中心の変動相場制が定着し、ドルの垂れ流しによる国際金融の膨張が続いた。二〇〇七年の国際金融経済危機は、まさにこのような土台無き金融システムの脆弱性を露呈したものであった。

二〇〇八年中国中央銀行総裁の周小川氏はＳＤＲのような国際通貨を重視し、ドル中心の国際金融システムを改革すべきだと主張した。これは基本的にはケインズ案であり、英国としては賛同できるものである。英国の利益のために、過去七〇年間、米英協調によってドル国際金融システムを支えてきたが、いまや時代は大きく変わって、ＳＤＲの時代がやってくる。「勝ち馬」の中国に便乗して新国際金融システムを構築し、英国の国益を持続的に確保していこうというのが、英国の長期的思惑であろう。

3　ドイツの中国・ＥＵ協調戦略

英国が三月一三日に加盟を決めたことにドイツは大きなショックを受けた。オズボーン財務相の声明から五日後の三月一七日、独財務相のショイブレはベルリンで中国副首相馬凱と向き合い、ＡＩＩＢへの出資を盛り込んだ二一項目に及ぶ経済協定に署名した。ショイブレ財相は「長年の経験を役立てたい」と申し出た。ＥＵの「盟主」ドイツの加盟に続いて、フランス、イタリアなど欧州のユーロ加盟国が雪崩を打って参加を表明した。

新聞報道によれば、ＥＵはすでに昨秋から、ＡＩＩＢへの参加を水面下で議論してきた。「資金負担はどの程度になるのか、透明性は確保できるか」、ブリュッセルのEU本部で、時には激論が交わされたという。「頭ごなしに拒否する意見はなかった」、「米国への配慮」という視点は薄く、オーストリア財務相のシェリングは「参加するかどうかは自分で決めた」と明かしている（「日本経済新聞」四月一六日）。欧州勢はそれぞれインフラ事業に強みを持つ有力企業が多く、中国市場で鎬を削っている自国の企業が不利にならないよう、独仏伊も参加を表明したのである。

ドイツはメルケル女史が首相になって間もないころ、ダライラマと会見したため、一時、中独関係は悪化した。それを教訓に、中国の核心利益を尊重する、ダライラマとは二度と会わないと約束してから、中独関係は速やかに改善し、ますます緊密な関係を築いていった。また、日中関係のぎくしゃくをこれ幸いと、得意とする製造業の対中進出を強めていった。一九八〇、九〇年代には中独貿易は終始、日中貿易の二五％程度であったが、現在では五七％と六〇％近くにまで迫っている。この製造業の強い協力関係をバックとして、ドイツはフランクフルトのユーロ本部を中心に人民元の国際化に協力していくとしている。

EUはギリシャ債務問題などさまざまの経済問題を抱えているが、中国はそれに協力的姿勢をみせ、国際通貨面での中国とEUとの関係を強化し、ドル一極体制の改革を共に推進しようとしている。ドイツもまた、英国に倣って「勝ち馬」に乗ろうとしているのである。

4　ロシア及び域外ブリックスメンバー国が参加

当初、中国は域外ブリックスの参加を予定していなかった。が、欧州先進国が雪崩を打って加入してきたことから、急きょ、ロシアや域外ブリックスメンバーの加入を促したと思われる。ブラジルと南アフリカの加盟は三月末の期限まで、全く話題に上っていなかったが、最終認定が行われる四月一五日というこのわずか半月間に、突如、加入が決まったことからその切迫性が窺える。中国の思惑には、先進国主導への防御措置と「ブリックス新開発銀行」の設立促進があったと思われる。

ロシアは中国とともにブリックスの代表格であるが、中国の影響力が強まり過ぎることへの警戒心が強くあった。だが、ウクライナ問題で先進諸国の経済制裁を受け、経済的に大変困難な状況にある。先進国の経済制裁に対抗するために、またＩＭＦや世界銀行が米欧主導になっていることに対抗するために、さらに中国が進めるシルクロード経済ベルト構想に参加して中国の突出した経済力を活用するために、ＡＩＩＢに加わった方がよいという判断になったのであろう。

ブラジルと南アフリカが続いて参加を決めたのは、ブリックスの新開発銀行の発足を促すためであろう。上海協力機構の開発銀行とブリックスの新開発銀行は、中国のリーダーシップが発揮しにくく、一時期、思うような進展をみることができなかった。ＡＩＩＢが急速な進展をみせるなか、ブリックス新開発銀行もその影響を受けて、割合スムーズに進むようになった。本部の所在地は上海浦東地区に決まり、初代総裁はインド、その後はブラジル、ロシア、南アフリカ、中国の順に当たることになった。七月初めにロシアで開かれるブリックス首脳会議で新総裁ら経営陣が正式に任命され、年末にも運営が開始される。ＡＩＩＢの経験を新開発銀行に活かす、また後者の経験を前者に活かすという相互促進の関係が築かれる可能性が出てきた。

5　日本の拒否反応と対応の立ち後れ

以上みてきたように、主要国はアメリカも含めて、時代の流れに順応し、程度の差こそあれ、前向きの姿勢を示してきた。ただ日本だけは例外である。中国の加入勧誘に対して終始拒否反応を示してきた。

中国側は、ＡＩＩＢの臨時事務局長で初代総裁と目されている金立群氏が木寺昌人大使を訪ねて参加を要請し、二〇一四年五月のＡＤＢ総会では国際協力銀行総裁渡辺博史氏に「日本にもＡＩＩＢに是非参加して欲しい」と話しかけた。六月には金立群一行が訪日し、東京で古沢満宏財務官と会って参加を促した。しかし、日本の拒否反応に変化はなかった。そこで、欧州の国々に働きかけ、今年二月ごろからその手ごたえを感じるようになった。それでも、日本の早期加入には期待をかけていた。それは、楼継偉財政相が三月七日の記者会見で「欧州の一部の国が参加の意向を示している」、「比較的大きな国も含まれる」、しかし「すでに参加表明している二七ヵ国の総意として、まずは域内の国を優先する」、欧州など域外からの参加については「しばらく待っていただく」と述べたことに現れている。

三月一二日、イギリスが加入し、五日後にドイツ、フランス、イタリアが加入の態度を表明したとき、日本は大きなショックを受けた。自民党の某中堅議員は「中国の銀行に先進国は参加しないという希望的観測にもとづいて情報を集め、対中強硬を好む官邸の意向を忖度して、議論を避ける空気があった」と反省している（『朝日新聞』四月一二日）。また、『日本経済新聞』は社説で、「G7のうち四ヵ国が構想支持に回り、先進国の日米欧と中国が対峙するという構図は完全に崩れた。流れが変わった以上、現実的な目線で中国の構想と向き合うべきではないか。AIIBの否定や対立ではなく、むしろ積極的に関与し、関係国の立場から建設的に注文を出して行く道があるはずだ」（三月二〇日）と姿勢の転換を求めた。

だが日本の政府及び世論の大勢は、引き続き静観すべきというものである。原因は次のような諸点にあろう。（1）「日本はアジア第一」の優越感があり、中国主導のAIIBに入りたくないという心理的要因、（2）安全保障面での対中国警戒感を煽ってきた手前、やすやすと加入するわけにはいかない、（3）アメリカ主導の国際金融システムへの信仰が依然として存在している、（4）中国は経済的にも政治的にも大きな問題を抱えており、AIIBはそのうちに行き詰まるとみる。

日中関係は歴史認識問題や尖閣諸島問題など複雑な政治的要因が横たわり、経済的利害関係だけでは済まない。経済的には日本は早期に加入すべきだと分かっていても、世界の流れに逆らう現在の対応を、いましばらく続けざるをえないであろう。

三　ＡＩＩＢの世界経済と国際金融秩序への影響

本論考の初めの部分で一九八六年の前川レポートに触れ、中国がいま同じような問題に直面していると述べた。当時日本は発展途上国と先進国の橋渡しをしようとする意欲に燃えていた。ところが、アメリカの支持を得られず挫折した。中国も同じような運命を辿るという見方が日本では強く存在する。しかし、中国と日本とは次の点で異なるため、アメリカとうまくやり合って、世界経済と国際金融システムに大きな影響を与えていく可能性が高い。（1）安全保障面で米国に従属しておらず、自主的決定をなすことができる。（2）経済潜在力と実力で米国を凌駕することができる。（3）協商民主の政治制度は効率的かつ戦略的であり、アメリカの一極体制打破に柔軟に対応できる。では、どのような世界的影響を及ぼすのであろうか。

1　擬制経済から実体経済への転換

前述のとおり、一九六〇年代後半にはドルを中心とした国際通貨体制は危機に瀕し、ＳＤＲが誕生した。しかし一九七三年以降、金を後ろ盾としない変動相場制が採用されることになり、ドル札は米国一国の一存で大量に刷り発行できるようになった。その結果、投機資金があふれ、お金は実体経済に回らず、マネーゲームに奔走する状況が生まれた。オイルダラーや日本と中国の持つ巨額の外貨準備は、その多くがアメリカの国債を購入し、米国国際収支の巨額の赤字を補塡した。それが米国の擬制経済を膨張させ、二〇〇七年の国際金融経済危機に繋がった。新自由主義の影響を受けた世界的金融の自由化も、マネーゲームを助長する役割を果たした。国際金融制度において、市場原理の働く金利メカニズムの構築は必要だが、金融の自由化であってはならない。

日本は一九九〇年代にアメリカの圧力のもと、金融の自由化を進めた。その結果、バブルが発生し、その崩壊とともに［失われた二〇年］を体験することとなった。中国も新自由主義の影響を受けたが、政府の役割を放棄したことはなく、金融の自由化にはずっと慎重な姿勢をとってきた。二〇〇七年の世界金融経済危機が発生してからは、新自由主義の危険性をはっきり認識し、金融は実体経済に奉仕しなくてはならないというテーゼを提起した。当時の国家主席胡錦濤は国際的首脳会議でもはっきりとこのテーゼを提示し、国際金融システムの改革を訴えた。

中国は一九九〇年代後半、とりわけ今世紀に入って急増していく外貨準備について、当初、どう活用したらよいか分からなかった。日本と同じく、米国の国債を購入していった。それは実体経済と関係のないところでマネーゲームに利用される可能性が多分にあった。中国の余剰資金をいかに運用するか、いかに実体経済に投入するか。この問題に応えるかたちで生まれたのが、世界のインフラ整備に投資するという方針であった。インフラが整備されれば、周辺のモノと人の流れが活性化し、需要と供給が拡大していく。つまり、ＡＩＩＢは「域内の相互アクセスを加速化し、内生的発展能力を高め」、実体経済の発展を促す。それは、世界の余剰資金が擬制経済から実体経済に回る大転換を引き起こすきっかけになりえるのである。

2　世界経済の好循環形成に貢献

先進国には余剰資金や余剰設備があるにもかかわらず、経済的社会的条件が大きく変わり、利潤を生む投資分野はますます狭くなっている。少子高齢化社会に入っている日本などは、潜在成長率が低く、ゼロ金利状態が長期にわたって続いている。他方、発展途上国は潜在成長力が高いにもかかわらず、資金不足で経済が発展しない。経済的貧困が社会の安定を崩し、経済の発展を阻む。このような悪循環を断ち切るためには、国際協調の資金援助が必要であり、その投資先はまずインフラ整備である。

南北問題の解決が語られて久しいが、多くの地域では格差がなかなか縮小しない。ただ、東アジアにおいてはアジアニーズや中国などの例外があり、低所得国から中所得国に発展し、シンガポールや韓国など先進国になった国もある。先進国へのキャッチアップに成功した国、及び成功しつつある国がその経験を総括した結果、最も重要なことはインフラ整備による経済発展環境の整備であることが分かった。すなわち、先進国経済と発展途上国経済を結び付ける要はインフラ整備にある。新興国は、その要に力を注入することによって、先進国経済、新興国経済、低発展途上国経済間の好循環を形成する役割を果たすことができる。「アジア資本の利用効率を高め」、「世界の総需要を拡大し、世界経済の成長を促す」ことになるのである。

3　既存の国際金融システムの改革促進

前述の如く、既存の国際金融機構は欧米に牛耳られ、往々にして先進国の利益本意、とりわけ一票拒否権をもつアメリカの利益本意の運営がなされている。ＡＩＩＢを設立する目的の一つは「国際通貨システムの改革を促す」ことにある。現に、ＡＩＩＢ参加国が五七ヵ国になったということで、ＩＭＦへの改革圧力とＡＤＢへの改革圧力が大いに高まっている。

今年四月、ワシントンで開かれたＧ20財務相会議で、ＩＭＦの改革後れに不満が噴出し、二〇一〇年の新興国の出資比率を高める改革案を是認しないアメリカ議会への批判が高まり、「米国抜き改革案」を主張する声さえあった。Ｇ20共同声明には「ＩＭＦ改革の進捗が遅れ続けていることに深く失望している。米国に可能な限り早期に批准するよう強く促す」という文言が取り入れられた。また、五月二日に開かれたＡＤＢ年次総会では、新興国の出資比率を高めること、各国の事務所に企画から実行までの決定権限を委譲し、審査期間を二年から半年くらいに短縮することなどが議論された。

ＡＩＩＢがまだ発足していない段階で、すでに競争が始まっている。日本は、中国にはノウハウがない、信頼が置けない、透明性に欠けるなどを口実に、アメリカとともに参加を拒否しているが、タイ財務相ソンマイ氏は次のような厳しい言葉で批判している。「ＡＩＩＢの設立は、ＡＤＢの官僚主義的な部分を取り除くのに役立つ」、「日米が参加すれば、ＡＩＩＢがより良いものになるとは思わない」、「国際金融の競争を歓迎する」（「読売新聞」五月一三日）。

中国の指導者は再三にわたって、「ＡＩＩＢは既存の国際金融機関に挑戦するものではなく、それを補完するものである」と語っている。また金燦栄は、現行国際基準を九〇％継承し、後の一〇％は改善を図るとしている。楼継偉財政相は三月二〇日、国営新華社記者の質問に答えて次のように語っている。「ＡＩＩＢは既存の国際機関の運営体制や環境政策などの経験を十分に学ぶが、それと同時に既存の国際機関が通ってきた回り道を避け、低コストで効率の高い運営を目指す」（「日本経済新聞」三月二一日）。

既存の合理的な点は継承し、一票拒否権のような非合理的な点は改革していくという中国の姿勢は、発展途上国ばかりでなく、欧日の賛同も得られるはずだ。日本や欧州ができなかったことを、中国は敢えてやろうとしているのである。

4　発展途上国の発言権拡大と共通通貨体制への移行

前述した如く、習近平は中国及び発展途上国の発言権を強めていくと宣言した。これは一部の人が言うように夢物語ではなく、現実味のあることだ。二〇一三〇年後には、経済規模は中国が世界第一、インドが世界第二になるとみられている。その二大潜在経済大国の間には、イギリス帝国が残した国境問題が存在するものの、両国とも経済協力を強めて発展途上国の発言権を強めようとしている。

五月一五日、李克強首相とモディー首相が会談し、「真のアジアの世紀実現に向けて手を携えて推進しよう」と謳い上げた。ＡＩＩＢ出資比率について、四〇％は購買力平価のＧＤＰで計算するというのは、インドへの配慮である。先進諸国のなかには、中国の台頭を抑制するために、インドを中国と対決させようとする計略が練られているが、それは失敗に帰するであろう。

新興国と発展途上国の発言権を拡大するということは、先進国の持つ優位性を否定するものではなく、先進国主導の国際金融システムを国際協調主導の国際金融システムに変えていこうということなのである。ここで大変注目されるのは、今年後半のＩＭＦ理事会で人民元がＳＤＲの構成通貨になりうるかどうかである。

ＳＤＲはＩＭＦが加盟国の準備資産を補完するために一九六九年に創設した一種の合成通貨である。外貨不足の国はＳＤＲと引き換えにドルなどを入手できる。現在、この合成通貨は、米ドル、ユーロ、英ポンド、日本円で構成する通貨バスケットで価値を決められる。いずれも先進国の通貨である。五年ごとに経済情勢などに応じて構成通貨を見直すことになっている。今年はその見直しの年で、中国人民銀行副総裁易綱は、「人民元がＳＤＲの構成通貨に加われば、国際通貨システムの改革にとっても有益だ。ＩＭＦは人民元の国際化の進展を十分考慮し、遠くない将来に人民元をＳＤＲに加えて欲しい」と語っている。二〇一〇年にも人民元の採用が議論されたが、取引の自由度が十分ではないとして見送られた。

二〇一四年一二月の世界の資金決済に占める人民元建ての比率は二・一七％と、二・六九％の日本円に迫る第五位に浮上した。二年弱で一・五ポイントも上がり、世界一三位から五位に上昇し、数年内に日本を追い抜くとみられている。中国経済の規模の拡大に加え、中国政府が国際的な貿易や投資に人民元を使えるように規制緩和を加速しているからである（「日本経済新聞」三月一六日）。

楼継偉は「ＡＩＩＢは発展途上国が中心の国際機関であり、途上国のニーズをより考慮する必要がある」と述べ、既存の枠組みとの違いを強調した。人民元がSDRの構成通貨になれば、中国が発展途上国を代表して発言する重みが大幅に増していく。AIIBは人民元の国際化を促し、国際通貨としての存在感を増していく。その結果、SDRの構成通貨となり、人民元の国際的地位はさらに高まる。AIIBは当面、ドル建てで計算されるが、人民元の国際化が進むにつれて、人民元建てを普及していくとしている。ドル一極体制はSDR共通通貨体制に徐々に移行していくことになろう。

5　近代国際政治のパラダイムの転換

ドル一極通貨システムがSDR共通通貨システムに移行するということは、経済分野にとどまらず、政治外交安全保障分野にまで改革が拡大していく。習近平は昨年五月にアジア相互協力信頼醸成措置会議で、「共同、総合、協力、持続可能な安全観」を提起した。通貨体制の政治学者のイアン・プレマー氏は「中国主導の枠組み作りが成功すれば、米国主導の国際秩序を弱体化させることに繋がる。長期的にみれば、自国の基準を変えなければならなくなるのは米国だろう」と述べ、危機感を表した（「朝日新聞」四月一日）。アメリカ主導の軍事同盟を軸としたパワーポリティックスの安全保障体制は、国連を中心とした敵のない共同の、伝統的安全分野のみでなく非伝統的安全分野も含めた総合の、対決し合うのではなく協力し合う、一時的ではない持続可能な二一世紀型安全保障体制に移行していく。近代国際政治のパラダイムの転換である。

勿論、これは一朝一夕にして為しうるものではなく、三〇年、五〇年、あるいはさらに長い期間を必要とするかもしれない。しかし中国的特色の社会主義を提唱する中国が、国際政治の主要舞台に出てきたことは、世界政治経済に大きなインパクトを与える。オバマは四月一七日の記者会見で、米国が国際的ルールを築かなければ、「中国が（自国の）企業や労働者に有利となるルールを確立する」と述べ、日米主導の環太平洋経済連携協定（TPP）交渉を推進する必要性を強調した。しかし、中国はＡＳＥＡＮ10＋１（中国）からＲＣＥＰ（東アジ地域包括的経済連携）へ、ＲＣＥＰからＡＰＥＣ（アジア太平洋経済協力機構）へ、ＡＰＥＣからＦＴＡＡＰ（アジア太平洋自由貿易圏）への道を考えている。中国を排除しようとしているＴＰＰについては、ほとんど無視する姿勢をとっている。

「日本にとって気がかりなのは米国主導のＴＰＰ交渉の参加一二ヵ国のうち、五ヵ国がＡＩＩＢ参加を表明し、オーストラリアとカナダも参加を検討していることだ。中国がＴＰＰへの対抗手段として重視するＲＣＥＰ構想の交渉参加国一六ヵ国で見ると、日本を除く一五ヵ国がＡＩＩＢに参加を表明または検討している。中国はＴＰＰ陣営の切り崩しに成功し、貿易・サービスと金融という経済の両輪で日米を脅かしている」（「日本経済新聞」五月二五日）。こういった低次元の論調は、いま起きている国際政治の地殻変動に、全然、気づいていないことを表している。

結び

李克強首相は河野洋平氏に、三月末で創設メンバーの受付を締め切ったＡＩＩＢについて、「後から参加した国が発言権を得られないわけではない」、「アジア開発銀行の歴史と経験も学びたい」、「ある国が他の国を呑み込むことはない」と説明し、日本の参加に期待を示した（「日本経済新聞」四月一五日）。日本が六月末に参加を決定するかどうかはまだ分からない。しかし、既存の国際金融秩序の欠陥を最もよく知っているのは日本であり、それを改革しようとして失敗した経験をもつのも日本だ。中国の国際金融秩序を改革しようとする意気込みを心から支持するのは日本であるはずなのだ。

ＡＤＢ総裁中尾武彦は、「中国はインフラ事業での入札のルールや物資の調達方法などを照会してきた、経験やノウハウ、専門的な知識を中国側と共有しはじめている、実際に設立されれば、ＡＩＩＢとの協力は考えられる」と語っている（「日本経済新聞」三月一七日）。日本が旧い政治思考方式から脱皮して、真に中国の目標を理解する時代が、ＡＩＩＢ加入または協力関係強化を通して、日中両国が協力して国際金融秩序の改革を促進する時代が、そう遠くない将来において必ずやってくると信じたい。

第一六章補論：ＡＩＩＢの発足とＴＰＰとの比較

二〇一四年一〇月、中国が主導するアジアインフラ投資銀行（ＡＩＩＢ）設立の覚書が二一の創設メンバー国によって署名された。筆者は日本の早期加入が望ましいと考え、二〇一五年一月一六日、谷口誠元国連大使とともに、在日中国人研究者五人と日本人研究者五人からなるＡＩＩＢ（日中）共同研究会を立ち上げた。

ＡＩＩＢは予測より速いテンポで進み、三月末が一つの節目であることから、三月一九日に下記の提案書を財務省と外務省に提出した。

麻生太郎財務大臣兼副総理　殿

提　言　書

アジアインフラ投資銀行（ＡＩＩＢ）検討委員会の設置を求める

昨年九月、中国主導のＡＩＩＢ設立準備委員会が発足し、加盟国は二七ヵ国に増加、本年末の始動に向けて準備が進められている。これまでＡＩＩＢに対して否定的と伝えられてきた米国でも、一月七日、シーツ財務次官が、世銀、ＡＤＢ等既存の国際開発銀行の役割を補完し、透明性と健全なガバナンスの重視など国際開発銀行としての組織運営の原則を保持することを前提にＡＩＩＢの設立を歓迎する用意があることを示した。続いて二月二七日、シャーマン国務次官も講演で、同趣旨の発言を行った。

条件付きながらアメリカがＡＩＩＢを容認する姿勢を示したことから、オーストラリア、韓国、カナダ、欧州諸国など先進国も参加する可能性が出てきた。

こうした最近の状況を考慮すれば、中国と並んでアジア経済をリードする存在であり、中国とも密接な相互依存関係にある日本も、本問題について改めて考えるべき時期に来たのではないだろうか。

中国国内の一般的論調が、アジア等におけるインフラ整備の推進による国内の設備過剰問題の解決、中国企業の海外進出促進など、中国自身の利益を強調していることは気懸かりである。しかし、中国政府も先進国及び既存の国際開発銀行の成熟した経験とノウハウに学びたいとしている以上、日本政府としては、今までのように「不透明さ」が解消されるのを待つ態度から、「不透明さ」を解消すべく積極的に関わる態度に切り替えるべきだと考える。

その第一歩として、ＡＩＩＢについての検討委員会を早急に設置し、中国との公式折衝を始めるよう以下の点を提案したい。

1．アジアにおけるインフラ整備資金の需要は膨大で、既存の国際金融機関が十分な資金を提供できていないことを考慮すれば、新たな国際開発銀行としてＡＩＩＢが設立されることを歓迎する。

2．透明性、運営方式、融資条件、リスク管理などの懸念については、日本政府の代表者が直接、中国政府関係部門とコンタクトをとることによって意思疎通を図り、共通認識に達するよう努力する。中国政府も日本政府に対して組織運営、融資条件等に関する情報を明確な形で開示して、現状の相互不信感を払拭するよう積極的に努力する。

3．中国政府は既存の国際開発銀行の運営方式を踏まえて、改善すべき点は参加国及び専門家との協議により「創新」（イノベーション）を図る。日本政府はそれに協力していく。

4．日本政府は政府関係部門からなるＡＩＩＢ検討委員会を設置し、ＡＩＩＢの進捗状況や今後の計画を把握するよう努め、日本のとるべき対応策を検討していく。

5．同検討委員会はＡＩＩＢ加盟国または加盟しようとしている国々とも協調・連携し、それぞれの要望を踏まえてより良い組織運営が実現するように努める。

6．諸条件を考慮しつつも、でき得るならば六月末までに完成される定款の作成に関与できるよう、早期に参加することを目指す。

7．中国政府は日本政府に対して再度、ＡＩＩＢは既存の国際開発銀行のスタンダードに沿った組織運営を目指す決意を表明するとともに、日本の早期加入を要望する。

もし日本政府がＡＩＩＢに対して積極的姿勢を示し、早期加入の雰囲気が醸成されていけば、今後の日中関係の改善にも役立つ。それは日中両国ばかりでなく、アジア延いては世界の経済にもよき影響を与えるものと確信する。

二〇一五年三月一〇日

ＡＩＩＢ（日中）共同研究会

谷口　誠　石田　護　露口洋介　津上俊哉　瀬口清之

凌　星光　杜　進　朱　炎　宋　立水　金　堅敏

翌二〇日、私と谷口氏は外国人記者クラブで記者会見を行った。一定の反響はあったが、日本の世論と政府を動かすにはいたらなかった。安倍政権の不参加の意志は固く、われわれの念願であった年内加入はついに実現できなかった。

ここで本論の続きとして、ＡＩＩＢのその後の動きを追ってみることにする。

四月から六月末にかけて、アジア各国で首席交渉官会合（ＣＮＭ）が重ねられ、二〇一五年六月二九日、北京で創設メンバー国会議（ＰＦＭ）が開かれた。計五七ヵ国のうち、韓国、インドネシア、インド、ロシア、キルギス共和国、イラン、ブラジル、オーストラリア、英国など東・東南・南・中央アジア、中東、南米、太平洋、欧州の計五〇ヵ国が設立協定（ＡＯＡ）に署名した。その後、残る六ヵ国が相次いで署名し、最後に残ったフィリピンも発言権などで優遇される「創設メンバー」の地位を得る最終期限の一二月三一日に署名、全五七ヵ国がＡＯＡへの署名を終えた。

ＡＩＩＢは二〇一五年内に発足させることを目指していて、その計画通りに運び一二月二五日に実現した。また、ＡＩＩＢはＡＯＡに署名した国々のうち一〇ヵ国以上が協定を批准し、批准国の出資金の合計が全体の五〇％以上に達した段階で設立されるという仕組みを定めていた。中国は一一月四日にＡＯＡを批准、その後、オーストラリア、英国、韓国、ドイツ、パキスタンなど一七ヵ国が批准し、一二月二五日時点で出資金の合計が五〇・〇八％となり、発足の条件を満たすこととなった。一二月三日、英国の財相オスボーン氏はＧ７の中で英国が最初に批准したと語り、その積極的姿勢をアピールした。

二〇一六年一月一六日、ＡＩＩＢの開業式典が北京釣魚台国賓館で開催され、習近平国家主席が開幕の挨拶をした。重要なスピーチであり、その要旨を以下に紹介する。但し、カッコ内は、注目すべき点を指摘した簡単な解説である。

一 「ＡＩＩＢの設立・開業は、アジア地域のインフラ投資を効果的に増やし、多ルートの各種資源、とりわけ民間部門の資金を動員してインフラ建設分野に投入し、地域の相互連結と経済の一体化を推進する。また、それはアジアの発展途上国メンバーの投資環境改善に役立ち、雇用の創出、中長期的な発展潜在力の向上に繋がり、アジア延いては世界経済の成長にプラス要因となる」（民間資本の動員と資金受け入れ国の潜在成長率の高まりに触れている）。

二「ＡＩＩＢの設立・開業は、グローバル経済のガバナンスシステムの改革と健全化に重要な意義がある。世界経済局面の変化と調整のトレンドに順応して、グローバル経済のガバナンスシステムを、より公正、より合理的、より効果的な方向に発展させるのに役立つからである」（新興国の台頭に見合った国際システムの改革と調整に役立つとしている）。

三「ＡＩＩＢは開かれた地域主義を貫き、既存の多国間開発銀行と相互補完し、その強みと特色で以て既存の多国間システムに新たな活力を注ぎ、多国間機構の共同発展を促すべきである。また、互恵・オールウインかつ専門的で高効率のインフラ投融資プラットフォームとなるように努力し、地域のインフラ融資レベルの向上及び地域経済社会の発展促進の面でそれ相応の役割を発揮すべきである」（既存のシステムに挑戦するものではなく、相互補完関係を形成するものだとしている）。

四「インフラ融資の需要は巨額であり、広々とした青い海原の如きである。新旧機構の補完し合う空間は広大であり、共同融資、ノウハウの共同享受、能力の育成など様々な形態の協力とよき競争を通して、お互いに促進し合い、長短を学び補い合い、共に向上することができ、多国間開発機構のアジアインフラの相互連結と経済の持続的発展への貢献度を高めることもできる」（新旧機構の協調と健全な競争を提唱し、学び合いながら共に発展することを強調している）。

五「ＡＩＩＢは国際的発展分野の新トレンド及び発展途上国の多様化要望に合わせて、新業務モデルと融資手段のイノベーションを図り、メンバー国がより多くの高い質、低コストのインフラプロジェクトを企画する手助けをしなくてはならない。ＡＩＩＢは発展途上国が主としたメンバーであるが、多くの先進国もメンバーとなっている。この独特の強みによって、ＡＩＩＢは南南協力と南北協力の橋渡し・連帯の役割を果たすことができる」（中国が発展途上国間ばかりでなく、先進国と発展途上国の橋渡しの役割を果たす意図を示している）。

六「ＡＩＩＢは多国間開発銀行のモデルと原則に基づいて運営され、既存の多国間開発銀行の、ガバナンスの仕組み、環境及び社会保障の政策、購入政策、債務の持続性等の面でのよき経験ややり方を十分参考にして、長短を学び補い合い、高い起点に立って運営すべきである」（既存の多国間開発銀行の経験と合理的な仕組みを学ぶという姿勢を示し、中国の独善に陥らないことを強調している）。

七「中国は国際的発展システムの積極的参加者・受益者であり、建設的貢献者でもある。ＡＩＩＢ設立を提唱したのは、より多くの国際的責任を担い、既存の国際経済システムの健全化を推進し、国際的公共財を提供するという建設的な行動であり、各方面が互恵・オールウインの実現を促す上で有利である」（国際的公共財を提供し、国際的責任を果たす意思を示した。但しそれは、先進国の言いなりになることではない）。

八「中国はＡＩＩＢの提唱国として、この銀行設立後は、確固としてその運営と発展を支持し、期限通りに資本金を納入するばかりでなく、後進国メンバーのインフラプロジェクト準備を支援するため、ＡＩＩＢが設立しようとしているプロジェクト準備特別基金に五〇〇〇万ドルを拠出する」（後進国の困難に配慮し、共に進んでいけるよう支援する）。

九「中国は終始、グローバルな発展の貢献者となり、互恵・オールウインの開放戦略を堅持していく。中国の開放の大門は永遠に閉ざされることはない。各国が中国発展の『追い風』に便乗することを歓迎する。中国は各方面と一緒に、ＡＩＩＢが早期に運営を開始し、その役割を発揮するよう努力し、発展途上国の経済成長と民生改善のために貢献していく。ＡＩＩＢを含む新旧国際金融機関が『一帯一路』建設に共に参加することを引き続き歓迎する」（ＡＩＩＢと「一帯一路」建設の関係に触れ、中国の主導的役割を示している）。

一〇「みなで薪を集めれば炎は高く上がる。ＡＩＩＢはメンバー国のＡＩＩＢであり、地域と世界の共同発展を促すＡＩＩＢである。ＡＩＩＢを成功させるには、各方面が団結協力し、力を合わせる必要がある。メンバー国が手を携えて努力することで、ＡＩＩＢは必ずや専門的かつ高効率で、クリーンな二一世紀の新型多国間開発銀行になり、人類運命共同体を構築する新たなプラットフォームとなって、アジアと世界の発展・繁栄促進に新たな貢献を為し、グローバル経済のガバナンス改善に新たな力を添えることと、私は期待すると同時に固く信じている！」（ＡＩＩＢが二一世紀に相応しい新型の多国間開発銀行になるとし、人類運命共同体実現の理想に結び付けている）。

開業式典当日は、ＡＩＩＢの董事会と理事会も成立し、正式に動きだした。ＡＩＩＢの資本規模は一〇〇〇億米ドルで、当初の引受資本額は五〇〇億ドルである。世界銀行やアジア開発銀行（ＡＤＢ）と同じく理事会での投票権は出資額に比例しており、上位三ヵ国は、中国（二六・〇六％）、インド（七・五％）、ロシア（五・九二％）となっている。本部を北京に置き、初代総裁には金立群元ＡＤＢ副総裁が選出された。一月一七日、金総裁は就任後初めて記者会見を行い、「実行力を伴う二一世紀型の国際開発銀行にする」と語った。参加を見送っている日米などには「ドアは引き続き開放されている」とも述べている。

ＡＩＩＢは既存の国際機関との協調融資を積極的に推進するとし、それを実行に移している。（１）一六年中ごろ、ＡＤＢと協調してスリランカのインフラ建設に投資する（第一号案になる可能性があるとのこと）、（２）中央アジアで年内に二案件について欧州復興開発銀行（ＥＢＲＤ）と協調融資をする（このため、二〇一六年一月、中国がＥＢＲＤに加盟）、（３）一六年四月一三日、ＡＩＩＢと世界銀行は協調融資の枠組みで合意・署名を済ませたなど、協調融資は着実に進められている。

三月二四日、ボアオ・アジアフォーラムの開幕式で、李克強首相は「アジア金融協力協会」設立を提唱し、翌二五日に準備会議が開かれ、七月に協会を設立することで合意に達した。アジア、欧州、米国など一二ヵ国から三八の金融機関・団体が参加する。また金立群総裁は分科会で発言し、新たに三〇ヵ国以上が加盟申請していることを明らかにした。新規加盟の受け入れ時期については年末ごろとし、創設メンバー入りを見送った日米に門戸を開いていることを改めて強調した。日本の年内加入を待って新規加盟を受け入れるとも受け取れる発言である。

アメリカと日本はＡＩＩＢへの対抗措置として環太平洋戦略的経済連携協定（ＴＰＰ）に力を入れている。オバマ大統領は「中国にルールをつくらせない」と言って、中国を排除したＴＰＰの実現に向けて力を注ぐ。国内の反対も顧みず、日本など関係国との交渉で妥協に踏み切った。日本の自民党政権もまた四年間の秘密保持期間を利用して、国民との約束を反故にして妥協を図った。アメリカとともに戦略的に中国を牽制するためであるという。しかし、ＡＩＩＢとＴＰＰを比較した場合、このような米日の態度がいかにナンセンスであるかが分かる。

ＴＰＰはもともとシンガポール、ブルネイ、チリ、ニュージーランドの四ヵ国で二〇〇五年に協定を結び、二〇〇六年五月に発効した。ところが二〇一〇年に米国が参加を表明し、オーストラリア、ベトナム、ペルーも参加し、拡大交渉が開始された。ＴＰＰはアメリカ主導でレベルの高い自由化を目指す包括的な協定ということになり、アメリカの対アジア戦略の重要な一環となった。九ヵ国による拡大交渉は、二〇一一年一一月に大枠合意にいたり、二〇一二年内の最終妥結を目指したが、それはならなかった。そして新たにマレーシア、カナダ、メキシコが参加し、一二ヵ国となった。

日本はアメリカの対アジア戦略の一端を担う同盟国として、日米安保条約強化とＴＰＰ締結を対中国牽制策の両輪と位置づけることとなった。二〇一〇年、民主党政権下で事前交渉を開始し、二〇一三年三月に安倍首相が交渉参加を表明、同年七月、国内の強い反対を押し切って正式交渉参加に踏み切った。以来、急ピッチで各参加国との交渉を進め、厳しい交渉を経て、二〇一五年一〇月、米国でのＴＰＰ閣僚会議でＴＰＰ協定の大筋合意に達した。二〇一二年二月にはニュージーランドでＴＰＰ協定の調印式が行われた。後は加盟国議会の批准を待つだけとはなったが、それが困難を極めている。

協定発効には米国と日本の批准が欠かせないが、米国では市民の反対運動が起きており、大統領選での主要候補がＴＰＰに反対している。ノーベル経済学賞受賞者であるジョセフ・スティグリッツ氏は、ＴＰＰを史上最悪の貿易協定であると言っている。オバマ大統領は自分の任期中に批准を終えようとしているが、議会の賛成を得るのは難しい状況にある。新大統領誕生まで持ち越されるとすると、再交渉ということになるかもしれないといわれている。

「日本が率先して法案成立を目指す」としているが、その日本も参院選を前に与野党の攻防が激化し、ＴＰＰ交渉にあたった甘利明前経済財政・再生相の金銭問題を巡る地検の強制捜査も響き、国会は一時空転し、ＴＰＰ法案の審議は秋の臨時国会に先送りされた。マレーシアや他の国でも、ＴＰＰ内容が公になるにつれて反対運動が激しくなっている。六年がかりで調整されてきたＴＰＰは「風前の灯」ともいわれる。また、たとえＴＰＰが批准され発効したとしても、真に効果が出てくるのは四、五年先のことであるともいわれる。

他方、ＡＩＩＢはというと上述した如く、二〇一三年一〇月に提唱されてから二〇一四年一〇月に二二の創設メンバー国が覚書に署名するまで約一年要し、二〇一五年三月末に五七の創設メンバー国が決まるまで五ヵ月、同年六月の協定署名までが三ヵ月、同年一二月の協定発効までが六ヵ月要しただけである。わずか二年二ヵ月ですべての手順をやり終え、一六年一月一六日、開業式典を迎えるにいたった。さらに約半年間の検討を経て、一六年半ばには融資業務が開始される。このスピードは、まさに発展途上国の望むところである。ＴＰＰとＡＩＩＢは性格が異なるため、単純には比較できないが、なぜ両者のスピードがかくも異なるのか、なぜ後者には反対運動が起こらないのか、考えさせられるところである。

日本はＴＰＰを推進すると同時に、ＡＩＩＢにも速やかに参加して、日中が協力してアジア経済、延いては世界経済の発展と繁栄に貢献していくのが正しい道筋である。

第三部　中国の対アジア外交

第一七章　中朝関係と六ヵ国協議の行方

解題：（二〇〇九年一二月執筆）北朝鮮の瀬戸際外交にどう対応すべきか。朝鮮半島を巡る国際政治のプロセスを分析し、北朝鮮はけしからんではなく、安全保障面で安心感を与えることが先決だと説いた。そうしてはじめて改革開放政策に向かわせることができ、核の放棄に繋げることができる。この面で、中国も米国も反省すべき点があると指摘した。

朝鮮半島問題を解決する根本的方途は、冷戦思考から脱皮し、北東アジア安全保障体制を構築することにあり、日中韓三ヵ国首脳会議を、北朝鮮も含む四ヵ国首脳会議に持っていくよう努力すべきだと提案した。

中朝関係はきわめて微妙にして複雑なプロセスを経てきた。六ヵ国協議議長国になって以来、中国は国際的に評価される外交活動を展開してきたが、北朝鮮のミサイル発射と核実験によって、その影響力の限界が問われることとなった。とはいえ、国際社会の六ヵ国協議への期待は薄れることはなく、中国への期待も依然として大きなものがある。ここでは、中国との関わりのなかで、北朝鮮の最近の姿勢の変化を分析し、中国の北東アジア戦略と結び付けて、その対北朝鮮政策を論じ、いままでの対応の「反省」すべき点を指摘し、今後の政策展開を考えてみたい。

一　強硬姿勢から柔軟姿勢に転換した北朝鮮

四月五日、北朝鮮がミサイル発射実験を行い、四月一三日、国連安保理は第一七一八号決議違反と非難する議長声明を発表した。翌日、北朝鮮は、科学衛星の発射であって違反ではないと反発し、六ヵ国協議から永遠に離脱すると宣告し、国際原子力機構への協力も中止すると宣言した。そして、五月二五日には、二度目の核実験を行い、六月一二日、国連安保理は朝鮮制裁の一八七四号決議を採択した。北朝鮮は、これに強く反発し、核計画を絶対に放棄しないと断言し、核問題協議の門を閉ざした。七月初めには、数回にわたってミサイルを発射して、引き続き国際社会を挑発した。

北朝鮮のミサイル技術と核技術は、明らかに進歩をみており、国際社会は大きなショックを受けた。とりわけ六ヵ国協議議長国として、また友好国として長年影響力を及ぼしてきた中国にとっては、面子丸潰れで、中国国内世論も反発した。日本では、六ヵ国協議は失敗に終わったと最終的結論を下す論調さえ現れた。

しかし、七月下旬になると、北朝鮮の態度が軟化しはじめ、六ヵ国協議には参加しないが「他の対話方式で問題を解決したい」、「アメリカとの対話に反対しない」というようになった。八月四日、クリントン元大統領が訪朝し、拘束された二人のアメリカ記者が釈放された。その際、金正日はクリントンと会談し、アメリカとの関係改善の意を示した。これとは逆に、中国の武大偉氏が八月一七日に訪朝したときには冷遇された。北朝鮮は「親米疎中」の態度をあらわにしたのである。

ところが、対米関係には思うような進展がみられず、アメリカは中国の同意なくして米朝会談に応ずることがないことも分かり、結局は、中国への態度を変えざるをえなくなった。戴秉国氏が九月中旬に訪朝した際には、前向きの姿勢を示した。続いて一〇月四日、温家宝首相が北朝鮮を訪問した際には、金正日は六ヵ国協議に反対しない、二国間及び多国間の対話を通じて関連問題を解決したいと述べた。一〇月二六日、北朝鮮代表がアメリカで行われる「北東アジア協力対話フォーラム」に参加し、米朝会談を行う下準備が行われている。

以上のプロセスから、今回のパフォーマンスも、北朝鮮の瀬戸際外交の一つに過ぎないことが分かる。国際社会と北朝鮮とのやり取りは、過去二〇年間、何ら進歩していなかったのである。ここで、四度にわたる北朝鮮核危機問題を振り返って整理してみよう。

1　最初の核危機

一九九二年、北朝鮮の核兵器開発がアメリカによって発覚し、核兵器開発放棄が求められた。北朝鮮は、ＩＡＥＡの査察を拒絶したうえで、核不拡散体制からの脱退を宣言した。クリントン政権は、一時、戦争計画をつくり、寧辺の核施設を攻撃するプランまで立てていた。北朝鮮を巡る一度目の核危機である。そのとき、カーター元大統領特使の仲介で、一九九四年、北朝鮮の要求する軽水炉二基の建設と年間五〇万トンの原油供給を約束した枠組み合意が米中朝三ヵ国間で成立した。北朝鮮側の義務は、黒鉛減速型原子炉の稼動停止であった。その後約八年間、安定が続き、北朝鮮の核能力が高まることはほとんどなかった。

2　二度目の核危機

二〇〇一年、アメリカ共和党が政権の座に就き、クリントン政権の宥和政策を改めた。ブッシュ政権の誕生によって、枠組み合意は破られ、アメリカはイラク、イラン、北朝鮮を「悪の枢軸」、「ならず者国家」と決めつけ、イラクへの侵攻を始めた。これは、イラクが核兵器を持っていなかったからだと北朝鮮は判断し、再び核兵器の開発に乗り出した。

北朝鮮の核開発は間もなく露見し、二〇〇二年一〇月、北朝鮮は濃縮ウラン抽出と核兵器製造の計画があることを認めた。アメリカは、直ちに朝鮮への重油提供と食糧援助を停止した。北朝鮮は、アメリカの枠組み合意不履行を理由に、国際核査察員の退去を求め、核不拡散条約からの脱退を宣言した。二度目の北朝鮮核危機の発生である。

3　三度目の核危機

二〇〇二年、北朝鮮の核開発違反による枠組み合意破綻以降、アメリカは、北朝鮮との二国間交渉を拒否しつづけてきた。二〇〇三年八月、アメリカの要請によって、中国を議長とする六ヵ国協議が発足し、国際社会と北朝鮮との関係調整は、この六ヵ国協議に委ねられることとなった。そして、二〇〇五年九月、六ヵ国協議共同声明を発表するにいたった。ところが、北朝鮮は、約束を守らず、密かに核開発を続けた。そして、二〇〇六年一〇月、最初の核実験を行った。中国は、面子を潰され、「強引にも（悍然）」という言葉を使って、憤りをあらわにした。これが三度目の核危機である。

それは、二〇〇七年二月一三日の米朝合意により解消に向かった。二〇〇八年六月、北朝鮮は、寧辺の核施設の一部を破壊した。北朝鮮とアメリカとの国交正常化交渉の可能性を見出せるかもと期待されたが、それはならなかった。金正日の健康状態悪化もあって、北朝鮮はますます焦りを感じるようになる。そして、二度目の核実験準備に拍車がかかった。

4　四度目の核危機

アメリカで民主党政権が誕生してから、北朝鮮は、オバマが選挙中に口にした米朝首脳会談に期待をかけた。しかし、オバマ政権は、対中東、対ロシア、対南米などすべての方面で新外交を展開したが、北朝鮮問題については、沈黙を守り、延び延びになってきた。金正日は、痺れを切らし、アメリカと国際社会の注意を引くために、〇九年四月のミサイル発射に続いて、五月に二度目の核実験を行った。核の放棄ではなく、核保有国家として正常化を図る方針に転換したのである。

では、なぜ、北朝鮮は大きなリスクを背負いながら、かくも執念深く核開発に取り組むのであろうか。それは、金日成が敷いた主体思想と先軍政治に遡る。ソ連の崩壊によって、北朝鮮は一大困難に見舞われたが、一九九二年八月の中韓国交正常化は、それに追い討ちをかけるものであった。一九九一年九月、南だけでなく南北双方が国連に同時加盟することには成功したが、九二年のクロス承認、すなわち、中国が韓国を承認し、アメリカと日本が北朝鮮を承認するということにはならなかった。これが、北朝鮮にとっては安全保障面での大きな危機と映ったのである。

その危機対策として、軍の主張する核開発が北朝鮮の最高意思として決定された。それは、一挙三得の功があると考えられた。一つは、アメリカの先制攻撃防止に役立ち、米朝国交正常化に繋がる。二つは、南北統一にあたって、北朝鮮の主導性を確保することができる。三つは、中国と対等に付き合うことができる、であった。

一九九四年、金日成の死去と自然災害は北朝鮮に大きな危機をもたらした。金正日は、父の遺訓を盾にして、自らの権威と統治力を高めていった。父の遺訓には、改革開放政策があり、核開発があり、米朝関係正常化があった。本来、改革開放政策推進によって米朝関係正常化を図るべきであったが、国際情勢と北朝鮮の体質がそれを許さず、結局、国際信義に背いてでも核開発を推進し、それによって米朝関係正常化を勝ち取るという道が選択された。

そのプロセスはすでに上述したが、要約すると次のようになる。①一九九〇年代において、核の研究開発で米朝関係正常化を図ろうとした。②アメリカのイラク侵攻で、核兵器の必要性を感じ、再度核開発を始めることによって正常化を図ろうとした。③核開発放棄では正常化できないと判断し、最初の地下核実験に踏み切った。④核放棄でも正常化困難とみて、二度目の核実験を敢行し、核保有国として米朝関係正常化を図ろうとしている。それには、アメリカがインド、パキスタンの核保有を追認した前例に倣うという期待があろう。

したがって、北朝鮮の非常識とも思われる核開発執念の本質は、米朝関係の正常化にある。アメリカとの関係が正常化すれば、①西側諸国の対北朝鮮封鎖局面から脱皮できる、②日韓との関係も改善できる、③中国への援助だけに頼る局面から脱皮できる、④対外開放の政策を推進できる、など一連の問題が解決できると考えているのである。

二　六ヵ国協議議長国中国の北朝鮮への対応

一九六一年七月、中国と北朝鮮は「中朝友好協力相互援助条約」を締結した。それには「どちらか一方が他国に攻撃された場合、もう一方は自動的に他方を助けなければならない」という条項がある。北朝鮮の核開発問題が起きてから、中国には、この条項を削除したい、あるいはこの条約を破棄したいという思惑があるかもしれない。しかし、「この条約は、両締約国が改正または終了について合意しない限り、引き続き効力を有する」とあるため、いまにいたるも、そのままとなっている。因みに、一九四九年一〇月に締結された「中ソ友好同盟相互援助条約」は調印後三〇年が期限で、それ以降、一方が通知すれば終了できるようになっていた。一九七九年一月、米中国交が樹立されると、同年四月に中国がソ連に対して更新拒否を通告し、翌八〇年に条約は失効した。しかし、中朝条約はこのようにはいかないのである。

一九七九年に中国が改革開放政策を採るようになってから、アメリカ、日本、欧州など先進国との交流が盛んになっていった。そうしたなか、中国と韓国との経済貿易関係も伸び、韓国の採った「北方政策」もあり、中韓国交正常化の動きが顕著となった。ソ連は、韓国の経済力に目をつけ、一九八九年に貿易事務所の相互設置を認め、一九九〇年には国交樹立に踏み切った。中国は北朝鮮との関係を大切にし、時間をかけて説得に当たった。しかし、北朝鮮の同意を得ることはきわめて難しく、これ以上待てないというわけで、一九九二年七月、銭其琛外相が北朝鮮に赴き、中韓国交樹立を金日成に告げた。謁見の時間は短く、宴会も催されなかったという。北朝鮮の受けたショックは「推して知るべし」であった。翌月、中韓国交正常化は実現された。この新しい状況のもとで、北朝鮮は、改革開放政策を試みると同時に、核開発にも力を入れた。中国は、前者を支持し支援する立場をとったが、後者には反対の態度を示した。

一九九四年、金日成が亡くなり、金正日がトップの座に就いた。北朝鮮は、中国の改革開放政策を批判しながらも、自らの経済改革と対外開放を試みた。中国はそれを歓迎し、健全なる方向に導くために並々ならぬ協力を惜しまなかった。しかし、金正日体制のもとで、体制維持と市場経済メカニズムの導入を両立させることはきわめて難しく、一進一退を余儀なくされた。中国やベトナムの経験を参考にしたいところだが、ソ連崩壊の教訓もみなくてはならない。結局、北朝鮮は、体制維持と改革開放のジレンマのなかで、悪循環に陥っていった。

中韓国交正常化によって北朝鮮の信頼を失った中国は、一九九〇年代後半から今世紀初めにかけて、「わが道を行く」北朝鮮に対して、一時期、傍観的態度をとることにした。ところが、二度目の核危機発生後、中国は、アメリカから調停役を依頼され、これを受けることになった。北朝鮮は、アメリカとの平等な二国間談判を求め、不可侵条約の締結による安全保障と国際社会からの援助提供を要求してきた。それに対し、アメリカは、核計画の放棄、国際条約義務の遵守、国際機構の査察受け入れを北朝鮮に要求し、米朝二国間交渉を拒否して、代わりに国際社会の多国間協議を提案した。つまり、中国に議長国として多国間協議を主宰するよう求めたのである。

中国の基本的態度は、朝鮮半島の非核化に賛成し、北朝鮮の核保有に反対すると同時に、アメリカの北朝鮮への武力行使には反対、北朝鮮政府の転覆には絶対に反対というものである。当初、問題は米朝間で解決すべきだと不介入の態度をとっていたが、アメリカの求めに応じて斡旋と調停に乗り出すこととなった。こうして、二〇〇三年四月、中米朝三ヵ国の北京会談が実現し、同年八月、米中朝韓日露からなる六ヵ国協議が始動した。

アメリカの思惑は、中国の力を借りて北朝鮮に圧力を加え、譲歩を引き出そうというものであった。北朝鮮はといえば、中国の調停のもとで、アメリカとの関係正常化を実現し、同時に経済援助を引き出そうとした。中国は、朝鮮半島の危機を克服することによって、周辺地域の安全確保、国際社会での政治的地位向上、北東アジア安全メカニズム構築の役割発揮などが得られると考えた。

前述したように、二〇〇六年の核実験には、中国はかなりの憤りをあらわにし、日本が提出した北朝鮮制裁の安保理決議に賛成票を投じた。その後、それが北朝鮮の大きな不満を買ったことを反省し、二〇〇九年のミサイル発射と核実験には、国際協調を基本としながらも、辛抱強く関係諸国の説得に努め、北朝鮮の「永遠に六ヵ国協議に復帰しない」という宣言に対しても、理性的な対応を示した。

五月二五日、北朝鮮外務省スポークスマンが談話を発表し、今回の核実験は「自衛的措置の一環」で「事態がここまで至ることになった責任は、全面的に、わが方の平和的な衛星の発射を国連に持ち込んで非難芝居を演じたアメリカと、それに媚びへつらい、追従した勢力にある」と語った。その追従勢力には、当然、中国も含まれるものであったが、中国当局は、六ヵ国協議の復活を信じて疑わなかった。理由は、六ヵ国協議以外に、国際社会と北朝鮮の矛盾を解決する場がないからである。

中国研究者は次のように分析する。第一に、北朝鮮は米朝二ヵ国協議を求めるが、アメリカがそれに応ずることは困難であり、結局、六ヵ国協議に戻らざるをえない。第二に、肝心のアメリカは、強硬策による米朝矛盾の激化を望まないし、オバマの外交理念にも合わない。第三に、韓国では、国民世論の制約があり、李明博大統領の反北朝鮮行動には限界がある。第四に、日本は、孤立する傾向にあり、アメリカの決定に従わざるをえない。

六月一二日に出された国連安保理の制裁決議は、アメリカと日本にとって後退した内容となった。中国の慎重姿勢に配慮し、米日が妥協したからである。制裁決議直後の六月一三日、北朝鮮外務省は、次のような内容の声明を出した。①新たに抽出されるプルトニウムの全量を兵器化する、②ウラン濃縮作業に着手する、③アメリカとその追随勢力が封鎖を試みる場合、戦争行為とみなし断固軍事的に対応する。

中国は、このような北朝鮮の挑発には乗らず、一方で国際社会の過激な反応を抑制し、他方では北朝鮮への制裁に共同歩調をとり、北朝鮮の変化を待つ姿勢をとった。例えば、六月二三日、外交部スポークスマンは、北朝鮮の船舶問題について、「当面の情勢下で、各方面が緊張している情勢をさらに激化させるような行動をとることを避けるよう呼びかける」と戒めた。また、武大偉次官は、七月二日から一四日、ロシア、アメリカ、日本、韓国を歴訪し、その際に韓国が提唱する五ヵ国協議開催には慎重な姿勢を示した。

他方で、中国は、安保理決議を粛々と実行するとし、米日の提案した北朝鮮高官ら個人に対する資産凍結などの措置に同意する姿勢を示した。これは、「中国政府がこれまでの協調路線を改めて強硬姿勢に転じた」、「中国の北朝鮮への不信感は一気に高まり」、「伝統的な友好国」という表現がない「正常な国と国との関係になった」などと報道されたが、本当のところはそうではない。中国外交部は「現在、中国が先に北朝鮮にアプローチすることはなく、北朝鮮がいってくるのを待っている状態だ」と語ったそうであるが、事実、六月から八月までの冷却期間を経て、九月に入ると中朝関係は修復に向けて動きだした。

九月一八日、戴秉国が胡錦濤の書簡を携えて訪朝し、金正日と会った。胡錦濤の書簡には、「中国の党と政府は中朝関係を高度に重視しており」、「中朝友誼」を中朝二国間の「貴重な富」と見なしており、「『伝統継承、未来志向、善隣友好、協力強化』の精神に沿って、中朝友好関係を固め発展させよう」、また、「朝鮮半島情勢及び非核化目標の実現について高度に関心を払っており、半島及び北東アジアの平和、安定、発展を維持・発展させることは、われわれの一貫した主旨である」と記されている。それに対し、金正日は「非核化目標を引き続き堅持し、半島の平和安定の維持に努力し、二国間及び多国間の対話を通じて関連問題の解決に当たりたい」と答えた。また、一〇月四日、温家宝首相が訪朝し、金正日が空港まで出迎え、熱烈歓迎を受けた。三日間の滞在期間中、温・金会談は一〇時間に及んだ。温首相は「中朝関係、国際問題、地域問題について、率直かつ突っ込んだ意思疎通が図られ、広範囲にわたって共通認識に達した。今回の訪問は相互理解と信頼を更に深め、両国の各分野での交流と協力を前進させた」と評価した。さらに、一〇月二八日、胡錦濤は朝鮮労働党代表団と会見し、中朝国交樹立六〇周年記念活動を通じて「伝統的友誼はより一層深まり、相互利益協力は拡大し、中朝友好協力関係を新たなレベルに高めた」と称え、今後、両国関係の「新段階への更なる発展」及び「共同の発展繁栄促進のために努力しよう」と熱く語った。中朝関係には、伝統的友誼が蘇り、相互の信頼関係が深まったといえる。

三　対北朝鮮政策への反省と新思考

中朝関係のここ二ヵ月の大きな変化は、中国及びアメリカの過去二〇年間の対北朝鮮政策の反省と密接な関係がある。それは、中国が米朝会談に賛成し、アメリカも前向きの姿勢に転じたことからみてとれる。

アメリカも中国も、そしてその他諸国も、これまで北朝鮮の求める安全保障についての理解が不足していた。北朝鮮の瀬戸際外交の展開は、自国の安全保障を要求していることが原因であり、核兵器の開発はその結果である。六ヵ国協議はそれを認識せず、核放棄の結果のみに注目し、原因である北朝鮮の求める安全保障を軽視してきた。それに加えて、アメリカと中国をはじめとする関係国の思惑の違いも大きく作用している。朝鮮半島核問題の解決には、北朝鮮の求める米朝会談と国交正常化に理解を示し、北朝鮮の安全への懸念を除くことが先決である。それには、北東アジアに存在する冷戦思考を取り除かなくてはならない。時間はかかるであろうが、方向さえ定まれば、着実に進めていくことができるはずである。

1　中国の反省すべき点

中国は、朝鮮戦争以来ずっと抱いてきた北朝鮮を緩衝地帯とみる観念から脱却することが重要である。北朝鮮の中国にもたらす利害関係について考えると、短期的には核保有の北朝鮮は中国の国家利益に反する。したがって、この点ではアメリカと利害が一致する。中期的には東北部辺境の安全を図るうえで、北朝鮮の安定が重要だ。この点でも、アメリカと基本的に利害が一致する。だが、長期的には、北朝鮮は米日韓に対する防波堤となるという見方がある。それは、冷戦思考であり、現状に合わないが、中国社会には根強く存在する。したがって、ここ二〇年来、中国の対北朝鮮政策には一定の矛盾を感じさせるものがあった。

ここで中国が考えなければならないことは、北朝鮮の核問題が迅速に解決できなければ、連鎖的反応を引き起こし、この地域で軍備拡大競争が起こる可能性があるということである。国際関係が緊張し、日本や韓国が核保有の道を歩む可能性が皆無ではないからである。中国は、北朝鮮が朝鮮半島の非核化を堅持し、改革開放の道を選択するよう導くことは、中国の長期的利益に関わる戦略的問題であって、たんなる外交戦術の問題ではないことを知るべきである。

北朝鮮は、中国から援助を受けながら、国際公約を破って核兵器を開発した。これは、中国の面子を潰すものだと立腹するのは理解できる。だが、北朝鮮からみれば、中国は、改革開放の必要性から、韓国と日本に傾斜していき、日米・韓米が軍事同盟を強化して北朝鮮に圧力をかけているのを放置してきた。しかも、中朝条約を実質的に反故にしてきたことは北朝鮮への背信行為であると映る。中国は、北朝鮮の求める安全要求に対してもっと理解を示し、協力すべきである。もし、アメリカが韓国と日本に安全を保障しているように、中国やロシアが北朝鮮に安全保障を提供していたならば、北朝鮮はいまとは違った対応をしてきたであろう。

北朝鮮が二度目の核実験をして以降、アメリカと協力して北朝鮮に対して強硬政策を採るべきだという意見、延いては北朝鮮を放棄すべきだという世論が中国で盛り上がった。中国当局は、これは中国の国家利益と北東アジアの安定に合わないと退け、一方で北朝鮮に経済利益と安全利益を与え、他方で適度な圧力を加えて、北朝鮮を妥協の方向に導いたことは賢明な方策であった。

2　アメリカの反省すべき点

アメリカの対北朝鮮政策は、政権が変わるごとに変わり、一貫性がなかった。一般的にいって、民主党政権では緩和政策がとられ、共和党政権では圧力政策がとられた。しかし、軍部を中心として北朝鮮を崩壊させようとする勢力が常に存在し、孤立無援の北朝鮮は、ここ二〇年、常に脅威を感じてきた。単独行動主義と決別したオバマ政権は、中国と連携して、北朝鮮の安全を保障すべきである。

ここで注意すべきことは、北朝鮮が「北東アジアのイスラエルになる」といって、アメリカの対中牽制勢力の意を利用しようとしている一派がいることである。北朝鮮が中国牽制の駒となれば、中国の対米不信感はいっそう掻き立てられ、北東アジアにいままでにない緊張感を生むにちがいない。

また、北の核保有はこの地域に適度な緊張をもたらし、アメリカ軍の存在感を強めることにプラスであるし、日韓に対する「核の傘」戦略の維持にも有利であるという見方があると聞く。アメリカがこのような思惑を克服し、北朝鮮との関係正常化を実現し、米日・米韓軍事同盟を北東アジア安全保障システムに向けて発展的に解消することが正道である。そうなれば、北朝鮮は自ずと核兵器を放棄し、核拡散防止条約に加盟することとなろう。

アメリカ政府は、二回にわたる米朝二国間対話の失敗に懲りて、六ヵ国協議の枠組みのなかで問題を解決する立場を強く主張している。オバマ新政権も、当面、基本的にブッシュ政府の対北朝鮮政策を継承し、①「包括的解決」（バスケット方式）、すなわち、核の完全放棄をしたうえで、補償を与えるという方針を堅持する、②「完全で、検証可能な、逆戻りできない」を再度提起し、③実質的な二国間会談は行わず、核拡散反対の国際的統一戦線の分裂を防ぐという三原則を掲げている。

これに対し、北朝鮮は六ヵ国協議に復帰してもよいが、まず米朝会談で成果を上げることが先決としている。オバマ政権は、「六ヵ国協議こそが北朝鮮核問題を解決する最善ルート」としつつも、一〇月一六日、国務省が朝鮮外務省の李根アメリカ州局長にビザを発行し、二六日に開かれる「北東アジア協力フォーラム」に参加できるよう取り計らった。これは米朝二国間会談に道を開くものとみられており、若干の軌道修正をしているともいえる。歓迎すべきことである。

3　北東アジア安全保障の歴史と未来像

米中両国の対北朝鮮政策の新しい動きに対し、周辺諸国は歓迎の意を示し、歩調を合わせていく必要がある。それには、北東アジア地域の安全保障の歩みを振り返り、今後のあるべき未来像を描く必要がある。

近現代国際政治の形成以前は、中国を中心とした「華夷秩序」、「朝貢制度」が基本的に維持されてきた。一九世紀になって列強がこの地域に入り、ロシアと日本が朝鮮半島で覇権を争うこととなった。二〇世紀初め、日本が一時期この地域を主導することになったが、第一次大戦後、この地域は、ワシントン条約システムに編入され、アメリカを中心とする多国間協力安全システムが形成された。しかし、それも日本の侵略によって打ち破られ、きわめて短期間で終わりを告げ、米日の対立が激化し、第二次世界大戦に突入した。

戦後、「米日・米韓」対「ソ中・ソ朝」の対立構図が形成された。その後、後者の二国間同盟は崩れたが、前者の二国間同盟は存在しつづけ、かえって強化された。アメリカは「冷戦に勝利」したことに気を良くし、すべての社会主義国を押し潰そうとした。こうしたなかでは米中二大国間の信頼関係は樹立されず、北朝鮮は大国に翻弄されながら安全面で大きな圧力を受けつづけた。それに終止符を打つためには、冷戦思考から脱皮して、六ヵ国共同の北東アジア安全システムを構築することが必要である。

4　北朝鮮への新しい対応

ハーバード大学教授ジョセフ・ナイ氏は「中国が圧力を加えれば、北朝鮮を変えることができる」が、「中国は朝鮮半島の非核化を願っているとはいえ、北朝鮮の崩壊による国境地帯の混乱を怖れている」ので、「北朝鮮体制が崩壊するかもしれない情勢に対応するため、米中は協議するべきだ」と語った。こうした指摘は、現実的問題として可能性があるかもしれないが、北朝鮮崩壊論に基づく発想法では、北朝鮮をソフトランディングの道に導くことはできない。

現在、必要なことは、一九九二年まで戻って、当時できなかったクロス承認を実現することである。すなわち、米朝間の国交正常化と日朝間の国交正常化に取り組むことである。北朝鮮が自らの安全について保障されたと感じたとき、はじめて経済改革と対外開放に本格的に乗り出すことができるようになる。中国も含めて国際社会は、これまで北朝鮮が改革開放政策を実施していけば、中国やベトナムのように前途が開けると考えた。しかし、北朝鮮はそうはいかないのである。その原因が分かった以上、考え方と手法を変えて対応すべきである。

勿論、それは北朝鮮の身勝手な振る舞いを許すということではない。国際的公約をないがしろにする行為には、適度の経済制裁も必要である。また、核保有国としてのアメリカとの交渉、国際経済援助を要求しながらの核開発遂行など理不尽な行動に対しては、五ヵ国が一致して戒めなくてはならない。また、北朝鮮の挑発に対し過剰に反応することは逆効果であり、一時期、沈黙を守って相手にしないことも、重要な手法の一つであろう。

二〇〇三年上半期、北朝鮮がテーブルに着かなかったため、中国が技術的故障を理由に北朝鮮への原油供給を三日間停止した結果、北朝鮮はテーブルに着くようになった。また、今回も、中国が真剣に安保理制裁決議を実行するのをみて、折れてきた。しかし、北朝鮮問題の根本的解決に繋がる道は、アメリカ、中国、日本、韓国、ロシアの五ヵ国が、一方で北朝鮮の言い分にも耳を傾け、その合理的な意見は取り入れ、他方で北朝鮮の理不尽な誇大妄想的行為には一致団結して対処することであろう。

結び

日本の北東アジア外交は、ある中国の学者がいうように、「拉致問題に拉致されている」観がある。友愛外交を推進する鳩山首相は、北朝鮮とも対話する姿勢を打ち出した。感情的になりがちな日本の世論を理性的な方向に導き、アメリカ、中国と歩調を合わせて、対北朝鮮外交に一大転機をもたらすよう期待したい。

元駐中国大使の中江要介氏は、「大切なことは北朝鮮を敵視することではなく、日朝国交正常化を実現することであり」、「東北アジア地域の平和と安定と繁栄のための中・長期的な日朝外交のあり方について、謙虚に真摯に思いめぐらせるべきだ」（社団法人：日中科学技術文化センター機関紙「絆」二〇〇九年秋季号）と主張している。このような意見がますます強まることを願ってやまない。

昨年一二月、福岡で第一回日中韓三ヵ国首脳会議が開かれ、今年一〇月、第二回首脳会議が北京で開かれた。温家宝首相は、三ヵ国首脳会議で金正日が南北関係と日朝関係も発展させたいと語ったことを披露した。その際、「金正日もこの席にいて直接その話を聞ければよいのに」と語ったが、近い将来において、日中韓三ヵ国首脳会議は日中韓朝四ヵ国首脳会議に拡大すべきである。日中韓三ヵ国が協力して北朝鮮経済を立て直すことになれば、この地域に大きな活力をもたらし、北東アジアの平和と繁栄は確固たるものとなる。

第一八章　米・中・日戦略対話への道

解題：（二〇一〇年一〇月執筆）本論は、二〇〇五年二月二日付「日本経済新聞」の経済教室に発表した拙著「米中日の戦略的対話を―牽制から協力へ」の延長線上にある。

中国の台頭などによって世界の力関係に変化が生じ、米国はアジア太平洋回帰戦略を打ち出し、米中関係に軋みが生じた。本論ではそれに対する中国国内での三つの異なる主張を紹介し、覇権主義的論調には批判的コメントを加えた。

東アジアの安全保障体制を確立するためには、米中日の戦略対話を行う必要があると論じ、日本はソフトパワーを発揮するチャンスに恵まれていると指摘、民主党政権への期待感を示した。

米中関係は密接になったり緊張したりしている。日米関係は沖縄・普天間基地問題で緊張しはじめた。日中関係は、良い関係にあるが、東シナ海ガス田問題などの懸案もある。最近は、南シナ海問題へのアメリカ関与と韓国哨戒艦沈没問題での大規模米韓軍事演習などで、米中軍事関係は緊張度を増している。このような不安定要因を取り除き、東アジアでの安定と繁栄を確固たるものにするには、日米中三ヵ国の戦略対話が不可欠と考える。

ここでは、長期的視点から中国とアメリカの発展を展望し、今後三〇年の米中関係の趨勢を分析して、米中日三ヵ国の戦略対話の必要性と必然性を論じる。その際、日本の三ヵ国戦略対話における特別な役割を強調したい。

一　中国の台頭と安全保障戦略

中国経済は改革開放政策によって目覚しい発展を遂げた。過去三〇年余りにわたって、経済成長率九％以上の高成長を遂げた。今後、一〇年から一五年間は、こうした高度成長が持続されるであろう。理由は、一人当たりＧＤＰは約四〇〇〇ドルといまだ低く、キャッチアップ段階の高度成長要因、すなわち豊富で良質な労働力の存在、政府の役割と市場原理が結合された効率的経済メカニズムが存在し、さらに先進諸国からの技術導入（後発性利益の享受）などのメリットが存続するからである。

また、今後一〇年間に割安な人民元レートは上昇する。現在、中国のＧＤＰが世界に占めるウエイトは八～九％であるが、高成長率と人民元レート上昇という乗数効果によって、二〇二〇年の中国の占めるＧＤＰウエイトは一五％ほどに達し、アメリカの三分の二近くになろう。

二〇二〇年を過ぎると、中国でも少子高齢化が進み、後発性利益も縮小していくため、成長率は低くなり、五～六％の中成長期に入る。それでも、一五年も経ると国民経済規模は倍増するため、二〇四〇年頃のＧＤＰはアメリカと肩を並べる、あるいはそれを凌駕することになろう。それ以降は、中成長要因は消失し、成長率二～三％の低成長期に入る。

中国の国防費は、一九八〇年代末まで極端に低かった。鄧小平の経済建設重視の政策によって、兵員削減を伴う大幅な国防費削減が行われたからである。湾岸戦争でアメリカの先進的兵器を見せつけられ、一九九〇年代に入って、国防費増大が顕著となった。過去二〇年余りにわたって、二桁の国防費の増大が続いた。二〇一〇年の国防費伸び率は七％台と低いが、それは前年の国慶節の軍事パレードと関連して国防費の増加が予算を大幅に上回ったためであろう。今後一〇年間、経済成長率に見合った国防費の増大が見込まれ、一〇％くらいの伸び率が維持されると思われる。

過去二〇年余り、中国の国防費伸び率が二桁であることを日本のマスコミは大々的に取り上げている。しかし、基数が小さかったため、絶対額はそれほど多くはなく、日本よりも少ないときが多かった。スウェーデンのストックホルム国際平和研究所の発表によると、二〇〇八年の中国の国防費は八四九億ドルで、世界の軍事費総額に占めるウエイトは五・八％、アメリカの約七分の一である。しかし、今後は、基数が大きくなっていくため、絶対額の数字もかなり巨額となる。現在、国防費のＧＤＰに占めるウエイトは一・四％ほどでかなり低い。今後一〇年、この比率が若干下がったとしても、二〇二〇年の国防費は二〇〇〇億ドルに近づくであろう。三〇年後の二〇四〇年には、中国の国防費はアメリカを追い越す可能性もある。

ここで、中国の国防戦略を振り返ってみよう。まず、毛沢東時代は「人民戦争論」で、敵を中国領土内に引き入れて討つというものであった。誰がみても、防御体制で、軍事的対外行動の心配はほとんどなかった。鄧小平時代は経済優先のもと、軍備縮小が行われた。江沢民時代は、アメリカの軍事変革の影響もあって、装備の近代化が行われ、「積極防御」が合言葉となった。胡錦濤時代になると、「和諧世界論」（調和のとれた世界）が提唱されると同時に、軍隊の機械化と情報化の同時進行のハイテク化が行われるようになった。中国の軍事力は、陸軍から海軍と空軍へのシフトが顕著となり、宇宙兵器開発も大きな進展をみた。軍事力が増強されている中国が、ポスト胡錦濤時代において、どのような方向に進むか、世界の注目するところとなっている。

ここ数ヵ月、南シナ海の権益問題でのアメリカの関与と米越軍事協調及び韓国哨戒艦沈没に関連する米韓軍事演習を巡って、中国で活発な安全保障論議が展開された。それは大きく分けて、次の三つの主張に総括できよう。

1　対外拡張論

中国の力がついてきたこと及び資源獲得の必要性から、少数ではあるが、対外拡張論または対米強硬論を説く論調が目立つ。例えば、中国政法大学楊帆教授は、「海外資源獲得に必要な大戦略」と題して、「大多数の中国人が小康状態に入るには、内部資源だけでは不足する」ため「海外資源を獲得する必要がある」、「国家安全の境界を拡大して、より多くの世界資源を使用することがとても重要」と述べている（「環球時報」八月六日）。この論調は、かつて日本軍国主義が唱えた「国防線の拡大」と似ている。

また、中華能源基金委員会戦略分析リーダーの戴旭氏は、「アメリカの封じ込め政策にレッドラインを引くべき」と題して、「アメリカの中国を狙った空海一体戦は中国を直接に脅かす。米日韓豪印及びASEANで構成するアジア版NATOが構築されようとしている」、「中国は必然的に世界の舞台に踊り出て、アメリカと肩を並べる大国となる。いつまでもアメリカからの強圧に忍従するわけにはいかない」、「敢えて中国を脅かそうとする勢力に対しては、国家のパワーを運用して、警告と反撃を与えなくてはならない」と対米強硬論を説く（「環球時報」八月二日）。彼はさらに続けて、「中米代理戦争」の可能性を論じ、次のように指摘する。「アメリカのあるシンクタンクが、十数年前にアメリカ政府に対中国戦略について詳細な三つの段取りを提案した。第一は、中国の分裂と西欧化を図り、中国社会全体の対抗意識を消失させる。それがならなかったら、第二の段取りとして、中国の周囲に戦略的包囲網を作り、中国がアメリカの戦略的軌道に乗るように仕向ける。もし、それもならなかったら、第三の段取りとして、中国との一戦を惜しまない。但し、最も良い方法はアメリカが直接参戦するのではなく、中国と大きな利害関係のある周辺諸国との間で衝突が起こるようにさせるか、あるいは中国内部の少数民族地区などで動乱が起こるよう仕向ける」という。この戦略的段取りによって、いまアメリカは、「第三の段取りに従ってC型包囲網」を作っている。「相手がアメリカであるからといって、際限なく譲歩するようなことがあってはならない」（「環球時報」八月六日）。

2　時期尚早論と東進・西進論争

この派の論者によれば、中国は発展したとはいえ、一人当たりGDPでは日本の一〇分の一、軍事力については、アメリカと比べてあまりにも格差が大きく、当面、アメリカと事を構えるのは時期尚早であり、慎重な姿勢をとるのが得策である。例えば、清華大学趙可金準教授は、次のように述べている。「これからの一〇年、中米間に戦争は起こり得ない」。その理由として、次の四点を挙げる。①「地政学的にみて、中米間の地理的矛盾は構造的矛盾ではない」し、「アメリカは地政学的優位、戦略的優位、地域同盟優位を有して」いるが、中国は「安全環境が脆弱であり」、「アメリカと覇権を争う能力はないし、その必要もない」。②「中国国力の増強によって、アメリカの中国に戦争を仕掛けようとする戦略的冒険心理は抑制され得る」。③「米中間には六〇余の対話交流チャンネルがあり」、「危機管理メカニズム」が形成されている。④「米中間の共通利益」が拡大しており、NGOなど「地球市民社会」の力が強まっており、過激なナショナリズムは通用しなくなっている。それ故、中国が「引き続き防御的国防政策を推進し、戦略的意図の面で自己抑制を堅持し、アメリカの全世界及びアジア太平洋地域での戦略的配置に挑戦しなければ」、アメリカは「中国の領土主権にかかわる台湾、南海など有限の地域戦略利益」問題で譲歩する可能性がある（「環球時報」八月六日）。

また、資源獲得を巡って、太平洋に進む東進論と、中央アジアに向けて進む西進論の論争が行われている。前者は、海洋資源及び海を隔てた諸外国の資源獲得を目指して、東に進むべきだと主張する。後者は、海洋はすでにアメリカや日本に固められており、強い抵抗に遭うので、矛盾の少ない中央アジアを目指して資源を獲得すべきであるとする。

中国の軍指導層では「革命世代」が完全に退き、職業軍人化している。そのため、既得権益保護の色彩が濃くなりつつある。前者の主張は海軍、後者の主張は陸軍の利害を反映しているのかもしれない。このような主張は、本質において時期尚早論に通じ、中国の国家理念から離れており、やはり問題である。

3　国際協調論

以上の二つの論理は、中国と先進国との資源獲得競争を巡る係争が不可避とみている。これに対して、今後ますます深まっていく相互依存関係を基礎に据え、中国と先進国との協調を強く主張する国際協調論者の論理がある。例えば、中国人民大学龐中英教授は、「換えるべき南海問題での思惟方法」と題して、次のように主張している。南海問題において、「アメリカは二国間ではなく多国間での解決という立場を取っているが、これは、たんにアメリカが東南アジア諸国の側に立っているからというわけではない」。中国は、「多国間協議メカニズムや多国間外交を恐れる必要はなく、逆に、わが方に有利であり、積極的に参加すべきである」。「ブッシュ時代のアメリカは多国間協議に反対した」が、「オバマ時代のアメリカは多国間主義に戻ってきた」。「多国間協議をもう一つの戦いの場」として活用すべきである（「環球時報」八月二日）。

これは、自分の主張に理があれば、他国の支持を得られるため、多国間協議を恐れることはないということを指摘したものである。こうした国際協調論は「和諧世界論」に通じるものであり、政府当局の見解に最も近いと思うが、最近、「核心利益論」が提起されてから、国家利益が極端に強調され、資源獲得のための海外膨張論が公然と語られるようになった。これは一つの危険な兆候であり、懸念される。北京外国語大学張志洲準教授は、「中国は過去の全方位外交時代から核心利益外交時代に入っている」と述べ、これまでの「核心利益論」は、台湾、チベット、新疆などの問題を指していたが、「その後、核心利益の内容がよりいっそう拡大され、中国の国家安全や重要な発展利益に影響するような事項も含めるようになった」と指摘している。さらに「中国の日ましの勃興は、必然的にそれ相応の拡大した地政学的空間を必要とする」が、「中国の勃興に必要な地政学的戦略空間は外来の脅威を受けるべきでない」とも述べている（「環球時報」七月二七日）。

「核心利益論」がこのように拡大解釈されるならば、中国が一貫して反対してきた「覇権主義」と何ら変わりない。それは、社会主義理念を完全に放棄したことにもなる。これが中国当局の見解とは、到底考えられない。世論の誘導に当局は早急に取り組むよう望みたい。

二　アメリカ一極支配の動揺と米中日戦略対話の必然性

1　アメリカの覇権地位が後退

二〇年前にソ連が崩壊し、それ以降、アメリカの一極支配が続いてきた。それには、世界経済がドル体制に支えられていたことが根底にあった。

しかし、二〇〇八年のリーマン・ブラザーズ破綻に端を発した世界金融経済危機の到来によって、ドルへの神話は崩れ去り、アメリカの経済的覇権地位は動揺しはじめた。世界各国の努力によって国際協調が功を奏し、懸念された世界大恐慌を免れることはできたが、先進国経済は振るわず、いまにいたるも明るい見通しは立てにくい。それに対し、中国、インド、ブラジルなど新興国の経済発展は目覚しく、世界経済回復の牽引力となっている。戦略的に機をみるに機敏なアメリカは、先進国からなるＧ８に取って代わるＧ20サミット会議を開いた。

同時に、オバマ米大統領は軍事外交面でも大調整を行った。イラクでの戦闘終結のロードマップを描き、アフガニスタンでの戦闘強化と米兵撤退計画を発表した。撤兵計画は多くの問題に直面し、困難を極めたが、曲がりなりにも一応実現する運びとなった。二〇一〇年九月一日、オバマ米大統領は、アメリカ軍のイラクでの戦闘任務の終了を宣言した。七年五ヵ月に及んだ戦いは、アメリカ軍に四四〇〇人もの戦死者を出し、七〇〇〇億ドルを超えた戦費を費やした。しかも、イラクへの安易な開戦はアメリカが主導してきた世界の安保構造を大きく変化させる結果となった。

また、オバマ政権は、二〇〇九年に「同時に二つの大きな戦争を戦える戦力を備える」というアメリカの伝統的な「二正面戦略」の放棄を決めた。いまやアメリカは、「一正面戦略」さえ担えないというのが実態である。その背景には、軍事費の増大が限界に達したことがある。前記ストックホルム国際平和研究所の発表によれば、二〇〇八年度のアメリカ国防費は約六〇〇〇億ドルで、世界の軍事費総額一兆四六四〇億ドルの四一・五％を占める。冷戦終結後、アメリカの軍事予算は縮小し、三〇〇〇億ドルを割ったこともある。しかし、イラク侵攻によって、軍事費の増大が続き、アメリカ経済に大きな負担をもたらした。巨額な財政赤字は国債発行で賄われ、中国と日本がその国債を購入した。アメリカの巨額な軍事予算は、中国と日本の「協力」によるものとみることもできる。

現在、中国は、一〇年からさらに長い時間をかけて、ドル一極体制から国際通貨単位ＳＤＲを中心とした多国間協力通貨体制に移行させようとしている。今後、アメリカの野放図な軍事費支出は許されなくなっていくであろう。アメリカの軍事費は、今後一〇年の間に三〇〇〇～四〇〇〇億ドル台に下がっていく可能性が高い。そうすると、二〇二〇年頃には、中国の軍事費がアメリカの半分または三分の二くらいになる可能性がある。

軍事費縮小を強いられるアメリカは、軍事費が引き続き膨張する中国にどう対応したら良いのだろうか。中国がアメリカを追い越す前に、新国際関係秩序を構築することである。アメリカが「世界の憲兵」の役割から撤退し、各地域には、各地域に存在する国によって平和が維持されるようなシステムを構築し、アメリカは世界各地域のコーディネーターまたは調停者としての役割を果たすことである。アメリカがこのような転換を図ることができれば、国連憲章に謳われた国連軍の創設も現実味を帯びてくるであろう。

2　不可欠な米中協調

他方、中国はどのように対応すべきであろうか。最近、米中関係が緊張するなか、前述したように、中国国内で安全保障論議が盛んになっている。中国の軍部を代表する楊毅将軍（少将、国防大学戦略研究所長）の主張をみてみよう。彼によれば、オバマ米大統領は就任するとすぐ、「アメリカはアジアに回帰する」と宣言したが、対中国圧力はその「アジア重視の外交政策」の一環にある。一〇年初め、アメリカはG２論で中国を抱え込もうとした。しかし、中国は自主独立の平和外交政策を展開するとしてこれを拒絶した。その報復措置として、今年初めから、グーグル問題、対台湾武器輸出、ダライ・ラマ訪米、人民元レート問題、知的財産権問題など一連の外交圧力を強めた。だが、それらは十分な効果を得られず、軍事的圧力を掛けてくることとなった。

アメリカは、かつて中国を利用して対ソ連牽制を行ったが、いまは中国の周辺諸国を扇動して対中国牽制を行っている。その目的は、アメリカのアジアにおける覇権主義維持である。「中国はこの圧力に毅然とした態度で臨まなくてはならない」と主張する楊将軍も、米中間の健康的かつ安定的発展のために、「共通の利益」、「力の均衡」、「風通しのよい意思疎通」の三本柱が必要としている。つまり、中国は軍事力の増強を図り、アメリカとの「力の均衡」が実現するように努力すると同時に、各分野での「共通の利益」を拡大していく。そのためには、米中間の交流チャンネルを大切にし、アメリカとの間に「風通しのよい意思疎通」を保持しなくてはならない。換言すれば、アメリカの圧力に屈することなく、対決を避けるため、不断に調整を加えていく。これが中国の基本的姿勢である。勿論、アメリカも中国と対決するつもりはなく、「アメリカを中心とした国際協調」に中国をなるべく近づけようとするだけである。米中双方とも妥協を引き出すための相互牽制である。

このような駆け引きは、今後もかなり長期間にわたって行われる。方向性としては米中協調が主流であろう。アメリカにも、日本にも、中国の影響力増大を封じ込めようという論が一部にあるが、米中軍事力対比において、アメリカ衰退・中国台頭の趨勢は明らかであり、対中封じ込め政策は不可能である。結局、中国が覇権主義の方向に進まないで、国際協調の方向に進むよう誘導するほかないのである。

三　日本はソフトパワーで影響力を行使

今後三〇年間、中国はアメリカが覇権を放棄するよう求めていく。アメリカは中国がその配下に入るよう求めていく。米中摩擦は避けられない。そこで重要になってくるのは、米中日三ヵ国の戦略対話の実現である。

中国は、大平正芳元首相の時代から、「米中日正三角形論」を主張してきた。米中関係と日中関係を強化することによって、東アジアにおける安定した安全保障関係を構築したいという願いからである。これに対し、日本では、外務省を中心として、それこそ日米離間策にすぎないという見方が主流を占めた。但し、加藤紘一氏が一〇年ほど前にこの「正三角形論」を主張し、数年前、小沢一郎氏も同様な主張をした。最近では、日本の外務省も含めて、これに前向きに対応する論調が多くなりつつある。

アメリカにおいても、三ヵ国対話の必要性を説く有識者が多くなっている。中国が経済力と軍事力の両面でその存在感を増してきたからである。実際、低レベルの米中日三ヵ国政府スタッフ会議が開かれた。韓国は不満であろうが、東アジアの他の国や北朝鮮のことを考えると、我慢していただくよりほかはない。

三ヵ国戦略対話で最も重要な役割を果たすのは日本である。アメリカは、現実の覇権国家であるが、中国も覇権国家となりうる潜在力を持っている。日本は覇権国家になる資格がないために、「正三角形論」は机上の空論という意見もある。しかし、筆者は、だからこそ、日本が特別の役割を果たせると強調したい。勿論、それには、対米従属といわれても仕方がない外交姿勢を改め、自主外交を展開することが不可欠である。アメリカに対しては、覇権主義的傾向に同盟国としてブレーキを掛け、中国に対しても、覇権主義的方向に進まないよう働きかけることである。

中国は覇権を求めないと言っているが、将来においてもそれが保障されるとは限らない。前述の論調などからみると、むしろ懸念要因の方が多いともいえる。中国が覇権国家にならないようにするには、どうしたら良いか。筆者は、次の四方面から働きかけるべきであり、日本の役割はきわめて重要であると考える。

第一は、アメリカが単独行動主義の衝動に駆られず、同時に自己中心主義から脱皮して、中国の合理的言い分に耳を傾けるようにすることである。第二は、日本が中国の覇権主義的傾向に警告を発することである。ここで、日中平和友好条約で謳われた覇権反対条項は有力な拠り所となる。第三は、海外の華僑・華人、とりわけ有識者が本国に働きかけることである。居住国と母国の仲介役を担うこの人たちは、自然に国際主義的であり、重要な役割を果たせる。第四は、日本共産党が理論面で中国共産党に働きかけることである。覇権主義は共産主義、社会主義と相容れないものであり、中国で共産党政権が続く限り、覇権主義国家にならないはずである。

結論

日本は、総体において、世界第二位の地位を中国に譲ったとしても、質の面での優位性は歴然としている。しかも、戦後平和国家として歩んだ道は世界に誇るべきものがあり、中国と韓国を除けば、そのソフトパワーの影響力は中米をはるかに上回っている。今後三〇年間、ハードパワーの面では米中両国に敵わないとしても、ソフトパワーの要素を取り入れれば、三ヵ国戦略対話において、日本は何ら引けを取ることはない。むしろ、日本こそが主役を果たせるのだ。日本の政治家は、先見性と戦略性を持ってこれに臨み、日本全体を引っ張っていく気概と指導力を持たなくてはならない。

現在は明治維新と戦後民主改革に次ぐ第三の変革期にあるといわれて久しい。軍事外交面においても、第三の変革期に相応しい転換があることを期待したい。

第一九章　環太平洋経済連携協定（ＴＰＰ）の本質と中国の対応

解題：（二〇一二年五月執筆）ＴＰＰはもともと関税撤廃のＦＴＡ協定であったが、米国が参加することによって、その性格が変わり、対中国牽制の道具と化した。本論文はそのプロセスを分析し、中国抜きのＴＰＰは存在価値のないものになるだろうと論じた。

中国国内での論議も紹介し、中国はきわめて冷静に対応していることを強調した。またＴＰＰが前途多難であることを指摘し、いくつかのシナリオを示し分析を加えた。

日本においてＴＰＰを巡る意見は割れているが、それを四分類し、ＴＰＰ参加を通じて米国の対中国牽制に加担するのではなく、米中間の橋渡しの役割を果たすべきだと論じた。対米一辺倒の単眼的思考ではなく、対米対中均衡外交の複眼的思考への促しである。

二年前まで、マスメディアにはあまり登場しなかった環太平洋経済連携協定（ＴＰＰ）が、いまでは誰もが口にするほど人々の関心の的となっている。当初、関税完全撤廃の経済的地域協定と思われていた。しかし、一一年後半から、中国を牽制するための政治的意義があるものといわれるようになった。ここでは、急に脚光を浴びるようになったＴＰＰとは一体どういうもので、アメリカの思惑、日本の思惑はどういうものか、中国の対応はいかなるものか、などについて論じ、日本のTPP参加の在り方を考えてみたい。

一　アメリカの新戦略とTPPの変質

環太平洋経済連携（TPP）は、二〇〇五年にシンガポールの提唱によって、APECの枠内において、ニュージーランド、チリ、ブルネイを含む四ヵ国で発足した。その目的は、太平洋地域の経済連携を強化することにあり、関税の完全撤廃によって、経済・貿易の発展を図ろうということにあった。ところが、二〇〇九年にアメリカが加入するようになってから、状況は一変した。当初、アメリカは、マレーシア、オーストラリア、ペルー、ベトナムを説得してこれに加入させ、高度な自由化によって加盟国の経済・貿易を大いに発展させようとした。ところが、関税の完全撤廃ばかりでなく、しだいに経済・貿易のルールをも変えていこうということになった。

オバマ大統領にとって最も重要なことは、アメリカ経済の再生と雇用の拡大にある。過去数一〇年、アメリカ経済は、製造業など実体経済から金融業などを主軸にする擬制経済への移行が進み、多くの実体経済分野で国際競争力が低下していった。こうしたなか、競争力を高め輸出を増やす方法として打ち出されたのが、アメリカの国家利益に繋がる方向での国際ルールの改正であった。

各国の発展段階や国家建設理念が異なるため、国家主権の範疇に属する各国のルールは尊重されるべきであって、国際ルール作りにあたっては、共通の利益を求めて妥協が図られるのが常である。しかし、現在アメリカが推進しようとしているのは、アメリカの基準を他の加盟国に押しつけようとするものであり、それは次の二一分野にわたっている。①物品の関税、②原産地規則、③貿易円滑化、④衛生・植物検疫、⑤貿易の技術的障害、⑥貿易救済（緊急輸入制限など）、⑦政府調達、⑧知的財産、⑨競争政策、⑩越境サービス、⑪商用関係者の移動、⑫金融サービス、⑬電気通信サービス、⑭電子商取引、⑮投資、⑯環境、⑰労働、⑱制度的事項、⑲紛争解決、⑳協力（技術・人材支援）、㉑分野横断的事項（複数分野にまたがる規則への対応）。

確かに、アメリカは関係各国と協議して決めるとは言っているが、肝心の中国を招かずに、アメリカ主導で事を推し進めようとしている。その理由として、中国は自由化が進んでおらず、ＴＰＰは高いハードルの自由化を目指しており中国の国策に合わないだろうということを挙げる。事実はどうであろうか。ベトナムの自由化度は中国よりも後れているにもかかわらず、早くから加入するように呼びかけられている。アメリカの言いなりになれると踏んだからであろう。それに対し、中国は、独自の理念と政策を持ち、アメリカの言いなりにはならないと判断したため敬遠したのである。

ところで、ＡＰＥＣの目標の一つはアジア太平洋自由貿易圏（ＦＴＡＡＰ）を二〇二〇年に実現することであった。このプロセスにおいて、アメリカ抜きのＡＳＥＡＮ10＋1（中国）、ＡＳＥＡＮ10＋3（中国・日本・韓国）、日中韓三ヵ国経済協力などが着実に発展をみている。とりわけ、東アジア共同体の実現を目指すＡＳＥＡＮ10＋3はアメリカにとってきわめて有害と映っているようである。アメリカがＴＰＰを強力に推進する目的はこのＡＳＥＡＮ10＋3を形骸化させることにある。事実、ＴＰＰの推進によって、東アジアは分裂の危機にあり、ＡＳＥＡＮ内部の亀裂も深まっている。

ＴＰＰは高度の自由化を旗印にして、世界の最先端を行っているようなイメージを与えている。しかし、それは世界の現実を無視した幻想にすぎない。中国や日本は一九九〇年代から二〇〇〇年代初めにかけて、ＡＰＥＣにおいて貿易の自由化、投資の自由化以外に、経済協力も唱えてきた。発展途上国が貿易自由化、投資自由化に晒されると、先進国の企業に食われてしまうため、まず経済協力を行って自由化に耐えられる諸条件を整備しようというものであった。ところが、今世紀に入って、日本は、ますます先進国側に立ち、発展途上国との橋渡しの役割を言わなくなってしまった。中国は、一貫して自由化の目標には賛成であるが、そのプロセスは各国の実情を配慮すべきだという立場をとってきた。アメリカの目指すＴＰＰはこのような中国の立場を封じ込めようとするものである。すなわち、ＴＰＰは、アジア太平洋貿易システムの主導権をアメリカが掌握して、ワシントン・コンセンサスを内容とする事項を実行していくためのものである。

二〇一一年後半になって、ＴＰＰはアメリカの経済戦略の重要な一翼を担うばかりでなく、さらに政治軍事戦略の面でも大きな役割を果たすといわれるようになった。アメリカは、中国の台頭とその影響力拡大を警戒し、「太平洋の世紀」、「アジア回帰」を打ち出した。クリントン米国務長官は、一一年一一月号の「フォーリン・ポリシー」に、「アメリカの太平洋の世紀」と題した論文を寄稿し、「アジアの成長と活力の利用はアメリカの経済・戦略的利益にとって重要で、オバマ大統領の主な優先事項の一つだ。アジアがアメリカの将来にとって極めて重要であるのと同時に、アメリカの関与もアジアの将来にとって不可欠だ」とした。

一二年一月五日、オバマ大統領は、「アメリカの世界での指導的地位の維持：二一世紀国防の優先的任務」と題する軍事戦略報告を行った。そのなかで、アメリカは、中国をターゲットとして、戦略重心を東へ転移する方針を打ち出した。これによって、中国を排除したアメリカのＴＰＰ推進は、経済戦略であるばかりでなく、アメリカの外交軍事戦略の一環であることも明らかとなった。

アメリカのＴＰＰへの思惑は次の四点にある。

(1)アメリカの対外輸出を増やし、経済の再生を図ること。東アジアの経済成長力をアメリカ経済に取り込むために、ＴＰＰを活用しようとしている。もし、ＴＰＰが実現すると、二〇一五年のアメリカの対東アジア輸出は二〇〇九年の倍になるといわれる。経済成長の消費エンジンを輸出エンジンに切り替えることができるようになる。

（2）アメリカの望むルールを普遍化し、この地域での経済システム主導権を引き続き維持すること。二〇〇八年の世界金融経済危機によって、アメリカの主導権は大きな挑戦を受けた。幸い、新興国の支えによって一応、最大危機から脱皮することができた。ここにおいて、ＴＰＰを推進することによって、アメリカの主導権を再構築しようというのである。

（3）アメリカの影響力が及ばないＡＳＥＡＮ10＋3（東アジア共同体）を機能不全に陥らせること。一九九〇年代の初め、アメリカはマハティール首相が提起した東アジア経済協議体（ＥＡＥＣ）に反対した。以来、ずっとこの姿勢を変えていない。この間、東アジアの経済協力、通貨協力は着実に進展をみせており、ＴＰＰはそれを食い止めるための有力な手段となりつつある。

（4）東アジア諸国を離間させ、対中国圧力・牽制を強めること。過去一〇年、アメリカがイラクとアフガニスタンに目を奪われているあいだに、中国は目覚しい発展を遂げ、東アジアでのアメリカの存在感は薄くなってきた。ＴＰＰはアメリカの「アジア回帰」を図る経済的基盤をなすものといえよう。

二　中国の視点と対応

当初、中国は、ＴＰＰを経済的視点で捉え、積極的に参加する意向さえみせた。それは現在においても基本的には変わっていない。しかし、その後の動きをみると、ＴＰＰには多分に政治的要素があり、アメリカの「アジア回帰」戦略の一環と見なすようになった感がある。そのため、大変シビアな見方が出てきており、典型的なのは、中国の台頭を抑制するためにアメリカが「雁行型安全モデル」を形成しつつあるという見方である。

雁行型のトップはアメリカで、第二列は米日同盟、米韓同盟、とりわけ米日同盟は礎と位置づけている。第三列はオーストラリア、フィリピン、タイなどアメリカと同盟関係を結んでいる国々である。第四列はインドネシア、ベトナム、インドなどとのアメリカの関係で、幅広くネット化する傾向がみられるとしている。実際、ヒラリー米国務長官は、二〇一一年一一月ハワイでAPEC非公式首脳会議が開かれた際、TPP枠組み協定が合意されたこと、日本も正式にTPP協議に参加することを宣言したこと、一一月一六日には、フィリピンで経済軍事協力強化を謳ったマニラ宣言を発表したこと、さらに二〇一二年から一七年にかけて、アメリカ軍人二五〇〇名をオーストラリアの海軍基地ダーウィンに駐留させることを決定したこと等々を列挙して、この「雁行型安全モデル」の形成を誇っている。これに対して、中国側では、もし、TPPが実現するとベトナムやフィリピンなど南シナ海で係争問題を抱える国をアメリカが抱き込むことになり、中国及び東アジア諸国に大きな影響を与えると警戒している（「雁行型安全モデルのレベルアップとアメリカの『太平洋世紀』」、「中国社会科学報」一二月一五日）。つまり、中国包囲網形成への懸念である。他方、アメリカの「アジア回帰」、「新戦略」にしても、またTPPにしても、それは、拡張のためではなく収縮のためであり、攻撃的なものではなく、防御的なものであるという冷静な分析判断もある。それは、今後一五年ないし二〇年間で、中国の経済規模がアメリカを追い越し、軍事力においてもアメリカに接近していくという自信があるからである。

二〇一〇年にヒラリー米国務長官が「ASEAN10＋8外相会議」で抜き打ち対中国批判を行った際、楊潔篪外交部長が感情的になって反論したが、その時点では、十分な心構えができていなかった。しかし、それ以来、中国としては、客観的な分析を行い、着々と反TPP包囲網論を展開している。特に、TPPそのものについては、国際協調の健全な道を歩むよう呼びかけている。陳徳銘商業部部長は、「われわれはまずTPPが開放、包容、透明であることを望み」、「どのような問題が議論され、それらの基準が中国の実情に適っているか否か、中国の現発展段階に適しているかどうかを検討している」と語った。つまり、中国を排除したTPPは非現実的であり、関係諸国の理性的態度を望み、当面、中国はＴＰＰの成り行きを注目していくという姿勢を明らかにしたのである。

アメリカに対しては、その挑発に乗らないで対話と協調の姿勢を堅持している。アメリカの一部勢力が中国を孤立化させようとしているが、米中間の経済的依存関係は切っても切れない関係にあり、対中国封じ込め政策はありえないとみている。軍事的にも米中間で戦争が起こることはありえず、南シナ海や尖閣問題でもアメリカ軍が参戦するとはみていない。ただ、アメリカの超大国としてのメンツは立ててあげる必要があるし、アメリカのアジアにおける権益も配慮する必要があるとしている。したがって、アメリカが強力に推進しようとするＴＰＰについても、反対などはせず、その成り行きを見守るという姿勢である。大統領選挙を控えての対中国強硬姿勢の必要性にも一定の理解を示している。

日本に対しては、日本の根本的利益に関わるＡＳＥＡＮ10＋3を忘れないようにと注意を喚起している。日本国内でのＴＰＰを巡る対立した二つの意見にも注意しており、当然、アメリカのルール押しつけに抵抗するよう期待している。日本の二面性（先進国としてアメリカと利益を共有する面とアジアの一員として自国の文化的特性を守りたいという面）にも留意している。中国としては、もし、日本が新自由主義の市場万能論、自由化万能論に陥らず、対米交渉で自説を曲げず踏ん張ってくれれば、それこそ有益であるとして、それを見守っていこうというのである。

韓国に対しては、自由貿易協定（ＦＴＡ）を締結し、中国を排除する傾向のあるＴＰＰの存在価値を下げようとしている。韓国は、もっぱら二国間のＦＴＡ締結に力を入れ、ＴＰＰに対しては否定的態度をとっている。韓国は、すでにＥＵとアメリカとの間でＦＴＡを締結し、中国とのＦＴＡ締結も積極的に推進している。

周辺諸国に対しては、中国脅威論を取り除き、ＴＰＰがより協調的な方向に進むよう働きかけていこうとしている。温家宝の全人代での「政治報告」の外交部分では、まず周辺諸国との善隣友好関係が謳われ、次に発展途上国、三番目は大国間関係、最後は多国間関係（国際組織）と順序が入れ替わった。まず大国間関係であったのが三番目になり、善隣友好関係が一番目になったのは、二〇一〇年以来、アメリカのアジア回帰とともに周辺諸国との関係が緊張してきたことへの反省からであろう。東アジアの安定と繁栄のためには、ＴＰＰ参加国と不参加国との間に亀裂が起こらないようにする必要があるからである。

ＢＲＩＣＳ諸国（ブラジル・ロシア・インド・中国・南アフリカ連邦）に対しては、ワシントン・コンセンサスを是正する方向で共同戦線を張ろうとしている。第四回首脳会議が三月二九日にインドの首都ニューデリーで開かれ、「デリー宣言」を発表した。それには、証券取引所連盟の創設、新しい開発銀行の設立などが謳われている。しかし、それは「既存の多国間地域的金融機構が世界の成長と発展を促すことへの補足である」と位置づけ、既存の国際経済組織を否定したり蔑ろにしたりするものではないことを表明している。新興国の発言権を強化するための世界銀行や国際通貨基金（ＩＭＦ）の「二〇一〇年改革案」が、先進国の消極的態度によって遅々として進まないことへの不満を表明し、間接的にアメリカの推進するＴＰＰを批判しているとみてとれる。因みに、ＢＲＩＣＳ五ヵ国はいずれの国も、いまのところＴＰＰとは無縁である。

三　ＴＰＰ実現の難点と三つのシナリオ

日本では、ＴＰＰに乗り遅れるな、日本のＦＴＡ締結面での後れを挽回するチャンスである等の声が大きく響く。しかし、ＴＰＰがスムーズに進むとは考えにくい。ＴＰＰの実現にはあまりにも多くの障害が立ちはだかっているからだ。

第一に、アメリカ国内の矛盾である。輸出業者はＴＰＰに積極的であるが、多国籍企業や内需業者は消極的であるといわれる。アメリカ内の保護主義的傾向が強く、国内における調整はままならないとみられている。行政府が推進しようとしても、議会が抵抗することも日常茶飯事である。そのため、アメリカが真剣にＴＰＰを推進するかについて疑問を抱く識者も少なくない。

第二に、アメリカとその他参加国との間に深い矛盾が存在する。前述したように、ＴＰＰの源流は、四ヵ国が二〇〇六年に結んだ自由貿易協定であり、物品貿易の関税「完全撤廃」が前提であった。しかしながら、アメリカの関与で二〇一〇年に拡大交渉が始まって以来、協定の「自由度」は急速に失われていったといわれる。アメリカが「強国の論理」を展開してきたからである。アメリカは「関税の原則撤廃」を建前とする一方で、自国の産業を守る保護主義的交渉態度をとっている。例えば、ニュージーランドに対しては、乳製品の関税撤廃を拒否し、自らの「例外品目」を譲らなかった。また、アメリカ自動車業界は日本の安全基準などを挙げて、「日本は先進国で最も閉鎖的だ」と批判している。アメリカとは道路条件が全く異なる日本に対して、アメリカ同様の環境・安全規制を求めているのである。マレーシアでは自動車の生産・販売にあたり、三〇％以上の部品を国内で調達した製品だけに減税措置が適用され、機械や電気機器を政府機関に納入できるのはマレー人系の国内企業に限られているが、このような措置も変革を迫られるであろう。

第三は、ＡＳＥＡＮ内部の矛盾である。ＡＳＥＡＮは二〇一五年に経済の一体化を実現すると決定している。だが一部の国がＴＰＰに参加したため、ＡＳＥＡＮ内部の団結にマイナスの影響を与えないかと懸念する声が上がっている。ＡＳＥＡＮ事務局長スリン氏は、ＡＳＥＡＮの経済一体化がＴＰＰより優先されなくてはならず、域内貿易自由化の主導権がアメリカに握られるようなことがあってはならないと語っている。また、マレーシア国際貿易産業相ムスタパ氏も、マレーシアの対外経済貿易関係で重視する順序は、①ＡＳＥＡＮ、②10＋3、③10＋6、④ＴＰＰであると語っている。現在、ＡＳＥＡＮの域内貿易規模はＡＳＥＡＮ総貿易額の二五％にすぎず（ＥＵは六八％）、ＴＰＰがＡＳＥＡＮ域内貿易拡大の妨げにならないか、マレーシアのような参加国でさえも警戒心を抱くようになっている。

第四に、中国抜きのＴＰＰは非現実的であり、変革を迫られることである。アメリカが主導するＴＰＰの実現にあたっては、アメリカの定めるルールを受け入れる協調的な国々との結束を固めたうえで、世界第二位の経済大国中国を引き入れたいというのがアメリカの戦略であるといわれる。しかし、前述したように、アメリカのこのような戦略に対して中国は一連の対応策をとりつつある。急成長している中国を孤立化させることができないばかりか、逆にアメリカが不利な立場に立たされる可能性は十分にある。

第五に、日本国内での意見対立も見逃すわけにはいかない。マスメディアは、ＴＰＰへの参加をしきりにＰＲしているが、反対派の意見もかなり強い。三月初旬、オーストラリアのメルボルンでＴＰＰ関係九ヵ国による第一一回拡大交渉会合が開かれた。この会議で、日本に対しては、交渉参加に向けた意思を明らかにするよう求められたという。日本は、交渉参加に向け、二月までの事前協議でシンガポールなど六ヵ国からは了承を取り付けたが、アメリカ・オーストラリア・ニュージーランドとは継続協議の状況にある。

ＴＰＰの交渉は、以上の困難があるため、その前途については三つのシナリオが考えられる。

第一のシナリオは、中国も参加するＴＰＰ交渉が早期に行われるというものである。中国は、アメリカ主導を警戒するが、胡錦濤主席はＴＰＰに一定の理解を示す発言をしている。それは、ＴＰＰのルール作りに積極的に参加したいという意向を持っているからである。また、両国首脳間で、中米経済関係強化について、アメリカはＴＰＰ関連情報を中国に提供し、中国は「日中韓ＦＴＡ」関連の情報をアメリカに提供するといった了解事項がある。今後、米中主導のＴＰＰが実現する可能性が十分にある。

確かに、ＴＰＰは、伝統的な自由貿易協定を超えたもので、自主的に自由化を進めるというＡＰＥＣ方式を大きく変えるものである。したがって、中国国内には参加反対の意見が根強くある。しかし、ＴＰＰ推進が国家間で対等な方式で行われるのであれば、経済交流の発展に有利な協定を作ることができる。例えば、ある国で資格を得た場合、ほかの国もそれを認めて受け入れる「相互認証」制度が確立されると便利である。いままでもそうであったように、中国国内に外圧を利用して改革を促進しようとする勢力も小さくはない。米中、日中協力の余地は十分にある。

中国は、独自の安全規制や基準・認証などを持ち、深い内容の協定を結ぶのは困難だといわれるが、実際には、経済社会の発展のなかで、合理的な国際基準についてはそれに必要な条件を整備しつつどんどん取り入れてきた。その典型がＷＴＯ加盟後の国際条約遵守である。知的財産権についても、自国の技術開発を促進するには知的財産権保護が不可欠と認識するにいたっている。したがって、この面で他の諸国と共通認識に達することは決して難しい話ではないはずだ。

第二のシナリオは、アメリカ主導のＴＰＰが短期的に実現するというものである。現在、アメリカはまだ超大国としての経済力を持っているため、ＴＰＰ参加国を動かすことができるからである。しかし、長期的（例えば一〇年）にみた場合、中国抜きのＴＰＰは存在価値がない。もし、対中国牽制を突出させていけば、中国の抵抗に遭って有名無実化していくことはまちがいない。

第三のシナリオは、ＴＰＰが空中分解し、短期的にも挫折するというものである。前述したような諸矛盾が解決されない場合、ＴＰＰは実質的に自然消滅する可能性も排除できない。もし、アメリカがあまりにも自国本意のＴＰＰルール作りを主張するならば、参加国の反対に遭ってＴＰＰは不発に終わることさえありえる。

アメリカ主導でＴＰＰルールを決め、そこに中国やロシアを誘い込んで、アジア太平洋自由貿易圏作りに繋げるという思惑は幻想にすぎない。早期に中国の参加を呼びかけ、共にＴＰＰの推進を図ることが唯一の正しい道である。

四　中米間の橋渡しをすべき日本

ＴＰＰへの参加問題を巡って、日本では、以下の四つの意見（主張）があるように思える。

第一の意見は、政治的視点からＴＰＰ参加に賛成するというものである。中西輝政氏や森本敏氏は日本の安全保障の面からＴＰＰの重要性を強調する。中国の台頭と対外膨張を牽制するために、アメリカはアジア回帰を宣言しＴＰＰを打ち出した。したがって、ＴＰＰの本質は日米安保条約の強化であるとする。しかも、アメリカの対中国政策が根本的に変わり、米中関係は新冷戦に入り、かつてソ連が崩壊したように中国において共産党支配が終る可能性があるとみる。

政府高官には、安全保障の専門家といわれる長島昭久首相補佐官がいる。一一年一一月一日の講演で、彼はＴＰＰ参加の意義について、「アジア・太平洋の秩序は日本とアメリカが作っていくという積極的な視点が必要だ。中国からみて『なかなか手ごわいな』と思わせるような戦略的な環境を整えていくということだ」と述べている。

新聞論調でも、アメリカが主導するＴＰＰへの参加は、安全保障面での同盟深化に繋がり、同地域で台頭する中国を牽制するうえで大きな意味を持つといった主張が目立つ。ＴＰＰを通じて日米同盟関係をさらに強化することが、中国に対抗するうえで不可欠だとするが、このような見解は全く的を射ていない。まず、アメリカの一極支配時代は終わり、世界は多極化時代に入っているという国際政治の変化をみていない。次に、米中関係の真実を見る目がない。前述したように、ＴＰＰについてアメリカは中国に情報を提供することになっており、いつ中国に参加を呼びかけてもおかしくはないというのが実態である。第三に中国の基本的軍事外交政策が分かっていない。中国は、平和発展の道を歩むこと、軍備拡大競争に走らないことを明言し、事実、それを実行している。ソ連崩壊の二の舞いなどはありえない。

第二の意見は、経済的視点から、ＴＰＰ参加に賛成するというものである。日本の経済界や経済学者の多くは、日本の「第三の開国」（第一は明治維新、第二は戦後改革）という視点から、ＴＰＰへの早期参加を主張する。二〇年以上にわたる日本経済停滞の主要な原因は、明らかに、改革怠慢によって制度疲労を起こしているからである。日本のこの閉塞状況を打破するために、ＴＰＰという外圧を使って日本の変革を促そうというのである。この派の人々は、ＰＴＴのルール作りに乗り遅れた場合の日本の蒙る不利益を特に強調する。日本は、敗戦国として戦後の国際経済枠組み作りに参加することができなかった。国際的政治経済組織のルール作りはほとんどが欧米主導で行われ、日本はそれに従うほかはなかった。そのため、日本にはＴＰＰのルール作りに早く参加すべきだという意見が強い。この点は、中国も全く同じで、ＷＴＯ加盟問題で苦しい交渉を強いられたという体験から、ＴＰＰ早期参加を主張する学者が少なくない。「アジアの発言権」を強化するという視点から、日中両国が提携する余地は甚だ大きいというべきである。

そのほか、直接的な経済効果として、輸出の増加と経済成長の押し上げ効果や産業構造高度化の促進剤になるというメリットを強調する主張もある。さらに、韓国がＦＴＡ締結で輸出を伸ばしていることに鑑み、ＴＰＰ参加によってＦＴＡでの後れを一気に挽回しようとする主張もある。これらは、いずれも理にかなったものであると考える。

第三の意見は、ＴＰＰ参加に条件付きで賛成するというものである。元大蔵省財務官であった榊原英資氏は、中国と一緒に参加するのであれば、賛成としている。この派の人たちは、ＴＰＰそのものには反対しないが、アメリカ主導に絶対的な不信感を抱いている。戦後の日米交渉は完全にアメリカに押し切られてきたという苦い経験に基づくからである。日本には、「ＴＰＰに入ればアメリカの言いなりになり、日本の食品安全基準や医療制度などがゆがめられる」などといった不安がかなり広く漂っている。また、一一年一一月、オバマ大統領がＴＰＰ交渉参加九ヵ国の首脳会議に野田首相を招かなかったこと、ホワイトハウスが「首相は『全ての物品およびサービスを貿易自由化交渉のテーブルに載せる』と述べた」（日本政府はこれを否定）と発表したことなどに、日本政府及び国民は不快感を抱いている。

ＴＰＰに参加している東南アジア諸国には、日本の参加によってアメリカのわがままを抑制できるのではと期待する向きがあると聞くが、この派の人たちは、それは不可能だと断言する。そして、もし、中国と一緒であれば、アメリカに巻き込まれないで済むからということを強調する。

第四の意見は、ＴＰＰ参加には無条件で絶対に反対するというものである。高度な自由化は、日本の農業を破滅させ、伝統的文化、日本特有の制度を破壊するから、無条件で反対するという立場である。これは、往々にして、既得権益集団から発せられる。

以上の四つの意見のうち、第一の意見は論外であるし、第四の意見は日本の真の国益に繋がらない。日本のとるべき態度は、第二と第三の意見であり、これを主張する論者が団結して、中国を誘い込んで、ＴＰＰ交渉をすることをもっと強く言うべきである。すなわち、日本が対米・対中均衡の自主外交を基本として、ＴＰＰ参加の交渉をすることである。それは、ＴＰＰを巡って、米中間の橋渡しをするということでもある。

野田首相は、一三日のＡＰＥＣ首脳会議で、アジア太平洋地域の新たな経済秩序のルール構築に向けて「主動的な役割を果たしたい」と述べた。それには、対米・対中均衡外交が不可決である。ＴＰＰ参加で対米協調の姿勢を見せつつ、ＡＳＥＡＮ10＋3も積極的に推進するという姿勢は評価できる。ＴＰＰにもＡＳＥＡＮ中心の枠組みにも参加できる日本は、どちらか一方に傾くのではなく、ＴＰＰ交渉への参加をテコに、中国をはじめアジアに高度な経済自由化を促す戦略を探るべきだという論調も、傾聴に値する。

結び

現在、日本はＴＰＰ加入を巡って国論が二分されている。これは決してよいことではない。ただ、反対、賛成の論争ではなく、より歴史的戦略的な視点に立って、ＴＰＰの本質を分析し、それをいかにしてよい方向に導くかを冷静に論じなくてはならない。冷戦的なパワーゲームから脱皮して、米中日三ヵ国戦略対話の枠組みを念頭に入れて、ＴＰＰ外交を展開することも重要な手立てだと考える。いずれにしても、対米一辺倒の単眼的思考から、中国・アジアを重視した複眼的思考に転換することが求められている。

第二〇章　中国の対東南アジア・南アジア政策

解題：（二〇一三年五月執筆）二〇一二年頃、中国は南シナ海と東シナ海で強硬な対抗措置をとった。その要因として三点挙げ、米国の関与が主因であったと分析した。また、中国のとった強硬措置は戦術的調整に過ぎず、平和発展、「係争棚上げ、共同開発」の戦略目標は何ら変わっておらず、「協調と対話」重視の姿勢に転換するであろうと予測した。

その後のプロセスをみると、人工島の建設など強硬姿勢はまだ目につくが、国際的公共財提供を強調している。戦略は不変である。

補論（二〇一六年二月執筆）は台湾政府が支配する南沙諸島太平島の歴史を詳しく紹介し、馬英九が退任前に太平島を訪問した背景を分析した。

ここ二〇数年、平和と安定のもと、高度経済成長を遂げてきた東アジアにおいて、中国と関連した南シナ海と東シナ海における領土問題が先鋭化し、緊張が高まっている。なぜ、このような事態にいたったのか、中国の対アジア外交政策は変化したのか、今後どのような展開をみせるのか、東南アジアや南アジアを巡る日中間の関係はどうあるべきか等について論じてみたい。

一　中国が強力な対抗措置をとった背景

二〇一二年、中国は、①黄岩島（スカボロー礁）での排他的「物理コントロール」の確立と常態化、②三沙市設立と警備区の設置、③ベトナムに接近した「九段線」中国側でのガス探査海域での入札募集、④釣魚島及び付属島嶼（尖閣諸島）領海の基点・基線の公布、⑤中国公船の釣魚島周辺海域巡回の常態化など、一連の措置をとった。この一連の措置は、「後発制人」（一歩譲って人を制す）であり、これにより、中国は「受動的立場」から「主導的立場」に変わったとしている。

同時に国内体制面では、海監（海上管理）、海警（海上警察）、漁政（漁場管理）、密輸取り締まり（税関）などの四部門を合併して、これらを一本化した国家海洋局を設置し、警察力のある海上警備隊を誕生させた。つまり、中国版海上保安庁が生まれたのである。また、そのうえ、国家海洋委員会が設立され、それには解放軍も参加するものとみられる。

中国がこのような強硬政策をとった背景には、次の三点があると考えられる。

1　ベトナム・フィリピンの係争地域への侵蝕

南沙諸島の所属を巡って、中国（台湾）とベトナム、フィリピン、ブルネイ、マレーシアとの間で領有権問題が存在する。一九八八年三月、中国海軍が六つのサンゴ礁に主権標識などを建設し、周辺海域ではベトナムとの間で海軍衝突が起こった。その後、話し合いによって、一応、良好な関係が保たれ、一一年前の二〇〇二年には、中国とASEANの間で、「南シナ海各国行動宣言」が締結された。以後、相対的安定の時期が続いてきた。

ところが、ベトナムとフィリピンは、欧米の石油会社と契約を結び、次々と係争地域で石油の発掘に乗り出した。中国側の情報によると、係争地域の油井はなんと一〇〇〇か所にも及び、そのなかには中国側が参与するものは一つもないという。中国が自制しているあいだに、相手側は中国側の主権をどんどん侵蝕している、それを黙認してきた外交部はけしからんという声が強く上がってきた。

そのうえ、鄧小平の打ち出した「係争棚上げ、共同開発」論は、現実の国際政治を無視した空論であるとする批判も公然と行われるようになった。中国側が「係争棚上げ」を望んでも、相手側がそれを受け入れていない、中国側が共同開発を望んでも、相手側は中国以外の国と提携して共同開発をしている、相手が受け入れない限り、主権確保の強い決意を示し、実際の行動に出なければならないという意見が主流を占めるようになった。その結果、二〇一二年四月、黄岩島海域で中国海軍とフィリピン海軍が相対峙し、一触即発の局面を呈することとなった。同年六月、中国政府は西沙（パラセル）諸島、中沙（マックレスフィールド）諸島、南沙（スプラトリー）諸島を管轄する三沙市の設立が宣言されるにいたった。

2　日本の尖閣棚上げ合意否定と実効支配強化論

一九七三年、日本と中国の国交が正常化された際、周恩来と田中首相の間で「尖閣」は取り上げない、つまり「一時棚上げ」にすることが決まった。一九七八年、日中平和条約が締結された際も、鄧小平の「係争棚上げ、共同開発」が是とされ、口頭での合意がなされた。ところが、今世紀に入って、日本側が日中間に領土問題は存在しない、棚上げ合意はなかったと言い改めるようになったため、中国側は警戒心を強めた。こうしたなかで、二〇一〇年に漁船衝突事件が起き、中国船長を日本の国内法で粛々と処理すると公言する日本政府に中国側は激しく反発した。それは日本が主権を行使するということであり、中国は絶対に許すことのできないことであったからである。

漁船船長が釈放されたことで、この問題は一応解決されたが、領土問題は存在しないという日本政府の姿勢には何ら変化もなく、そのうえ、尖閣への実効支配強化、日本公務員の尖閣上陸など、日本の主権行使の言動が頻繁となり、中国側はそれへの対応策を着々と練ることとなった。一二年四月、尖閣を東京都が購入するという石原慎太郎知事の宣言は中国への重大な挑発であった。これは中国に対抗措置をとる絶好のチャンスを与えるものであった。野田首相が石原の意を受けて、「尖閣の国有化」を決定することにより、対立は決定的となった。中国は、これまでの自制を放棄して、基点と基線を設定する契機を得ることとなり、公船の巡回も常態化させ、中国の実効支配を定着させることとなった。

3　アメリカオフショア戦略論への反発

二〇〇八年秋、リーマン・ブラザーズ破綻による世界金融経済危機が到来した際、アメリカは経済状況のよい中国をはじめとする新興国に協力を仰ぐ必要があった。そのため、二〇〇九年にオバマ政権が発足したとき、対中国政策はかなり前向きのものであった。ところが、アメリカの国際的地位が低下し、中国の存在感がますます高まると、アメリカの一極支配体制が崩れるのではないかという危惧を抱くようになった。他方、中国はかつてのソ連とは体質が違うため、米中協力による世界秩序の維持という2G論を主張する米国識者もいた。ところが、中国は、独自の体制、政策を維持し、アメリカの言う通りにはならないということが分かり、一定の圧力を加えて政策転換を迫ろうということになった。

オバマ政権は、アジア太平洋回帰、再均衡戦略を宣言し、対アジア関与を強めてきた。また、財政負担を削減するため対外関与を減らす必要があるが、同時に一極支配も維持したいという矛盾のなか、オフショア戦略をとるようになった。それは、アメリカが直接関与するのは避けて、中国の周辺諸国に軍事力を強化させ、中国と対峙させるというものである。アメリカは、武器輸出による経済的メリットが得られるし、同時にアメリカの支配的地位を維持できるというものであった。中国としては、このようなアメリカによる対中包囲圧力網を打破するために毅然たる態度をとる必要があった。アメリカが日米安保条約第五条の「尖閣への適用」を公言するや、中国のアメリカへの対抗措置がエスカレートしていった。中国が一連の軍事演習や新武器の公開によって対米牽制を強化したのはそのためである。それには、平和環境のもとでの解放軍の規律弛緩の整頓、胡錦濤体制から習近平体制への移行にあたっての新指導体制の権威づけという思惑もあったであろうが、それはあくまでも二次的要因とみるべきである。

二　東アジアサミットでの温家宝総理の発言

昨年一一月に開催された一連の東アジアに関わるサミットでの温家宝総理の発言は、中国の政策、思惑をよく反映している。それを紹介しつつコメントを加える。

1　一九日に開かれた10＋1（中国）首脳会議

（1）「歴史的経験と教訓をよく汲み取って共通の利益を重んじ、正しい方向を堅持して動揺することなく、一致協力して東アジアの振興のために弛まず努力しよう」。「正しい方向を堅持」とは、アメリカや日本などの妨害に惑わされないようにということである。

（2）「中国は覇権主義と強権政治に反対するばかりでなく、大国共治あるいは大国が地域を主宰することにも反対する」。「全体一致、関心事への相互配慮の精神に基づいて、相違点と矛盾を適切に処理し、東アジアが協力して発展するという大局を維持しよう」。これは、中国が地域を支配したり、他の大国と一緒になって支配したりすることはない、ともに協力し合って発展を図ろうという呼びかけである。この会議では、「南シナ海各国行動宣言締結一〇周年」の共同声明も発表された。

2　10＋3（日中韓）首脳会議

（1）「内部の凝集力を強化し、引き続き発展問題に焦点を当て、メカニズムの構築に一層力を入れ、自信を強め、着実に推進し、東アジア共同体の早期実現に向けて弛まず努力する」。中国は引き続き「東アジア共同体の実現」を目指すことを明言した。

（2）「危機対応能力を更に強化する。チエンマイ・イニシアティブの多国間協定の改定を加速化し、10＋3マクロ経済研究事務室を地域的国際組織に昇格させ、アジア債券市場を積極的に育成していく」。ここでは、10＋3を実体のある組織にしていかなければならないことを強調した。

（3）「地域経済の一体化プロセスを推進する。中国は地域の全面的経済パートナー関係推進の協議を支持し、各国間の相互投資を拡大し、産業の融合を深化させる」。これは東アジア共同体の基礎となる経済一体化の推進を呼びかけたものである。

（4）「相互連結の協力を全面的に展開する。協力の場を積極的に構築し、政策や法規の協調を強化し、融資ルートを拡大して、簡便且つ高効率のインフラネットワークを建設する」。ここでは、政策や法規面での協調を謳っており、東アジア方式を模索することでもある。また、国境を超えたインフラ整備を強調している。

以上の発言は、たとえ日本が東アジア共同体（10＋3）を無視しようとも、中国は依然としてその形成に向けて努力していくことを示している。実体を伴った組織をつくるにはこれしかないとみているからである。

3　東アジアサミット（ASEAN10＋6）会議

（1）「アジアは歴史的に苦難を嘗め尽くし、近現代において更に第二次世界大戦の蹂躙と冷戦による分裂を体験した」、「一九九〇年代初めに、アジア諸国は地域連合による自己強化、協力によるオールウインの道を歩む決心をした」と述べ、アメリカと日本に対し、「過去を忘れるな」とお灸をすえている。
（2）「世界を見渡すと、過去数十年、多くの地域で紛糾、衝突、戦争が発生し、現在においても、一部の地域は戦火が絶えない。それに比べて、東アジア地域は全体的に平和と安定が保たれ、この地域の経済発展に重要な良き条件を提供してきた。この会議の議長国であるカンボジアは正にそのよき例で、二〇年間に亘る平和な局面で人民は刻苦奮闘し、国家の面目は一新した」と述べ、現状を変えるべきでないと注意を喚起している。
（3）東アジアサミットは、「更に多くの国が東アジア経済発展のチャンスをよりよく利用するためであり」、「この会議で、領土と海洋の係争問題を突出させ、緊張した雰囲気を作り出すことには反対する」と述べ、主題を経済から領土問題にすり替えようとする動きを批判した。
（4）「黄岩島は中国の固有領土で、主権問題は存在しない。中国の主権維持の行動は正当且つ必要なものである」、「中国は大陸国家であると同時に海洋国家でもある」、「南シナ海の平和と安定及び航行の自由と安全を高度に重視している。現在、南シナ海の航行の自由と安全は十分に保障されている」。これは、オバマ大統領が首脳会議で「航行の自由を尊重し、平和と安定を維持することがアメリカにとって国益」と語ったことに対する反論である。
（5）「中国は善隣友好の政策遂行を堅持しており、南シナ海の平和と安定を維持するよう努力してきた。中国側が挑発したのではない突発事件に対しても効果的な措置をとってきた。中国とASEAN諸国は一〇年前に締結した『南シナ海各国行動宣言』で一連の重要な原則について合意をみた。南シナ海問題の国際化には賛成しない」、「『行動宣言』を全面的に効果的に実行し、『行動規範』制定の協議を始める条件を整えたい」。これは、オバマ大統領が南シナ海問題で「平和的な解決に向け行動規範を策定すべきだ」という干渉への反論である。

以上にみたように、東アジアサミット会議では、温家宝総理とオバマ大統領との間で激論が交わされた。議長国カンボジアのフン・セン首相が「南シナ海問題は既存の枠組みで対処すべきだ」と行動規範の策定に消極的な立場を表明し、マレーシアのナジブ首相も「南シナ海問題は大げさに取り上げられている」と語って、中国を援護射撃した。また、首脳の一人が「南シナ海は国際問題化すべきでない」と発言し、議長国カンボジアは、その場で反対意見が出なかったため、これを合意事項と見なした。結局、南シナ海の領有権問題は議題とされず、行動規範の策定も先送りとなり、中国の主張が通ったかたちとなった。

三　今後の展開：中国の外交政策は戦略不変、戦術調整

では、今後、南シナ海や東シナ海での領土問題はどのような展開となるのであろうか。一口で言うと、対話と協調の方向に向かうであろう。現にそのような徴候が現れている。

だが、一一月八日の第一八回党大会での政治報告には「国家の海洋権益を断固守り、海洋強国を建設する」とはっきり書き込まれた。関係国の対応如何によっては、対立局面が発生する可能性もあるが、総じて緩和の方向に向かうとみてよい。理由は、昨年後半の強硬措置は、ベトナム、フィリピン及び日本の挑発に対する対抗措置であり、戦術的行動の範疇内にあり、戦略である平和発展と和諧世界実現には何ら変化がないからである。全人代前後を境として、中国側では微調整が行われ、関係諸国も中国への対応を調整しつつある。

1　米中関係改善の兆し

イラク及びアフガニスタンからの撤兵を実現した二期目のオバマ政権は、国内重視、対外宥和の政策を展開する可能性が高い。とりわけ中国に対しては牽制よりも協調を重視する傾向にある。理由として、①アメリカ経済の復活のために、成長著しい中国経済（中国政府は今年の伸び率七・五％としているが、ＯＥＣＤは八・五％と予測）を取り込む必要がある、②北朝鮮や中東問題で中国の協力を得る必要がある、③アメリカの経済的政治的地位が相対的に低下するなか、世界政治経済秩序の改革について話し合う必要がある、④アメリカの軍事的一極支配が動揺するなか、世界の安全保障再編について話し合う必要がある、などを挙げることができる。

中国国内においても、オバマ政権の一期目にはアジア回帰、再均衡戦略が提起され、あたかも中国に対する牽制を強化するような傾向を呈したが、二期目にはこれが調整される可能性があるという論調が出ている。例えば、三月一四日付の「人民日報」は「再均衡戦略は更なる均衡が可能か」と題する小論を掲載し、次のように論じた。ヒラリーは「スマートパワーをアジア太平洋回帰に応用」したが、この地域に「不安定をもたらした」。それは、アメリカの「アジア太平洋回帰戦略の基礎」を切り崩すものであった。一期目は「ヒラリー色が強く」、対アジア政策の多くは「ヒラリー国務長官とパネッタ国防長官によって決定され」、「オバマは手を出せなかった面があった」。事実、ケリーが国務長官になってから、オバマは、はっきりと「中国を対立面に押しやるべきでない」と表明し、しかも欧州と中東を最初に訪問し、欧州の重要性を再認識しており、「アジア太平洋回帰戦略は微調整」されつつあるとしている。

2　インド（対南アジア）との戦略的協力関係

人口が多く潜在成長力の高いインドとの関係は、中国にとって非常に重要である。中印間には領土問題や水資源問題などがあり、アメリカや日本はその矛盾を利用して離間策を講じていると、中国は警戒している。しかし、両国の首脳間では、ＢＲＩＣＳ、20Ｇ会議などにおいて緊密な関係を保っている。とりわけ、今回の南アフリカでの両国首脳会談は注目に値する。

三月二七日、シン首相と習近平国家主席は、ダーバンで会談し、習近平主席が「中印の戦略的協力パートナー関係を絶えず前進させ」、「戦略と政治の意思疎通を強化し、軍隊の交流協力を拡大して、軍事安全面での相互信頼を深めたい」と語ったのに対し、シン首相は「中国の発展成果に敬意を表し、対中国親善友好関係を発展させることはインド外交の優先的選択である」、「お互いに核心利益と重大関心事を尊重し、戦略的相互信頼を深め、国際活動における協調と歩調合せを強化するよう願う」、「インドは独立自主の外交政策を遂行し、中国封じ込めの道具になることはない」、「インドは中国と共に努力し、世界に印中両国は協力パートナーであり、ライバルではないことを証明したい」と語った（「人民日報」三月二九日）。インド外交における、対中国優先的選択、核心利益尊重、戦略的相互信頼強化、対中国封じ込めの道具にはならない、協力パートナーの模範など、外交的辞令が含まれているとしても、注目すべき発言である。

インドのサルマン・クルシード外相は、三月二六日からの訪日を前に、次のように話したと報じられた。東シナ海や南シナ海問題は「最終的には関係国による二国間協議で解決すべきだ」。そして、アメリカやＡＳＥＡＮを巻き込んだ「対中包囲網」には慎重な態度を示し、中国の習近平新体制には「ハイレベルの対印交渉を望んでいる兆候があり歓迎する」。

中国とインドは古代文明国であること、ともに植民地、半植民地の経験を経たことなどの共通点があり、しかも、一九五〇年代に「平和共存五原則」を提唱したこともある。二〇〇六年には「平和と繁栄に向けての戦略的協力パートナー関係」を確立した。インド国内での「反中」世論や西側諸国の離間策があったとしても、それらに耐えて良好な関係を維持していく可能性がきわめて高い。中国とインドが、二〇一四年末にアメリカ軍などがアフガニスタンから撤退した後、いかにアフガニスタンを支援するかを協議する二国間対話を年内に始めることが固まったとか、年内に中印軍事演習が再開されるというような報道も目に付く。

3　中韓・中ロ関係強化による北東アジア主導

最近、中韓関係は経済ばかりでなく政治外交分野でも協調姿勢が強くみられる。中韓首脳会談で、温家宝総理は、いまの日中対立は「日本が軍国主義を清算できなかったためだ」と語り、李大統領も「日本の右傾化は周辺国の不安要因になり得る」と憂慮を示したといわれる。学者レベルではあるが、韓国が北を併合した場合にどのような体制を作るかが中韓の間で話し合われているというような報道もある。朴槿恵新大統領が特使をまず中国に派遣したことも新しい動向だ。

北東アジアの連携強化によって東アジア全体の経済を向上させることができる。その大きな障害の一つは北朝鮮の異質な体制である。中国と北朝鮮との軍事同盟条約はまだ失効してはいないが、すでに有名無実化している。こうしたなか、中国の対北朝鮮経済支援の行方が世界から注目されている。①軍事技術の進展によって北朝鮮の緩衝地帯としての役割は小さくなっている、②朝鮮戦争時の旧中国軍人はほとんど姿を消している、③北朝鮮の頑な態度への対応は限界にきている、④中国国民の北朝鮮に対する感情が悪化している等の要因を考えると、中国と韓国の連携はますます強化されていこう。

中ロ関係はここ二〇年来、急速な発展をみせ、上海協力機構、ＢＲＩＣＳ、Ｇ20などで緊密な関係を保ち、国際政治経済秩序の改革面で連携プレイをとっている。プーチン政権は、シベリアの資源開発を重視し、積極的にアジア重視の外交を展開している。そのなかで、最も重視しているのは中国との関係で、二度目の大統領になってから最初に中国を訪問し、習近平も国家主席になって最初の訪問国としてロシアを選んだ。韓国とロシアとの経済交流も進んでおり、北東アジアにおける中ロ韓の協力関係はますます強まる傾向にある。中国で、一時期、領土問題で中韓ロが連携して日本に対処すべきだという論調が出たが、それは非現実的である。しかしながら、経済外交面で中韓ロがより緊密な関係をつくる可能性は十分にある。

4　中国軍事力の強化と透明性の拡大

中国軍事費の膨張が誇張して語られ、東アジアにおける緊張感を増幅させている。実際には、この三年間軍事費伸び率は減速している。二〇一三年の国防予算は七四〇六億元（約一二〇〇億ドル）で、一〇・七％増である。二〇一二年の伸び率は一一・二％、二〇一一年は一二・七％であったから、南シナ海や東シナ海での緊張が高まっているにもかかわらず、国防費の伸び率は減速している。また、二〇一三年の物価上昇率は三・五％としているから、国防費の実質伸び率は七％台である。決して異常な軍備拡大数字ではなく、経済成長に見合った国防費の増大であり、日本の高度成長期と同じである。

中国の国防費を国際的に比較してみると、平均よりもかなり少ない。二〇一二年のGDPは五一兆九〇〇〇億元で、二〇一三年の経済成長率は七・五％とされているから、二〇一三年GDP予測値は五五兆七九二五億元、国防費の対GDP比率は一・三％となる。羅援氏によれば、二〇一一年の財政決算からみると、周辺諸国の国防費の対GDP比率は平均二・四％、アメリカ四・九％、ロシア四・三％、韓国二・九％、インド二・八％、中国は一・二八％である。国防費の財政支出に占める比率は世界平均九・八％、アメリカ一九・六％、ロシア一六％、インド一三％に対して、中国は六％と大変低い。アメリカ国防総省は二〇一二年五月の報告書で、中国の国防費は二〇一一年段階で、最大で公表分の約一・八倍に達していると推計している。たとえ一・八倍としても、対GDP比率は二・三％であり、アメリカ、ロシア、韓国、インドよりも低い。いずれにしても、中国の国防費は決して多くない。しかし、年々、基数が大きくなっているため、絶対額は大きい。中国の国防力が強くなるにつれて、国防費支出の透明度を高める余裕が出てくるであろう。そうなれば、安全保障関連の報道もより説得力のあるものになっていく。そのとき、軍事面での中国脅威論は弱まり、東アジアにおける協力関係の増進にもプラスとなる。

結び

日本は、対東南アジア外交、対南アジア外交において、対中国牽制を意識し、それを公言することを憚らない。個別的国家がそれに共鳴することがあっても、多くの国は反対している。このような外交は明らかに行き詰まる。また、日中韓自由貿易協定（FTA）、域内包括的経済連携（RCEP）、環太平洋連携協定（TPP）の三者を巧みに操って、日本のアジアにおける主導権を確立するといった論調も多いが、それはあまりにも国際政治の現実から遊離しているように思える。日本には、もうそのような力はない。

中国は長期的視点に立ってグローバルな全方位外交を展開している。日本は、それと対抗するのではなく、日本の外交に取り込む戦略を考えるべきである。尖閣問題を早期に解決し、その共同開発を進めて、中国のバイタリティーを取り込むのである。さらに、対外進出の面でも中国との協調体制をつくっていくべきである。それには、東アジア共同体構築への取り組みが不可欠である。アベノミクスによって生まれたみかけの好景気を実体経済と結び付く真の好景気にもっていくには、中国との連携なくしては考えられないというのは、言い過ぎであろうか。

第二〇章補論：馬英九の太平島訪問

一月二八日、馬英九総統は一六〇〇キロ離れた南沙諸島の太平島を訪問した。一部の台湾メディアは「馬総統は任期満了を前に実績作りを狙っただけだ」と批判している。確かにその面はあるだろうが、南シナ海の人工島を巡って米中間の緊張が高まるなかでの訪問であり、実質的両岸連係プレーという視点からみると、きわめて重要な意義がある。

二八日夜の記者会見で馬英九は「今回の太平島訪問と中国大陸とは何の関係もない」と言明した。だが、馬英九及び台湾当局の一連の言動からみると、共通点があまりにも多く、暗黙の諒解あるいは水面下の意思疎通が推測される。中国政府・国務院台湾事務弁公室の馬暁光報道官は二七日、「馬英九総統は、中国が南シナ海の島について争う余地のない主権を有することを示すために、太平島を訪れた。（台湾海峡の）両岸は一つの中国であり、両岸の同胞は共同で国家の主権と領土の完全性を維持する責任がある」と肯定的な態度を示した。

では、中国にとってどのような意義があるのであろうか。

1　一一段線（九段線）内の実効支配強化と共同防衛

第二次世界大戦後、中華民国海軍は一九四五年にアメリカから払い下げられた太平、中業、永興、中建など四艘の軍艦を派遣して日本軍が占領していた西沙諸島と南沙諸島を接収した。そして南シナ海海域の島嶼を使用しはじめ、水文学調査なども行った。それを踏まえて、中華民国の内政省地域局は『南シナ海諸島新旧名称対照表』及び『南シナ海諸島位置図』を作成し、一九四七年一二月一日、国民政府が議決・公布した。その地図には、一一段のU字線が中華民国の領海として取り囲まれるように描かれている。これに対し、当時、世界のどこからも異議申し立てはなかった。つまり世界各国が一一段線内は中国の領海であることを認めていたのである。

一一段線内は西沙諸島、南沙諸島、中沙諸島、東沙諸島が含まれ、南沙諸島の最も大きな島が太平島であり、国民党海軍が一九四五年接収以来、中国軍隊がずっと駐屯していた。ところが、一九四九年、国民党軍が共産軍に負け、台湾に落ち延びることとなり、一六〇〇キロも離れた太平島駐屯は負担となり撤兵することとなった。この空白を埋めるかのようにベトナムの宗主国フランスが占領しようとし、一九五六年にはフィリピンが太平島に掲揚された中華民国国旗を降ろしフィリピンに持ち帰る事件が起きた。この問題は外交ルートで解決され、国旗は中華民国政府に返還された。これを契機に、台湾の中華民国政府は再度軍隊を駐屯させることになり現在にいたる。

一一段線が九段線になった原因は、北ベトナム政府に対する中国政府の配慮にある。一九五三年以降、中国政府はベトナム戦争中に北ベトナム軍を支援し、トンキン湾内にある島でのレーダー建設などの活動を妨げないよう、一一段線のうちからトンキン湾付近の点線二つを除去し、新たに九段線へと書き直したのである。

その後、中南沙諸島では周辺諸国の侵蝕が進み、ベトナムが南威島を占領し、五五〇メートルの滑走路を建設、フィリピンは中業島に一〇〇〇メートル、マレーシアは弾丸礁に一三六八メートルの滑走路をそれぞれ整備している。こうしたなか、台湾当局も二〇〇五―〇七年末にかけ、台湾が実効支配する唯一の太平島において、その中央部を横断するかたちで幅三〇メートル、長さ一一九五メートルの滑走路を建設した。台湾はベトナム、マレーシア、フィリピンに次いで南沙諸島で滑走路を保有することとなった。というわけで、二〇〇八年、陳水扁総統が太平島を訪問し、その落成式に参加した。

台湾当局はさらに二〇一五年末までに約三〇〇〇トン級の船舶が停泊できる埠頭を整備し、滑走路の改修や燃料タンクの増設も行うことを決定し、計画通り完成させた。昨年末、馬英九はその落成式に参加する予定であったが、アメリカに反対され中止せざるをえなかった。今回、春節にあたって守備隊員を見舞うというかたちで埠頭や滑走路関連施設の視察を行った。ところで太平島は台湾が実効支配しているが、周辺岩礁は関与できないでいる。中国政府は「係争棚上げ、共同開発」提唱国として自制してきたが、周辺諸国の侵犯、さらには米国が後ろ盾になるということで、対抗措置をとらざるをえなくなり、太平島以外の岩礁への実効支配に乗り出した。現在、ガベン礁、スービ礁、ヒューズ礁、ミスチーフ岩礁、ジョンソン南礁、ファイアリクロス礁、クアルテロン礁など七つの岩礁埋め立て工事がなされている。とりわけ、ファイアリー・クロス（永署）礁を埋め立てて建設している滑走路は三〇〇〇メートルで、轟6大型爆撃機の離着陸も可能とのことである。

台湾は南シナ海のほぼ全域の島嶼とその周辺海域の領有権を主張しており、馬英九は太平島到着後の演説で、南シナ海での領有権を内外に向けてアピールした。南シナ海で中国が進める岩礁埋め立てに対して米国や周辺国が強く反発しているが、馬氏の訪問は明らかに大陸と共同戦線を張って一一段線（大陸の言う九段線）を守ることにある。

2　フィリピンの国際裁判への共同対応

馬英九総統は二月三日、国防部の春節昼食会に出席し、一月二八日に馬総統が太平島に上陸した目的とその意義を説明した。馬総統は、フィリピンがハーグ常設仲裁裁判所に提訴した南シナ海仲裁案のなかで、太平島を（水域の権利が「島」よりも制限される）「岩礁」（rock）と主張していることから、太平島が人間の生活できる「島」であることを全力で主張する必要があると指摘し、太平島は淡水が湧き、野菜や果物が栽培できる肥沃な土地があり、家畜も飼育でき、熱帯の高木が繁茂し、太陽光発電、病院、郵便局、観音堂などの施設もあり、「国連海洋法条約」に定められた「島」の基準を満たしていることを強調した。フィリピンが（国際仲裁裁判所に申し立てた）中国大陸に対する仲裁案のなかで、太平島の法的地位を引き下げたことについて、速やかに「厳正なる指摘と説明を行う」ためである。

この仲裁案の裁定は今年五月～六月ごろに出る見込みであり、関係者が判断を下す前に提起したことはそれなりの意義がある。

中国大陸はフィリピンの訴訟を無効としており、一切取り合わない。当然、島か岩礁かの論議には関知しないのが基本的姿勢である。馬英九がそれを考慮して、両岸共通の利益を代表して国際世論に訴えたとみることができる。最近、米国が主権を巡る中立的立場を捨てて、フィリピンや日本に肩を入れはじめ、「仲裁案を尊重せよ」と強調する状況下で、馬英九の今回の言動は両岸にとって有益である。

3　米国のご都合主義への共同抵抗

台湾の総統府は二七日午前、馬英九総統が二八日に南シナ海のスプラトリー（南沙）諸島で実効支配する太平島を訪問すると発表した。実は馬総統が昨年一二月、埠頭の拡張工事などの完成式典に出席するため同島訪問を計画したが、米国が難色を示したため見送ったという経緯がある。米国台北弁事処（台北事務所）処長を二〇〇二年から〇六年まで務めたダグラス・ポール氏は、馬総統の太平島訪問について、前回の中止は事前に取りやめるよう申し入れたためだと語っている。今回は米国の反対を押し切っての訪問である。台湾当局は事前に米国に知らせたことで義を尽くしており、米国の同意を得る必要はないと強い姿勢を示した。

馬総統訪問後、ポール氏は、米国側は馬総統が計画を最終的に断念したと誤解していたと不満を述べた。またアメリカ国務省も「そのような行動は助けにならない。南シナ海の領有権争いの平和的な解決に貢献しない」として「失望」を表明した。これに対し、馬氏は「全ての計画は平和を促進させるためので、緊張は起きない。診療所で医療・救助活動を行うなど平和の島として活用できる」との考えを示した。

馬総統が任期終了を前にしてこのような行動に出た背景には、米国のご都合主義への不満があろう。西沙諸島と南沙諸島は本来、米国の協力のもとに国民党政府が日本占領軍から接収したものである。また一九四七年に一一段線を設定したことに対しても米国は何ら異存がなかった。その後、国共内戦と国民党の敗退で台湾に立て籠るようになってからも、米国は台湾（中華民国）の立場を配慮し、「主権問題には立場をとらない」と中立的立場をとってきた。ところが、中国大陸の台頭と両岸関係の平和発展のなかで、米国はいままでの立場を変え、中国大陸への牽制強化に軸足を置くようになり、太平島及び南沙諸島問題でベトナムやフィリピンの肩を持つようになっていった。その結果、台湾（中華民国）の立場はますます苦しくなっていき、今回の止むに止まれぬ反発となったとみるべきであろう。

4　日本の拡張主義への共同牽制

南沙諸島については一八八三年にドイツが南シナ海の観測をしはじめたが、清朝政府が抗議したことで中止した。一八八五年の中仏戦争でベトナムがフランスの植民地となり、一八九五年の日清戦争で台湾が日本の植民地となった。以来、南シナ海の島を日本とフランスが虎視眈眈という状況が生まれた。

一九三三年、フランスが南沙諸島を侵蝕し、中華民国政府との間で争いが起こった。一九三三年一二月、フランス政府は南沙諸島を安南（ベトナム）に合併する令を出した。日本政府はそれを認めず、一九三五年から三八年にかけて軍隊を派遣して南沙諸島を占領、一九三九年三月一日、西沙諸島と南沙諸島を合わせて「新南群島」とし、台湾高雄市の所属とした。日本の領土となり、戦中は潜水艦の基地を置いた。

一九四五年、日本の敗戦とともに、中華民国政府は軍艦四隻（太平、中業、永興、中建）を派遣し南シナ海の島嶼を接収した。そして、西沙諸島の武徳島は軍艦名永興に変更、南沙諸島の長島は同じく軍艦名太平に変更した。すなわち太平島の名前は同島を接収した軍艦「太平」に由来する。同艦は米海軍のエバーツ級護衛駆逐艦デッカーが四五年八月に中華民国海軍に移籍されたものである。前述した如く、台湾が中国に返還された一九四七年において、中華民国政府が南シナ海が中国の領土であることを示す一一段線を公布し、以来、中国地図に明記したのであるが、それに異を唱える国はなかった。

だが、一九四九年、国民党軍が共産軍に負け、台湾に政権を移す頃になると、太平島を守る力を失くしてしまい撤兵することとなった。このすきに乗じて、再びベトナムの宗主国となったフランスが太平島を占領し、サンフランシスコ条約で南シナ海諸島の帰属未定論を展開した。今日の中国・ベトナム、中国・フィリピン紛糾の種を播いたのである。戦争でフランスの影響力は急速に低下し、一九五〇年代にはフィリピンが南沙諸島を侵蝕するようになり、一九五六年にはフィリピンのクロマ探検隊によって中華民国の国旗が降ろされマニラに持ち帰られるという事件が起きた。結局、クロマが中華民国のフィリピン駐在大使に謝罪し国旗を返還するということで一応収まった。以来、台湾政府は軍隊の駐屯を回復し現在にいたる。

最近、日本がベトナムとフィリピンに加担して、再度日本の軍隊を南シナ海に進出させようとしているが、これは中国大陸ばかりでなく、台湾にとっても重大な挑発行為であり、共に対抗しなくてはならないという心理が働くのは至極当然である。

5　係争地域の平和利用に関する共同主張

馬英九は太平島訪問にあたって、「南シナ海平和イニシアチブ」のロードマップを発表し、太平島が「南シナ海平和イニシアチブ実践の起点の一つとなる」とした。そして太平島が「平和的救難の島」「生態の島」「低炭素の島」となるよう、平和への各用途を推進すると言明した。また、南シナ海の島嶼の主権と海洋権益を巡る争議に関しては、「主権は我が方、争議を棚上げ、平和互恵、共同開発」を原則とすると主張した。これは鄧小平の提起した「主権はわが方、係争棚上げ、共同開発」の大陸側主張と完全に一致する。また中国が南シナ海で人工島をつくり、国際的公共財を提供するという主張とも一致する。

馬氏は昨年五月に南シナ海での領有権争いを棚上げし、紛争の平和的解決を目指す「南シナ海平和イニシアチブ」を提唱した。そして昨年一一月にはフィリピンと「漁業実務の法執行協力協定」を調印し、重複する経済水域内での漁業係争が大幅に減少したといわれる。馬英九のこのような主張は、当時、米国国務省をはじめとする国際社会からも評価されたといわれる。ところが、中国大陸がこのようなことを言うと反発され、ぶち壊される。中国への警戒心が働くからである。

事実、尖閣諸島を巡っては、「係争棚上げ」のもと、日中漁業協定が締結され、長い間、平和裏に対応できた。だが日本政府が係争棚上げ合意を否定し、実効支配を強化することで矛盾が激化した。他方、馬英九が提唱する「東シナ海平和イニシアティブ」には日本が同調し、日台漁業協定を結んだ。日本は両岸関係を離間させるために、ダブルスタンダードで臨んでいる。アメリカもまた然りである。馬英九の今回の訪問は「平和イニシアティブ」を実行に移す一環として評価される。と同時に、米日のダブルスタンダードの非合理性が曝け出されることとなった。

6　第四次国共合作と歴史への共同回顧

南シナ海の領土問題の歴史を辿ると、国共内戦と冷戦構造下での両岸対立が大きく災いしていることが分かる。尖閣問題もまた然りである。それ故、いま、両岸人民のなかには国共対立で民族の利益を犠牲にしてしまったという強い思いが強くある。二〇〇五年に実質的な第四次国共合作が始動し、馬英九政権八年の両岸平和発展のなかで、中華民族という視点で歴史を顧みる動きが出てきた。それはより客観的、科学的、理性的に史実をみるということでもある。この動きは、国際関係までには及んでいないが、今後、その道がさらに拡大し、新しい視野が開拓されていこう。

中国は半植民地、国共内戦、抗日戦争、冷戦、孤立化、改革開放の道を歩み、いまや世界第二の経済大国、遠くない将来において最大経済大国になることまちがいない。が、民族の統一という課題がまだ残っている。それから、総体では超大国、一人当たりでは後位の状況がまだかなり長く続く。つまり国際的責任はますます重くなり、その心構えが必要だが、上部構造は下部構造の制約を受けるため、意識の転換は容易ではない。昨年一一月の習近平・馬英九会談及び馬英九の太平島訪問は、民族の統一問題に終止符を打つ面できわめて有益であろう。

7　台湾独立志向への共同牽制

台湾の独立派のなかには、「独立のためには手段を選ばず」で、尖閣諸島も太平島も放棄してかまわないという主張がある。しかし、それはごく少数で、民進党の多くは守るべきと考える。前述した如く、民進党の陳水扁総統が任期満了前の二〇〇八年二月に太平島を訪問している。しかし、今年一月の総統選で民進党が大勝してからは、両岸関係の前途が危ぶまれている。また、中国が南シナ海での主権保持を強めているなか、米中矛盾が激化している。こうしたなかで、台湾の南シナ海に対する態度が変わるかどうか懸念されている。

馬英九の今回の太平島訪問は、太平島主権維持問題を際立たせ、断固たる意志を示したことで、台湾独立派、太平島放棄派には痛手となったであろう。事実、蔡英文氏は馬英九との同行及び民進党代表の参加は断ったものの、一月二八日、「南シナ海の主権を堅持する」とはっきり述べた。民進党次期政権も、馬英九の敷いた南シナ海路線を堅持せざるをえないであろう。

馬英九は執政の八年間、両岸関係の改善と発展を図り、大きな成果を残した。しかし、彼の望んでいた平和協定の締結は、台湾内部の客観情勢が許さず、成功することなく幕が閉じられることとなった。とはいえ、最後の半年間に、両岸首脳会談と太平島訪問を成し遂げ、両岸関係の健全なる発展のために道筋をつけた。今後、どのような展開になるか不確定要因が多々存在するが、馬英九氏の果たした努力は歴史に残るものである。

第二一章　尖閣を巡る中国の立場とその行方

解題：（二〇一三年七月執筆）尖閣諸島を巡る中国側の言い分を詳しく述べ、二〇一二年にとった対抗措置は二〇〇五年の日本の資源探査がきっかけとなって準備されたことを紹介した。解決策は「係争棚上げ」に戻るほかはないとも論じた。

尖閣を巡る問題は沖縄問題にも波及し、沖縄帰属未定論が台頭してきた背景を述べ、今後二〇―三〇年内に沖縄独立論に火が付く危険性を指摘した。ポツダム宣言では、沖縄は日本領土には入っていないからである。

尖閣を巡る中国国内論調を紹介し、理性的知日派が理性的反日派に転じ、当局の政策決定に影響していることも述べた。日中関係にとって大きな損失である。

日中両国は尖閣を巡って対立し、膠着状態の関係が続いている。現在の両国巡視船相対峙状態下では、いつ不測の事態が発生するか分からず、早急に事態の収拾を図る必要がある。ここでは、尖閣問題の中国の立場、言い分を紹介し、さらに最近、中国の学者が沖縄地位未定論を提起した背景と意図を探ってみる。また、中国国内の対日政策を巡る内部論争に触れ、日中関係を正常化させる術を考えてみたい。

上海日本研究交流センター副主任郁志栄氏は、二〇一二年一一月、著書『東海維権―中日東海・釣魚島之争』を出版した。郁氏は、流暢な日本語を話す知日派であるが、東シナ海・尖閣問題については、中国のこれまでの対応を厳しく批判してきた人物である。驚くべきことは、昨年九月以降、中国当局が日本の尖閣国有化に対してとってきた対抗措置は、郁氏が長年主張してきたそのものである。また、彼は「沖縄地位未定論」を提起して、日本の尖閣を巡る理不尽な態度を牽制すべきだと早くから主張していた。

一　尖閣問題での中国の立場

尖閣問題における中国の立場は、「釣魚島白書」に詳しく書かれている。その要点は、次のとおりである。①歴史的には中国が最初に発見して命名し、行政権が及んでいた。②清朝の弱体化が進む一八八五年に日本は自国の領土に組み入れようとした。しかし、清朝の反対を恐れて踏み込めなかった。一八九四年末、日清戦争で日本が勝利すると、九五年一月一四日に領土下に置く閣議決定を行ったが、公表はしなかった（すなわちこっそりと盗み取った）。③サンフランシスコ条約によって尖閣をアメリカの信託統治下に置いたのは、カイロ宣言、ポツダム宣言違反である。④尖閣は台湾に所属するものであり、一九七二年に沖縄を日本に返還する際、尖閣諸島をその中に組み入れたのは不法である。⑤一九七二年に日中国交正常化が実現したとき、周恩来・田中角栄の政治判断によって「尖閣問題棚上げ合意」の約束があった。それが無かったというのであれば、日中国交正常化の前提を崩すものであり、一九七二年前に逆戻りすることになる。

現在、日中双方が歴史的資料を持ち出して自国の「固有の領土」であることを立証しようとしているが、このような後ろ向き対応では日中関係の改善は望めない。現在の日中間の矛盾を解決するカギは「棚上げ合意」に戻ることである。日本外務省及び政府は「合意は存在しない」といっているが、栗山尚一元外務省事務次官（七二年当時は条約課長）及び橋下恕氏（当時中国課長）の証言は無視できない。橋本氏は、退官後の二〇〇〇年に、交渉の最終段階で田中角栄首相が尖閣列島問題を持ち出し、周恩来首相は「これを言い出すと、双方とも言うことが沢山あり、首脳会談は終わらない。今回は触れないでおこう」と答え、田中首相が「それはそうだ。じゃ、これは別の機会に」と言って、「交渉はすべて終わった」ことを明らかにした。栗山氏は、昨年、「棚上げ、先送りの首脳レベルでの暗黙の了解ができたと当時考えたし、今もそう思う」と述べており、さらに一九七八年の鄧小平副主席の記者会見についても、「七二年の暗黙の了解が、七八年にもう一度確認されたというのが実態だと理解している」と語っている（「朝日新聞」二〇一二年一〇月三一日）。橋本・栗山証言は、中国側資料と合致し、外務省の現在の立場は明らかに国際的信用をなくすものである。横浜市立大学名誉教授矢吹晋氏は、外務省が首相の発言記録を改ざんしたことは絶対に許せないと厳しく非難している。

以上、中国が「日本の政府は怪しからん」と思う立場は一理あるにしても、昨年九月以降採ってきた一連の対抗措置はあまりにも過激であり、情理を逸するものだというのが大方の見方であろう。対中批判派は、「いまこそ」とばかりに、「中国の覇権主義の現れ」、「中国の膨張主義の現れ」、「中華帝国思想の現れ」などという言葉を浴びせ、中国脅威論を煽った。しかし、実際には、中国は、堪忍袋の緒が切れて、「大局観抑制論」から「反撃主動論」に転換したのであり、その背景を知れば十分に理解できるものである。

ここでいう「大局観抑制論」とは、日中友好関係の大局観に基づいて、日本の尖閣に対する挑発・侵蝕行為に抑制的態度をとってきたことである。口頭で抗議はしても、実際行動は避けてきた。「反撃主動論」とは、「後発制人」（反撃で相手を制する）の手法に基づき、実際行動で自国の主権を守り、受け身から脱して主導的地位を確立するというものである。現在、一連の対抗措置によって、中国も巡視船を派遣しており、日中間に互角の状態が形成され、尖閣を巡るいままでの受動的状態は、主動的状態に変わったと郁氏らはみる。

過去三〇余年を回顧すると、一九八〇年代から一九九〇年代半ばまで、日中両当局は、自制し合って自国のナショナリズムを抑え、日中関係は大方スムーズな進展をみせてきた。ところが、一九九〇年代半ばに、日本外務省は日中間に領土問題は存在しないと言い出した。これは、本来、由々しき問題であったが、中国政府は十分な抗議をしなかったため禍根を残すこととなったといわれている。もっとも、それ以前の一九九二年に中国側が「領海法」を制定し、尖閣諸島を自国の領土としたという事情があった。日本外務省は、それに抗議したが、中国当局は、それは国内法であって対日外交政策に影響するものではないと答えたとされている。

二〇〇五年、東シナ海で日本の資源探査が行われ、中国はこれにひどく反発した。中国の海洋監察隊は危機感を抱き、当年、党中央に建議書を出した。そして、尖閣を巡る問題をよく研究し、対策を練り、受け身状態から脱却を図る方針が決まったとされる。二〇〇六年七月、「中国管轄海域定期的主権維持巡回航海執行法」が制定され、中国の海域における巡回が行われるようになった。さらに、二〇〇八年一二月八日、尖閣領海内での巡回も行われ、三八年間にわたる日本の一方的実効支配は打破された。前掲『東海維権』（一七一頁）は、次のように記述している。「二〇〇八年一二月八日、存在の顕示、管轄の体現、主権の顕示のために、中国海監五一号船、四六号船からなる編隊は、命令を受けて釣魚島周辺の海域に対して巡回執行を実施した（筆者注：真珠湾攻撃の日を選んだ）。編隊は、早朝五時五〇分に領海内に入り、午後三時五六分に帰途に就いた。島を巡回すること三周半、一〇時間一〇分に及び、釣魚島からの最短距離は〇・九六海里である。その間、中国海監五一号船は、相前後して英文、中文、日文の三か国語で、わが編隊の巡回を妨害しにきた海上保安庁の巡視船『国頭』、『久田高』に中国政府の立場を叫び表明した。日本は、相前後して、飛行機三機、巡視船四隻を繰り出し、わが編隊の活動を偵察、妨害した」。「われわれは実際の行動で以て、日本の釣魚島に対する『時効取得』（筆者注：五〇年間を指す）及び実効支配の局面を中断させ、特に敏感な海域で主権維持と安定維持を両立させる前例を切り開いた」。

なお、郁氏らは、早くから次のように主張していた。

（1）日本は一九八二年に中間線を出してきたが、これは全く国連海洋法条約に合わないものであり、口頭で反対するだけでなく、行動でもって示さなくてはならない。例えば、中間線以東での中国調査船に対して日本の海上保安庁巡視船が追尾したり妨害したりしているが、それには実力行使で排除すべきである。

（2）尖閣上陸、尖閣巡回など実効支配を強化しているが、中国はそれを黙認するのではなく、中国も自国の管轄海域に対して巡回すべきである。

（3）管轄海域を巡回して主権を行使するには、ただ領海法があるだけでは駄目で、具体的に海域を画定しなければならない。

（4）日本は「係争棚上げ、共同開発」を拒否している。本来、中国側の「春暁」などの開発は全然問題がない（中間線の西側）にもかかわらず、所謂ストロー効果（海底油田は繋がっており、中間線以東の油が春暁に吸い取られていく）の難癖をつけてきた。中国側はそれに配慮し開発を中止させたことは間違いである。

（5）二〇〇五年、日本政府は日本の企業に中間線海域の試掘権を付与したが、これは中国の主権への重大な侵害であり断固阻止すべきだ。

（6）二〇〇八年六月八日に合意された東シナ海ガス田共同開発は、中国が拒否してきた中間線を実質的に認めることになり、絶対に話を進めてはならない。

昨年四月、東京都の尖閣購入問題がきっかけとなって、尖閣への実効支配強化、自衛隊の進出が議論されるようになった。野田佳彦内閣は、尖閣を国有化するばかりでなく、八段階にわたる実効支配強化の案を作った。ここにいたって、一貫して日本を重視してきた胡錦濤主席も、政治決断をせざるをえなくなり、引退を前にして約七年間準備してきた対抗措置を実施することとなった。傅瑩全人代報道官は、二〇一三年三月四日の記者会見で、日本が棚上げに関する合意を否定したので「自制の基盤を失った」と語ったが、まさに石原慎太郎前都知事や野田前首相が、中国に対抗措置をとるきっかけを提供したのである。

二　沖縄帰属未定論の提起

「人民日報」(国内版一三年五月八日付)に「『馬関条約』(下関条約)と釣魚島問題を論ず」(約四六〇〇字)の論文が発表された。その内容は、「歴史的に未解決の琉球問題を再び議論できる時が来た」、当時の「清朝政府に琉球を再び問題にする力はなく、台湾と付属諸島(尖閣を含む)、琉球は日本に奪い去られた」というものである。論文は、中国社会科学院の張海鵬氏と李国強氏の共著である。

日本外務省は、同日、この論文について、「仮に論文が中国政府の立場を示しているなら断固受け入れられない。厳重に抗議する」と中国側に伝えた。それに対し、「記事は研究者個人の資格で執筆した」と回答したが、「人民日報」は共産党の機関誌であり、掲載されたこと自体が一定の政治的シグナルとみるべきである。

中国外務省の華春瑩副報道局長は、翌九日の定例記者会見で、「抗議は受け入れられない」と突っぱね、沖縄の主権について「中国政府の立場に変化はない」と述べた。しかし、「学界の長期の関心事だった沖縄、琉球問題が再び突出してきたのは、日本側が釣魚島問題で絶えず挑発的な行動を取り、中国領土の主権を侵犯しているからだ」、「論文は、釣魚島と関連する歴史問題に対する中国民衆と学界の関心と研究を反映している」とも述べた。このことは、今後、これが外交問題化することもありえると言っているに等しい。つまり、日本の現在の尖閣問題姿勢に対する牽制なのである。

「人民日報」系の国際紙「環球時報」は、五月一一日、「琉球問題を活性化し、政府の立場を変える準備をしよう」

と題した社説を掲載し、日本が中国への敵対的態度を選ぶならば、中国政府は今の立場を変えて琉球再議論を主張すべきであると訴えた。それは、次のような三段階論である。「①沖縄の帰属に関する民間レベルの研究や討論を中国政府が容認、②日本の対中姿勢を見極め、政府が沖縄に対する立場を正式に変更、③最終的には琉球国復活に向けた勢力を育成」というものであり、これらは「二〇～三〇年を経て中国の実力が強大になれば幻想ではない」とした。

五月一五日、龍谷大学教授松島泰勝氏を中心とする「琉球民族独立総合研究学会」が設立された。一九七〇年頃に沖縄日本復帰反対論を説いた新川明氏らが学会設立を支持した。また、照屋寛徳社民党議員も支持を表明し、「沖縄、遂にヤマトから独立へ」とブログに書き込んでいる。いま、沖縄住民の多数は独立を望んでおらず、独立志向のある人は約二〇%といわれる。しかし、もし、現在のような本州と沖縄の矛盾が続いていくならば、二〇年後、三〇年後に、沖縄独立支持者が七〇%、八〇%になる可能性がないとはいえない。

筆者が最初に「沖縄帰属未定論」に接したのは、二〇〇五年七月七日の北京大学におけるシンポジウムであった。北京大学歴史学部の徐勇教授は、沖縄が日本の領土となったのは琉球王国に対する侵略の結果であり、アメリカから日本への沖縄返還も国際法上の根拠を欠くとする見方を述べた。時期的には、中国の反日デモが盛んであった時であり、重大な問題になる可能性があると一種の危惧を感じ取った。徐勇教授の論文は、二〇〇五年八月一日発売の中国誌「世界知識」に掲載された。その後、日中関係が悪化する都度、このような論文がみられる。

一八七九年琉球処分が行われ、すでに一三〇余年の年月が流れた。しかも、中国政府は一九七二年の日中国交正常化の際も、その後も、沖縄の「帰属未定論」など持ち出してはいない。こうした現実をみれば、中国政府が自ら「琉球帰属未定論」を主張することなどありえない。しかし、前述したように、沖縄内部の独立論が勢いを増してくると、日本にとって、さらには日中関係にとって思わしくない事態になる可能性はある。したがって、日本側としては、このような方向に発展しないよう善処すべきである。その場合、必要不可欠なことは、中国政府の基本的対応の流れを充分に押さえておくことである。

1　一九四三年カイロ会談で蔣介石が米中共同管理を提起

ルーズベルト、チャーチル、蔣介石の三巨頭の会談時に、蔣介石が満州、台湾、澎湖島の返還を要求した際、ルーズベルトが「沖縄は？」と質問したが、蔣は「信託統治に基づく米中共同管理」を提起した。単独管理に自信がなかったのであろう。

2　一九四七年前後、国民党内に沖縄中国返還論が台頭

国民党の機関誌「中央日報」は、四七年一一月六日付で「沖縄は中国に返還されるべきだ」という社説を発表した。蔣介石の「中米共同管理論」が後退し、「中国単独統治」が優勢となってきた。カイロ宣言、ポツダム宣言では、沖縄はもはや日本の領土ではなく、当時の国民党政府は、沖縄の日本返還に絶対に反対であったのである。

3　徳田球一への配慮から中国返還を放棄

一九四九年中華人民共和国が成立し、対日講和条約への準備として、一九五〇年五月に対日平和条約内部討論会が開かれた。そのたたき台として、沖縄中国返還論を含む「領土草案」が出された。それには「一八七九年に日本は琉球を併合して廃藩置県を行い、沖縄県と変更したが、中国は今に至るまでこれを承認したことはない」、「カイロ宣言に基づき、中国に返還されるよう目指すべきだ」と書かれていた。この内部討論会に参加した「大公報」副編集長李純青氏は日本留学経験者で日本の事情に通じていた。徳田球一日本共産党書記長が沖縄出身であることを知っており、彼が中国人になっては日本の革命に不利であると指摘した。それに廖承志氏が同調し、「日本共産党の書記長は

琉球人であり、（琉球を）中国に取り戻すのはよくない」と発言し、地位未定論となった。いまでは想像できないことであるが、新中国成立初期においては、日本に革命が起こるという期待があって、中国返還論が主張されなくなったのである（徳田球一は一九五三年北京で病死）。

中国大陸の共産主義化によって、アメリカは沖縄を自国の信託統治とし、中国を牽制する軍事基地にしようとした。一九五〇年一二月四日、周恩来首相は声明書を発表し、沖縄のアメリカ信託統治に反対した。「カイロ宣言もポツダム宣言も信託統治の決定をしておらず、当然、『アメリカを管理当局とする』などは指定していない。米政府の野心は紛れもなく国連の名義を口実にして長期占領し、極東に侵略的軍事基地を作ろうとするものだ」。この声明は、先の五月の内部討論の結果が反映され、沖縄の帰属問題には触れていない。

4　反米反ソの戦略から沖縄日本帰属論に転換

一九六〇年代は、毛沢東が「三つの世界論」を展開し、アメリカ帝国主義とソ連社会帝国主義に反対していた。一九六四年七月、毛沢東は、佐々木更三社会党委員長の質問に答え、北方領土に関しては「私から言えば問題なく貴方たちに返還すべきだ」と語った。ソ連はこれを問題とし、中国に問い合わせた。外交部副部長王炳南氏は、ソ連代理大使に次のように答えている。「台湾のように、日本が他国から占領した領土は返されなければならない。しかし、日本固有の領土は、今日アメリカに占領された沖縄であろうが、ソ連に占領された千島列島であろうが、日本がこれらの領土を取り戻す要求を行うのは正しい。日本に返還されるべきだ」（以上は、城山英巳「封印された尖閣外交文書」『文芸春秋』二〇一三年六月号、参照）。

こうして沖縄は、日本に帰属するものとなり、国交正常化のときにも日中平和友好条約を締結するときにも何の問題も提起されなかった。こうしたことから、上述したように、中国政府が沖縄帰属未定論を提起することは考えられない。しかし、沖縄内部から「沖縄独立論」が強くなってきたとき、中国がそれを支持する可能性は十分にありえる。

先の郁氏は、前々から日本の領土問題における理不尽な態度を牽制するため、沖縄地位未定論を提起すべきだと主張してきた。郁氏の前掲書（一四〇～一五二頁）は、「琉球主権帰属未定戦略思考」と題してこのことを詳しく論じ、「沖縄問題の提起は日本が中国の権益を侵犯する三つの面に対して牽制することができる」としている。その日本が侵犯する三面とは、第一は、尖閣諸島を固有の領土として実効支配し、五〇年の実績で総決算をしようとしていること、第二は、中間線を中国に押しつけ、中国の資源開発を妨害していること、第三は、台湾の地位未定論をうそぶき、台湾分離の企みを捨てていないことである。日本としては、このような論調にも耳を傾け、対策を考えるべきであろう。

実は、数年前、浜松で行われた沖縄問題に関する討論会で、私は松島教授と議論したことがある。沖縄出身の松島氏の気持ちは分かるが、沖縄独立には反対で、かなりの自治権を有する超特区にすべきであると主張した。私は、中国国内においても沖縄問題に触れた場合、日中関係及びこの地域の安定と繁栄を考え、沖縄独立を支持するような発言には反対してきた。「もし、日本が台湾やチベットの独立を支援し、中国が沖縄の独立を支援するならば、日中関係はますます悪化して、東アジアの平和と繁栄は損なわれる。世界は、統一の方向に向かうのが歴史の流れで、独立志向はそれに逆行するものである。チベットも台湾も沖縄も、現実にはそれぞれ一つの国家の中にあり、お互いにそれを尊重すべきである」と。

三　中国国内での対日政策論議

中国では、ここ数年、日本の政治右傾化を前にして、対日外交政策への反省の声が強くなってきている。中国の対日態度または姿勢については、基本的には、理性的知日派、理性的反日派、感情的反日派、感情的親日派の四つがあり、これまで、理性的知日派や感情的親日派が優勢を占め、対日友好外交が推進されてきた。しかし、最近では、理性的反日派や感情的反日派が中国世論の主流を占めるようになった。特に、留意すべきことは、理性的知日派が自らの対日姿勢を反省し、理性的反日派に転換しつつあることである。こうしたなか、次のいくつかの点で危惧すべき議論が展開されている。

1　社会主義理念外交の継承的発展か、国家主権・国益絶対視外交への転換か

毛沢東や周恩来は、ソ連の大国主義とは異なる中国独自の社会主義理念外交を展開してきた。マルクス主義の国際主義によれば、国家主権とか国益というものは二次的なものであり、人民の利益、世界人民の利益が最も重要とされてきた。また、国際法についても、それは基本的に列強によって制定されたものであり、発展途上国にとって不公平なものが少なくないとみる。したがって、領土問題など国際問題について、国益とか既存の国際法をあまり重要視せず、政治的決断で重要な決定を下すことが多々あった。毛沢東時代は、世界革命を推進する、すなわち既存の世界経済政治秩序を外から打ち壊し、新しい国際秩序を確立するというものであったから、これは至極当然というべきものであった。

ところが、鄧小平時代になって、改革開放政策が採り入れられ、外から既存の世界秩序を打ち壊すのではなく、内側から不合理、不公平なところを変えていくという方針に転換した。しかも、経済発展が主要な課題となると、海洋権益や国際ルール作りがますます重要となってきた。こうしたなかで、国家主権とか領土保全の重要さを再認識するようになり、国家主権・国益を絶対視する傾向が出てきた。本来、社会主義理念と国家利益が両立する新外交政策を確立すべきであるが、そのプロセスにあって試行錯誤が目につく。

2　国共内戦と対立による国家利益の損失をどう取り戻すか

国際社会での中国の地位が向上するにつれて、中国共産党と国民党との内戦及び台湾海峡を挟んだ対立による国家利益の犠牲がますます明白になってきた。以前は、国共対立が優先的大問題で、自己の立場を強化するために国家利益、民族利益を犠牲にしてきた。沖縄中国返還論が日本返還論に変わってしまったこと、尖閣諸島問題がかくも厄介な問題になったことは、本を正せば、この国共対立にあった。

両岸関係が改善されるなか、全世界の華僑・華人が団結して、中国の国益を守ろうという運動が展開されつつある。それは日本に対する厳しい目となっている。昨年一一月、上海で尖閣を巡っての「両岸四地プラスα」シンポジウムが開かれた。大陸、台湾、香港、マカオの学者とアメリカと日本の華人学者が参加した。その席上、アメリカから来た学者は、「アメリカに対してはソフトで、日本に対してはハードで臨むべきだ。日本を武力で打つべきだ。それには三つのプラス面がある。一つは両岸の団結に有利、二つ目は海外華僑華人の団結に有利、三つ目は国内矛盾を外部に転嫁できる」というものであった。筆者は、即座に反論し、平和的解決論を強調した。

内戦と国共紛争によって中国の国益は犠牲にされ、日本はそれによって得をしたとみる全世界の華僑・華人に潜む反日心理がある。日本は、それに火をつけるような振る舞いを厳に慎まなければならない。

3　対日友好外交政策は日本の右傾化を促したか

毛沢東や周恩来が推進した対日友好外交は一方的なものであり、日本はそれに応えていない。中国が賠償を放棄し、歴史認識問題で寛大な対応を示し、尖閣問題で自己抑制するなど対日友好外交を推進したにもかかわらず、日本の対中外交はますます右傾化して、反中勢力が勢いを増している。中国の対日友好政策は間違っていたのではないか、という反省が生まれてきた。それは毛沢東、周恩来外交の否定である。

今年二月、北京で日本問題研究者の集いがあり、当面の日中関係について議論した際、次の三つの意見に分かれた。第一の意見は友好外交否定論で、もともと間違っていたというものである。第二の意見は友好外交不適論で、これまではよかったが、現在はもう通用しないというものである。第三の意見は友好外交適正論で、さらに発展させるべきであるというものである。この集いでは、第一と第二の意見が優勢を占め、日中関係は対立という新段階に入ったという。日本問題の研究者が軍人と同じような論調を述べたことに、筆者は大きなショックを受けた。

しかし、よく考えてみれば、中国が中日友好をしきりに掲げるのに対し、日本では対中国友好外交を否定するような意見が強くなっている。しかも、現首相安倍氏は、二〇〇六年に首相になる前から対中友好外交を批判していた。中国の理性的知日派が理性的反日派に変わるのも無理ないことであろう。

4　「係争棚上げ、共同開発」は自らを縛り、国益を害したか

最近、「係争棚上げ、共同開発」論は現実の国際政治から遊離した片思いの論に過ぎないという論調が強くなっている。これは、周恩来や鄧小平らに対する批判である。相手の国がそれを認めるのであれば、この論は成り立つが、相手が認めないのであれば机上の空論に過ぎないというのである。

中国と関連諸国との間で生じている南シナ海の係争海域において、一〇〇〇本の油井が掘られている。そのなかには中国のものは一本もなく、すべてベトナムやフィリピンが中国とではなく欧米諸国と提携して掘ったものばかりである。アメリカが「アジア回帰戦略」を打ち出してから、係争諸国はアメリカをバックにして、対中国圧力を強化するようになった。そのため、中国はそれに反撃せざるをえなくなった。

尖閣についても、中国が係争棚上げ論で自らの手足を縛っているあいだに、日本は中間線を押しつけ、尖閣への実

効支配を着々と強化してきた。その結果、前述したように、中国の堪忍袋の緒が切れて、対抗措置をとらざるをえなくなった。とうとう、「係争棚上げは百害あって一利なし、共同開発は机上の空論にして国益を害す」という結論が下された。

5　戦後国際秩序の再確認と再構築は可能か

最近、中国は、第二次世界大戦の成果と戦後国際秩序を守ることを強調している。今年三月、習近平国家主席がロシアを公式訪問し、「第二次大戦の成果と戦後国際秩序を断固守る」と強調した。具体的には、カイロ宣言、ヤルタ協定、ポツダム宣言を実行せよということである。この三つの国際条約を破ったのは誰であろうか。それはアメリカである。それ故、尖閣を巡る中国の対日批判は対米批判でもある。日米安保条約第五条が尖閣に適用されるといえば、対中国牽制が効くと思ったら大間違いで、中国はますます反発し、尖閣への実効支配を強化することになる。

日本降伏から六八年経った今日、「戦後国際秩序を守れ」は、果たして、通用する論理であろうか。アメリカへの批判と説得によってそれを実現することができるのであろうか。筆者は、できないことはないとみる。しかしそれは、単純な「守れ」ではなく、再構築とみるべきものである。今後二〇年、三〇年のスパンでみれば、「米中二大」大国には、相互依存を高め、世界の枠組みを再構築していく選択しかない。この六月にラテンアメリカを公式訪問する習近平主席が、アメリカの要請によって、突如、帰途にアメリカに立ち寄ることとなった。侵略未定義論、慰安婦否定論、靖国神社参拝論などを巡って、安倍首相をはじめとする日本とオバマ大統領をはじめとするアメリカとは、価値観の相違が際立っている。アメリカにとって、中国は同盟国日本よりも近い国になるかもしれないのである。

結び

日本には、中国における理性的知日派が活動しやすい環境をつくるよう努力する必要がある。そうすれば、理性的反日派が、もう一度、理性的知日派にカムバックするようになるであろう。有識者の見方に変化が生まれれば、中国の世論も理性的知日派と感情的親日派が主流を占めるようになる。そのポイントになる対策は、両国が首脳会談を行い、「係争棚上げを認める」あるいは「主権論争を回避する」方法で、「小異を置いて、大同に就く」ことである。

いま、中国の対日外交政策は大きな試練に立たされている。継承的発展によって友好関係を保つか、それとも対決した緊張関係に転ずるかである。現在、その境目にあり、日本の対応がきわめて重要である。一日も早く日中友好関係を回復しなくてはならないという世論を形成し、日本政府を動かしていくことが肝要である。

「中国語表音ローマ字の父」とされる周有光氏（日本留学、今年一〇八歳）は、一昨年、「中国から世界を見るのではなく、世界から中国を見よ」という題字を書いた。その言葉を借りて、「日本から世界を見るのではなく、世界から日本を見よ」と日本の読者に呼びかけたい。

第二二章　中国の対朝鮮半島戦略の大調整と対日外交攻勢

解説：(二〇一四年一月執筆）二〇一三年は中韓関係の緊密化と米中関係の改善がみられた。習近平政権は韓国重視の姿勢を示し、北朝鮮の核・ミサイル開発には厳しく臨むようになった。但し、北朝鮮の経済改革を支持する姿勢は変えていない。

本論は、中国韓国連携による、アメリカを巻き込んでの戦後秩序再構築が行われる可能性を論じた。日本のサンフランシスコ条約体制を戦後秩序とする論の崩壊である。

最近、韓国の「対日政策転換」によって、米日韓関係強化が喧伝されているが、それは一時的現象に過ぎず、ここで論じた「二一世紀型アジア太平洋秩序」の構築は歴史的な流れであり、阻むことはできない。

中国の対朝鮮半島戦略は、北朝鮮と韓国の分断状態下にあって、きわめて複雑な紆余曲折の道を辿らざるをえなかった。それは、一九五〇年に勃発した朝鮮戦争に義勇軍を参加させたことに起因している。しかし、近年、国際情勢が大きく変化するなか、対朝鮮半島戦略に大調整が施されることになり、受け身の姿勢から主動的姿勢に転換しはじめた。同時に、中韓連携による日本右傾化反対の統一戦線が形成されつつある。ここでは、このダイナミックな変化に分析を加えてみたい。

一　中国の対北朝鮮政策の変遷

1　冷戦構造下での米日韓対中ソ朝の対立

朝鮮戦争は、金日成がスターリンの同意を得て起こしたものであったが、予期しない米軍の反撃に遭って、北朝鮮は滅亡の危機に瀕した。中華人民共和国成立から半年しか経っていない中国は、義勇軍派遣という名目で参戦し、アメリカをはじめとする連合軍を三八度線まで追い返した。大きな人的犠牲を払ったばかりでなく、長期にわたる米中対立を招き、いまでは、米中双方にとって、「誤った時に、誤った場所で、誤った戦略的判断」によって行われた戦争と総括されている。

一九五〇年代から六〇年代初めにかけて、東西両陣営の対立という国際情勢のもとで、中国・ソ連・朝鮮対アメリカ・日本・韓国という冷戦対立図式が続いた。一九六〇年代半ばに「中ソ対立」が公然化し、北朝鮮は中ソの矛盾を利用して双方から援助を得た。だが、金日成はソ連派、延安派、南方派の三派を徐々に粛清していき、自らのゲリラ派で地位を固め、「金王朝独裁体制」の基盤を築きあげた。中国は、金日成のこのようなやり方に不満ではあったが、一九五八年、志願軍四〇万人全員を撤退させ、「血で結ばれた兄弟関係」ということで多額の援助を提供してきた。一九七〇年代に米中、日中関係が改善しても、北朝鮮にはほとんど変化がなく、中ソの狭間で「主体思想」の道を歩んでいった。

2　中国の改革開放政策と北朝鮮の孤立化

一九七八年一二月、鄧小平によって改革開放政策が採られるようになり、中韓経済交流が盛んになっていった。当初は、香港を経由する貿易であったが、一九九二年に国交が正常化してからは、貿易と投資は飛躍的に拡大していった。中国が改革開放政策を模索するなか、文献を通じて韓国の工業開発区などの経験を学んだことは特記すべきことであろう。また、韓国が一九八〇年代の後半から「北方政策」を積極的に推進したことも、中韓国交正常化に貢献した。

金日成は、一九八〇年代の国際情勢の変化に合わせて、クロス承認を求めていた。すなわち、中国とソ連が韓国を承認する代わりに、アメリカと日本が北朝鮮を承認するというものである。ところが、米日は北朝鮮の承認を拒否しつづけ、中国は韓国との国交樹立を引き延ばさざるをえなかった。一九九〇年九月、旧ソ連が韓国と国交を樹立し、それから間もなくしてソ連は崩壊、ロシアや中央アジア諸国は独立国家となった。一九九二年八月、中国もついに北朝鮮の反対を押し切って韓国との国交樹立に踏み切った。中朝関係は悪化し、北朝鮮はますます孤立化していった。

しかし、中国としては、北朝鮮は地政学的に緩衝地帯の戦略的価値があること、朝鮮戦争で結ばれた絆の存在などの理由から、北朝鮮を見放すことはできず、北朝鮮への支援を続けていった。他方、南北朝鮮の関係改善を図り、北朝鮮が中国のような改革開放政策を採るよう働きかけていった。一九九八年、韓国では、金大中が大統領に就任し、いわゆる「太陽政策」を打ち出した。二〇〇〇年六月、韓国の金大中大統領が平壌を訪問し、金正日と会談を行ったことに中国は大きな期待を寄せた。

中朝貿易は、一九五〇年以来、政府記帳方式で行われてきたが、一九九二年の中韓国交樹立の年に普通の貿易方式となった。一九九三年の貿易額は八・九九億ドルに達したが、その後、北朝鮮の経済状況が悪化し、一九九九年には三・七億ドルにまで減少した。今世紀に入って、北朝鮮の経済は好転し、二〇〇九年には二六・八一億ドル、二〇一二年には五九・三二億ドルに達した。北朝鮮の対外貿易における対中国依存度は、一九九九年の二五％から二〇一一年の七〇％にまで高まった。

3　金正日の米中間矛盾の利用

金正日は、金日成の遺志に基づいて改革開放政策を採ろうとしたが、体制崩壊の危機を怖れてなかなか踏み出せないでいた。そして、長期にわたる経済危機のなか、核開発を巡る瀬戸際外交を展開していった。ソ連崩壊後は、アメリカの主な矛先は中国に向けられ、米中矛盾は先鋭化する傾向にあった。金正日はその矛盾を利用して、中国からの援助と譲歩を引き出すという手法を採った。都合によっては、アメリカを利用して中国を牽制し、場合によっては、中国を利用してアメリカを牽制する。中国内部では、これに対する反感も少なくなく、いかに北朝鮮に対応するかで意見が分かれていた。そのため、対朝政策にはある程度の振れはあったが、総じて譲歩してでも、良好な関係を維持するという方向性が堅持された。とりわけ、北朝鮮崩壊による難民の到来と米・韓両国軍の北朝鮮占領は避けたいという考えが強かった。

ジョセフ・ナイ氏が読売新聞「地球を読む」欄に掲載した次の内容は中国の悩みをよく反映している。「中国が朝鮮半島の非核化を望むというのは真剣なものだ。しかしながら、核問題は第一の関心事ではなかった。中国の関心は、北朝鮮が崩壊し、その結果として中朝国境に混乱が生じることをどう阻止するかであった。単に難民の流入だけでなく、韓国ないしアメリカの軍隊が北朝鮮に進駐する可能性もまた、懸念していた。非核化の実現と体制崩壊を防ぐという二つの目的の間で引き裂かれた中国は、金王朝の維持に、より高い優先度を置いた」。「中国当局者は私に『北朝鮮はわれわれの外交政策をハイジャックしてしまった』と本音を漏らした」。

二　習近平の対北朝鮮政策の大調整

習近平は北朝鮮の瀬戸際外交に終止符を打つ対朝政策の大調整を行っている。それは、いざという場合には、朝鮮半島の韓国による統一を怖れないという識見に基づく。このような意見は前からあったが、なかなか踏み切れずにいた。だが、いまは状況が完全に変わっている。それは、①軍事技術の発展により、緩衝地帯としての北朝鮮の価値は大きく低下している、②中韓関係の改善によって、韓国統一後の朝鮮半島は北東アジアの平和と繁栄に有利である、③米中関係は新型の大国間関係に進みつつあり、米韓軍事同盟への懸念は低減している、からである。

さらに、アメリカ有識者の意見も参考になる。ジョセフ・ナイ氏は、先の論文において、次のようにも述べている。「この（北朝鮮の崩壊）問題に関連して、米韓両国が取れる措置がある。それは金政権の崩壊に乗じて、中国国境まで米韓軍を進駐させたりはしないと、中国に確約することである。これまで、北朝鮮の政権崩壊に備えて、アメリカが有事対応計画に関する内密の協議を打診しても、中国は懸念を示して応じてこなかった。だが、そうした板挟みを本当に克服したいなら、中国も一歩踏み出し、有事に関する協議の枠組みを探した方がよいかも知れない」。いまや、米中韓三ヵ国には、北朝鮮の今後を左右するコンセンサスを得る条件が備わっているのである。

1　瀬戸際外交に対する断固たる対抗措置

中国は、二〇一一年一二月、金正日が急逝してからは、金正恩体制の平和的確立に協力してきた。しかし、新政権が瀬戸際外交を展開した際には、断固たる対抗措置を採った。例えば、二〇一三年二月、北朝鮮が三回目核実験の強行や各種ミサイル発射騒動などで軍事的緊張を高める挑発行為を行った際、習近平新体制は、国際社会の北朝鮮非難に同調し、三月七日に採択された国連安保理二〇九四号決議に賛成票を投じた。決議は、不法活動に従事した朝鮮外交官、銀行、不法現金振替を制裁対象としていた。過去三回の制裁と比べて、最も厳しいものであった。中国は、この決議に従って中国銀行など三つの商業銀行の北朝鮮向け送金を禁止すると同時に、エネルギー・食糧援助の遅延、削減や対朝貿易通関検査強化という「締め上げ」策を実施した。

このような断固たる措置を採るにあたって、世論の支持は欠かせなかった。「環球時報」が北朝鮮批判の社説を掲載し、中央党学校の機関紙「学習時報」の副編集長鄧聿文氏はイギリス紙「フィナンシャル・タイムズ」（二月二八日付）に、次のような内容の論文を寄稿した。「将来、核兵器で中国を脅かすかも知れない北朝鮮を切り捨てるべきだ」。「北朝鮮を安全保障上の『緩衝地帯』と位置付ける中国の戦略は時代遅れだ」。

ジョセフ・ナイ氏は習近平の北朝鮮に対する断固たる態度を評価し次のように評した。「中国は、北朝鮮の未熟な新支配者、金正恩第一書記に対して、父親の故金正日総書記に対するほどの信頼は置いていない。さらに、中国の指導者たちは、北朝鮮が自国にもたらす危険についても認識し始めている。もし北朝鮮がさらに核実験を続ければ、韓国と日本でも核武装への要求が頭をもたげかねない」。加えて、ナイ氏は、習近平・朴槿恵会談を評価し、次のように述べた。「習近平主席は、オバマ大統領との率直な意見交換を終えた後、公式な同盟国である北朝鮮の首脳と会う前に、韓国の朴槿恵大統領を招いて首脳会談を催した。北朝鮮の高官二人も北京に訪れたが、自国の行動について叱責されたという。対照的に、中韓両国の首脳は共同声明を出し、国連安保理による対北朝鮮制裁、並びに二〇〇五年の六ヵ国協議合意事項の忠実な履行の重要性を宣言した。そして、両首脳は、二〇〇八年末を最後に中断している非核化に関する同協議の再開を促した」。

金正恩第一書記の叔父で、ナンバー2の地位にあった張成沢（チャン・ソンテク）国防委員会副委員長が失脚した。すべての役職を解かれ、党から除名された。理由は分派活動と汚職であるが、明らかに内部の権力闘争である。昨年一一月、金正恩暗殺未遂報道が流れ、李英浩人民軍総参謀長解任時に崔竜海軍総政治局長配下の兵士との間で銃撃戦があり、二〇人余りが死亡したとの報道があった。金正恩は、祖父金日成に学んで、自らの権力を築くために、仮借なき粛清をしているようにみえる。北朝鮮内部の権力闘争がこれで終わるのか、それとも政権崩壊に繫がるのか、慎重に見守る必要があり、その対応策も練る必要があろう。

2　改革開放政策への転換には断固たる支持と支援

金正恩政権は、改革開放政策に積極的に取り組む姿勢も示している。まず、二〇一三年九月九日の「建国六五周年記念大会」において、金永南委員長は、軍事の強調を控え、経済強国の建設を声高に訴えた。「全ての軍隊と人民が経済強国建設と人民生活向上のための総進軍を」と強調した。

次に、一〇月には、一四の特区を新設し、外資誘致の優遇策を採った。法人税を低く抑え、五〇年にわたる土地の利用・開発権を与えるとしている。特区の指定に先立ち、五月には経済開発区法が制定され、外貨の自由な持ち込みや送金、安全の保障等が定められた。北朝鮮の国家経済開発委員会が作成した企業向け投資提案書によると、開発区は、貿易や観光など総合開発の経済開発区四ヵ所、目的を特化した三ヵ所の工業開発区、各二ヵ所の農業開発区、観光開発区、輸出加工区の計一三ヵ所、そのほかに、開城に先端技術開発区も新設された。新たな特区は、開発面積が四平方キロ以下のものがほとんどで、約六六平方キロの開城や約二三平方キロの黄金坪島・威化島よりもはるかに小さいのが特徴だという。目標とする総投資額は、一特区あたり七〇〇〇万ドル（約六八億円）から二億四〇〇〇万ドル（約二三三億円）で、投資リスクが少なく、小規模企業でも参入できるよう工夫されたとされる（「朝日新聞」二〇一三年一〇月二八日）。

第三に、北朝鮮は九月から国営企業や商店に対し、労働者の賃金や海外の取引先を決める自主権を与える改革を始めたという。これまでは、全収益を国に納めたうえで経費や賃金の再分配を受け、外国企業との取引には政府の承認が必要だったが、九月からは収益の六割を国に納めて残りを自社留保させ、賃金は留保分から支払われるという（「朝日新聞」二〇一三年一〇月一一日）。これは、かつて中国が一九八〇年代の改革初期に行った国営企業の自主権拡大（権限下放と利益譲渡）改革に似ている。

第四に、権力移譲の過渡期を抜け出したという見方もある。韓国統一省によると、北朝鮮は、二〇一一年一二月に金正恩体制が始動して以来、朝鮮労働党や軍などの政権を支える主要幹部二一八人のうち、四四％にあたる九七人が交替しているという。これだけの人事が可能なのは、金正恩が安定的に権力基盤を構築し、体制を強化していることの表れである。また、金正恩の唯一支配体制の確立が、逆説的に果敢な改革に繋がる可能性もあるという見方もある。事実、金正恩の登場後、改革志向を誇示しようというさまざまな試みがみられたし、金正日が改革を推進しては翻すという姿勢をみせてきたのとは違い、金正恩は少なくともこの二年間は改革を拡大してきたと評価する人もいる。

もし、このような方向に進むとすれば、国際社会はそれを支持し、支援していくべきである。二〇一二年末から一三年四月にかけて、金正恩新体制の外交には理不尽な姿勢がみられたが、五月からは調整局面に入り、協調的姿勢をみせてきた。五月中旬の飯島勲参与の平壌訪問、金正恩の特使としての崔竜海総政治局長の訪中、朝鮮戦争休戦協定締結六〇周年式典（七月二七日）への中国最高指導部の出席要請、「開城工業団地と観光事業再開」に向けての対話開始提案などがそれである。中国の武大偉朝鮮半島事務特別代表は、ここ数ヵ月の間、六ヵ国協議再開に向けて活発な活動を展開しているが、それはこのような方向性に合致したものである。

三　中韓提携による日本の対中国包囲網外交への逆襲

北朝鮮問題は、米中韓の協調によって、新しい展望が望めるようになった。改革開放政策の道を歩むか、それとも自己崩壊を招くかの選択である。その契機となるのは、中国と韓国の密接な協調態勢である。それは同時に、日本の右傾化反対への統一戦線の形成にも繋がっている。もし、北朝鮮問題が解決に向かえば、サンフランシスコ条約を戦後秩序と位置づける日本の主張は崩壊していき、韓国の支持も得て、中国の主張するカイロ・ポツダム宣言を戦後秩序とする主張が優勢を占めるようになっていこう。これは、日本の孤立化を招くものであり、日本としては絶対に避けなくてはならない。

中国は、二〇一二年に「釣魚島白書」を発表し、初めてカイロ・ポツダム宣言が戦後秩序を定めたと宣言し、二〇一三年一二月一日のカイロ宣言七〇周年には盛大な記念活動を展開した。日本が受諾した「ポツダム宣言第八条」には、「カイロ宣言の条項は履行されなくてはならず、また日本国の主権は本州、北海道、九州及び四国、並びに吾等の決定する諸小島に局限せられるべきである」と書かれている。そのカイロ宣言には「①同盟国の目的は、一九一四年の第一次世界戦争の開始以後に日本国が奪取し又は占領した太平洋におけるすべての島を日本国からはく奪すること、並びに満洲、台湾及び澎湖島のような日本国が清国人から盗取したすべての地域を中華民国に返還することにある。②日本国は、また、暴力及び強欲により日本国が略取した他のすべての地域から駆逐される。③朝鮮の人民の奴隷状態に留意し、やがて朝鮮を自由独立のものにする決意を有する」と書かれている。このときは、中国と韓国・朝鮮は全く同一の境遇国であり、利益共有者であった。

ところが、朝鮮戦争とサンフランシスコ条約によって国は分断され、七〇年にわたって民族の対立という不幸な歴史を辿ることになった。戦後の共産主義の拡大とそれを抑え込もうとするアメリカの戦略転換によるものであった。日本軍国主義の清算は中途半端に終わり、現在の日本政治右傾化の禍根を残すことにもなった。しかしいま、中国が変わり、アメリカが変わり、韓国も変わって、いずれも冷戦思考から脱皮して、新しい思考で新秩序を作ろうとしている。ここに、米中韓が協力して北朝鮮の変化を図ろうとする共通項が宿るのである。

韓国の新戦略は、対米対中均衡外交にある。それは、国際情勢の変化に基づくものである。オバマは、アメリカ国民に「アメリカは世界の憲兵にならない」と宣言した。また、アメリカは、朝鮮半島における前方展開戦力の撤退を余儀なくされつつある。一つは、一四兆ドルを超える連邦財政の累積赤字を解消するために、アメリカ軍は今後一〇年間で五〇〇〇億ドル以上の国防費削減を迫られている。もう一つの要因は、北東アジア戦域内での中国の核及び非核両面での戦力拡大である。中国の国防費が対ＧＤＰ比率約一・四％（アメリカ、ロシア、インドの二分の一以下）を維持するとして、今後一〇年間、毎年八〇億ドルから一六〇億ドル増えていく。アメリカはもはや中国と協調していかざるをえないのである。

韓国は、過去六〇年間、米韓軍事同盟で安全保障を確保してきた。しかし、これからは米中韓からなる安全保障の枠組みを作る必要があると考えている。「日本経済新聞」（二〇一二年五月二一日付）によれば、韓国の国防省報道官は、韓国軍と中国人民解放軍が相互に物資などを融通できる協定を締結する方向で両国政府が交渉していると報道したが、まさにこのことを実証している。中国との関係について、バイデン副大統領は延世大学での講演において、「競争はするが衝突は避けることができる。前向きで建設的な米中関係がすべてにプラスである」と語ったといわれる。韓国は、アメリカとの軍事同盟を維持するが、それは中国に向けられたものではなく、均衡外交維持のためのものであり、それはバイデン副大統領が言う「二一世紀同盟近代化」に通ずるものであろう。

したがって、日本がいくら冷戦思考で同じ価値観を共有する、中国・北朝鮮は共通の敵だ、といっても、韓国の朴大統領は全く耳を傾けようとしない。日本の戦後の歴史上未曾有の極端な右傾化に対して、韓国は、中国とともに総決算に乗り出している。それ故、これはかなり長期戦になることを覚悟している。残念なことに、日本はまだ問題の本質を理解していないようである。新聞の論調をみても、閣僚の靖国神社参拝、従軍慰安婦、侵略定義未定論など、戦争認識問題に対する反省の態度はみられず、もっぱら中国や韓国は理不尽だと責め立てている。しかも、日米安保条約にしがみついていて、その賞味期限がすでに切れつつあることを分かっていない。

バイデン副大統領は、アメリカが描くアジアの青写真を示しながら、「二一世紀のアジア・太平洋地域はまだ世界秩序が再編されているところで、新しい危機と緊張に直面している」とし、「韓国・日本・豪州・フィリピンなど従来の同盟を強化すると同時に、太平洋地域で新しい協力国を発掘している」と述べた。この協力国には中国も含まれよう。バイデン氏が日韓関係について、「北東アジアの安定のために韓日関係の障害要素が解消され、関係が進展することを希望する」と述べたのに対し、朴大統領は「日本は重要な協力パートナーにならなければいけない」としながらも、「日本の誠意ある措置を期待する」と答えたという。

ここで指摘しておかなければならないことは、こうした中国と韓国の姿勢に対する歪曲である。岡本行夫氏は「朴氏の外交戦略は、米中韓の三国間で協力関係を強め、日本を排除するというものです。朴氏が反日キャンペーンを繰り返すうちは、韓国と直接話しても仕方がないと思う。中国とは尖閣諸島を巡る問題さえ乗り越えられれば、改善に向かう可能性がある。韓国についてはしばらく打つ手がありません」という（「読売新聞」二〇一三年一〇月二九日）。朴氏が行っているのは反日キャンペーンではなく、反軍国主義キャンペーンである。中国が歴史認識問題で韓国より下手に出ることはありえない。もし、安倍首相が反省の弁を述べれば、しかも四〇年前の日中平和友好条約締結の原点に戻れば、日中、日韓首脳会談はすぐにでも行うことができるはずである。

いまのような膠着状態が続けば、中韓連携による「カイロ・ポツダム戦後秩序論」が国際的に展開され、日本が孤立化するのではないかと懸念する。「韓国の対中接近、日本はずしの姿勢」は、日本自らが招いたものであることを知らなければならない。

結び

日本と中国は、戦後秩序論を巡って抜き差しならぬ陥穽に陥っている。中国は、七〇年前の「カイロ宣言」を持ち出して攻勢をかけ、日本は、「サンフランシスコ条約」で守ろうとしている。韓国は中国に傾きつつある。アメリカは、双方の生みの親であり、困り果てている。戦術的には、日本を守らざるをえないが、戦略的には、中国を重視しなくてはならない。この矛盾する態度が、今回の防空識別圏問題で十二分に示された。いまのアメリカは、日本の求めに応じて中国と対抗する意思も力量もないのである。

日本は対中国包囲網外交などという実現不可能な活動を止め、隣国の中国と韓国との関係を改善することである。ドイツに学び、歴史認識問題を清算し、中国や韓国をはじめとするアジア諸国の理解を得ることが不可欠である。そして、日中韓三ヵ国の首脳会談を早期に実現し、朝鮮半島の冷戦残滓を収拾することである。そうすれば、「カイロ・ポツダム宣言」と「サンフランシスコ条約」を超克した「二一世紀型アジア太平洋秩序」を構築することができる。これは、バイデン副大統領の考える青写真とも重ね合わせることができよう。

国連で事務次長を務めた中国の沙祖康氏は一二月七日に北京で開催されたフォーラムにおいて、東シナ海を巡る日中の対立について、「中国と日本の軍事衝突を全力で阻止しなければならない。釣魚島（尖閣諸島の中国側呼称）のような島のために開戦することは割に合わない」、「釣魚島問題が招いた中日の緊張は両国の政府及び国民の目が覚めるまで待つ必要がある」と強調した。言わんとすることは、宣言・条約論争の停止とその超克である。

第二三章　調整を加えるべき「積極的平和主義」

解題：（二〇一四年八月執筆）積極的平和主義という言葉は聞こえがよいが、国際平和学者や日本国際フォーラム及び安倍内閣とはその含意が異なる。安倍内閣の言う積極的平和主義は中国を敵視したものであり、日中関係及びアジアの平和にとってマイナスであることを指摘した。

中国国内における日本の積極平和主義論への批判を紹介し、中国を牽制できないばかりでなく、逆効果を招いていることを述べ、積極平和主義の内容に調整を加えるべきだと論じた。そのためには、日米安保条約対中牽制効果論、中国崩壊論を克服し、国際情勢の変化を正しく認識する必要性があると説いた。

安倍内閣が唱える「国際協調主義に基づく積極的平和主義」とは聞こえはよいが、その本質は台頭する中国を敵視したものである。少なくとも、中国からはそうみられている。アメリカや中国周辺諸国の一部には、中国を牽制するうえで有益と評価する向きもあるが、中国からは厳しい批判を受け、日中関係及び東アジア地域の緊張を高めている。調整を加えなければ、この「積極的平和主義」政策の破綻は目に見えている。

一　積極的平和主義の含意

「積極的平和主義」という言葉は、積極的平和の概念から出ているが、ノルウェーの平和学者ヨハン・ガルトゥングは、消極的平和を「戦争のない状態」、積極的平和を戦争がないだけではなく、「貧困、差別など社会的構造から発生する暴力がない状態」と定義した。したがって、積極的平和主義とは、「平和＝戦争のない状態と捉える『消極的平和』に対して、貧困、抑圧、差別などの構造的暴力がない状況の『積極的平和』を志向する主義」を指している。

また、非武装主義や良心的兵役拒否、平和的手段で人権運動を展開することなども平和主義といわれ、日本の平和憲法は「日本国民は、正義と秩序を基調とする国際平和を誠実に希求し、国権の発動たる戦争と、武力による威嚇又は武力の行使は、国際紛争を解決する手段としては、永久にこれを放棄する」、「前項の目的を達するため、陸海空軍その他の戦力は、これを保持しない。国の交戦権は、これを認めない」と明文化しており、平和主義の典型と国際的に評価されてきた。

日本の唱える積極的平和主義とは、本来、このような平和主義をさらに徹底させるものであるはずであるが、世界情勢の変化を理由に、より積極的に軍事力を強化すべきだ、日米軍事同盟を強化すべきだという主張が出てくるようになった。それは何よりも、「日本国際フォーラム」が二〇〇九年一〇月に出した「積極的平和主義と日米同盟のあり方」と題する政策提言にみられる。「冷戦の終焉と九・一一事件を契機として、テロの脅威が高まるなど、世界情勢全体が大きく変化するなかで、国際社会における日本自身の立ち位置や行動基準も、これまでの消極的・受動的平和主義から積極的・能動的平和主義へと進化することを求められており、『日米同盟のあり方』はそのような文脈のなかで再考する必要が生まれている」としている。

この政策提言の検討会議は、第三回会合までは「日米関係の再調整と日本の針路」というテーマで審議を進められてきた。しかし、六月二三日の第四回会合からは、「積極的平和主義と日米同盟のあり方」というテーマに改題された。このことからも分かるように、積極的平和主義の真意は「日米関係の再調整」にある。つまり、アメリカの言いなりになることから脱皮しようとするものにほかならない。

ここでの政策提言の要点は、次のようにまとめることができる。

(1)世界情勢は「『ポスト・ポスト冷戦時代』へと大きく変遷」しており、これまでの「日米同盟に守られる軽武装・経済発展の路線（『吉田ドクトリン』）」は「国際社会においてもはや通用しなくなっている」。つまり、「重武装・政治発展の路線」をとる必要があるというのである。

(2)「アメリカを中心とする『民主主義圏』諸国の主導のもとで、世界中の人々が国境を越えて自由に往来することのできる『グローバル・コモンズ（国際公共空間）』が確保、拡大され」、日本はこの体制の「中心的一部」を形成している。つまり、異質の中国はグローバル・コモンズの中心にはなれないということである。

(3)「NATOや日米同盟は、加盟国の国土防衛だけでなく、地域あるいは世界の平和と安定にも貢献すべき『公共財』」であり、日本はその中にあって「世界や地域の平和と発展のために積極的な役割」を果たさなくてはならない。つまり、日米同盟は中国のいうように冷戦の遺物ではなく、「公共財」と見なして、強化・発展を図るべきだという。

(4)「二一世紀の世界は、日本に対し」「『消極的平和主義』『受動的平和主義』から新しい『積極的平和主義』『能動的平和主義』へとレベルアップ」するよう求めている。そして、「自国だけ平和であればよいという一国平和主義」も、「どこの国にも依存したくない」という「一国防衛主義」も、ともに日本の取るべき道でないという。つまり、民主主義圏の「中核的存在であるアメリカとの同盟関係強化」が「能動的平和主義」であり、中国にとっては「能動的戦争主義」と映ってもおかしくない。

（5）「『吉田ドクトリン』に代わる『積極的平和主義』というドクトリンをもつ」ことによって、「初めて主体性をもって日米同盟に対処することが可能になる」という。つまり、積極的平和主義をとることによって、対米従属からの脱皮を図ろうというのである。しかし、日米同盟を強化することと従属性を払拭することとは矛盾するものであり、果たしてそれが可能かどうか疑問である。

先の「国際フォーラム」の政策提言が行われてから五年経った。国際情勢には大きな変化がみられた。その一つは、中国の成長が著しく、第二の経済大国として経済的にも軍事的にも脚光を浴びるようになったことである。他方、アメリカは、戦争疲れがますます顕在化し、国際政治においてその影響力に陰りがみえてきた。第二は、アメリカが「アジア太平洋再均衡（リバランス）戦略」をとるようになり、戦略的重点がヨーロッパからアジアに移ったことである。そのうえ、「オフショア戦略」（アメリカ自身は出兵せず、周辺諸国を支援して戦わせる）をとるようになったため、日本への期待が高まった。第三は、中国国内で、日本の右傾化及びベトナム、フィリピンの南シナ海での侵食を食い止めることができなかったことからの反省として、戦術的に強硬策をとることとなり、南シナ海と東シナ海を巡っての緊張が高まったことである。

こうしたなか、安倍内閣は、中国脅威論をしきりに喧伝して、中国を敵視した「積極的平和主義」を提起し、日本の防衛外交政策を根本的に変えようとしてきた。その結果、国際フォーラムの「先進国主導の積極的平和主義」は「中国を敵視した積極的平和主義」、つまり、中国を封じ込める政策としての「積極的平和主義」に変わっていったのである。

二〇一三年一二月四日、安全保障会議設置法が改正され、外交・防衛を中心とした安全保障の司令塔である国家安全保障会議が設置され、「国家安全保障戦略」が国家安全保障会議の運営方針として審議され決定された。「国際協調主義に基づく積極的平和主義」が安倍政権の「安全保障戦略の基本理念」と位置づけられたが、それは、「現在、我が国を取り巻く安全保障環境が一層厳しさを増している」という「中国脅威論」を前提としている。国会答弁では、中国を名指しで非難し、中国敵視の姿勢を隠そうとしなかった。国際協調主義といっても、それが指すのは、アメリカ中心の国際社会、つまり西側先進諸国を中心とした国際社会であり、中国は勿論、周辺諸国も含まれていない。「我が国は、今後の安全保障環境の下で、平和国家としての歩みを引き続き堅持し、また、国際政治経済の主要プレーヤとして、国際協調主義に基づく積極的平和主義の立場から、我が国の安全及びアジア太平洋地域の平和と安定を実現しつつ、国際社会の平和と安定及び繁栄の確保にこれまで以上に積極的に寄与していく」というが、中国を敵視した積極的平和主義が、果たしてこのような役割を担えるかどうか、甚だ疑問である。「国際フォーラム」の提言では、日本の「主体性」の確保が強調されていたが、現在の安倍政権のもとでは、それさえもみえてこない。

二　中国における厳しい拒否反応

当然のことながら、日本の積極的平和主義への中国の反応は厳しい。それは、安倍政権の一連の政治姿勢と結び付けられている。

第一の反応は、これを戦後レジュームからの脱却と右傾化推進の手段とみたことである。「人民日報」（二〇一四年五月二九日）の論評では、安倍政権は「外交面で積極的平和主義を一貫して推進しているが」、一年余の「やってきたこと」をみれば、それには「積極は存在するが、平和はない」と断じている。安倍首相は、就任早々、「平和憲法の改正を積極的に推進」するとして行った、専守防衛の放棄、集団的自衛権の憲法解釈変更、自衛隊の国防軍への格上げ、武器輸出三原則の放棄、侵略定義未定論の提起、靖国神社参拝、慰安婦問題での河野談話否定、尖閣での係争棚上げ共通認識の否定など一連の言動は、「積極的平和主義がまやかしである」ことを立証しており、日本の右傾化を推進するために日本の国民を騙す道具と化しているとみている。

とりわけ、中国側が要求している二つの条件、靖国神社不参拝と尖閣を巡る係争の存在容認は、日本及びアメリカの有識者の多くが賛同する容易な条件にもかかわらず、安倍政権が頑なに拒否しつづけるのは、安倍首相の念願である戦後レジュームからの脱却を図るうえで、中国を仮想敵国視して、中国脅威論を煽る政治的必要性に基づくものだと判断している。浅井基文氏（外務省中国課長、東京大学教養学部教授などを歴任）は、「安倍首相は日本国憲法の理念である『平和主義』に対抗して、わざと新しい言葉『積極的平和主義』を使って」、「『平和のための戦争』を続けるアメリカと同盟関係にある日本が、集団的自衛権の行使も含め、積極的に武力行使に参加していきたい」という意思表明だと読み解いているが、中国側も大体このようにみている。

第二の反応は、これを「価値観外交」、「対中国包囲網外交」の手段とみたことである。「人民日報」（二〇一三年六月二〇日）の論評では、積極的平和主義は「積極的に価値観外交を弄ぶことにも現れている」、「あちこちで中国脅威論を振りまき、対中国包囲網を築こうとしている」と指摘している。「東南アジア外交五原則」（注記参照）も価値観外交の理念を喧伝しており、「中国を孤立化、封じ込めようとするものである」と批判する。

注記：この「五原則」は、次のとおりである。①自由、民主主義、基本的人権等の普遍的価値の定着及び拡大に向けて、ASEAN諸国とともに努力していく。②「力」でなく「法」が支配する、自由で開かれた海洋は「公共財」であり、これをASEAN諸国とともに全力で守る。アメリカのアジア重視を歓迎する。③さまざまな経済連携ネットワークを通じて、モノ・カネ・ヒト・サービスなど貿易及び投資の流れをいっそう進め、日本経済の再生に繋げ、ASEAN諸国とともに繁栄する。④アジアの多様な文化、伝統を共に守り、育てていく。⑤未来を担う若い世代の交流をさらに活発に行い、相互理解を促進する。

とりわけ、シンガポールで行われた「アジア安全保障会議」での日米共演による中国封じ込め戦略に、中国は強く反発している。「アメリカは日米安保条約が釣魚島に適用されるとし、日米安保条約で中国を脅かそうしている」、また、南シナ海問題では「ベトナムやフィリピンの肩を持ち、中国をトラブルメーカーのように仕立てている」と批判する。しかし、同時に、「日米は中国の台頭に焦りを感じているのであり、冷静に見るべきだ」、「虚勢を張っているのか、それとも行動を起そうとしているのか見極める必要がある」（「人民日報」二〇一四年六月四日）と余裕のあるところもみせている。

第三の反応は、これを日本がアジアのリーダーとなるための手段とみたことである。オバマ大統領と安倍首相の共同声明において、「日米同盟は地域の平和と安全の礎」と謳い、「アメリカのアジア太平洋リバランス戦略と日本の積極的平和主義政策は積極的意義がある」、日米同盟は「アジア太平洋の平和と繁栄の面で主導的役割を発揮する」とした。これに対して中国側は、日米両国は「この共同声明によって一時的な気休めを得ることができようが、中国を封じ込め、アジア太平洋を統治しようとするのは、はかない夢に過ぎない」（「人民日報」二〇一四年五月三日）とこき下ろしている。

日米両国の安保条約への対応について、それぞれの思惑が異なることを突いている。日本は、皇国史観に基づいて、かつての戦争は侵略戦争ではなく、「生存自衛」、「アジア解放」の戦争であったとしたいところであろうが、アメリカがそれに賛成するはずはない。アメリカは、戦術的に日米安保条約を利用するが、日本の軍事力をあくまでもアメリカのコントロールが効く範囲内に置くとみている。そして、「アメリカが日本に中国と対抗するように唆すのは、中国を抑え込むためであるが、同時に日本を牽制するためでもあり、中日双方がアメリカへの依存度を高めるように仕向けている」（「人民日報」二〇一四年四月二五日）とアメリカの二面政策を喝破する。日中両国はそれが分かっていても、アメリカの力を借りて相手を抑え込もうとする。残念ながら、両国は、当面、このジレンマから抜け出すことができないのである。

日本共産党の市田忠義書記局長は、安倍首相の積極的平和主義は「平和主義ではなく、好戦主義だ」と断じたが、「これは的を射た見解」だと中国ではみられている。そして、日本のこの動きに警戒心を抱くよう呼びかけている。とはいえ、日本にはかつてのように中国に侵略する力はないこと、アメリカも中国を攻めることはないことを中国は十分承知している。それ故、日米のこのような動きにきわめて冷静に対応している。国防力の強化についても、既定の方針に基づいて実行するとし、軍事費を特に増加させるというようなことは聞かれない。「力でもって現状を変えようとしている」という安倍首相の挑発的発言に対しても、国の指導者は発言を控え、外交部スポークスマンが対応しているだけである。

三　調整を加えるべき「積極的平和主義」

平和憲法に基づく平和主義から安倍首相流の積極的平和主義への転換は、今後の日中関係を大きく後退させる可能性がある。中国においては、日中友好時代から対立・摩擦の時代に入りつつあるという見方が出ている。現在のような悪い関係が長期化するとしても、一〇年を超えることはないと筆者が話したところ、「その見方は甘い、一世代三〇年はかかるだろう」という見解を聞かされ、ショックを受けた。

首脳会談ができない状態が間もなく丸二年になる。約四〇年間続いた日中友好関係の土台は崩れていない。日中双方に不利益をもたらす現状を一日も早く終わらせなくてはならない。そのためには、日本がいま推進している中国を敵視する「積極的平和主義」を、中国をも含めた積極的平和主義、仮想敵国を想定しない積極的平和主義、中国のいう共同安全観の積極的平和主義に変えていかなくてはならない。それには、日本で主流となっている以下のような誤った観点を是正する必要がある。

第一は、日米安保条約を強化して中国に圧力を加えれば、中国は譲歩するだろうという考え方である。中国は戦略的に「先発制人（先制攻撃）」ではなく「後発制人（反撃で相手を制する）」の手法をとる。反撃に出る前に、慎重に検討を加え、その結果についても少なくとも三つの可能性を考え、事前に対応策を準備する。したがって、反撃行動に出てから、それを引っ込めるようなことは余程のことがない限りありえない。アメリカの力を借りて中国に圧力を加えようとする現在のやり方は逆効果を招くだけである。

南シナ海において中国が自制しているあいだに、ベトナムは中国との共同開発ではなく、他の国の石油会社との共同で、係争海域において五〇〇本以上の油井を掘削した。それに対して、五月三日、中国海洋石油が南シナ海の西沙諸島近海において、一本目の油井を中国単独で掘削することを公表した。これが事の発端となって、両国の公務船の衝突事件にまで発展したが、中国の思惑は、中国・ベトナム間で「係争棚上げ、共同開発」という戦略的目標（平和的発展）を実現することにあった。

東シナ海において中国が自制しているあいだに、日本は尖閣について「係争棚上げ、共同開発」の合意はなかったとし、実効支配を強化していった。当初、外交ルートで抗議していたが、日本が聞き入れる耳を持っていなかったため、二〇〇五年頃から中国も実効支配に乗り出すことが検討され、二〇〇八年一二月八日に警告的意味で実行された。いわゆる日本側の言う中国公務船の「尖閣領海内への侵犯」である。二〇一二年九月、日本が尖閣の国有化を実施すると、中国も本格的に実効支配に踏み込むこととなり、一連の対抗措置が採られた。これも「係争棚上げ、共同開発」の戦略目標（平和的発展）を実現するためである。日本は中国側の言い分に耳を傾け、冷静かつ理性的に対応すべきである。

第二は、「中国経済崩壊論」、「中国共産党崩壊論」に基づく対中強硬策を実行すべきであるという考え方である。

日本において、過去三〇数年間、この「中国経済崩壊論」、「中国共産党崩壊論」が絶えない。現安倍政権のブレーンのうちには、この種の論者が比較的多い。このことが日本の対中国政策を引き続き誤らせないかと危惧している。

中国は、政府主導型市場経済を推進しており、マクロコントロール能力は群を抜いている。二〇二〇年頃まで七―八％の潜在成長率を有し、それ以降も四―五％の中成長率が一〇―一五年は続くとみられる。今世紀四〇年代になって、二％前後の低成長が到来するであろう。つまり、今後二〇年くらいは、中国は世界経済の成長軸としての役割を果たしていくであろう。ヨーロッパは、中国の経済成長力を自国の経済発展に取り込もうとして積極的に中国との経済連携を強めている。アメリカやロシア、インドも然りである。日本だけが立ち後れている。

中国の政治制度は、共産党の一党独裁といわれるが、過去三〇数年間の政治改革によって、中国的特色のある社会主義民主政治の雛型が形成されつつある。過去三〇数年間、資本主義国よりも資本主義化が進んだが、いま行われている大衆路線教育実践活動と呼ばれる整風（作風を正す）運動によって、歪みの是正が行われつつある。中曽根康弘氏が「二一世紀日本の基本的戦略」で述べたように、中国共産党は、毛沢東の著作『持久戦論』のゲリラ戦にみられる柔軟性があり、ソ連共産党とは異なることを認識すべきであろう。

シンガポール国立大学教授鄭永年氏が、「中国政治モデルの初歩的形成」という論文を「人民日報」（六月九日）に発表し、大きな反響を呼んだ。中国の選挙方式は、協議によって賢人が候補として選ばれ、そのうえで選挙が行われるため、人気どり政治は通用せず、国民の真の利益を反映することができるメリットがあるとしている。また、議会政治の民主主義は外部的多元主義（政党の分裂など）であるが、中国モデルのそれは内部的多元主義（各社会集団の協議・調整を重視）であり、改善すべき余地は多々あるが、その優位性は顕著であると指摘している。中東やその他発展途上国での普通選挙がうまく機能しない現状をみるとき、中国の政治制度を西側先進国の定規ではなく、別の視点で検討し直す必要があると考える。

第三は、国際情勢の変化に対して戦略的にミス判断していることに無自覚な観点である。日米安保条約強化による対中抑止力強化という戦略は、完全に時代の流れに逆行するものであり、戦略的ミス判断に陥っている。それは、第二次世界大戦中に、日本がドイツ、イタリアと枢軸国を組み、米英中ソと対決した戦略的ミス判断に相通ずる。

一九三五年、アメリカ議会は中立法を制定し、他国と戦争状態にあるか、内戦を戦っている国への兵器と軍需品の輸出を禁じた。一九三七年八月、第二次上海事変が勃発すると、ルーズベルトは、日本の対中国侵略にブレーキをかけるため、中立法は中国には適用しないことを宣言した。しかし、アメリカの世論は第一次大戦の戦禍に懲りて、八八％の人が戦争に巻き込まれたくないと考えていた。日本は、この世論に期待を寄せ、一九四〇年九月二七日、日独伊三国同盟条約を締結した。それは、日本に対する圧力を強めつつあったアメリカから譲歩を引き出すためであった。ところが、その結果は全く逆であった。ルーズベルトは孤立主義の世論を変えることができると喜んだということである。

現在、国際情勢は全く変わっており、当時のパワーポリティックスは時代遅れとなっている。アメリカは、戦略的には日米安保条約に期待していないが、戦術的には利用価値があると考え、安倍内閣の集団的自衛権の憲法解釈変更による安保条約強化を歓迎している。他方で、日本がこれを盾にして中国に挑発的行動に出ないか警戒している。中国は、日本の集団的自衛権の行使容認は中国の平和的発展を阻害するものであると反発している。他方で、日本の普通国家化は中国の国防力強化を正当化することができ、必ずしも悪くはないという声も聞かれる。軍備拡大競争に進むことにならないか懸念される。

第二次世界大戦において、日本は、対米戦争にあたって長期的展望を持っていなかったという反省をよく聞く。陸軍も海軍も、一年か二年持ち耐える青写真しか描けず、アメリカの主力艦隊を日本近海で迎え撃ち、日本海海戦のような勝利によって、アメリカは話し合いに応じてくるであろうというような漠然とした勝利を描いていたとのことである。現在、安倍政権は、歴史認識問題で中国や韓国を怒らせた結果、どのような結果になるかの長期的見通しを持っているのであろうか。対中対韓強硬路線が何年、持ちこたえることができると考えているのであろうか。中国は、時間は自国にとって有利とみており、二年、三年、五年、一〇年、延いては三〇年の長期戦で臨もうとしている。日本にそのような長期戦略があるとは到底思えない。

以上の三点について、日本が真剣に考えれば、中国を敵視した積極的平和主義は、間違ったものであり、修正を加える必要があると認識することとなろう。日本の有識者やマスコミが日本の国民をミスリードしないよう努めるべきである。また、国民も中国の言い分にも耳を傾け、ミスリードされないよう心掛けて欲しい。

結び

日本の加速度的右傾化について、仙谷由人氏は、中国にも責任がある、と筆者に語った。同感である。二〇一二年九月に対抗措置をとるにあたって、それが中国に友好的か非友好的かを区別せず、日本人全体を対立面に押しやってしまった。その結果、日本のマスメディアにおいて、中国の軍国主義美化反対論が反日論にすりかえられてしまった。幸い、中国当局は、これに気がつき、二〇一三年後半から是正が図られ、民間交流、経済交流、地方自治体交流は正常化している。いま、底辺の日中友好交流を深めて、中国を敵視した積極的平和主義を是正し、政府間関係の早期正常化を図ることが求められている。

中国がホスト役となるＡＰＥＣ会議が一一月に北京で開かれる。三〇分、二〇分の短時間であれ、日中両国の首脳会談が行われることが望ましい。それには、日中両国の雰囲気を変えていく必要がある。要職にある政治家や官僚は言を慎み、相手国の世論を刺激しないよう心すべきである。両国の国民は、それぞれが自国の政治家や官僚に対して監督の目を光らせることが肝要である。雰囲気さえ改善されれば、日中双方の妥協点は必ず見つかる。日中関係は雪解けの前夜にあると信じたい。

第二四章　中国主導の東アジア経済共同体の形成

解題：（二〇一五年五月執筆）東アジア経済共同体構想は日本が望み、マハティール首相が提案した。ところが米国の反対に遭って、日本は退いてしまった。その後、中国が積極的に呼応し、一九九七年のアジア通貨危機以降、ＡＳＥＡＮ10＋3の非公式首脳会議が開かれるようになり、二〇〇二年に東アジア経済共同体を構築する未来方針が打ち出された。日本は一部論者の反対論に遭って消極的になった。その結果、ＡＳＥＡＮ10＋1（中国）の経済協力が進み、いまや中国主導の東アジア経済共同体が形成されつつある。

本論は一帯一路戦略とＡＩＩＢ設立によって、東アジア経済共同体が加速されることを論じ、日本が一日も早く政策転換を図るよう提言した。

二〇〇二年のＡＳＥＡＮ10＋3（日・中・韓）非公式首脳会議で、二〇二〇年に向けて東アジア共同体を構築していく目標が定められた。だが、日本では、東アジア共同体など不可能というのが主流の見方で、これについてほとんど語られることがない。

しかし、中国ではこの目標が手放されたことはない。中国の責任者は事あるごとに、この二〇二〇年目標を提起している。去る三月二八日、習近平国家主席が「ボアオ・アジアフォーラム」で演説した際も、「中国とＡＳＥＡＮ諸国は手を携えてより緊密な中国・ＡＳＥＡＮ運命共同体を築き、ＡＳＥＡＮと中国、日本、韓国は二〇二〇年に東アジア経済共同体を実現すべく努力している」と述べた。

ここでは、ＡＳＥＡＮ10＋3とともに発足した「10＋3」の内の「10＋中国」が成し遂げた目覚しい発展を紹介し、「ＡＳＥＡＮ・中国ＦＴＡ」のバージョンアップ、さらには中国が最近打ち出した「一帯一路」構想及びアジアインフラ投資銀行（ＡＩＩＢ）とＡＳＥＡＮとの関係を分析する。最後に、日本の対中国戦略、対アジア戦略の犯したミスを指摘し、早期に改善・調整を図るよう提言したい。

一　「ＡＳＥＡＮ10＋1（中国）」の目覚しい発展

戦後、中国は多くのＡＳＥＡＮ諸国と断絶状態にあった。一九七八年に改革開放政策がとられてから徐々に国交が正常化していく。しかし、ＡＳＥＡＮと中国の対話が始まるのは一九九一年からであった。当時、マレーシアのマハティール首相は、東アジア経済協議体を主張した。日本は、当初、乗り気で賛成の意を示したが、アメリカの反対に遭ってこれは挫折した。一九九七年のアジア通貨危機後、ＡＳＥＡＮ諸国は大きな危機に直面し、東アジアの一体化の必要性を痛感した。この年の一二月、ＡＳＥＡＮ＋3の非公式首脳会議が開かれ、ＡＳＥＡＮ＋中国首脳会議も開催された。以来、中国とＡＳＥＡＮとの関係は経済を中心に急速な発展を遂げてきた。

中国とＡＳＥＡＮとの貿易額は、対話が始まった一九九一年は八〇億ドル足らずであったが、枠組み協定が結ばれた二〇〇二年には五四八億ドルまで増えた。枠組み協定が締結された後の一〇年間、貿易額は急増し、「黄金の一〇年」と謳われた。二〇一三年には四四三六億ドルに達し、二〇一四年には八・三％増の四八〇四億ドルになった。二〇一五年の目標額五〇〇〇億ドルは達成まちがいなしとみられている。二〇一四年六月までの相互投資累計額は一二〇〇億ドルで、うちＡＳＥＡＮの対中投資は八〇〇億ドル強、中国の対ＡＳＥＡＮ投資は四〇〇億ドル弱であるが、近年、中国の対ＡＳＥＡＮ投資はかなり増えている。二〇一三年は七・一％増の八六・四億ドルであった。

今世紀に入って、中国とＡＳＥＡＮの貿易が急増した背景には、中国とＡＳＥＡＮとの間で結ばれた自由貿易協定（ＦＴＡ）がある。二〇〇一年一一月のＡＳＥＡＮ＋中国首脳会議で、朱鎔基首相がＡＳＥＡＮ・中国ＦＴＡを締結するよう提案して受け入れられた。二〇〇二年一一月の首脳会議で「中国・ＡＳＥＡＮ全面的経済協力枠組み協定」が締結され、二〇一〇年に「中国ＡＳＥＡＮ自由貿易協定（ＣＡＦＴＡ）」を発足させることが定められ、予定通り二〇一〇年一月に発足した。

ＣＡＦＴＡによれば、ＡＳＥＡＮ加盟の六ヵ国（シンガポール・インドネシア・フィリピン・タイ・マレーシア・ブルネイ）と中国間のすべての輸出品目で九〇パーセントの関税が撤廃された。残りのカンボジア・ベトナム・ラオス・ミャンマーといった加盟国については、二〇一五年までに同様の措置を採ることになっている。後れている国には五年間の猶予期間を置き、自由競争に耐えうる条件を整備するよう配慮している。

「経済的枠組み協定」のほかに、政治的信頼と安全保障面での進展も見逃すことはできない。二〇〇二年首脳会議で「中国・ＡＳＥＡＮ非伝統的安全分野での協力共同宣言」が発表され、「南シナ海各国行動宣言」が調印された。翌年二〇〇三年一〇月開催の首脳会議では、中国が最初に「東南アジア友好協力条約」に加入し、同時に「中国・ＡＳＥＡＮ平和と繁栄に向けての戦略的パートナー関係共同宣言」が調印され、戦略的パートナー関係を確立した。

以上のことから、ＡＳＥＡＮ10＋中国が目覚しい発展を遂げた原因として、次のいつかの点を挙げることができる。①各国が政治的に安定していて、平和的国際環境が保たれたことである。とりわけ、政治的相互信頼が維持されてきたことは重要である。②国際協調（政府主導型市場経済）が機能したことである。農業、情報通信、人的資源開発、メコン川流域開発計画など、政府間国際協調と企業の市場競争がうまくかみ合った。③相手の立場を考えるアジア方式が効果を上げたことである。特に、中国が後進国にアーリーハーベストの優遇策を与え、全体の調和のとれた発展を図ったことは評価できよう。

二　難題解決のためのＦＴＡバージョンアップと「２＋７」枠組み作り

ここ数年、中国自身が経済発展方式の転換を迫られるなか、中国・ＡＳＥＡＮ間の経済関係にも問題が起きてきた。一つは、世界経済の発展速度が減速するなか、経済的構造が相似レベルにある中国・ＡＳＥＡＮの貿易額が伸び悩みしはじめたことである。例えば、二〇一四年の貿易伸び率は八・三％増で、全国平均の三・四％増よりもかなり高いが、上半期は二・六％増とこれまでにない低レベルであった。これには、インドネシアの大統領選挙、ミャンマーの憲法改正問題、タイの軍事独裁化など非経済的要因もあるが、中国・ＡＳＥＡＮ双方が構造的問題を抱えていることは否定できない。「世界最大の発展途上国ＦＴＡの貿易と運送方式はすでに飽和状態になっている」という一説には、危機感が現れている。

もう一つは、南シナ海の海域を巡る紛争が起こり、今世紀初頭一〇年の平和環境が脅かされていることである。中国は、二〇〇二年に「南シナ海各国行動宣言」に調印してから、自らを自制してきたが、ベトナムやフィリピンが係争海域を侵食していき、中国とではなく欧米外国企業と結託して海底油田を開発していった。これを目の当たりにした中国は、その不当さを指摘し抗議してきた。しかし、大局的見地に立って力による対抗措置をとることは控えてきた。ところが、二〇一〇年代に入ると、アメリカがアジア太平洋回帰を宣言し、その後はリバランス（再均衡）戦略と称するオフショア戦略をとるようになり、中国周辺の国を支援して中国牽制をさせ（しかし、アメリカ自身は後ろに控えて前には出ない）ようとした。中国は、ベトナムやフィリピンがアメリカを後ろ盾としてますます係争地域を侵犯してくるものと判断した。もともと、ベトナムやフィリピンの領土侵犯に強硬に対応すべきだという国内の意見も少なくなかったこともあって、解放軍の整頓に合わせて、一連の対抗措置が採られた。これは、あくまでもアメリカをターゲットとした戦術的対抗措置であり、戦略的目標は平和発展論に基づく「係争棚上げ、共同開発」であった。

中国・ASEAN経済貿易の発展の壁をどう突き破るか。アメリカのリバランス政策によって崩されつつある平和環境をどう再構築するか。この二つの問題の解決策として登場したのが、CAFTAバージョンアップと「2＋7」枠組み作りである。前者は、二〇一四年八月、第一三回中国・ASEAN経済貿易閣僚会議で、「共同でFTAバージョンアップ版」を策定することで合意した。貨物貿易、サービス貿易、投資市場の三方面でさらなる開放を行うためであるとされる。具体的内容は、目下検討中で、一五年末までに完成させるという。

このFTAバージョンアップと並行して、李克強総理は、二〇一四年一一月のASEAN10＋中国首脳会議で、「2＋7」枠組み構想を提起した。「2」とは、政治共通認識で、①戦略的相互信頼を深め、善隣友好を強める、②経済発展に焦点を当て、共通利益を拡大する、であった。「7」とは、重点的協力分野のことで、①政治、②経済貿易、③（インフラ等の）相互連結、④金融、⑤海上、⑥安全、⑦人文を包摂している。ここで特に注目すべきことは、⑤海上と⑥安全の分野である。

二〇一四年九月、張高麗副総理は、第一一回中国・ASEAN博覧会での講話で次のように述べている。「海上協力を大いに進める」、「海上協力が中国・ASEAN関係発展の新機軸、新動力となるようにする」、「来年を中国・ASEAN海洋協力年と定め、双方の海洋部門間の対話疎通を図り、海洋政策面での交流と協調を密接にし、海上司法機関間の協力メカニズム作成を検討する」、「中国・ASEAN海上協力基金を十分に活用して、海洋経済、海上相互連結、海洋環境、海上安全、海洋人文等の分野での交流と協力を推進していく」。また、政治的信頼を高めるため、「善隣友好協力条約を結び、中国とASEANの子々孫々に亘る友好のために法律及び制度的保障を提供しよう」と提案している。二〇一五年三月、習近平国家主席も「ボアオ・アジアフォーラム」の演説において、「海上の相互連信建設を強化し、アジア海洋協力メカニズムを構築し、海洋経済、環境保護、災害管理、漁業等諸分野での協力を促し、海洋がアジア各国を繋ぐ平和、友好、協力の海にしよう」と述べている。

なお、南シナ海の紛糾について、二〇一四年八月、王毅外交部長は次のように述べている。「中国は一部の人間が南シナ海の緊張を喧伝することに賛成しない。その背後の意図を警戒すべきだ。中国とASEANはすでに南シナ海問題の解決策を見出した。中国は『二レール思考』を提唱する。即ち、係争は当事国同士で直接話し合って平和的に解決し、南シナ海の平和と安定は中国とASEANで共に維持する」。

以上、海域紛糾問題に対する中国の姿勢をまとめてみると、①アメリカを後ろ盾とした中国の主権侵害には断固として対抗措置をとる、②ASEANの係争国とは、話し合いによって「係争棚上げ、共同開発」を実現する、③そのために、経済協力、非伝統的安全分野の協力などを強化する、④南シナ海では中国とASEAN共同で海上安全維持の仕組みをつくる、⑤部外者のアメリカ海軍は南シナ海から出ていくよう時間をかけて説得する、というものである。現在、アメリカは、日本の自衛隊に南シナ海を巡回するよう働きかけているが、日本はかつて南沙諸島を侵略占領したことがあり、日中間の衝突が起こる可能性はきわめて高いといえる。

中国のASEAN係争国への対応策は、最近の対ベトナム関係に如実に現れている。ベトナムの最高指導者、グエン・フー・チョン書記長が訪中し、四月七日、習近平総書記と会談したことにより、関係修復に向けて大きく前進した。注目すべき点として、次の六点を挙げたい。①「伝統的友誼」を確認し合い、チョン書記長は、ホーチーミンと毛沢東の繋がりを顧みた。②両党間の共同声明では、「両国の政治制度は同じで、発展の道は相似しており、前途命運は結びついている」と謳い、社会主義建設の理論と実践を相互に学び合うとした。③「全面的戦略的協力パートナー関係」を発展させる行動計画を着実に実行するとした。④中国側の提起した「二一世紀の海のシルクロード」建設に向けて経済協力を強化し、双方の専門家らで構成される「インフラ協力チーム」と「金融協力チーム」を立ち上げることで合意した。⑤「海域を巡る係争を共同でコントロールし、両国関係の大局と南シナ海の平和と安定を維持する」ことで一致した。⑥「中国共産党・ベトナム共産党協力計画（二〇一六―二〇二〇）」に調印した。

フィリピンに対しても、違ったかたちでの和解策が模索されていくであろう。

三　東アジア経済共同体を促す「一帯一路」構想とＡＩＩＢ

習近平氏は、二〇一三年にカザフスタンを訪問した際、隋唐時代からあったシルクロードに沿った「シルクロード経済帯」構想、すなわち中国から中央アジアを経てヨーロッパに至る経済ベルト地帯構想を打ち出した。同年の一〇月、氏がインドネシアを訪問した際、南シナ海からインド洋を経て、中東、アフリカまたはヨーロッパに至る「二一世紀海上シルクロード」構想を打ち出した。この両者を合わせて、「一帯一路」構想という。これは壮大なユーラシア戦略ともいえる。

この「一帯一路」構想に合わせて、アジアインフラ投資銀行（ＡＩＩＢ）が設立されることになった。これも、二〇一三年一〇月のインドネシア訪問の際、提起されたものであり、その後、急ピッチで準備が進められた。二〇一四年九月、二二ヵ国によって設立覚書が調印された。今年になってＡＳＥＡＮ10ヵ国はもれなく参加し、第一期創設メンバーとなった。三月三一日までの申請国は創設メンバーとされ、三月一二日にイギリスが参加を表明してから、ドイツ、フランス、イタリアなど先進諸国の加盟表明が続いた。その後、韓国、オーストラリア、オランダ、ブラジル、ロシアなどが参加表明した。最終的には、五〇ヵ国、二地域（香港と台湾）になり、アジア開発銀行の六七ヵ国・地域に迫る数となった。

ＡＩＩＢがかくも大きな支持を得るとは、当初、誰も予想していなかった。しかし、発展途上国の投資需要、とりわけＡＳＥＡＮ諸国のインフラ投資需要をみれば、その必要性は明らかである。既存の国際金融メカニズムの合理的基準は評価できるが、非合理性及び非効率性が存在することもまた事実である。それを最も強く感じているのは中国であり、ＡＳＥＡＮ諸国である。ＡＩＩＢの設立にあたって、中国と摩擦のあったベトナムやフィリピンも含めて、すべてのＡＳＥＡＮ諸国が何の躊躇もなく参加を表明したことは、前述してきた中国の対ＡＳＥＡＮ政策が功を奏していることの表れであろう。

「一帯一路」構想は、今世紀全体に関わる大構想である。ＡＳＥＡＮはその実験地として、今後五年間にかなりの進展をみる可能性がある。理由として、次のいくつかを挙げることができる。

（１）ＡＳＥＡＮ共同体が二〇一五年内に完成する。まだ一〇％ほど合意にいたっていない部分があるが、年末までには合意に達する予定。六・二五億人の経済共同体、安全共同体、社会文化共同体が誕生することになる。

（２）潜在成長率が高い。ＡＳＥＡＮは、シンガポールやタイのような進んだ国とラオスやカンボジアのように後れた国とがあるが、全体としては、バイタリティーがあり、過去において六〜七％の成長を遂げており、今後も同程度の成長が予想される。

（３）インフラ整備のニーズが高い。アジア開発銀行二〇一二年の研究報告によると、アジアは今後一〇年間に八兆ドルのインフラ投資を必要とするという。そのうち、相当部分はＡＳＥＡＮであろう。インフラ建設の効率性と収益性を考えた場合、人口が密集し、経済機能が正常に発揮できるＡＳＥＡＮが最も有望となる。

（４）歴史的交流と華僑華人の存在。東南アジアに居住する華人は四〇〇〇万人に達し、世界華人企業大手五〇〇社の内、約三分の一がＡＳＥＡＮにあり、東南アジアの上場企業の七〇％は華人企業であるといわれている。華僑華人は、中国の改革開放政策に大きく貢献したが、「一帯一路」構想の実現にも貢献できる。

（5）南寧の博覧会経験。中国・ＡＳＥＡＮ博覧会が二〇〇三年から南寧で始まり、二〇一四年は第一一回目である。参加中込企業は二三三〇社に及び、予想計画の三〇％を上回るほど盛況で、外国企業の展示率は四二％に達するという。毎年開かれるボアオ会議も東アジアが中心であり、有力な支えとなっている。

（6）二〇二〇年目標を出している。中国とＡＳＥＡＮは、目標貿易総額を二〇二〇年までに一兆ドルに持っていくとしている（二〇一五年は五〇〇〇億ドル）。「中国・ＡＳＥＡＮ平和と繁栄に向けての戦略的パートナー関係共同宣言」第三行動計画（二〇一六—二〇二〇）など、今後五年間の計画目標は目白押しである。

以上からみると、今後五年間に中国とＡＳＥＡＮとの経済関係は、新しい段階に入り、二〇二〇年には、東アジア経済共同体が実質的に形成される可能性は大いにある。

四　戦略的ミスを犯した日本の対中・対アジア政策

戦後、日本はアメリカの占領政策の転換によって、高度成長を遂げ、世界第二の経済大国となった。円高が進み、日本の経済は一九八〇年代に絶頂期を迎え、ドル・マルク・円が三大通貨となり、一時期、円経済圏がしきりに語られた。しかし、アメリカが反対することは明らかで、日本はアメリカを含めたアジア太平洋経済圏構想を打ち出した。小島清氏が理論的立役者で、大来佐武郎氏らが積極的に支持し、大平首相がそれを受け入れた。こうして、一九八〇年、日本と豪州の音頭のもとに産学官からなる「太平洋経済協力会議（ＰＥＥＣ）」が誕生した。その後、外相レベルの「アジア太平洋経済協力（ＡＰＥＣ）」に昇格したが、一九九二年にクリントンが太平洋共同体論を提起し、非公式首脳会談を行うようになってからは、リーダーシップはアメリカに移っていった。

アメリカに不満を抱く日本の意を解して、一九九一年、マレーシアのマハティール首相が前述したように、東アジア経済圏構想を打ち出した。海部首相は、早速、歓迎の意を表したが、アメリカの反対に遭って断念せざるをえなかった。マハティール首相は、大変不満であり、他のアジア諸国も日本への失望感を抱かざるをえなかった。

一九九七年、アジア通貨危機が襲来し、日本は一〇〇〇億ドルのアジア通貨基金を設立しようとした。今度もアメリカの反対に遭って潰されてしまった。当時、中国は、天安門事件以降のアブノーマルな状態にあった米中関係の改善が最大関心事で、アメリカの求めに応じて、実質的に反対を表明した。しかしながら、本来は、アジアが協力して通貨危機に対処すべきで、中国は日本に同調すべきであった。

一九九八年の夏ごろから、中国国内で反省が行われ、東アジアでの通貨協力には積極的に対応すべきであるということになった。一九九八年一二月、ベトナムのハノイで第二回ＡＳＥＡＮ＋３非公式首脳会談が開かれ、中国からは胡錦濤国家副主席が出席した。その際、東アジアでの通貨協力を進めるべきだと中国が主張し、周囲をびっくりさせた。この会議をきっかけとして、チェンマイ・イニシアティブが発足し、通貨スワップが行われ、中国は通貨の安定に貢献してきた。それは、いまでも続いており、二〇一五年三月二八日、習氏は演説で「チェンマイ・イニシアティブの多角化メカニズムを構築し、地域金融安全ネットワークを作ろう」と呼びかけている。

一九九七年のアジア通貨危機以降、東アジアの協調体制の必要性が深く認識されるようになった。二〇〇二年のＡＳＥＡＮ10＋3首脳会議で二〇二〇年までに東アジア共同体を構築することを目標にすると定められた。当時、そのメンバーは当然のことながら、ＡＳＥＡＮ10＋3とみられていた。ところが、日本国内でＷ・Ｔ氏や古森義久氏らがＡＳＥＡＮ10＋3は「中国の覇権を求める場」になりかねないと反対した。その後、これが日本の主流となって、日中協力の東アジア共同体への道は閉ざされていった。

それから一〇年余り、日本経済は停滞しているのに対し、中国経済は二桁の経済成長を遂げていった。二〇〇七年の世界金融経済危機以降は、中国の存在感が大きく突出するようになり、世界第二の経済大国として頭角を現した。

軍事費はＧＤＰの一・三％と比率は低いが、基数が大きくなっているため、金額にすればかなりの数字となる。いまや、経済的にはアメリカを追い越そうとしており、軍事的にもアメリカを追いかけている。こうした大きな流れのなかで起きたのが、今回のＡＩＩＢ加入への雪崩現象であった。主要国では、日本とアメリカだけが参加していない。

アメリカ政府は全く反対しているわけでもない。一月七日、シーツ財務次官は基準を満たせば歓迎する用意があるとしていた。二月二七日、シャーマン国務次官は、カーネギー財団主催の講演で、再度、政府として、条件付きながら新銀行設立を歓迎すると述べた。アメリカでは議会が強い権力を持っており、正式参加はいまのところ不可能であるが、政府部門は歴史の流れには逆らえないことが分かっているようである。とすると、日本は完全に孤立していることになる。

Ｗ・Ｔ氏は「中国はＡＩＩＢで何を狙うのか」という一文で、「中国の膨張、日米の力量の相対的減衰をこれほど端的に示した事例は近年にない。オバマ政権の『内向き志向』、遅すぎた安倍晋三政権の登場のスキをみごとに突かれてしまったのである。かかる帰結にいたらしめた日米の指導者の自省は徹底的でなければなるまい」（「産経新聞」二〇一五年三月二七日）という言葉で結んでいる。徹底的に自制すべきは、Ｗ・Ｔ氏自身ではなかろうか。

Ｗ・Ｔ氏は、中国の改革開放政策を歓迎し、一九八〇、九〇年代には客観的で理に叶った論陣を張っていた。ところが、今世紀に入ってから、中国脅威論、中国共産党崩壊論、中国経済崩壊論を説き、日本の世論を懸念すべき方向に導いている。実に残念なことである。

結び

安倍政権は、地球儀俯瞰外交と名づけた対中国包囲網外交を展開してきたが、その失敗は明白である。アジアインフラ投資銀行での孤立化は、典型的な出来事である。それのもたらすマイナス影響は、今後、ますます大きく目に映るようになるであろう。

幸い、二〇一四年一一月、短時間だが習近平・安倍晋三会談が行われ、関係改善の一歩を踏み出した。他方、民間レベルの交流は完全に正常化し、政府レベルの交流も盛んになってきている。速やかに対中国外交姿勢を正し、ＡＩＩＢに直ちに加入して、中国とともに東アジア経済共同体をつくるよう舵を切っていくべきであると思う。こうしてこそ初めて、真の地球儀俯瞰外交が展開できるのである。

第二五章　北朝鮮の現状と中国の朝鮮半島危機への対応

解題：（二〇一六年五月執筆）北朝鮮の第四回核実験と長距離ミサイルの発射によって、中国はまたもや面子を潰された。韓国の中国への不信は強まり、中韓関係にひびが入った。が、中国は国連の制裁強化に同調する一方、北朝鮮の経済改革促進、六ヵ国協議復活による話し合いでの解決は忘れていない。

朝鮮半島を巡る五つのシナリオを提示し、結局、米国は停戦協定の平和協定への転換を受け入れ、米韓軍事演習を中止する選択しかないことを説いた。北朝鮮が軍事優先から経済重視に変わる動きがあり、それを支持すべきだとも指摘した。北朝鮮の崩壊を待つとか、外部から圧力を加えてそれを促そうという選択をとるべきではない。

北朝鮮の四回目の核実験（自称水爆実験）と実質的な長距離ミサイルである人工衛星発射によって、朝鮮半島は一大危機に直面している。韓国、中国、日本、ロシア等の周辺諸国及びアメリカは、この局面打開に向けてどう対応したらよいか意見が分かれている。本論はまず、北朝鮮の現状と言い分を分析し、中国の対応と今後の見通しを論じる。

一　軍事優先から経済重視の転換を図る北朝鮮

昨今、ならず者国家、暴走を続ける北朝鮮、崩壊寸前の北朝鮮経済、生活に喘ぐ北朝鮮民衆といった先入観念がかなり普遍的に存在する。しかし北朝鮮の専門家によれば、事情はそれほど悪くなく、五月の党大会以後は経済建設に重点が置かれるという見方が多い。まず経済状態について言えば、基本的には経済制裁のなかで年年良くなっている。市場経済化宣言はしていないが、市場原理がかなり取り込まれている。そのため、市場での品物は増えているし、携帯電話も四〇〇万も普及している。一部富裕層以外に中間層の上クラスの人たちも持ちつつあるという。

小牧輝夫氏によれば、（1）社会主義責任制（請負責任制）の実施と経済効果、（2）二重価格と二重為替レートの存在と安定化、（3）「知識経済」提唱による携帯電話の普及、（4）経済建設と核武力建設の並進路線から経済重視に移行する可能性、（5）各道に経済開発区設置、（6）穀物生産は年一三年五六〇万トンから一四年五七〇万トンと増加傾向、（7）物価や為替レートは比較的安定しており、市場化進展が経済安定を保たせている。全体的にみて、一九八〇年代中国の改革開放初期に似ているようだ。

勿論、北朝鮮の経済的好転は中国に負うところが大きい。北朝鮮は貿易の九〇％（南北交易を除く）、原油の九七％を中国に依存し、北朝鮮の対外金融取引も九〇％が中国経由である。昨年の中朝貿易総額は約五五億ドル、北朝鮮の主力輸出品である石炭の価格下落などで前年よりは減ったが、一〇年前の三倍以上である。

経済状況の改善とともに、核とミサイルの開発進展も客観的に評価しなくてはならない。核技術は予想よりも速いスピードで進展をみせ、原爆小型化に一定の成果を上げているようだ。北朝鮮は二〇〇六年一〇月を皮切りに三度、地下核実験を行い、今年一月で四回目になる。国営朝鮮中央テレビは、核実験後、「米国などが北朝鮮を敵と見なすことをやめない限り、核兵器を絶対に手放さない」と宣言した。

ミサイルについてもかなりの進歩を遂げている。現在、北朝鮮には、（1）スカッド：五〇〇キロメートル、七七〇キログラム、実戦配備、（2）ノドン：一三〇〇キロメートル、七〇〇キログラム、実戦配備、（3）ムスダン：三〇〇〇キロメートル、六五〇キログラム、実戦配備、（4）テポドン二号改良型：一万二〇〇〇キロメートル、五〇〇キログラム、試験発射、（5）KN〇八：移動発射台から発射する長距離ミサイル、（6）潜水艦発射弾道ミサイル（SLBM）の開発などがある。

今回のミサイル発射については、次のような技術進歩があったといわれる。（1）一段目を自爆させる技術に成功、（2）打ち上げ能力の向上（発射台五〇メートルから六七メートルに、搭載物一〇〇キログラムから二〇〇―二五〇キログラムへ）、（3）姿勢制御や機体分離の技術が向上。米戦略軍も衛星発射成功を認め、同軍リストに登録したと報道された。

核実験ミサイル開発について、金正恩は「国の自主権と民族の生存権を守る自衛的措置だ」という。そこには核を放棄したリビアやイラクの独裁政権崩壊の運命が教訓となっているとのことである。また核・ミサイル開発で緊張感を高め、米国を交渉の場に引き出そうとする思惑も窺える。核保有国の地位を確立することだけが体制生き残りの道と考える朝鮮当局を、いかに説得するかがいま問われている。

朝鮮当局は三六年ぶり（第六回は一九八〇年）に労働党第七回大会を五月に開くと宣言した。金正恩は今年一月一日の新年の辞で、「経済発展と人民生活の向上」、「経済強国建設に総力を集中する」と強調した。改善しだした経済をより安定した軌道に乗せたい意欲の表れとみられている。小牧輝夫氏は新長期計画の提示は無理にしても、これまでの経済政策の集大成が行われ、一定のビジョンが示されるのではないかとみている。

伊豆見元氏も「党大会を一つの契機として、経済建設に集中していくのではないか。北朝鮮は核実験を通じ最強の抑止力を持つに至った、抑止力を備えることで『後顧の憂えなく経済にまい進できる』という彼らなりの理屈」で進めるだろうとみている（「毎日新聞」二月八日）。小此木政夫氏も「北朝鮮は核ミサイル開発を加速し、米国から体制維持の保証を得ようとする戦略は不変だ」、「いつまでも軍事挑発を続ける体力はない。五月の党大会前後に、対話路線に転換する可能性がある」とみる（「読売新聞」二月八日）。

今回の核実験とミサイル発射で、北朝鮮は三つの戦術的成果を上げた。一つは五月の党大会に向けて金正恩体制の威信を高め、内部の政治体制が強化されたことである。二つ目は中韓連携にくさびを打ち込むことに成功したことだ。とりわけそれは中国にとって大きな打撃であった。三つ目はオバマ政権の「戦略的忍耐」論を破綻させたことである。米国内外で、北朝鮮の自滅を期待した「戦略的忍耐論」が今回の結果をもたらしたという意見が大勢を占めている。しかし、戦略的には北朝鮮はますます孤立化しており、先軍政策から経済重視への転換を国際社会に訴える必要がある。

また国際社会は、北朝鮮のいわゆる「暴挙」に感情的反応を示すのではなく、冷静かつ理性的に分析し、半島情勢をよい方向に導いていくべきである。それには、（1）改善しつつある経済状況、（2）北朝鮮経済改革の進展、（3）金正恩体制の安定化、（4）軍事中心から経済中心への転換の可能性などを客観的に評価し、六ヵ国協議の再開に向けて、すべての関係国が協力することである。

北朝鮮は三代にわたって瀬戸際外交を展開し、自国体制の生存を図った。金日成は中ソ矛盾を利用して両国から援助を引き出した。金正日は主として米中、日中、日韓の矛盾を利用して巧みに瀬戸際外交を展開した。金正恩はというと、米中、中韓、日韓の矛盾を利用している。金王朝三代を通して、中国内部の親朝派と反朝派の矛盾を利用していることも見逃せない。今後、北朝鮮の瀬戸際外交はますます効力を失っていく運命にある。五ヵ国が協力して、北朝鮮に政策転換を迫る時期に来ている。

二　核・ミサイル危機への中国の対応プロセス

北朝鮮の核実験とミサイル発射に対する中国の対応は、次の三段階に分けることができる。（1）一月六日の核実験への対応、（2）二月七日のミサイル発射への対応、（3）三月二日の安保理決議への対応、である。

まず、中国の朝鮮半島を巡る問題対策には、三つの基本原則がある。すなわち、（1）朝鮮半島の非核化、（2）平和と安定の維持、（3）対話と協議による問題の解決、である。また長期目標として、北東アジアの安全保障体制を確立し、さらにそれを全アジアに拡大していこうというものである。したがって、各段階においてこの三原則は貫かれているが、状況の変化に応じて対応策が若干変化している。

1　基本的に既存の立場を貫く第一段階

中国は、北朝鮮が慣例を破り、中国に通告なしで核実験をしたことに大きな衝撃を受けた。一五年一〇月に劉雲山政治局常務委員がピョンヤンに派遣され、関係改善を探っているところであったことも起因している。とはいえ、昨年一二月一二日、北朝鮮が北京に派遣していた女性音楽集団「牡丹峰楽団」を講演直前に帰国させる事件が起きており、中国と朝鮮との溝はかなり深まっていた。ある程度の心構えはできていたように思える。「北朝鮮が何を考えているか分からない」という声も聞かれたが、一月六日に発表された声明は、「実験に断固反対する」、「情勢を悪化させるあらゆる行為の停止」を求めるという、いままでとあまり変わらない内容であった。

一月七日、「人民日報」は賈秀東氏の「朝鮮の核実験は自らの安全をもたらせない」と題する小論を掲載し、「もたらすものはより強い国際制裁と軍事圧力だけで」安全感の増大には繋がらないと批判した。日本、韓国、米国が独自制裁を加えるなか、中国も独自制裁について検討したようである。有力な研究者が「中国は今後、独自制裁も検討する可能性が高い」と述べたことはそれを表している。しかし、中国の安保理決議についての基本的姿勢は、核・ミサイル関連の制裁を強化し、抜け穴をなるべく塞ぐことには賛成するが、正常の貿易や人道的支援は継続されるべきだというものであった。

また、北朝鮮が今回のような挑発に走ったのは米国にも責任があるという論調が展開された。例えば、一月一八日、「環球時報」は北京大学陳峰教授の小論「朝鮮の核放棄提案を真剣に考えよ」を掲載し、北朝鮮の二つの提案、（1）停戦協定を平和協定に変える、（2）米韓軍事演習の停止、を受け入れるべきだと主張している。

一月二七日、ケリー国務長官は訪中して王毅外相と会談、安保理で採択を目指す「強力な制裁決議」への支持を求めた。また中国の原油供給などを念頭に「中国は北朝鮮に対する特別な能力と役割を持っている」と暗に見直しを求めた。それに対し、王氏は「安保理がさらに進んだ措置をとり、新たな決議で合意することに同意する」としつつも、「新決議が緊張を引き起こし、朝鮮半島を不安定化させてはならない」、「長期的に安定化させる方策が必要」と強調した。明らかに両者には深い溝があった。

しかし中国は六ヵ国協議の議長国として、緊張緩和に尽力すべく努力した。武大偉議長は一月二九日、米国務省のソン・キム北朝鮮担当特別代表と北京で会談した後、日韓とも協議したうえで、二月二日、北朝鮮を訪問した。なんとその日に、北朝鮮は衛星打ち上げを予告した。中国に対する赤裸々な侮辱的行為である。武大偉代表は北朝鮮に自制を求め、その反応を踏まえて安保理での詰めの協議に入る目算だったようだが、四日北京に戻った際、記者団に「言うべきことは全て言った。やるべきことも全てやった。結果がどうなるかはまだ分からない」と述べた。

国際的に中国批判が高まるなか、陸報道局長は二月三日、「関係国が一方的に制裁と圧力を訴える中で、北朝鮮は核実験を重ねてきた。北朝鮮にビンタを食らわせた相手ははっきりしている」、「われわれは対立のエスカレートは望まないが、関係国がそうしたやり方にこだわるなら阻止できない」と突き放した態度をみせ、「朝鮮半島の安定維持は関係国の共同責任だ」と述べた。

続いて二月五日、習近平主席は朴槿恵大統領と電話会談をし、「関係国が冷静に対応し、対話の正しい方向を堅持するよう求める」と慎重な姿勢を崩さなかった。また「朝鮮半島には核はあってはならず、戦乱を起こしてはならない」と強調した。同じ日、王毅外相はナミビアで「対話を通じて問題を解決する考え方はすでに通用しないというのは誤りだ」と強調し、「対話の拒否や中断が現在の情勢を招いた真の原因だ」とし、「米国と北朝鮮の双方がどのような政治決断を下すかが今後のカギとなる」と語った。

2　THAAD（地上配備型ミサイル迎撃システム）問題が突出した第二段階

二月七日、北朝鮮のミサイル発射に対して、中国外務省スポークスマンは「国際社会の反対を顧みず、弾道ミサイルの技術による人工衛星発射に固執したことに遺憾の意を表明」したうえで、北朝鮮が宇宙を平和利用する権利は国連安保理の決議で制限されており、今回の発射は決議違反だと指摘した。また米韓両国がTHAADの在韓米軍配備に向けて協議入りしたことについては「自国の安全を追求するときは別の国の安全を損ねてはならない。朝鮮半島を刺激して緊張をさらにエスカレートさせることになる」と批判した。

過去のミサイル発射時の声明は北朝鮮の言い分に沿って「衛星発射」との表現だったが、今回は「弾道ミサイル技術による人工衛星発射」に変更している。事実上のミサイル発射であることを暗に認めたのである。しかし、国連安保理の七日の緊急会合で、中国は制裁内容を核・ミサイル開発関連に限定するとの慎重論を崩さなかった。

二月八日、劉結一国連大使は「核ミサイル開発に関連する団体や人物、取引に限定した制裁に留めるべきだ」、「北朝鮮の国民生活に影響を与える制裁には反対」と主張。一一日の王毅・尹炳世会談で、王氏は安保理ができるだけ速やかに新たな決議をまとめることを支持すると述べたが、「制裁自体が目的ではない」とし、韓国と米国がTHAADを配備することは「中国の戦略的安全保障上の利益を損なうのは明らかだ」と強く牽制した。

中国の国内世論も、THAADを巡る対米批判が高まっていった。二月一五日、「人民日報」が蘇暁暉氏の小論「半島の核問題は誰にビンタを食わせたか？」を掲載し、「半島核問題の焦点は米朝双方にあり、中国ではない。もし朝鮮がビンタを打ったとするならば、目覚めるべきはアメリカだ」と述べた。翌一六には沈丁立氏の小論「米国は半島問題で常理を逸するな」を掲載し、THAAD配備は中国やロシアをターゲットとしており、「アメリカは本当に朝鮮の核問題を解決しようとしているのか」と疑問を呈した。

3　中朝貿易制限に同調した第三段階

二月一七日、王毅外相は「中国は停戦・和平メカニズムの転換を非核化等と並行して進める考え方を提案している」と述べた。北朝鮮に核放棄を求めるだけでなく、北の求める朝鮮戦争の休戦協定を平和協定に転換する協議も並行して進めるべきだというのである。また王毅氏は「いかなる圧力や制裁も、それだけでは根本的な解決はできない」と対話路線を続けるよう訴えた。

と同時に、約一〇日間にわたって、安保理の対北朝鮮制裁決議案の内容について最終調整が行われ、中国はアメリカの主張する外貨獲得手段である貿易制限に条件付きで受け入れる政策調整を行った。王毅外相は二三日から二五日にかけて公式に訪米し、米中間の最終的妥協を図り、三月二日の国連制裁措置採択となった。

いままでの制裁は、核ミサイル計画に関わる個人・団体の資産凍結、ぜいたく品の禁輸、疑いのある船の貨物検査などであった。今回は、（1）航空燃料やロケット燃料の輸出禁止（人道目的と認められた場合などは例外となる）、（2）北朝鮮と行き来する貨物の検査の義務化、（3）北朝鮮からの金、チタン、レアアースなどの輸入禁止（全面的）、（4）北朝鮮からの石炭や鉄、鉄鉱石の輸入禁止（市民の家計を支えている場合などは除く）、（5）金融制裁の強化（いままでの口座開設禁止要請から義務化）、（6）ぜいたく品リストの追加、などである。

中国側が譲歩した背景には、（1）中国は核実験や長距離ミサイル発射に「代価を支払わせる」（北朝鮮に思い知らせる）必要性、（2）THAAD配備への危惧（実際には配備されない方向に導く）、（3）緩衝地帯としての戦略的財産ではなく、長期的な負債とみる視点増大、（4）米中関係の安定的発展の維持、（5）北朝鮮内部の変革促進、（6）習近平訪米の環境整備、などが考えられる。

これは北朝鮮にとってかなり厳しいものであり、王毅大使は二五日、ワシントンでの講演で「中国と北朝鮮は隣国だが、新決議は中朝関係に影響を及ぼすだろう」と語った。果たして北朝鮮は三月四日声明を発表し、「朝鮮半島とその周辺で、誰も望まない事態が起きれば、その責任は米国をはじめとする大国と追随勢力、国連の制裁決議に加担した者が負う」とし、名指しこそ避けたが中国への批判を行った。

習近平は三月三一日から四月一日にかけて訪米し、核安全サミットに参加して米中首脳会談も行った。北朝鮮を核保有国として認めないことでは一致したが、THAAD配備については問題を残したままである。

三　五つのシナリオと中国の選択

今後の朝鮮半島情勢は、次の五つのシナリオが考えられる。

（1）経済制裁の徹底化によって、朝鮮体制が崩壊し大量難民が発生する。中国と韓国が直接の被害者となるため、中国としては絶対に避けたい。

（2）米国が停戦協定の和平協定への転換を受け入れ、米韓軍事演習を中止する。朝鮮は改革開放政策をとり、国際社会の良き一員となっていく。中国にとって最も望ましい選択。
（3）米国は〝戦略的忍耐〟を継続し、現在の膠着状態が続く。アメリカの望む北朝鮮の自己崩壊はありえないため、結局、後の政権で第二のシナリオに移行していく。
（4）米中が対立し、米日対中ロの「冷たい平和」が出現する。ＴＨＡＡＤの韓国配備や日韓の軍事情報包括保護協定（ＧＳＯＭＩＡ）締結はこの傾向を強める。中国としては避けたいところ。
（5）米韓日が朝鮮への先制攻撃を仕掛け戦争となる。米国が北朝鮮の軍事施設を爆撃し、北朝鮮が日韓米軍基地を攻撃する。中国としては絶対に受け入れられない選択（北朝鮮が自己滅亡を招く先制攻撃に出ることはありえない）。

中国にとって最良のシナリオは、北朝鮮が非核化と同時に中国に倣って改革開放を進め、経済政治システムの現代化を進めて体制を安定させること、つまり第二の選択で、その実現に向けて全力を尽くすであろう。

1　米国への粘り強い説得工作

中国は、平和協定締結と米韓軍事演習停止を拒否している米国が一番問題だと批判している。二〇〇五年九・一九合意文書が交わされた直後に、マカオの銀行「バンコ・デルタ・アジア（ＢＤＡ）」の北朝鮮口座を凍結した。その結果、北朝鮮の不信感を招き、関係改善の大きな障害となったという過去の経験もある。他方、オバマ政権は一二年二月に米側の食糧援助と交換にウラン濃縮や核実験の一時凍結を定めた米朝合意ができたが、履行前に北朝鮮が破棄してしまった。その結果、アメリカの北朝鮮への不信は根深い。いかにして米朝間の信頼関係を取り持つかは大変難しい課題である。王毅外相は北の核放棄と停戦・平和転換メカニズムの同時進行を提案しているが、米国に対して受け入れるよう執拗に働きかけるであろう。

米国の元駐韓大使ドナルド・グレッグ氏によれば、「ブッシュ元副大統領の下で在韓米軍の核兵器が撤去され、北朝鮮は国際原子力機関（ＩＡＥＡ）の査察を受け入れるようになったし、南北朝鮮は非核化共同宣言を採択し、九二年には米韓合同軍事演習チームスピリットを中止したことで南北朝鮮の緊張は緩和された」。ところが「当時のチェイニー国防長官が翌年のチームスピリット再開を決定したことで、北朝鮮は再び態度を硬化させ、朝鮮半島は第一次核危機に突入した」とアメリカ側に責任があると証言している（「朝日新聞」二月一三日）。

ブッシュ政権末期にも、米朝間の話し合いが進み一つのチャンスが訪れた。しかし、金正日が病気に罹り死去すると、金王朝は自己崩壊する可能性が高いということでオバマ政権は「戦略的忍耐論」を推進することになったといわれる。北朝鮮の金正恩体制の自己崩壊が非現実的となったいま、アメリカが現実的政策に戻るチャンスである。

北朝鮮の長距離弾道ミサイル発射について、オバマ大統領は八日、「驚きではない。予想してきたことであり、これまでも（似たような）行動パターンを見てきた」と発言、挑発行為を繰り返して米国を対話に引きずり出そうとする北朝鮮の戦術には乗らない姿勢を示した。また米韓合同軍事演習中止を条件に核実験中止を提案してきたが、米国はそれを無視したとのことだ。これも反省すべきことであろう。米国は、米朝協議は北朝鮮の核放棄が前提との立場を変え、中国の同時進行方式を受け入れるべきである。

北朝鮮の核開発を止められない現実を前にして、米国の政府内外で戦略的忍耐が手詰まりになりつつあるという見方が広まっているとのこと、またペリー元国防長官も新聞紙上にコメントを発表し、「新しい対応をしなくてはならない、取引が必要だ」と言っているとのこと、北の核能力の向上を阻止するために現実的なアプローチをとる世論が形成されつつあるといえる。

2　第七回党大会に向けて前向きな対応

中国はいま、北朝鮮に対して大変困難な立場に陥っている。朝鮮戦争における血で結ばれた関係は希薄化している。改革開放後に採った対北朝鮮政策の後遺症、つまりクロス承認（中ロが韓国を承認し、米日が朝鮮を承認する）を守らなかったこと、及び中朝友好協力相互援助条約（実質的軍事同盟）を有名無実化したことがマイナス要因として中朝関係に重くのしかかっている。昨年九月の軍事パレードで示された中韓蜜月の演出も、北朝鮮に大きな不満と怒りを与えたであろう。今回、国連安保理で示した厳しい経済制裁はいっそうの反感を買ったことは先に見たとおりである。

しかし、中国としては大局的見地に立って北朝鮮に対応せざるをえない。国連安保理の決めた経済制裁は着実に実行し、北朝鮮の挑発行為にブレーキをかけなくてはならない。と同時に、第七回党大会はきわめて重要な大会であり、朝鮮式改革開放政策に向かう可能性が高い。もっとも、今回の経済制裁によって方針変更が起こる可能性もあるが、なるべくいい方向に向かうよう引導すべきである。そのためには、北朝鮮が挑発行為を自制するように働きかけ、同時に韓国や米国を含む関連諸国に、冷静かつ理性的に振る舞うよう働きかけなくてはならない。

北朝鮮に対して中国の経済的影響力が大きいことは、このような任務を遂行するうえでの有利な条件である。中国の某研究者が「中国は国際社会と共に北朝鮮にお灸を据えるが、息の根を止めることはしない」と語ったとのことだが、北朝鮮をより積極的に導いていくべきだと考える。但し、金正恩政権は「核保有国」を主張しており、核凍結は可能であっても核放棄は大変難しいと思われる。しかし、この難題に当たることができるのは中国を措いてほかにない。

3　冷静さを取り戻すべき韓国

韓国が大きなショックを受けたことは理解できる。しかし朴槿恵大統領がとった一連の決断は感情的で思慮に欠けるものであった。習近平は二月五日、彼女との電話会談で、「関係国が冷静に対応し、対話という正しい方向を堅持するよう求めた」が、それは焼け石に水であった。とりわけ朴大統領が一月一三日、国民向けに「国際社会の対応は、以前と変わらなければならない」とする談話を発表し、THAADの在韓米軍への配備受け入れを検討していくことを明言したことは、中国にとって重大なことであった。また二月四日に「強力な国連制裁を通じ、核を放棄しないと（北は）生存できないことを国際社会が思い知らせるべきだ」と語ったことも度を越した発言であった。

朴大統領は自らが提唱した「対話を通じて北朝鮮との信頼醸成を図る韓半島信頼プロセス」という対話を基本とした南北政策を根本から転換することとなった。また韓国政府は開城工業団地の操業中断に踏み切ったが、その結果めぼしい制裁手段をなくしてしまったというコメントが出ている。「中国は一定の枠組みで中朝関係の安定を図る。制裁に臨む一方で接触も続ける。同時に米韓の動きに重大な注意を払っていく。北朝鮮の政権崩壊、国境地帯での交戦など事態が制御不能に陥ることを防がねばならない」（王俊生、中国社会科学院教授）。韓国もこのような姿勢が必要ではなかろうか。

4　六ヵ国協議再開への努力

六ヵ国協議のホスト役は、本来、米国から依頼されたものであった。その米国が非協力的で中国は音を上げている。しかし、この任務を引き受けた以上、途中で投げ出すわけにはいかない。ましてや、六ヵ国協議の成否は北東アジアの安全保障体制、延いてはアジア安全保障体制の構築に関わってくる。したがって、ロシアと日本にも積極的に働きかける必要がある。

中国とロシアはきわめて良い関係にあり、朝鮮半島問題でも密接な関係を維持しているようである。しかし、米中が合意した制裁案にロシアが待ったをかけ、若干採択が遅れた。中国は常任理事国であるロシアにもっと気配りする必要があろう。北東アジア安全保障体制を構築するうえで、ロシアの存在はきわめて大きい。

中国と日本の関係は現在あまりよくないため軽視されがちである。米日韓の同盟関係強化を盛んに唱えるため、中国の反感を買っている面もある。しかし中国としては心理調整期にある日本を大目にみて、長期的視点に立って日中関係の在り方を展望すべきだ。ますます多くの有識者が日米安保条約で日本の安全を保障するのは不可能で、日中関係の新たな信頼関係が必要だということを認識しつつある。平和憲法を維持する世論は社会に根づいており、日本がアジア安全保障体制構築の音頭をとる可能性も秘めている。

六ヵ国協議再開のために、北朝鮮に門戸を開いたまま米中日韓ロの五ヵ国会議を開くべきである。これは朴大統領がすでに提唱し、最近、王毅外相が三ヵ国、四ヵ国、五ヵ国など、さまざまな多角的会議を開いて六ヵ国会議の再開に向けて努力しようと提案した。歓迎すべき動きだ。

5　国際世論の喚起

北朝鮮問題を解決するために、公正な国際世論を喚起することがきわめて重要だ。フランスの新聞は「THAADの配備は日米韓の同盟が強化され、東南アジア諸国にとっては両刃の剣」、「米国が中国の対北朝鮮政策で圧力を強める中、英仏の論調は中国の慎重姿勢に理解を示している」という（「朝日新聞」二月二九日）。また「ニューヨークタイムズ」は、北朝鮮の停戦協定を平和協定にしたいという提案を、米軍撤退に繋がるためアメリカが拒否してきたが、それは検討する余地があるのではないかという社説を書いたとのことだ。

「朝日新聞」は二月一七日付社説で「北朝鮮の暴発は誰の利益にもならない。その認識を日米韓が共有し、そこを糸口として、中国を含む北東アジアの外交的枠組みを早急に築き上げたい」と書いている。また二月八日付「毎日新聞」の社説は「より根本的には、北朝鮮を多国間の協議に参加させ、冒険主義的な行動を放棄させるよう誘導する必要がある」、「北東アジアの情勢に影響力を持つ米中両国とともに体制づくりを急がなければならない」と述べている。いずれも北東アジア安全保障体制の新しい枠組みを構築すべきだという意見である。

結び

北朝鮮問題は難題である。中国は幾度となく面子を潰された。が、常に冷静に対処している。国際世論の圧力に対してもよく耐えている。しかし、金正恩政権に対応する術はまだ模索中である。問題の解決には生の情報を多く収集し、よく分析することが必要だ。と同時に、国際的知見を広く凝集し、対応策を練る必要がある。日中韓の研究協力を強化して、朝鮮半島の核問題を解決し、さらに北東アジア安全保障体制の構築に貢献していきたいものだ。

付録　目覚めよ、日本！

国会議員の皆様
有識者の皆様
国民の皆様

「目覚めよ、日本！」このような研究者らしくない「呼びかけ」をさせていただきます。皆様が私の気持ちを察し、小論「尖閣上陸問題への理性的処理を日中関係改善の転機に」に目を通して下されば幸甚に存じます。

私は日本に生まれ、日本で育ち、二〇歳の時に中国に渡り、六〇歳定年退職後にまた日本に戻りました。国籍は中国ですが、両親からその曾孫まで四代の一親等親族は五〇―六〇人に達し、日本国籍と中国国籍は半々です。私にとっては、中国と日本の両方が祖国です。ただ、幼稚園、小学校の頃、支那人、チャンコロと苛められたため、中国人意識が強くあることは確かです。しかし高校時代に国際主義者になり、その信念は今に至るまでずっと変わっていません。

一九八〇年代には中国経済の行方を憂慮し、日本の高度成長を中国に紹介し、改革開放政策に尽力致しました。過去三〇余年間、中国経済の発展を見守ってきた私にとって、中国は今も尚さまざまな問題を抱えているとはいえ、その成長ぶりには心からの喜びを感じています。もちろんこの成果は、何よりもまず中国国民の努力によるものですが、世界各国の有識者及び政府の協力のお陰でもあります。ですから、中国の若い人たちには、国際主義者たれ、狭隘なナショナリズムに陥るな、驕り高ぶることなかれ、と訴えています。

しかし最近は、日本の現状と将来についてたいへん憂いています。内政外交両面で憂いていますが、外交面での対中国アレルギーは致命的であるように感じています。米国信仰、中国蔑視があまりにも根深い。

国際情勢の大変化、そんなに先の話ではありません。一〇年後、二〇年後のアジア及び世界の構図が目に見えているのです。今年四月、大学の同窓生である石原慎太郎都知事が尖閣購入問題を提起し、中国に対して大きな挑発行動をとりましたが、これは何と愚かなことでしょうか、まるで一九世紀、二〇世紀前半の人間がやることのようです。日中国交正常化四〇周年記念活動に冷や水を浴びせる結果となりましたが、この挑発が日本の将来にどのような悪影響を与えるかについて、多くの政治家やマスメディアのリーダーが全く分かっていないのには呆れるほかありません。

いま日本が直面する国際環境は、ニクソンショックの一〇倍の大転換期にあります。政治家もマスメディアも石原都知事の挑発に乗ってしまうのは、国際政治の地殻変動が全く分かっていないからです。日本の前途は本当に危ぶまれます。

中国では私を「日本の漢奸」と呼ぶ人間がいますし、日本には中国の対日工作要員と呼ぶ人もいるようですが、日中両国の狭隘なナショナリストから私がこのように非難されるのは私の宿命と思っています。石原都知事の挑発に乗るなという私の叫び声は、必ずや日本の人たちから評価される日がやってくると確信しています。

二〇一二年八月二〇日

著者紹介

凌星光（りょう　せいこう）

1933年東京生まれ。

1952年浜松北高卒業、1953年一橋大学中退帰国、同年上海財経学院国民経済学部入学、1959年湖北大学国民経済学部卒業。

1959年河北省直属機関に就職、1971年河北大学日本語科教師（日本語科創設）、1978年中国社会科学院世界経済政治研究所に転職、先進国経済研究室日本組組長、同研究室副主任、主任を歴任、1993年定年退職。

1990年金沢大学経済学部教授を経て、1992年福井県立大学経済学部教授、2003年定年退職。

現　在　一般社団法人日中科学技術文化センター理事長、福井県立大学名誉教授。

主要著作　『中国経済の離陸』（サイマル出版会、1989年）、『社会主義と資本主義』（ごま書房、1990年）、『中国の前途』（サイマル出版会、1991年）、『中国の経済改革と将来像』（日本評論社、1996年）など。

21世紀の日中関係の在り方　中国の国内体制と外交戦略

2016年7月30日　第1刷発行

著　　者　凌　星光

発 行 者　西川博史

発 行 所　HINAS（北海学園北東アジア研究交流センター）

〒062-8607　札幌市豊平区豊平6－6－10 北海商科大学内

TEL011-841-1108 FAX011-841-1109

発　　売　東出版株式会社

製　　作　株式会社現代史料出版

印刷・製本　亜細亜印刷株式会社

ISBN978-4-905418-07-8 C3030

定価はカバーに表示してあります